U0112596

THE
NORTHMEN'S

F

A HISTORY OF THE
VIKING
WORLD

U

维京人
的
世界

R

[英] 菲利普·帕克 著

高万博 李达 译

Y

后浪出版公司

民主与建设出版社
·北京·

献给我的父母，

他们目睹了这趟航行的启程，

却未能等到旅程结束。

致 谢

本书花了三年多时间得以成书，其间我有幸得到了许多人的帮助。我特别想感谢：乔纳森·凯普出版社的团队，他们出色的工作让本书得以出版；丹·富兰克林，他对本书坚信不疑，主动提出了邀约，并以可敬的耐心等待本书定稿；还有整理手抄本的卡罗琳·麦克阿瑟和大大润色了原稿的曼迪·格林菲尔德。我还要感谢马丁·布朗，他以杰出的绘图技术绘制的地图，完美地体现出了那有时难以理解的维京世界地形。当然，我还要感谢 RCW 公司的代理人吉尔·柯勒律治和她的助手卡拉·琼斯，她们一直以来的建议和鼓励，对本书的价值无可估量。

我在大斯堪的纳维亚的多次旅行期间，曾得到许多人的协助，我十分感激在那里得到的不计其数的友好欢迎与殷勤招待。我要特别感谢朗希尔德·里乔斯兰德和亚历山德拉·桑马克，以及柯克沃尔的高地和群岛大学的北欧研究中心的全体研究人员。在他们的维京夏令营中，我得以游历了奥克尼群岛的许多地方，度过十分愉快的一周。

本书中的所有错误和遗漏均由我负责，不过，我还想感谢所有在本书写作过程中的不同阶段里对稿件提出过意见的人，特别是阿曼达·法贝尔，她的建议极大地改进了本书的第一稿。我还要感谢西澳大利亚大学的沙恩·麦克劳德，她以专业的眼光，指出了许多纰漏，补充了我叙述中不足的部分。

我也要感谢（有点迟了）理查德·奥维尔提，他无私的鼓励让我从编辑转行为作家，并且出版了我的第一本书《帝国于此处止步》。因此，此书的完成也要间接归功于他。

在最后，我衷心地感谢我的夫人塔尼娅，她不得不一直容忍我对维京人的痴迷，以及我时不时在北欧某处的"失踪"。还有我的女儿利维娅，她一直勇敢地指出那些有头戴长角头盔的维京人的绘画是错误的。没有她们的爱和支持，这一切将没有可能实现。

专有名词说明

在描述维京时代的历史时，人名的拼写常有个别的问题。同一个人的名字在不同资料（爱尔兰语、盎格鲁－撒克逊语、冰岛语、希腊语，甚至是阿拉伯语）中的拼写并不一样，因此，很难让它们完全保持一致。我一般选择现在最常用的名称来拼写斯堪的纳维亚和西欧的地名（选择公认的英语拼写，比如，哥本哈根采用"Copenhagen"而非"København"）。在其他场合，我一般给出维京人名字的古北欧语拼写——省略词尾的"–r"（因此我写"哈拉尔德"时用"Harald"而非"Haraldr"），并对一些重音和变音进行了简化。此外，我也选择一些英语中公认的名词拼写法，比如"奥丁""索尔"（"Odin""Thor"而非"Óðinn""Þórr"）。对一些读者而言，这两个古代北欧语和冰岛语里的字母也许有些陌生。"ð"的读音和"breathed"以及"father"中的"th"一样，而"Þ"的读音和"unbreathed"以及"think"中的"th"一样。

年　表

约前 12000 年	汉堡的猎鹿人进入北欧南部。
约前 4000 年	北欧出现农业。
前 500 年	北欧铁器时代开始。
前 500—公元 1 年	罗马帝国时代之前的北欧铁器时代。
前 300 年	希腊旅行家皮西亚斯提到"苏勒",或许是指冰岛,或者斯堪的纳维亚半岛。
约前 300 年	约尔特斯普林船显示"重叠搭造法"已应用于造船。
公元 1—400 年	罗马帝国铁器时代。
5 年	罗马舰队抵达日德兰半岛北端。
200—500 年	在丹麦的泥塘中发现献祭的武器。
310—320 年	尼达姆船开始建造。
约 400 年	瑞典的哥特兰岛首次出现雕刻画面的石头。
约 400—600 年	瑞典的黑尔戈岛出现贸易据点与市集。
400—600 年	迁徙时代。
约 515 年	科希莱查斯进攻法兰克王国,显示了北欧人在维京时代之前发动的掠夺。
550—750 年	瑞典的文德尔时代。
650 年	瑞典在拉脱维亚的格洛比纳建立殖民地。
约 700 年	克瓦尔松德船开始建造,北欧船只出现了真正的龙骨。
约 710 年	在里伯建立贸易中心。
约 714 年	圣威利布罗德前往北欧传播基督教失败。
726 年	在丹麦的萨姆索岛上挖掘坎哈弗运河。
734 年	东弗里西亚被法兰克王国征服。
737 年	"丹麦墙"动工。
750 年	海泽比首次出现有人定居的迹象。
约 750 年	俄罗斯北部的旧拉多加定居点建立,此后成为维京殖民地;瑞典的比尔卡出现定居点。

780 年	伊斯兰世界的迪拉姆银币首次出现在北欧钱币窖中。
782 年	查理曼平息萨克森人的叛乱后屠杀 4500 名多神教徒。
786—802 年	威塞克斯的布里特里克统治时期。其间维京人进攻多塞特的波特兰。
792 年	麦西亚的奥法颁布法令，征召肯特居民自卫武装，抵御"多神教徒"。
793 年	维京人袭击诺森布里亚的林迪斯法恩修道院，对西欧的掠夺首次见于记载。
794 年	维京人进攻赫布里底群岛。
795 年	维京掠夺爱尔兰的贸易，苏格兰西海岸的艾奥纳岛遭掠夺。
796 年	维京人对贾罗修道院的进攻被击退。
797 年	法兰克人成功征服萨克森，将领土推进到北欧的边界。
799 年	维京人进攻努瓦尔穆捷的圣菲利贝尔修道院，首次掠夺法兰克王国。
约 800 年	瑞典的考庞建立贸易定居点。
806 年	维京人进攻艾奥纳岛的修道院，杀死了 68 名僧侣。
807 年	维京人洗劫爱尔兰康诺特海岸之外的伊尼什默里。
808 年	丹麦国王古德弗雷德摧毁了阿博德里特部在雷里克的定居点，将商人迁往海泽比。
810 年	丹麦国王古德弗雷德在弗里西亚劫掠。他被刺杀后，侄子赫明和法兰克人签订了和约。
812 年	维京人在爱尔兰被莱恩湖的国王击败。
814 年	查理曼去世，虔诚者路易成为法兰克人的统治者。
815 年	法兰克王国让哈拉尔德·克拉克回归丹麦王位的企图失败。
819 年	哈拉尔德·克拉克成为丹麦的统治者，和戈德弗雷德的儿子们共治。
819—836 年	由于遭受维京人的持续威胁，圣菲利贝尔修道院的僧侣迁出努瓦尔穆捷。
820 年	维京舰队在佛兰德斯和阿基坦海岸抢掠。
822 年	维京人掠夺科克。
822—823 年	兰斯大主教埃博前往丹麦传教。
约 825 年	在海泽比附近，首次在北欧出现铸币。

约 825 年	维京人首次在法罗群岛定居。
826 年	丹麦国王哈拉尔德·克拉克在美因茨受洗，安斯卡首次前往丹麦传教。
827 年	哈拉尔德·克拉克被逐出丹麦。
829—831 年	安斯卡前往瑞典传教。
约 830—840 年	挪威人纳多德首次发现冰岛。
832 年	维京人在一个月内三度洗劫爱尔兰的阿尔马。
833 年	在虔诚者路易之子洛泰尔的劝诱之下，哈拉尔德·克拉克进攻弗里西亚。
834—838 年	维京人对迪尔斯泰德地区和北法兰克的康多维克发动一系列掠夺。
约 834 年	奥塞贝格船棺在瑞典下葬。
835 年	维京人进攻肯特的谢佩。
837 年	大批维京舰队抵达爱尔兰的博因河和利菲河。
839 年	维京罗斯人首次抵达拜占庭帝国首都君士坦丁堡。维京人进攻皮克特人。
840 年	虔诚者路易死后，法兰克王国爆发内战。维京舰队首次在爱尔兰的内伊湖越冬。
840 年	维京人进攻南安普顿和波特兰。
841 年	洛泰尔把瓦尔赫伦岛封给丹麦统治者哈拉尔德。
841 年	维京人在都柏林和冰岛其他地区建造"朗格福尔特"。
842 年	维京人劫掠康多维克。
843 年	《凡尔登条约》导致加洛林帝国被糊涂查理的后代瓜分，法兰克人抵抗维京人的力量削弱；维京人掠夺布列塔尼地区，进攻南特。
843 年	威塞克斯国王埃塞尔沃夫在迈恩黑德被维京舰队击败。
844 年	维京人首次对伊比利亚半岛的远征在西班牙的塞维利亚失败，维京人进攻图卢兹。
845 年	维京大军洗劫巴黎，勒索了 7000 镑银币的贡金后撤退。
848 年	维京人围攻并夺取波尔多。
约 850 年	丹麦国王霍里克一世允许安斯卡在海泽比和里伯建造教堂。
约 850 年	科克斯塔德船棺在挪威下葬。
850 年	维京舰队首次在英格兰的萨尼特岛越冬。戈德弗雷德·哈拉尔德松与罗里克袭击弗里西亚。

851—852 年	安斯卡再度返回瑞典传教。
851 年	爱尔兰的"黑发维京人"与"金发维京人"开战。
852 年	卡林福德湖战役，"黑发人"击败了"金发人"。
852 年	维京人首次在塞纳河流域越冬。
853 年	维京人在卢瓦尔河河谷越冬。爱尔兰维京人尊"莱斯兰"国王之子奥拉夫为统治者。
854 年	维京舰队在谢佩岛越冬。
855 年	罗里克占据弗里西亚（并至少维持到 873 年）。
857 年	阿基坦的丕平二世倒戈支持卢瓦尔河的维京人。
859 年	"瓦兰吉人"在俄罗斯的斯拉夫诸部之中索取贡赋首次见于记载。
860 年	哈斯泰因和比约恩驶入地中海。
860 年	维京人进攻君士坦丁堡。
860 年	维京舰队洗劫温切斯特。
约 860 年	加尔达尔·斯瓦瓦尔松航向冰岛。
约 862 年	留里克在诺夫哥罗德确立统治，阿斯科尔德和迪尔夺取基辅。
864 年	奥拉夫击败并杀死了米思的统治者康乔巴。
864 年	阿基坦的丕平二世被俘虏并被关押，叛乱结束。
864 年	秃头查理下令在桥上修筑工事，以遏制维京人在法兰克王国的掠夺。
865/870 年	弗洛基·维尔戈萨尔松抵达冰岛。
865 年	丹麦的"异教徒大军"抵达英格兰。
865 年	安斯卡死亡，里姆波特继任汉堡 – 不来梅大主教。
866 年	丹麦维京人夺取约克，卢瓦尔河的维京人掠夺勒芒。
866 年	奥拉夫和阿瑟进军皮克兰。
867 年	诺森布里亚国王奥斯博特和埃勒企图夺回约克，均兵败身亡；维京人扶植埃格伯特为约克的傀儡国王。
868 年	维京人进攻麦西亚，但返回约克越冬。
869 年	维京人进攻东盎格利亚，杀死东盎格利亚国王埃德蒙。
约 870 年	金发哈拉尔德成为挪威西福尔的统治者。
约 870 年	在默勒伯爵拉格纳尔德的统治之下，维京人在奥克尼建立伯爵领。

870 年	爱尔兰的维京军队夺取斯特拉思克莱德王国的首都阿尔特克鲁德（今邓巴顿）。
871 年	丹麦大军企图入侵威塞克斯，在阿什当被埃塞尔雷德国王击败，阿尔弗雷德成为威塞克斯国王；威尔顿之战，维京人击败了阿尔弗雷德，他被迫支付贡金以让他们离开威塞克斯。
872 年	维京人将埃格伯特国王赶出约克。
873 年	都柏林的维京统治者伊瓦尔死亡，他的三个儿子相继继承。
873—914 年	爱尔兰维京掠夺的"四十年平静期"。
874 年	金发哈拉尔德或许在此时从挪威出发前往奥克尼。
874 年	大军废黜了麦西亚的国王伯雷德，扶植傀儡统治者切奥尔伍尔夫继位；大军分兵，部分在哈夫丹率领下返回诺森布里亚，其余在剑桥越冬。
874 年	英格尔夫·阿尔纳松在冰岛建立维京殖民地。
875 年	维京人再度入侵威塞克斯，阿尔弗雷德与他们和谈。
876 年	诺森布里亚的维京人开始在陆地定居。
877 年	维京人开始在麦西亚定居，哈夫丹在爱尔兰的斯特兰福特湾阵亡。
878 年	古思伦率领维京军队入侵威塞克斯。阿尔弗雷德逃到阿瑟尔尼沼泽集结部队，在埃丁顿之战击败古思伦，古思伦受洗。
879 年	部分异教徒大军从富勒姆渡海进入法兰克王国的默兹河，古思伦将部队驻扎在东盎格利亚。
879/880 年	阿尔弗雷德和古思伦的协议确定了丹麦法区的边界。
约 880 年	《法罗人萨迦》提到瘸子格里姆在法罗群岛定居的时间。
881 年	维京人进攻列日、乌得勒支和亚琛，法兰克的路易三世在索库尔击败维京人，但于不久之后去世。
882 年	胖子查理将弗里西亚的一块土地封给戈德弗雷德。
884 年	在长期的分治之后，胖子查理成为统一的法兰克国家的统治者。维京人突袭了塞纳河的蓬德拉尔什。
885 年	古思伦对威塞克斯的大举进攻失败。
885—886 年	维京人对巴黎的围攻失败。
约 885—890 年	哈夫峡湾之战：金发哈拉尔德成为挪威的统治者。

886 年	维京人夺取布列塔尼南特伯爵领的部分土地。
887 年	胖子查理因 885 年的围攻而被废黜，厄德继任。
约 890 年	强者西格尔德从奥克尼出发进攻苏格兰北部。
891 年	迪尔河之战，东法兰克王国的统治者阿努尔夫击败维京大军，其残部渡海来到英格兰。
891 年	奥克尼伯爵西格尔德去世。
892 年	大规模的维京军队从布洛涅出发，在肯特登陆。
893 年	维京军队退回麦西亚。
896 年	在英格兰的维京大军瓦解，部分定居，部分返回法兰克王国境内。都柏林维京人的领袖西赫特里克·伊瓦尔松在派系内讧之中被杀。
899 年	阿尔弗雷德大王去世，其子长者爱德华继位。爱德华的堂兄弟埃塞尔沃尔德被维京人立为约克国王。
约 900 年	挪威的维京人开始在英格兰西北部定居。
900—930 年	贡比约恩·伍尔夫 - 克拉卡松在冰岛和格陵兰之间发现了"贡比约恩的岩岛群"。
902 年	维京人被赶出都柏林。
902 年	霍姆之战：埃塞尔沃尔德被长者爱德华击败，被杀。
902/903 年	维京人进攻安格尔西岛。
906 年	长者爱德华与东盎格利亚和诺森布里亚的维京人签订《蒂丁福德条约》。
907 年	罗斯维京人和拜占庭帝国签订协议，订立贸易条约。
907 年	奥列格率维京人第二次进攻君士坦丁堡。
910 年	泰特霍尔之战：进入麦西亚的丹麦掠夺者遭惨败。
911 年	糊涂查理和罗洛在埃普特河畔的圣克莱签订协议，赐予维京人诺曼底的土地。
911 年	拜占庭和维京人第二次订立贸易协定。
912 年	维京人在里海进行劫掠。
912—920 年	威塞克斯王国征服亨伯河以南的丹麦法区土地。
912—936 年	维京人占据布列塔尼。
913 年	维京舰队进攻沃特福德港。
914 年	基辅的维京统治者奥列格去世，伊戈尔继位。
917 年	拉格纳尔德与西赫特里克率领的维京舰队抵达爱尔兰，夺取都柏林。

918 年	科布里奇之战，拉格纳尔德·伊瓦尔松被英格兰－苏格兰联军击败。
919 年	拉格纳尔德渡海来到英格兰，成为约克国王；大规模的维京舰队袭击布列塔尼。
920 年	西赫特里克继承拉格纳尔德的约克国王之位。
921 年	纽斯特里亚的罗贝尔将南特割让给布列塔尼的维京人领袖拉格纳尔德。
921 年	阿拉伯旅行者伊本·法德兰在觐见伏尔加保加尔可汗的使团中，留下了对路上偶遇的维京人的记载。
924 年	威塞克斯国王长者爱德华去世，埃塞尔斯坦继位。
924 年	受封贝桑和埃莫伊斯的土地，让维京人在诺曼底的殖民地进一步扩大。
926 年	卡林福德之战与斯特兰福德湖之战，都柏林维京人均战败。
927 年	埃塞尔斯坦赶走了西赫特里克的兄弟哥特里特，直接控制约克。
约 930 年	征服冰岛全部土地。
930 年	冰岛设立"阿尔庭"议会。
约 933 年	金发哈拉尔德去世，挪威王位由血斧埃里克继承。
934 年	德意志皇帝捕鸟者亨利入侵丹麦。
约 934 年	血斧埃里克被废黜，好人哈康继位。
934 年	奥拉夫·哥特里特松成为都柏林的国王。
935 年	汉堡大主教乌尼派传教士向丹麦的长者戈尔姆传教。
936 年	阿兰·巴比特尔托从维京人手中收复南特。
937 年	布朗南堡之战：奥拉夫·古斯罗斯松的苏格兰－维京联军被威塞克斯国王埃塞尔斯坦击败。
939 年	威塞克斯国王埃塞尔斯坦去世，埃德蒙继位，奥拉夫·古斯罗斯松再度成为约克国王，最后一批卢瓦尔河维京人在布列塔尼战败。
940 年	奥拉夫·古斯罗斯松入侵苏格兰，抵达邓巴，埃德蒙将沃特林大道以北的土地割让给奥拉夫。
941 年	奥拉夫·古斯罗斯松去世，凉鞋奥拉夫继位。
941 年	伊戈尔对君士坦丁堡发动进攻，被希腊火击退。
943—944 年	伊戈尔在里海沿岸劫掠。

944 年	伊戈尔再度进攻君士坦丁堡，和拜占庭帝国签订新的贸易协议，其条款无法与此前维京人签订的类似协议相比。
944 年	布雷加的国王康加拉兹洗劫都柏林，杀死了 400 名维京人。
945 年	埃德蒙重新控制约克。
948 年	血斧埃里克成为约克的国王。
948 年	北欧建立了最早的主教区（里伯、奥尔胡斯和石勒苏益格）。
949 年	血斧埃里克被逐出约克，凉鞋奥拉夫复位。
约 950 年	蓝牙哈拉尔德在"丹麦墙"沿线建立了新的防御工事。
约 950 年	马门艺术风格形成。
951 年	维京人掠夺加利西亚。
952 年	血斧埃里克重夺约克王位，凉鞋奥拉夫返回都柏林。
954 年	挪威国王好人哈康进攻丹麦。
954 年	约克最后的北欧国王，血斧埃里克在英格兰北部的斯泰因莫尔兵败被杀。
958 年	长者戈尔姆去世，蓝牙哈拉尔德成为丹麦国王。
960 年	基辅大公斯威亚托斯拉夫进攻哈扎尔王国，劫掠其首都阿德尔。
960—965 年	好人哈康在菲恰尔之战被血斧王埃里克的儿子们击败，受了致命伤。
961 年	好人哈康因与血斧埃里克的儿子们作战时伤重不治而身亡。
962 年	冰岛被分为大区。
964—971 年	基辅大公斯威亚托斯拉夫远征保加尔人和拜占庭帝国。
965 年	丹麦国王蓝牙哈拉尔德皈依基督教。
965/966 年	维京人进一步掠夺加利西亚。
972 年	维京人进攻阿尔加维。
972 年	基辅的维京统治者斯威亚托斯拉夫被佩臣涅格人杀死。
973 年	德意志的奥托一世占据日德兰南部（维持到 983 年）。
974 年	蓝牙哈拉尔德在利姆峡湾附近击败灰袍哈拉尔德（血斧王埃里克之子）。

974—981 年	德意志人占据海泽比。
约 975 年	锡格蒂纳奠基。
978 年	丹麦维吉河谷的拉文宁 – 恩格的桥梁开建。
978 年	贝兰之战：都柏林的奥拉夫·奎兰杀死了伦斯特国王。
980 年	维京人重新开始掠夺英格兰。
约 980 年	奥洛夫·斯考特考农格成为瑞典国王。
980 年	蓝牙哈拉尔德开始建造特雷勒堡。
980 年	顽强者西格尔德成为奥克尼的统治者（至 1014 年）。
980 年	塔拉之战：梅尔·塞克奈尔决定性击败奥拉夫·奎兰。
982—985 年	红色埃里克首次驶向格陵兰。
986 年	红色埃里克在格陵兰建立维京殖民地。
986/987 年	蓝牙哈拉尔德在其子八字胡斯韦恩发动的叛乱中被杀。
988 年	拜占庭皇帝巴西尔二世设立瓦兰吉卫队，基辅大公弗拉基米尔皈依东正教。
989 年	丝绸胡须西赫特里克成为都柏林国王。
约 990 年	比雅尔尼·赫尔约尔夫松发现北美大陆的海岸线。
991 年	马尔顿之战：奥拉夫·特里格瓦松击败埃塞克斯郡长贝莱特诺特。
991 年	威塞克斯和诺曼底签署和约，以阻止维京掠夺英格兰南部的舰队在诺曼底停泊。
994 年	丹麦国王八字胡斯韦恩和奥拉夫·特里格瓦松对伦敦发起联合攻击。
995 年	奥拉夫·特里格瓦松受洗，离开英格兰并控制挪威；奥洛夫·斯考特考农格成为统一了斯维尔和约塔的瑞典国王。
996 年	韦斯特兰的首领们在古拉庭上承认奥拉夫·特里格瓦松的王权。
997 年	尼尔的梅尔·塞克奈尔与布赖恩·博鲁玛结盟，布赖恩成为都柏林的宗主。
997—1002 年	维京人对英格兰的掠夺加剧，迫使各地支付大额贡金。
约 998年	记载中提及的最大的维京战舰长蛇号开工。
999 年	格伦马马之战，都柏林维京人的叛乱被布赖恩和梅尔·塞克奈尔联合平息。

1000 年	斯沃尔德之战，奥拉夫·特里格瓦松被丹麦国王斯韦恩·埃斯特里德松和挪威的奥洛夫·斯考特考农格的联军击败，身亡。
1000 年	冰岛人接受基督教。
约 1000 年	维京人首次驶向文兰。
约 1000 年	灵厄里克艺术风格形成。
1001 年	威塞克斯的埃塞尔雷德向维京舰队支付 24 000 镑银币贡金。
1002 年	圣布里斯节上英格兰人屠杀丹麦定居者。
1002 年	诺曼底公爵理查一世的妹妹埃玛嫁给了威塞克斯国王埃塞尔雷德。
1003—1005 年	八字胡斯韦恩在英格兰征战。
1005 年	南布雷加的至高王吉拉·莫科纳洗劫都柏林。
1006 年	英格兰的维京舰队劫掠了 36 000 镑银币的贡金。
1008 年	瑞典国王奥洛夫·斯考特考农格受洗。
1009 年	高大者索尔凯尔率领新维京舰队抵达英格兰，劫掠牛津。
约 1010 年	古德里德和索尔芬·卡尔斯夫尼驶向文兰开拓殖民地。
1012 年	索尔凯尔夺取坎特伯雷，大主教艾尔夫赫亚被杀，维京人勒索了 48 000 镑银币的贡金。
1013 年	八字胡斯韦恩征服英格兰，威塞克斯国王埃塞尔雷德与王后埃玛和子女逃亡诺曼底。
1014 年	克朗塔夫之战：维京 – 爱尔兰联军被布赖恩·博鲁玛及其盟友击败，但布赖恩也被杀死。
1014 年	八字胡斯韦恩去世，埃塞尔雷德重新获得英格兰王位。斯韦恩之子克努特返回丹麦。
1014 年	强者索尔芬成为奥克尼的共治伯爵（至 1065 年）。
1015 年	基辅大公弗拉基米尔去世，他的子嗣之间爆发继承内战。
1015 年	克努特对英格兰发动新一轮进攻。
1016 年	奥拉夫·哈拉德松在奥斯陆峡湾的尼斯雅尔之战后成为挪威国王，埃塞尔雷德死亡，克努特在阿散顿击败他的儿子刚勇者埃德蒙，埃德蒙不久之后去世，克努特成为英格兰国王。
1018 年	克努特在兄弟哈拉尔德死后成为丹麦国王。
1026 年	奥拉夫在圣河之战被克努特击败。

1027 年	克努特前往罗马朝圣，其间一场叛乱几乎将他推翻。
1028 年	奥拉夫·哈拉尔德松在索拉击败在挪威的主要对手埃尔林，但对他的支持随即瓦解，他逃离挪威，流亡基辅。
1030 年	奥拉夫·哈拉尔德松返回挪威，斯蒂克莱斯塔德之战：奥拉夫被特隆德拉格军队杀死，在奥拉夫一方作战的哈拉尔德·哈尔德拉达逃亡基辅。
约 1030 年	斯库勒莱乌一号船在挪威开工。
约 1030 年	伊斯兰迪拉姆基本停止流向维京人居住的土地。
1034 年	哈拉尔德·哈尔德拉达开始在拜占庭帝国的瓦兰吉卫队中服役。
1034 年	兰努尔夫·德伦戈得到那不勒斯公爵塞尔吉乌斯四世在阿韦尔萨的封地，诺曼人开始在南意大利定居。
1035 年	克努特去世，丹麦王位由哈撒克努特继承，英格兰王位由他和艾尔夫基弗所生的儿子哈罗德继承。
1035 年	法罗群岛成为挪威王国的一部分。
1035 年	诺曼底公爵罗贝尔去世，七岁的儿子威廉继位。
1036 年	埃塞尔雷德的儿子阿尔弗雷德和爱德华返回英格兰，企图夺取皇位，阿尔弗雷德被杀，爱德华逃回诺曼底。
约 1040 年	斯库勒莱乌二号船或许在都柏林周边开工。
约 1040 年	远游者英格瓦尔向里海东岸航行。
1040—1041 年	哈拉尔德·哈尔德拉达参与平息彼得·德莱亚诺斯在保加利亚的叛乱。
1042 年	哈撒克努特去世，丹麦人对英格兰的统治结束，忏悔者爱德华成为英格兰国王，挪威国王马格努斯被推举为丹麦国王。
1045—1046 年	哈拉尔德·哈尔德拉达来到瑞典，与斯韦恩·埃斯特里德松联合袭击丹麦。
1046 年	哈拉尔德·哈尔德拉达成为挪威国王，与马格努斯共治。
1046 年	德罗戈·德·欧特维尔得到了"全普利亚所有诺曼人的伯爵"的封号。
1047 年	挪威国王马格努斯死亡，哈拉尔德·哈尔德拉达成为挪威的唯一国王，斯韦恩·埃斯特里德松成为丹麦国王。
1047—1066 年	维京人对西班牙的圣地亚哥发动一系列劫掠。
1048 年	挪威王国在奥斯陆建立新首都。

1048 年	奥克尼伯爵索尔芬前往罗马朝圣。
约 1050 年	乌里斯艺术风格形成。
1051 年	伯爵戈德温被忏悔者爱德华流放。
1052 年	伯爵戈德温返回英格兰,英格兰宫廷中支持诺曼人的势力消退。
1053 年	伯爵戈德温死亡,哈罗德·戈德温松成为威塞克斯伯爵。
1053 年	奇维塔泰之战中,诺曼人击败帝国军队,成为南意大利的统治力量。
1054 年	诺曼人在莫尔泰梅击败法国军队。
1056 年	伊斯莱夫成为第一位冰岛主教。
1060 年	诺曼人开始征服西西里(1091 年完成)。
1062 年	哈拉尔德·哈尔德拉达在尼萨海战击败斯韦恩·埃斯特里德松。
1064 年	丹麦与挪威签订和约,终结延续了半个世纪的战争。
1064—1065 年	哈罗德·戈德温松前往诺曼底。
1065 年	哈罗德·戈德温松的兄弟,诺森布里亚伯爵托斯蒂格遭遇叛乱,因此被罢免并流亡。
1066 年	忏悔者爱德华去世,哈罗德·戈德温松继位;挪威国王哈拉尔德·哈尔德拉达在托斯蒂格支持下入侵英格兰,诺曼底公爵威廉入侵英格兰;富尔福德之战,哈尔德拉达击败英格兰北部的征召部队;斯坦福桥之战,哈拉尔德·哈尔德拉达兵败被杀;黑斯廷斯之战,诺曼底公爵威廉击败哈罗德·戈德温松,夺取英格兰王位。
1066 年	瑞典国王斯特恩基尔在位时打击基督教。
1069 年	斯韦恩·埃斯特里德松向英格兰派出入侵舰队,与北部反叛威廉的部队汇合,但叛乱失败了。
1070—1071 年	伯爵莫尔卡和守夜者赫里沃德在东盎格利亚继续抵抗诺曼底的威廉。
1076 年	斯韦恩·埃斯特里德松死亡。
1079 年	戈德雷德·克洛温征服马恩岛。
1081 年	底拉西乌姆之战:罗贝尔·吉斯卡尔的诺曼军队击败拜占庭皇帝阿莱克修斯一世。

1084 年	瑞典国王英格在另一次多神教反扑之中被他的姐夫献祭者斯韦恩推翻。
1085 年	丹麦国王克努特四世放弃入侵英格兰的计划。
1090 年	乌普萨拉的多神教崇拜中心被摧毁。
1095 年	在冰岛的最早调查显示岛上有 4560 名自由农。
1098 年	光腿马格努斯从挪威出发,远征苏格兰岛屿地区。
1102—1103 年	光腿马格努斯在阿尔斯特作战,在准备返回北欧时被杀。
1103—1104 年	在隆德建立了北欧第一个大主教驻地。
1107—1111 年	挪威国王西格尔德前往圣地。
1116 年	奥克尼伯爵马格努斯·埃伦德松被堂表兄弟哈康谋杀。马格努斯此后被封圣。
1117—1118 年	冰岛首次出现成文法典。
1122—1133 年	主教埃里克·格努普松从格陵兰启程前往文兰,失踪。
1125 年	阿里·索尔吉尔松完成了《冰岛人之书》。
1126 年	阿尔纳尔德成为格陵兰第一位主教,在加尔达尔就职。
1151—1153 年	奥克尼伯爵罗格瓦尔德 - 卡里前往圣地朝圣。
1153 年	奥克尼伯爵哈拉尔德·玛达萨松因风暴躲进一处墓葬,梅肖韦古墓中刻下的如尼文或许源自同一时期。
1156 年	索默莱德征服赫布里底群岛南部。
1164 年	瑞典的乌普萨拉建立大主教区。
1180—1280 年	冰岛的"国王萨迦"主要完成于这一时期。
1202 年	冰岛诗人与历史学家斯诺里·斯图尔鲁松迁往博格。
1209 年	胡拉尔之战开启了冰岛的动荡时代。
1236 年	盟友们在贝尔之战战败后,斯诺里·斯图尔鲁松被流放到挪威。
1237 年	首次提及马恩岛进行"庭瓦尔德"议会会议。
1238 年	冰岛的斯图尔隆加家族在奥里吉斯塔迪尔惨败,斯图尔拉和西格赫瓦特被杀。
1241 年	斯诺里·斯图尔鲁松在雷克霍尔特被杀。
1246 年	冰岛最大规模的战斗豪格斯内斯之战爆发。
1250/1300 年	格陵兰北部的金吉托尔苏阿普如尼石源自这一时期。
1261 年	格陵兰的北欧殖民地接受挪威的直接统治。

1262 年	冰岛人接受挪威直接统治，苏格兰人在拉格斯之战击败挪威国王哈康四世。
1264 年	冰岛东大区接受挪威统治。
1266 年	格陵兰维京人在探险中发现当地原住民斯科莱林人（即因纽特人）。
1266 年	挪威将赫布里底群岛和马恩岛割让给苏格兰。
1271 年	仿照挪威类似法典的《雅尔尼斯达》在冰岛颁布。
1341 年	格陵兰西定居点被放弃。
1341 年	记载最后一次提及瓦兰吉卫队。
1347 年	一艘在马克兰收集木材的船只偏离航向抵达冰岛，这是记载最后一次提及维京人驶向北美。
1355 年	丹麦国王委派波尔·克努德松率领远征队前往格陵兰岛，但或许未能成行。
1368 年	伊瓦尔·巴尔达尔松记载称西定居点俘虏了斯科莱林人。
1368 年	格陵兰岛上的最后一位主教阿尔夫抵达管区。
1369 年	定期向格陵兰的航行终止，在格陵兰与北欧之间来往的王室船只损坏，没有得到新船替代。
1379 年	格陵兰的维京定居点被因纽特人攻击。
1397 年	丹麦与挪威结成卡尔马联盟。
1408 年	"赫瓦尔塞的婚礼"成为格陵兰维京殖民地的最后书面记载。
1448 年	教皇尼古拉斯五世命令冰岛的斯考尔斯尔特主教派神父前往格陵兰岛，但没能成行。
约 1450—1475 年	维京人在格陵兰的殖民地或许已全部废弃。
1469 年	丹麦将奥克尼和设得兰割让给苏格兰。
1578 年	英格兰探险家马丁·弗罗比舍抵达格陵兰。
1721 年	维京时代之后的欧洲人首次发现西定居点的遗址。

目　录

引　言

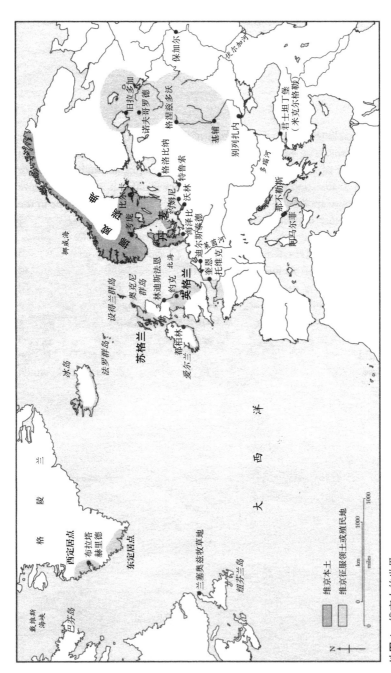

地图 1 维京人的世界

* 本书地图均为原书地图。

随后，如狼的维京人，心怀杀意，向西穿过潘塔河。水手高举着盾牌，渡过水波闪烁的河面。贝莱特诺特同他的勇士们等待着，准备战斗；他令部下结成盾墙，坚守阵地，抵御冲来的敌军。战斗的时刻、荣耀的时刻，即将开始。注定要战死的人，大限已到。

混战开始了。天空中，渡鸦盘旋，飞鹰游弋，嘴里叼着新鲜的死肉；战场上，杀声震天动地。他们投出坚实如锉刀的标枪，从手中掷出尖锐的飞镖。弓弦声不绝于耳，盾牌格开锋刃。战斗相当艰苦。双方的勇者纷纷战死，年轻人在尘埃中窒息……勇敢者如磐石般岿然不动。他们竭尽所能，拿着自己的长枪奋勇争先，用武器杀死一个时运不济的勇士，死者仆倒在地。但其他人依然坚持着，贝莱特诺特催促他们每个人，去与丹麦人凶猛地厮杀，来赢得荣耀与声名……另一个水手冲向伯爵，想要杀死他，抢走他的财宝——盔甲、指环，还有华美的宝剑。

贝莱特诺特拔剑出鞘，阔剑寒光一闪，向水手的铠甲劈去。但他的敌人挡住了这一击，反而重伤了贝莱特诺特的手臂。金柄剑从他的手中滑落。他无力拾起宝剑，也无法挥动任何武器。这位年迈的勇士用言语激励部下，呼吁战友们再度作战……而

> 后异教徒将他砍倒，他的两个护卫，艾尔夫诺特和伍尔夫梅尔，
> 为保卫自己的领主而战死……埃塞尔雷德的伯爵、他们的君主
> 就此阵亡；他的战友们、所有得到领主恩惠的人、高傲的爵士
> 们，竭尽勇气再度投入混战。他们所有人都决意，若不能为领
> 主复仇便不复苟活于世，无一例外。
>
> 《马尔顿之战》，11 世纪 [1]

991 年，又一批"如狼的维京人"进攻了埃塞克斯的马尔顿（Maldon），这是他们这一系列攻击活动的最后一次。这些斯堪的纳维亚的悍勇海盗令欧洲各地恐慌不已，而且那些在爱尔兰、不列颠、法兰西敢于阻挡他们的不幸国家，几乎都被他们推翻。第一次出现是在近 200 年前，当时他们掠夺了英格兰的林迪斯法恩（Lindisfarne）修道院，这些北欧海盗让当时的编年史作者心怀恐惧，而自那时起，历史学家便对他们十分感兴趣。他们的攻击使得"维京人"（以及它的各种同义词）成为残酷、暴力和无法无天的代名词。他们的多神教信仰则让受害者相信这些攻击者是执行上帝审判的代理人。惊慌失措的修士们十分害怕他们的修道院会是北欧人的掠夺名单上的下一个目标，他们只好为得到拯救而祈祷："主啊，从北欧人的狂暴中拯救我们吧！"[2]（A furore Normannorum nos libera, Domine.）

本书将讲述斯堪的纳维亚人的故事，这些人最开始于 793 年洗劫了林迪斯法恩修道院，在之后的 200 年间，利用他们对海洋的娴熟知识统治了欧洲的大片土地，并且向更遥远的地方殖民。不过，维京人并不只是单纯的战士，更不只是嗜血的破坏者。他们拥有的文化体系，其复杂与丰富程度令人难以置信；他们还留

下了精彩的艺术，他们的文学拥有丰富的史诗（即"萨迦"）和诗歌；他们的社会中诞生了法典，以及全欧洲最早的议会。他们的进攻，给受到他们掠夺或殖民的地区的政治发展带来了深远的影响，而他们的 DNA 足迹则显示全世界有数以百万计的人拥有维京血统。

斯堪的纳维亚半岛，在这片处于欧洲边缘的土地上突然诞生了一场猛烈的人口迁徙，它差点摧毁了 9 世纪时欧洲最先进的两个文明，即法兰克人和盎格鲁－撒克逊人建立的诸王国，这场人口迁徙是怎样诞生的？维京人怎样成功地先他人一步，在惊人的辽阔地区内建立起定居点和殖民地？为什么这些掠夺者在 11 世纪渐渐消失？而维京人又将什么遗产留给了那些他们恐吓过或定居过的地方？这些问题正是本书的核心。而在回答这些问题之前，要详细研究维京人的起源，以及他们的母国丹麦、挪威和瑞典的发展情况，之后再去讲述他们的社会、他们的文化，以及他们的掠夺和征服活动，还有维京人殖民地的历史。

对不幸成为目标的人而言，维京人毫无预兆地从海上出现。他们掠夺的地域范围十分惊人。这些掠夺者从位于现在丹麦、挪威和瑞典的家乡出发，移动速度比他们在地上跑的敌人快得多，他们甚至沿着能通航的河流深入，以便借机对伦敦和巴黎等大城市发动偷袭。他们的航海能力不仅于此，维京人向东航行到波罗的海的南岸，然后沿着河流系统抵达俄罗斯中部、乌克兰，甚至能够抵达拜占庭帝国金碧辉煌的首都君士坦丁堡（今伊斯坦布尔）。在西方，他们抵达了加拿大的东海岸，这比克里斯托弗·哥伦布"发现"美洲要早近 5 个世纪。

维京时代的早期历史大多依然模糊不清，书面史料的匮乏限制了我们的认识。甚至"维京人"一词的起源也难以确定。事实上，当时的人并不怎么使用这个词（至少在那些记载最初的掠夺行为的编年史中是这样）。英格兰的盎格鲁－撒克逊人倾向于叫他们"丹人"（Dani，丹麦人），法兰克人叫他们"诺曼人"（北方的人），爱尔兰人则叫他们"高尔人"（Gall，外国人），拜占庭人和阿拉伯人则选择"罗斯人"的各种变体。此外，在欧洲的编年史中，尖锐的宗教冲突则常常通过"帕加尼"（pagani，异教徒）的称呼表现出来。"维京人"这个词一般和古北欧语"vig"（意为"战斗"）或"vik"（意为"海湾"或"入口"）联系到一起，而且这个词也和"维肯"（Viken）有关，这是挪威奥斯陆峡湾（Oslofjord）中的一个广阔海湾，许多针对英格兰的掠夺行动在此出发。可信性相对较低的推测还包括"vikja"（意为"移动"），这个说法大概来自维京人四处漫游的习性。还有观点认为这是对拉丁语词汇"vices"（指代军事堡垒外的定居点）的误用，这和那些"营地人"有联系。事实上当时"Viking"一词只出现在少量9世纪的盎格鲁－撒克逊编年史中，它拼作"wicingas"，指代小规模的掠夺部队。[3]

　　尽管在某种意义上，用"维京人"一词指代那些8—9世纪的掠夺者与时代并不相符。10世纪晚期，"维京人"这个词已经颇为常用，它可以用来指代海盗，或者在海上以掠夺为生的人。至少这个方便的简称可以用来泛指从8世纪末到11世纪初的时间里离开大斯堪的纳维亚的各群体。这些人离开的目的最初是掠夺财物，不久之后则转向搜寻宜居的土地。"北欧人"（Norse/Norsemen）和"斯堪的纳维亚人"这两个词容易互相混淆，严格来说，前者指代那些使用古北欧语的群体，不过这个词和它的派生词"诺曼人"（Normanni），也常常被编年史作者用来称呼掠夺者，这也说得通。与此同时，不仅"斯堪的纳维亚"现在严格意义上指代丹麦、挪威和瑞典这三个现代国家，而且整个维京人世界的文化也是"斯堪的纳维亚"的。因此，为了避免重复使用，我选择将"北欧人""维京人"和"斯堪的纳维亚人"这三个词大体视作是可互相替换的同义词。

　　在英语世界，维京时代的起点一般被设定在793年，即林迪斯法恩修道院被攻击的那一年，这些新的掠夺者就此大张旗鼓地引起了外部世界的注意。自那时起，维京人的掠夺在两个多世纪的时间里几乎从未间断。到1000年左右，维京世界的许多部分已经渐渐基督教化、定居程度变得更高；此前被视作他们民族特点的、对近邻发起猛烈攻击的记载也越来越少（乃至完全消失）。那么，维京时代在什么时候结束呢？这个问题并没有单一的答案，我则会挑选他们活跃在各个地区的不同日期来结束我记述的维京人故事。在英格兰，维京时代终结于11世纪末、斯堪的纳维亚人的最后一次征服行动（以彻底失败）告终之时。北欧人的存在在苏格兰更为深远，特别是在奥克尼群岛和设得兰群岛，以至于13世纪60年代的挪威国王依然试图宣称自己对这两地的统治权。在冰岛，一般认为当第一批维京人定居者的后代们放弃他们珍视的独立并且在1262年臣服于挪威国王哈康四世时，维京时代就结束了。在格陵兰，我选择将维京人定居点的历史一直延续到他们在15世纪中期神秘消失的某个节点。相比之下，在斯堪的纳维亚，那里的君主专制在12世纪初期不断加强，随着基督教的普及和王权的强化，大规模的掠夺行动被终止。在那之后，丹麦、瑞典和挪威更多被视作主流的欧洲王国，而非独特的维京人政权。最终，在俄罗斯，到 11 世纪时维京人在那里建立起的大小公国已经逐步发展为王国，不过，它们更多是斯拉夫化的而非斯堪的纳维亚式的。因此，这个明显的关键点也标志着这一地区"维京"历史的结束。

可以用来了解维京人的史料繁多且复杂，一般而言，我选择在最相关的章节中进行具体讨论。其中最重要但最有争议，也能最直观地引发现代读者的联想和共鸣的，就是维京时代的"萨迦"。这些维京时代的故事，几乎都是在 12—13 世纪于冰岛整理完成的。不过，这些史料往往反映了比具体记述事件更早的传统。"萨迦"一词的来源是古北欧语的"segja"，意为"讲话""说话"，这清楚地表明了这些故事最初的口述形式。大多数"萨迦"都是散文风格的，其中插入了一定数量的更古老的"吟唱"诗歌，而且其中的故事看似十分简单直白；不过，它们往往不能被轻易地用来作为构建历史叙事的基础史料。一组"萨迦"选集被称为"国王萨迦"（konugasögur），这一系列作品大约是在 1180—1280 年之间以书面形式记载下来的，它告诉了我们许多在挪威、丹麦和瑞典发生的重大历史事件。不过"家族萨迦"的大选集（《冰岛人萨迦》，"Íslendinasögur"）中的绝大部分内容关注特定的家族与个人之间发生的故事，充满了谋杀、复仇和（更为罕见）和解之类扣人心弦且极富戏剧性的内容。虽然拥有一个定义清晰的历史背景，但是也不能把它们视作是对维京时代的冰岛的、确凿无疑且足够详细的记载，更不用说对苏格兰或挪威等其他维京地区的描述了。另一组"萨迦"选集中包含了神话故事和英雄史诗（《古代萨迦》，"Fornaldersögur"），以及主教和圣人的圣徒传记（《圣徒萨迦》，"Heilagra manna sögur"），前者来自民间传说，而后者大多以其他地方的圣人生平作为模板，因此在用作历史史料时更难辨析其史料学价值。

虽然我们对早期维京人掠夺的了解，主要依靠受害者的编年史和历史记录（其中必然普遍存在对迫害者的厌恶情绪），但是《盎格鲁－撒克逊编年史》《法兰克王室纪年》和罗斯的《往年纪事》等史料，的确提供了不少对维京时代早期的有价值的记述。其他的史料则主要来自教会，如不来梅的亚当，他于 12 世纪成书、记述历代汉堡－不来梅大主教的历史里，也提供了关于维京人的大量重要信息（不过这也不是以维京人自己的视角记载的）。最终，维京世界产生了自己的历史记述习惯，这一习惯源自冰岛，塞蒙德·西格夫松（Saemund Sigfússon）在 12 世纪早期写作了关于挪威诸王的历史，而"博学者"阿里（Ari）在 1122—1133 年间整理并编纂了《冰岛人之书》（Íslendingabok）。在其他维京人的国家有自己的历史学家之前，最为重要的两份文献是丹麦牧师萨克索·格拉玛提库斯（Saxo Grammaticus）在 1220 年左右编纂的《丹麦诸王纪》（Gesta Danorum）和冰岛人斯诺里·斯图尔鲁松（Snorri Sturluson，同时也是数篇萨迦的作者）在 1241 年之前写作的《挪威列王传》（Heimskringla）。有了这些史料，我们才得以从真正的斯堪的纳维亚人视角下审视维京历史，然而这些史料都是后世写作的，在它们成书的年代，维京时代即使没有被遗忘，至少也早已过去了。另一份相对简洁，但是弥足珍贵（因为是同时代的史料）的维京时代的文字材料以"如尼石"的方式留存，这些石质的纪念碑上有用斯堪的纳维亚字母刻下的铭文，其内容通常是逝者的生平。铭文中提到那些在远方战斗而且大多阵亡的维京人（例如，一组如尼石上有对于 1040 年左右在"远游者"英格瓦尔对里海地区的远征行动中战死的勇士的纪念文字），因此这些史料有其他许多史料缺少的直观感受。

维京时代的文学创作主要以诗歌的形式呈现。这些诗歌分为两大类。第一大类诗歌是《埃达》（*Edda*），其中包括了有关众神和英雄的故事，它也是我们对斯堪的纳维亚的多神教信仰系统的最初了解的主要材料。其中的一些诗的年代或许十分久远，例如描述多神教北欧人视角下的创世的《瓦洛斯帕》（*Voluspá*）；不过也有相反的观点认为这一系列整齐划一的故事源自 10 世纪，是为了应对基督教的扩张而创作的。[4] 而北欧宫廷诗（Skaldic poem，存世作品大概有 5000 首）记述的往往是历史事件，而且时常留下这些诗歌的作者——那些宫廷诗人（skald）[5] 的名字，他们往往是国王或者大首领的随从。北欧宫廷诗大多数采用头韵法写作，对现代人而言难以直译，其中存在大量的文字游戏与隐喻，即所谓"比喻复合辞"（kenning）。这种佶屈聱牙的表述，往往使用几重的象征手法隐藏其真实表达的意义。另一些表述则相对直白，比如，"大海之马"可能指代的是船，而"剑之汗滴"可能指代的是血。不过理解其他词汇则需要现代读者可能缺乏的维京神话知识，比如"矮人的重负"指的是"天空"，因为据说众神将巨人伊米尔（Ymir）的头颅化作天空，将四个矮人放置在四方来支撑它。

维京社会十分重视机敏和干练。《高人的箴言》（*Hávamál*）是一本格言集，其中的内容即使放在 21 世纪初也可谓时髦，其中有一些精练的格言："让开门的人警惕他身旁的敌人""处于人群中的愚人最好保持沉默，若他讲得太多，就有人知道他一无所知""不要让坏人知道你的不幸"。这个格言集中最著名的一句是关于追寻荣耀与名望的，回响在整个维京世界："牲畜会死去，亲人也一样，我们自己也终将故去，不过我知道有一个例外——每个人死去时的名誉永不会消亡。"[6]

维京人想要让后世记住他们的英勇事迹，而他们也成功了。除了维京人在几个世纪之中赢得了名望，真实的情况也许更为复杂多变。但勇士们或许是最欣慰的，比如进攻林迪斯法恩的海盗团的佚名首领、发现冰岛的红色埃里克，以及 1066 年在斯坦福桥战斗到最后一人的挪威人哈拉尔德·哈尔德拉达。毕竟历史如他们所愿，只记录了他们的英勇、豪迈与临危不惧，而不是他们真正的模样。

第 1 章

维京人的起源

地图 2 维京人在早期对大不列颠和爱尔兰的掠夺

以下为地图内说明文字：

图例：
- 对爱尔兰岛的袭击，795—850 年
- 爱尔兰的维京"朗格福尔特"
- 对大不列颠岛的袭击，793—850 年
- 850 年时苏格兰的维京定居点

地名及注释：

设得兰群岛

奥克尼群岛

凯思内斯

赫布里底群岛

阿尔巴（苏格兰）

艾奥纳岛

大西洋

北海

林迪斯法恩，维京人首次掠夺，793 年

内伊湖，维京人首次在爱尔兰越冬，840 年

德利

班戈

内伊湖

伊尼什默里

诺森布里里亚

芒克威尔茅斯

阿尔马

康诺特

爱尔兰海

斯莱恩

达罗

克朗马克诺斯

伊尼斯帕特莱克斯凯里斯岛

都柏林，841 年奠基

克朗弗特

克朗纳德

格伦达洛赫

林齐

弗恩斯

莱恩湖

利斯莫尔

斯凯利格迈克尔

科克

沃特福德

威尔士诸王国

麦西亚

东盎格利亚

伦敦

谢佩

迈恩黑德

卡安普顿

罗切斯特

萨尼特岛

威塞克斯

多切斯特

南安普顿

罗姆尼沼泽

欣斯顿当

康沃尔

波特兰

萨尼特岛，维京舰队首次在英格兰越冬，850 年

英吉利海峡

诺曼底

N

0　km　100
0　miles　100

793 年，一个宁静的夏日里，维京人喧闹地闯进了历史记录之中。可能出发于挪威西部的掠夺船队，出现在英格兰东北部的诺森布里亚（Northumbria）海岸外的圣岛（Holy Island）附近，将那里的林迪斯法恩修道院洗劫一空。自从爱尔兰隐士圣埃德恩（Aidan）在 635 年建立起这个修道院之后，修道士们便在这里过着与世无争的虔诚生活，他们无力阻止掠夺者把自己的财物拖上龙头长船。任何试图反抗的人都被砍杀。

从对维京人的第一次攻击的反应来看，这次掠夺完全出乎被掠夺者的意料。当时作家的记述近乎歇斯底里。《盎格鲁－撒克逊编年史》以哀怨的语调，连篇累牍记载了此后的一系列掠夺："这年诺森布里亚出现了可怕的凶兆，把人们吓坏了。它们包括狂猛的旋风和闪电，又看见火龙在空中飞舞。……6 月 8 日，异教徒又将林迪斯法恩的天主的教堂惨加破坏，又抢又杀。"修道士编年史学家达勒姆的西米恩 [2]（Symeon of Durham，作品完成于 12 世纪初）记述了维京人如何"无情地掠夺并且毁灭一切，以他们亵渎的双脚践踏圣物，将祭坛挖开，还将教堂的所有珍宝都抢走。一些牧师被他们杀死，还有人被羞辱，赤身裸体地被赶走；还有一些人淹死在大海里"。[3]

我们对林迪斯法恩大屠杀的印象，难免要受阿尔昆（Alcuin）

的影响。阿尔昆是诺森布里亚的重要学者，也是一个神父，他在786年效力于法兰克王国查理大帝的宫廷。在维京人进行掠夺前，他正好在回家的途中。大概是由于林迪斯法恩距离他的出生地（在约克）很近，这让他心里受到了很大冲击，所以他写下了至少5封关于这次攻击的信件，将这件事视作是谴责他的英格兰同胞们道德沦丧的借口。他指责他们刚愎自用，才让"灾祸降临到了圣卡思伯特（Cuthbert）的教堂"。[4] 阿尔昆重点记述了维京人的暴行，却没有明晰地梳理这次攻击行为，在他看来，他们就是上帝的审判工具。他在给诺森布里亚国王埃塞尔雷德（Aethelred）的信中写道："看啊，我们和我们的祖先已经在这个美丽的岛屿定居了近350年。太恐怖了，一个异教的种族攻击我们，这在不列颠还从未有过；而从大海之上突然冲来这样的袭击者，我们想都没想过。"[5] 为了强调他的主旨，他还写道："看啊，圣卡思伯特的教堂中洒满了主的牧师的鲜血，它全部装饰物都被抢走了，这个不列颠最为神圣庄严的地方，受到了异教徒的玷污。"他完全将这一事件的过错推到他同胞的低劣的品行上，他们应该"想想你们的打扮、穿着和发型，想想从王公到平民的奢华装扮，看看你们修剪过的须发，你们就好像异教徒一样"。对林迪斯法恩的掠夺明显契合了阿尔昆想对教会进行改革的想法，他在主张中一次又一次地提到这次攻击。不过，英格兰之外的编年史家对此显然没有多深刻的印象，阿尔昆在他的信件中一次又一次提到的林迪斯法恩的掠夺，他们却很少提及。

证据表明，也许林迪斯法恩并不是不列颠群岛上第一处被掠夺的地方。在《盎格鲁－撒克逊编年史》对789年的记述之初，在威塞克斯（Wessex）的布里特里克（Beohrtric）国王统治期间，有三艘船在多塞特（Dorset）海岸登陆。当地官员骑马前去询问，想让这群人前往王室驻地，"因为他不知道他们是干什么的"。这些新来者拒绝了提议，在一番争执后将他杀死。12 世纪的历史学家埃塞尔沃德在记述中补充了更多细节：这个官员的名字是比杜赫德（Beaduheard），当他听说外国人的船只在波特兰登陆时，他在多切斯特（Dorchester）。布里特里克国王的统治一般被认为是从 786 年持续到 802 年，因此，这次攻击很有可能比林迪斯法恩要早一些。[6]西撒克逊的编年史家明显也是这么想的，因为他写道："这是第一批乘船来到英格兰的丹麦人。"

8 世纪末期，斯堪的纳维亚和英格兰之间可能有贸易联系，这种贸易联系可能激化为暴力冲突，因为英格兰中部的麦西亚（Mercia）王国的国王奥法（Offa）颁布了一个法令，在法令中，奥法要求肯特的居民从"异教徒"手中保卫自己。这个法令免除了教会应缴的税，将这笔款项用于对抗"坐船流窜的异教徒"。这显示或许还有更早的掠夺活动，不过在书面材料中找不到他们的踪迹。《盎格鲁–撒克逊编年史》是我们关于那个时代的主要史料，不过它的关注点几乎只集中在西撒克逊王室的功绩（特别是他们对抗维京人的战斗）上。因此，由于其他的一些攻击未能影响到威塞克斯，编年史的编写者们就忽略了它们。

在最初林迪斯法恩受到掠夺之后，新的掠夺很快随之而来。那个修道院所属的诺森布里亚地区，在 794 年再次受到攻击。796年，劫掠者溯泰恩河（Tyne）而上进攻贾罗（Jarrow）的修道院，却被击败（乘船而来的维京人都被杀死）。在那之后，英格兰得到了短暂的喘息之机。在麦西亚国王们颁布的文书中，提到了在792—822 年之间的维京人的活动情况；不过《盎格鲁–撒克逊编年史》并没有记录，它记载的下一掠夺发生在 835 年，维京人洗劫了肯特的谢佩（Sheppey）。[7]

北欧人似乎在别处发现了更易得手的目标。从挪威西部起航，抵达苏格兰东北部和北部群岛并不困难，因此毫不奇怪，苏格兰的海岸线很早便不幸地得到了他们的注意。在林迪斯法恩受到攻击近一年以后，这一地区第一次有记载的掠夺就于 794 年发生在赫布里底群岛（Hebrides）。随后，爱尔兰和法兰克王国也遭到一系列的攻击。799 年，卢瓦尔河河口的圣菲利贝尔（Saint-Philibert）修道院成了法兰克王国疆域内的第一个受害者。

一年之内，维京人进攻了在苏格兰西岸外的艾奥纳岛（Iona）。他们的目标是爱尔兰修道士圣科伦巴（Columba）在 563 年建立的大修道院，那里曾是苏格兰的异教徒部落皈依基督教的中心。到 8 世纪早期，那里已经成为著名的朝圣中心，在众多虔诚朝圣者的捐赠下，那里自然十分富裕，可是这同样也使得维京掠夺者接踵而至。他们在 795 年袭击这里之后，在 802 年又再度前来；806 年他们再次前来，有 68 名修道士在这次大规模进攻中被杀。

这些无助的修道士们受够了北方异教徒，他们于翌年带着他们仅剩的圣遗物前往了爱尔兰的凯尔斯（Kells）；一些勇敢者则放弃了基督教"连左脸也转过来由他打"的信条，在副院长波拉马克·麦克佛兰德（Blathmac MacFlaind）领导之下，决心在之后的掠夺中获得殉教的荣誉。维京人如期前来，把空有一腔热血的修道士全部杀死。他们残酷地折磨了波拉马克，并且因为他拒绝说出圣科伦巴遗骸的埋葬地（那里有满是珍宝的圣龛）而最终杀死了他。在 838—848 年担任德意志南部赖谢瑙（Reichenau）修道院院长的瓦拉弗里德·施特拉博（Walafrid Strabo）为纪念圣波拉马克的殉教，在诗中栩栩如生地再现了那个场景："受诅咒的残暴士兵冲了进来，将暴行施加到有福之人上，在疯狂屠戮其他人之后，他们来到神父那里，强迫他交出和圣科伦巴遗骸在一起的贵金属……但那位圣人，虽手无寸铁却心意坚定，面对敌人无所畏惧。"[8]

北方人的狂怒在不久之后也蔓延到了爱尔兰。《阿尔斯特年代记》中记载，795 年，"异教徒焚毁了雷斯卢（Rechru），攻占斯凯（Skye）并将其夷为平地"。[9]此后又发生了更严重的破坏，798 年，都柏林以北 20 英里 * 左右的斯凯里斯的伊尼斯帕特莱克（Inis Patraic）被维京人烧毁。根据记载，他们还拆毁了修道院的主保圣人多·尚纳（Do Chonna）的圣龛。很明显，维京人不尊重基督教的宗教圣物。接连不断的掠夺行动渐渐地扩散到了爱尔兰的沿海各地。807 年，北欧人洗劫了康诺特（Connacht）海岸外的伊尼什默里（Inishmurray）。不过与英格兰东北的情况一样，本地的抵抗越来越坚决。《阿尔斯特年代记》记载 811 年阿尔斯特人"消灭了异教徒"；翌年，莱恩湖（Loch Lein）的国王，梅勒杜因的科波萨奇击败了一支维京人队伍。此后维京人的攻击有近 10 年不见于记载。不过 822 年掠夺者又出现在科克（Cork）。824 年，维京人甚至攻击了位于凯里（Kerry）海岸外 8 公里处斯凯利格（Skellig）的一个偏远修道院，修道院的院长埃特加尔（Etgal）也被俘虏。

维京人对爱尔兰东北部和东部的主要修道院也进行了一系列的掠夺。在 823 年和 824 年，贝尔法斯特湾（Belfast Lough）的富裕的班戈（Bangor）教堂两度被洗劫，维京人在那里再次

---

* 1 英里约合 1.61 千米。

亵渎了基督徒的信仰，他们蛮横地将修道院的建立者圣坎戈尔（Comgall）的遗骸抛弃，抢走了他的圣骨匣（很可能和其他的大多数圣骨匣一样，由贵重金属制成且镶嵌有珠宝）。9世纪30年代，维京人的掠夺行动渐趋频繁。第一次是在832年，他们进攻了阿尔马（Armagh）的大修道院，因为发现劫掠此地获利颇丰，他们在一个月内至少又进行了三次袭击。随后，他们开始进一步深入内陆：833年，北部的德利（Derry）受到攻击，而在南部，都柏林附近的克朗多金（Clondalkin）和利斯莫尔（Lismore）的大修道院也被洗劫。在接下来的两年里，他们又袭击了一连串的修道院：格伦达洛赫（Glendalough）、斯莱恩（Slane）、弗恩斯（Ferns）、克朗莫尔（Clonmore）。不过这些行动大多是投机性的，其规模往往仅有几条船，维京人在袭击之后又迅速撤离。爱尔兰因政治上的分裂而无力组织集中的防御，这让他们反应迟缓，让维京人有机可乘。和英格兰（苏格兰的情况也很类似）不同，爱尔兰没有得到真正的喘息之机，五年内这些攻击将进入一个全新且更危险的阶段。

处于加洛林王朝（最有名的统治者是查理大帝）的"法兰西亚"，[10] 是斯堪的纳维亚之外第一个同维京人建立联系的地区。法兰克人在8世纪30年代征服了邻近的弗里西亚（Frisia，现在的荷兰和德国西北部的北海沿岸地区），这样它的边界就离丹麦相当近，丹麦的船只很容易抵达这里。双方仅隔着萨克森人，但是从772年起，查理大帝发动了一系列的进攻，让萨克森人最终在797年彻底臣服。由于害怕法兰克人将边界进一步推进到丹麦境内，丹麦国王古德弗雷德（Godfred）率领舰队和大批骑兵前往丹麦－萨克森边境上的石勒苏益格（Schleswig）。由于担心自己的安全，他取消了同查理大帝的个人会面，而是派遣使者相商，最终双方签订了交换逃亡者的协议。查理大帝在把当地居民迁居到法兰克王国腹地后，将大片被征服的萨克森人的土地交给阿博德里特（Abodrites）部落定居，由于古德弗雷德进攻这个部落，因此法兰克人和丹麦人之间的关系又出现了恶化。[11]

当法兰克人的盟友阿博德里特部的首领被杀（这或许是古德弗雷德的命令）后，法兰克人和丹麦人随即进入敌对状态。810年，查理大帝打算远征古德弗雷德，却被对方先下手为强，"来自诺德曼尼亚（Nordmannia）的 200 艘船组成的舰队"进攻了弗里西亚，并且"蹂躏了弗里西亚的所有岛屿"。[12] 这次掠夺，与维京时代早期对英格兰、苏格兰和爱尔兰的掠夺不同，是一次有王室支持的大规模进攻。

弗里西亚人支付了 100 磅白银的赎金才得以免遭侵害。而不久之后古德弗雷德被刺杀而死，他的侄子赫明（Hemming）继承王位，敌对行动就此得以避免。不过，法兰克人仍继续干涉丹麦的政治，赫明很快被古德弗雷德的儿子们推翻。而继位者随后又要对付一个名为哈拉尔德·克拉克（Harald Klak）的王位宣称者，但此人很快就被迫在虔诚者路易（于查理大帝在 814 年逝世后继承王位）的宫廷中避难。路易试图让哈拉尔德重新登上丹麦王位（而且自然是作为法兰克的傀儡），这引发了丹麦人的强烈反应——200 多艘船组成的舰队在萨克森登陆。路易的政策还是取得了某种程度上的成功，因为哈拉尔德在 819 年回国，并且得以与古德弗雷德的儿子们共同统治。不过他似乎并不对他的法兰克资助者心怀感恩，因为在 820 年，13 艘"来自诺德曼尼亚的海盗船"出现在佛兰德斯的海岸外，而后一路掠夺，甚至抵达了塞纳河流域和普瓦图（Poitou）。最后在阿基坦发动了一次攻击后，这些掠夺者才返回家乡。

路易只好转而求助于基督教，以期转变丹麦人好勇斗狠的性格。也是这时，首次有记载提及兰斯大主教埃博（Ebbo）出发劝导丹麦人皈依。哈拉尔德国王被说服并皈依了基督教，他在英厄尔海姆（Ingelheim）的王宫里举行了奢华的洗礼仪式。路易则成为他的教父，这体现了他在皈依活动中的一种精神上的宗主权。不幸的是，在827年哈拉尔德再次从丹麦被驱逐，古德弗雷德的儿子霍里克（Horik）成为唯一的丹麦国王，让这一策略无果而终。哈拉尔德暂时得以统治弗里西亚东部的鲁斯特林根（Rüstringen）地区，以等待回国复位，只不过那一天终究没有到来。

9世纪30年代，法兰克王国的政治情况十分复杂。虔诚者路易要面对一系列阴谋诡计，而这些阴谋来自权贵们和他的几个儿子：洛泰尔（Lothar）、秃头查理、日耳曼人路易。随后在833年，他面对一次公开的叛乱，而他的军队在"谎言之地"把他抛弃给叛军，他被迫暂时退位。大约在10个月之后路易复位，不过此时洛泰尔已经获得了一个名为哈拉尔德（Harald）[13]的丹麦首领的支持，他对弗里西亚进行掠夺，以削弱他父亲的力量。834年，一支丹麦部队公开地进攻了商贸重镇多尔斯泰德（Dorestad），他们破坏了港口并且进行屠杀。835年，那里再次被洗劫，翌年又遭到第三次攻击。随后得意扬扬的霍里克国王派遣使者前往法兰克宫廷，否认对这些掠夺的责任，并且声称他已经亲自逮捕并处决了罪犯。在虔诚者路易于840年逝世后，形势变得更糟，政治动荡随即爆发，这为丹麦的维京人提供了充足的机会。法兰克王国有漫长而薄弱的海岸线，卢瓦尔河和塞纳河的河口又门户大开，难以守卫。然而真正的风暴，此时还未到来。

对早年间位于法兰克王国、英格兰、苏格兰和爱尔兰的受害者而言，维京人的出现似乎毫无征兆。不过北欧人并不会凭空出现。他们生活的社会并不原始，而且在这些掠夺活动之前的数个世纪中一直保持快速发展。当这些斯堪的纳维亚掠夺者于 8 世纪末期突然产生时，他们的家乡是怎样的呢？这片庞大的地域自然不是整齐划一的，地理环境和社会发展都存在差异。那些记录他们早期攻击行为的外人，忽视了这些地区在历史上有很大不同的事实，他们对如何划分这些族群不感兴趣，而更在意记述那些施加在自己身上的暴行。

斯堪的纳维亚的地域范围广阔，从挪威的最北端到日德兰（Jutland）的最南端之间的距离超过 1200 英里，中间包含各种各样的风景地貌。南部的丹麦相对平坦，它的主体日德兰半岛是日耳曼平原的北部外延。大贝尔特海峡（Great Belt）将它同主要的岛屿——西兰岛（Zealand）和菲英岛（Fyn）分割开来，而丹麦东部向北，隔海相望的是今属瑞典的斯科纳（Skåne）和布莱金厄（Blekinge）。正因如此，这两个地区在铁器时代的多数时间里和中世纪早期都是丹麦统治者的势力范围，而且在 9 世纪晚期到 10 世纪是第一个统一的丹麦王国的组成部分。比起那些更靠北的地方，丹麦大片的肥沃农田可以供养更多的人口，不过众多岛屿也对政治统一不利。

斯堪的纳维亚半岛上，一组硕大的山脉从北部的芬马克一直延伸到南部的斯塔万格（Stavanger，今属挪威）附近，将半岛分为东部和西部地区。半岛的西部主要面向大西洋,那里有犬牙交错的海岸线,这让海面甚至在最寒冷的季节也不封冻;而东部则面向波罗的海,冬季更为寒冷,那里每年都有数个月因冰封而无法航行。正是这些差异,才塑造了各不相同的西部王国(挪威)和东部王国(瑞典)。

大多数没有被山峦覆盖的土地上都有茂盛的植被。[14] 落叶阔叶林只在最南端(丹麦,以及瑞典和挪威的南部)占据主导地位。渐渐向北,冷杉、松树和云杉的混交林就逐渐转变成针叶林(北方的大片松树林)。水道和湖泊将地形分割得支离破碎(这种情况在瑞典和芬兰十分突出),陆上交通变得更加困难;加上挪威漫长的海岸线、丹麦众多的群岛,都能很好地解释为什么斯堪的纳维亚人精通于使用船作为交通工具。

整个斯堪的纳维亚半岛的最肥沃的地区位于南部,例如瑞典的梅拉伦湖(Mälaren)和乌普萨拉(Uppsala)的周边地区,以及挪威的奥斯陆峡湾地区;其次是西南部地区(罗加兰、松恩、霍达兰[15]),以及更靠北的现在的特隆赫姆地区。这些地方能成为我们所知的早期王公们权力的基础,绝非偶然。

在最后一次冰河期的晚期,汉堡文化的猎鹿人为寻找猎物,随着退却的冰盖一路北上,进入斯堪的纳维亚,成为那里最早的定居者。他们在约 14 000 年前来到斯科纳,而后坐着皮制小舟,在整个半岛散布开来。到公元前 7000 年,他们的分布已经远至芬兰南部。这些早期移民完全以狩猎和采集维生,农耕技术在公元前 4000 年左右才被引入斯堪的纳维亚。从那时到公元前 500 年的铁器时代之初,斯堪的纳维亚社会的财富、人口和复杂程度都在增长。然后,危机爆发了。气候变冷、降水增加,来自南方的凯尔特人部落——他们正在向中欧扩张——的青铜供应渐趋断绝，奢侈品的贸易路线也向南移动到地中海地区。这一切压力都加在了当时的斯堪的纳维亚的社会各阶层之上。

在罗马帝国的铁器时代（公元 1—500 年），当地社会变得更加尚武，社会不平等程度进一步加深。罗马帝国的各种商品流入斯堪的纳维亚，包括青铜器、玻璃和珠宝，其中最值得注意的是罗马风格的武器。这些武器的主人有可能是那些在罗马帝国的辅助军团效力的战士，他们回家时也把武器带回了北方。在挪威、瑞典和芬兰的南部，一系列山间要塞的建立标志着当地社会冲突的增多。当时最大型的要塞位于哥特兰（Gotland）的图尔斯堡（Torsbrugen），它的防御土墙大概有 1.5 英里长。更有说服力的则是在泥沼中发现的用作祭品的武器，其年代大多在公元 200—500 年。仅仅在日德兰半岛就发掘出约 20 处这样的遗存。其中规模最大的位于日德兰半岛中北部的伊勒鲁普河谷（Illerup Adal），在那里爆发过一场有数百人参战的战斗，而战败者的剑、匕首和长枪在随后的仪式中被扔进了沼泽。

我们所知的第一份关于斯堪的纳维亚的历史史料来自古希腊和古罗马的作家。来自马赛的希腊旅行家和作家皮西亚斯（Pytheas）记述了他于公元前 300 年，在欧洲西北部的大西洋沿岸地区的一次开创性的航行。[16] 他提到从不列颠向北航行 6 天后，抵达了一个被称为"苏勒"（Thule）的地方。当地居民以野果为生，因为那里"缺少适于农作物生长和牲畜繁殖的土地"。不过关于他提到（无论是否实际去过）的这个地方是否真的是斯堪的纳维亚（或者冰岛），目前仍存在许多疑问。更为确切的史料来自古罗马历史学家塔西佗（Tacitus）。他记述奥古斯都派遣一支罗马舰队在公元 5 年的 8 月起航，沿着弗里西亚的海岸线探索。这次航行抵达了日德兰半岛的最北端。这次远征（罗马人唯一一次用船进入那个地区）中收集的情报也许是现存的史料之中第一次提到"斯堪的纳维亚"。在老普林尼（Pliny of the Elder）的《博物志》（公元 1 世纪后半叶）中再次出现了这个地方，而且书中将它拼写为"斯卡的纳维亚"（Scadinavia），意为"危险之岛"，这或许说的是卡特加特海峡（Kattegat）附近的急流——在那里航行十分危险。[17]

公元 150 年左右，亚历山大里亚的作家托勒密（Ptolemy）将斯堪的纳维亚的各个部落记录下来，比如瑞安奈斯人（Suiones，后来被转写为瑞典人）和古托伊人（Goutoi）。古托伊人大概就是 6 世纪的盎格鲁 - 撒克逊史诗《贝奥武甫》中提到的耶阿特人（Geatas），这个名字同瑞典王国主要的历史划分有着紧密的联系。在《贝奥武甫》成书的大迁徙时代，有更多间接提及斯堪的纳维亚的作品，不过令人沮丧的是，其中的大部分都相当晦涩难懂。其中最重要的是约达尼斯（Jordanes）于 6 世纪中期写的《哥特史》（Getica）。约达尼斯记载了 28 个斯堪的纳维亚的民族，比如高提哥特人（Gautigoths）和瑞提迪人（Suetidi）。他还将斯堪的纳维亚称为"民族制造所"，他还首次提出：哥特人从哥特兰向南迁徙，勃艮第人则来自博恩霍尔姆（Bornholm，或称博艮德霍尔姆，"Burgundholm"），伦巴第人的家乡在瑞典南部的斯科纳。[18] 这些观点被后来的作家广泛认同。

2 世纪左右，丹麦地区的考古记录变得更加贫乏，不仅将珍贵物品扔进沼泽的献祭仪式终止了，而且丧葬习俗也从土葬转为火葬（意味着能从陪葬品中获得的信息也更少）。不过来自挪威和瑞典的信息相对丰富。在瑞典，有证据表明在梅拉伦湖地区兴起了一个王国。这个时期的瑞典比较繁荣，在乌普萨拉北部的瓦尔斯加尔德（Vålsgarde）和文德尔（Vendel）发现的一系列奢华精美的船墓证明了这一点。所以 550—750 年的这 200 年的瑞典历史时期被称为文德尔时代。[19]

多数我们所能收集到的、关于瑞典的最早期的状况来自《英格林加萨迦》（*Ynglinga Saga*）。这个于 13 世纪被再加工的诗歌（英格林加塔尔，"Ynglingatal"）最早是在 9 世纪完成的。它讲述了有关年代最早的瑞典统治者的故事，而其中多少是历史又有多少是神话一直备受争议。似乎是在 6 世纪时建立了一个王朝，它的统治地点，在从梅拉伦湖开始的水道同内陆盛产毛皮的地区延伸出来的路线交汇之处。这个王朝早期的统治者有三位国王，名为奥恩（Aun）、埃吉尔（Egil）、阿蒂尔斯（Athils）。他们的统治存在的唯一实际证据是三个巨大的封土堆，位于格拉乌普萨拉（Gamla Uppsala，即"旧乌普萨拉"）的 12 世纪的罗马式教堂附近。这三个封土堆以北欧神话中的三大主神来命名，一般被称为奥丁之墓、索尔之墓和弗雷之墓。[20] 如今虽然这里已经被绿草覆盖，但当年这些封土堆必然离瑞典诸王的统治中心与信仰中心不远，11 世纪的作家不来梅的亚当记述了在这里进行的骇人听闻的异教献祭仪式。附近博物馆中的珍宝可以在某种意义上证明这些国王的权力和财富，而他们统治的具体情况和权力的实际规模，现在已经无从得知了。

英格林王朝似乎饱受灾难和不幸。一个名为斯维吉迪尔（Sveigdir）的国王痴迷于一个想法，他认定亚萨诸神（Aesir，北欧神话中的主要神系）最初居住在距离斯堪的纳维亚最东端极远的一个国度，所以出发去寻找诸神。在经历了漫长的旅行后，他看见一个矮人正在进入岩石中的缝隙，矮人邀请国王随他一起进入，声称奥丁就在里面等着他。国王不想中止这超自然的探险，因此他照做了，岩石在他进入之后随即闭合，人们再也没见到过他。另一位英格林王朝的统治者多马尔迪（Domáldi），因为某一年粮食歉收，而被自己的臣民作为人祭的祭品杀死，用来供奉众神。还有一位名为英格维 – 顿纳（Yngvi-Donnar）的国王的结局也是痛苦而语焉不详："在瑞典备受疼痛折磨"。最不幸的国王大概是绰号"屁"的埃斯泰因（Eystein），他掠夺了瓦尔纳（Varna）巫师绍尔德（Skjöld）的土地，因此巫师召唤来了一阵狂风，让另一艘船突然剧烈摆动，国王当场被那艘船的船桁撞翻，落入海中溺毙。[21]

　　这些早期的英格林国王似乎将控制地域延伸到了挪威的西福尔（Vestfold）。在当地，位于奥斯陆西南的博勒（Borre）的数座大型集体墓葬里，也许就有几座是王室的墓。在桦树和橡树的林荫下现存的 6 个封土堆中，有不少已经从顶部塌陷了，盗墓贼在很久以前盗取了里面的大多数陪葬品。在 1852 年当地的道路管理部门将这片土地买下作为采石场后，这些坟墓才第一次得以被挖开进行研究。工人在挖掘过程中发现了一个青铜马鞍，他们想将马鞍挖出来，结果导致了通道塌方。随后，早期伟大的挪威考古学家尼古拉·尼古拉森组织了第一次得当的深入调查。在当时那里有 9 个封土堆，而他只挖掘了其中的第一号封土堆。他在那里找到证据显示这是个船墓（木头早就腐坏殆尽，不过铁钉留存了下来）。[22] 与遗骸一起发现的陪葬品包括 3 匹马、全套马车、马镫、铁锅、各类农具和陶器。因为这处考古发现，这种维京时代早期的艺术风格被称为博勒风格。[23] 这个墓地似乎一直到 9 世纪初还在使用，这意味着在 9 世纪晚期开始统一挪威的金发哈拉尔德的一些直系祖先有可能就被埋葬在这里。[24]

在维京时代开始前的几个世纪里，瑞典一直欣欣向荣。相应的实际证据来自梅拉伦湖的黑尔戈岛（Helgö）上的定居点，那里在 5—7 世纪时作为早期贸易地点来运行。当地有许多仓库和工坊，工坊中可以生产首饰（一些是金质首饰）、玻璃珠、鹿角梳，在年代更晚的维京时代的定居点中，这些物品都颇为常见。这个商业中心的贸易网络延伸极广，考古证据中甚至有来自印度的佛像、爱尔兰的主教牧杖的部件、英格兰南部的玻璃制品。[25]

相比之下，关于丹麦最早期历史的史料并不丰富。有一个传说：丹麦以乌普兰国王耶普尔（Ypper）的儿子丹（Dan）而得名。这几乎可以肯定是虚构的，不过这个传说故事也许保留了丹麦的王室家族和瑞典之间的关系的久远记忆。[26]《贝奥武甫》中提供了几个统治者的名字，比如舍尔登（Scyldings，"拥盾者"）。萨克索·格拉玛提库斯在他的《丹麦诸王纪》中提到了一个国王，名为哈夫丹（Halfdan，字面意思就是"半丹麦人的"），他的儿子赫罗斯加（Hrothgar）也出现在《贝奥武甫》中，而且他所处的时代大概可以被定位到 5 世纪末。

《贝奥武甫》还进一步讲述耶阿特国王赫伊拉克（Hygelach）在同乌加斯人（Hugas，或是法兰克人）的战斗中战死。这次进攻大概才是有史可查的第一次"维京人的"掠夺行动。法兰克历史学家图尔（Tours）的格里高利在他的《法兰克人史》中的记载就印证了这件事情。在书中，他记述丹麦国王科希莱查斯（Chochilaichus，即胡吉莱库斯，"Hugilaicus"）在 515 年进攻阿图阿里人（Attuarii）——一个定居在下莱茵河和须德海（Zuider Zee）之间的弗里西亚部族。[27] 在这次攻击之后，他中了法兰克统治者狄奥多里克的儿子狄奥德贝尔特（Theudebert）的埋伏并且被杀。接下来的故事没什么好说的，但这一史料应当足以证明，在林迪斯法恩遭到攻击前的几个世纪里，斯堪的纳维亚人已经非常确实地威胁到了北欧的海岸线。

下一个关于丹麦的文字记录直到 714 年才出现，根据记载，英格兰传教士圣威利布罗德（Willibrord）在当时被派去"野蛮的丹麦人部落"传教，并且会见了他们的国王安根杜斯（Ongendus），这次传教活动的长期影响似乎很有限。[28] 这些经历模糊的早期丹麦国王掌握着相当大的权力，所谓"丹麦墙"（Danevirke）就是这种权力的证明，它是从南方的入侵者的手中保卫日德兰半岛的基地而修建的一系列复杂的防御工事。在很长的时间里，人们都认为这是由国王古德弗雷德在 9 世纪初建造的，不过，20 世纪 70 年代的年代分析将日期提前到了 8 世纪 30 年代，并且精确到 737 年左右。这意味着在这一阶段国王的权威已经达到了惊人的程度。这种集权王权的出现，还可以从在 726 年在萨姆索岛（Samso）上挖掘的坎哈弗运河（Kanhave）中得到进一步的认定。由于这个运河在日德兰半岛和西兰岛之间，战略位置重要，它建成之后，谁控制了这个运河，就能控制经过丹麦的大小贝尔特海峡的船运，并且能在必要时将通往波罗的海的航路切断。

虽然瑞典、丹麦和挪威的小酋邦可能在 7 世纪晚期到 8 世纪初便开始逐渐合并为小型王国，可是形成的社会依旧以乡村为主（类似城镇的聚居区直到 8 世纪早期才出现，而且规模很小）。[29]

大多数人生活在农场里，居住在一般被称为"长屋"的建筑中。这些长屋的大小最少有 100 英尺*长、15—20 英尺宽，它们一般由木材建成（而在木材稀缺的地方用泥炭建造），支持房屋的围篱用枝条编成并抹上灰泥。长屋的墙壁一般微微向外弯曲，外凸的外观与船体的形状颇为相似。在长屋的内部，托住天花板的木柱沿着房屋的长边将整个建筑大体分成三个部分。一般在长屋的一端有一个畜栏，用于在冬天饲养牲畜。外侧的走廊中放置长椅，供人闲坐、吃饭和睡觉。在长屋的中央有一个长方形的大火炉，用来取暖、照明和烹饪，这里也是房屋生活的中心。往往除了木箱子和"高椅"（制作更为精美的高靠背座椅，供一家之主使用，在侧面由两个大木柱支撑）之外，里面再无其他家具；在屋内也毫无隐私可言。

传统上，这个社会被分为三个阶层："波利尔"（Prael，即"萨尔"，"thrall"），指非自由人；"卡尔"（karl），自由的小农；"雅尔"（jarl），即贵族。这一划分难免有过度简化之嫌，这种经典的三分法的表述出自 10 世纪的短叙事诗《里格神之歌》（*Rigspula*），[30] 诗中讲述了信使之神海姆达尔（Heimdall）的一段旅程：他依次拜访了分别属于这三个社会阶层的农场。在第一个农场（被称为"曾祖父"和"曾祖母"的家）中，招待他的食物是粗面包，不过在离开之前，他辜负了主人的款待并且让"曾祖母"怀上了一个男孩，随后离开。这个男孩被称为萨尔（Thrall），他同被称为"女奴"的女人结婚，他们俩孩子们的名字也十分卑下：男孩们叫"晒黑者、胖马夫、黏液、糙人、口臭、矮胖

---

* 1 英尺约合 30.48 厘米，12 英寸合 1 英尺。

子、懒鬼、灰发、蠢人、长腿";女孩则叫"大嘴巴、破屁股、大鼻孔、奴隶女"。之后，海姆达尔去拜访了"祖父"和"祖母"（"卡尔"阶层的代表），而且他再次和女主人同床。随后，"祖母"生下了一个"面色红润且两眼发亮"的男孩，并取名为卡尔。这个健壮的小伙子和"儿媳"结婚了，他们的儿子则取了相对更合适的名字：比如，"农夫和士兵、爵士和铁匠、自耕农、好胡须和同伴"，而女儿被称为"新婚女士、精明、睿智、妻子、腼腆者"。海姆达尔在第三次拜访了"父亲"和"母亲"的好房子。这个神祇同样与女主人生了一个孩子，不过这个男孩明显漂亮得多，他"脸颊透亮"而且"眼睛如同小蛇一般敏锐"。这个孩子长大成人，娶了厄纳（Erna）作为妻子，他们的孩子则被恰当地取了贵族的名字，比如，"儿子、孩子、贵族、继承人、子孙、亲族、少年、年轻的'孔'（Kon，这是古代北欧语里的一个双关，因为'kon ungr'的意思是'国王'）"。

尽管斯堪的纳维亚的奴隶无疑是社会中的最底层，但他们并不像在欧洲其他的地区那样备受压迫。斯堪的纳维亚的法律允许释放奴隶，也允许地主将他们同女奴生下的孩子变为自由民。这个阶层在维京社会中一直占比不大（而且到12世纪，除了瑞典，其他地方都正式废除了奴隶制[31]）。

自由民和奴隶的地位都是世代相传的，不过，掠夺时掳走的战俘会增加奴隶的数量（奴隶的数量在维京时代大幅上升了）。奴隶在法律上是不受保护的，他们并没有和自由民一样的权利。举个例子，如果一个奴隶因为侮辱自由民并且被杀了，那唯一的惩罚是与奴隶的价格相当的罚款；如果一个人杀死的是自己的奴隶，那就根本不会受到惩罚（除非这种情况正巧发生在大斋节期间，那样的话，杀死这个不幸奴隶的人将会受到放逐出境的处罚）。[32]

当地社会的大多数人是并非贵族的自由民，他们有权在当地的集会，所谓"庭"（thing，是维京社会中十分普遍的一个机构，负责决定重要的公共事务、旁听法律诉讼）之中表达意见。这一社会阶层十分广泛，包含了劳工、佃农以及没有贵族地位的地主。自由民一般被称为"邦迪"（bóndi），这指的是一个经营自己家业的男人。最重要的小群体则是"欧德尔斯邦迪"（óðalsbóndi），拥有"自由保有权"的自由民，他们能将自己名下的土地传给后代，尽管要受到一系列法律的限制（没有他亲属的认可，他无法合法地将应由家人继承的土地送给外人）。随着社会分化的加剧，其他类型的自由人也出现了，特别是无地劳工和小自耕农，他们的法律地位和地主基本相同，不过他们受伤或死亡时得到的赔偿要比那些有"自由保有权"的亲戚要少一些。

贵族之中最重要的人物被称为"雅尔"（jarl）或"厄尔"（earl）。这个称呼只用于那些地位最高的人，他们通常可以同国王平起平坐。举个例子，赫拉迪尔（Hladir）的雅尔以特伦德拉格（Trøndelag）为中心控制了挪威北部的大片土地，他们经常同挪威国王分庭抗礼，或者在丹麦国王想要掌控整个挪威时，成为丹麦人的代理人或摄政者。王室主要的扈从和幕僚往往就来自这个阶层。而作为社会的贵族阶层，在维京时代的末期，随着国王权力的增加、他们自由行动的权利的削弱，其影响力大不如前，他们世袭的封地大多转化为国王授予的官职。

还有一群人游离于北欧社会的主流之外，原因很简单——他们不是北欧人。游荡的萨米人（Saami）使用芬兰语族的语言，他们靠狩猎、捕鱼和放养驯鹿为生。他们并没有留下任何关于自己的文字材料，所以我们对他们的了解完全依赖北欧人的史料和考古学证据。

萨米人的身影出现在了许多冰岛萨迦之中，另外《定居者之书》（Landnámabók）、一些诗作，以及之后的一系列挪威法律也提到了他们。在这些史料中，他们一般被称为芬人（finnr/finni），他们的自称（saame）只在北欧人的史料中出现过一次。他们很明显已经在斯堪的纳维亚半岛生活了很长时间，很可能比北欧人在那里定居还要早。被称为"内陆湖墓"的一系列铁器时代晚期的坟墓在森林地区的小湖泊附近密集地出现，这些坟墓的位置可以证明，萨米人当时的活动范围远远大于之后的范围；到中世纪时，他们已经被限制在挪威和瑞典的偏远的北方。瑞典的海里耶达伦（Härjedalen）的克兰克马尔滕绍格（Krankmaårtenshog）发现的铁器时代早期墓葬中，出土了放置在石堆中的驯鹿角头冠，清晰地说明了萨米人同驯鹿之间长期依存的关系。事实上，遥远南方的乌普兰的蒂纳（Tuna）的船墓中，有证据证明死者的饮食中有丰富的驯鹿肉（这在当时一般的北欧人饮食习惯之中并不常见）。

萨米人是专业的狩猎者，而他们和北欧人的主要的交流形式，便是萨米人用毛皮向北欧人纳贡或进行贸易［在 9 世纪生活在萨米人区域的北欧商人欧泽尔 [33]（Ohthere）比较详细地进行了描述］。萨米人出卖貂皮、水獭皮和其他毛皮能够获得什么回报，我们并不清楚［《柯提尔萨迦》（Ketil's Saga）中提到了黄油和猪肉，但仅凭这些似乎并不足以促进贸易 [34]］，不过鉴于这种贸易延续了几个世纪，它应当对双方都有利。

尽管起初萨米人似乎主要生活在挪威北部的芬马克

（Finnmark），不过也有证据表明，在更南方的特隆德拉格，以及挪威东部的南部内陆地区也留下了他们的印记。在挪威东部通行的《波加尔庭法》（*Borgarthing Law*）中，通过一系列规定阻止基督徒同"芬人"混居，尤其禁止他们前往萨米人的土地去寻找治疗或预言。那些法律的起草者十分在意这些异教徒的行为，他们觉得这是一种玷污。实际上，在北欧萨迦中萨米人常作为使用魔法的高手出现。在一个故事中，挪威国王血斧埃里克的妻子古恩希尔德（Gunnhild）前往芬马克去学习巫术（她还残忍地杀害了她的两个老师，给她带来了嗜血的名声）。

他们的萨满传统，以及他们对基督教的长期抗拒，使得萨米人的"异类"形象在中世纪的北欧作家（主要是基督徒）的眼中被强化。有证据证明双方之间发生过激烈冲突。1258 年，一艘冰岛船只在挪威北部海岸遭受海难，之后船员们都被杀死，这就有可能是萨米人做的。另有记载提及，[35] 萨米人对一个显赫的挪威领主的农场进行了攻击。不过，考虑到萨米人和北欧人之间共同生活了几个世纪，这些证据实际上没有多少显著性。

双方和平共处的记述要多得多。除了长途贸易，双方关系中还有一个常见的方面：北欧贵族一直把萨米人的贵族当作是理想的结婚对象。[36] 在《芬博加萨迦》（*Finnboga Saga*）中，提到一个名为莱克妮（Lekny）的萨米妇女成为一个冰岛领主的情妇。不过，最著名的例子应该是挪威的金发哈拉尔德（Harald Finehair）和萨米王斯瓦西（Svási）的女儿斯内弗利斯（Snaefrith）之间的婚姻。哈拉尔德受邀前去斯瓦西的领地，他最初并不想去，但最后还是去了。当他抵达之后，斯内弗利斯为这个王室客人酌酒，哈拉尔德在看到她后就陷入了热恋之中。斯瓦西回绝了哈拉尔德想要和斯内弗利斯共度良宵的请求，而是坚持要挪威国王和她正式结婚。[37]11 世纪中期的挪威国王哈拉尔德·哈尔德拉达就宣称他自己是金发哈拉尔德和斯内弗利斯的四世孙，来增强他王位继承的合法性。

无论是否真的有哈拉尔德和斯内弗利斯结婚了这回事，这至少足以说明萨米人在北欧人的世界观中远远没有被轻视。《古拉庭法》(Gulathing Law) 中的一个誓约则进一步地显露出两者的密切关系。这个誓约是对某个敌人发下的，声称只要"猎鹰飞翔，松树生长，河流流入大海，孩子为母亲哭泣，萨米人在滑雪"，就保持和平。这恰当地提醒了我们：维京时代的斯堪的纳维亚社会的参与者从来都不只有北欧人。

在萨迦中塑造的维京社会被持续不断的暴力困扰，至少是受到了它的威胁。由于没有强大的中央集权来阻止暴力，这意味着必须寻找一种方法来控制它，或者至少将它转化到社会可以承受的程度。在《埃吉尔萨迦》中，因为一场球赛引起了纷争，年仅 7 岁的英雄埃吉尔 (Egil) 杀死了格里姆·赫格松 (Grim Heggson)，用斧头劈开了他的头。[38] 这显示这样的暴力已经司空见惯了。在这样的环境下，人们纷纷寻找当地某个最能维持他们的影响力（与性命）的首领的保护。

当维京人为远征掠夺而组织起海盗团时，参加的人即使没有受过任何正规训练，也必须要熟悉武器如何使用——在突发情况下必须靠武器保护自身的安全。最常用的随身武器有斧、长枪和弓箭，以及相对少见（至少对非精英战士而言）的剑。这些剑一般有 3 英尺长，带有简单的十字护手和圆形柄头。剑尖较钝，更适用于劈砍而非挑割。记载中留下了许多名剑，它们的名称都颇为威武，比如"啮胫"（Fótbitr）、"暴戾"（Gramr）。这些剑坚韧耐用，使用花纹锻造技术（pattern-welding）制成，即将数根铁条扭在一起，然后进行锻打而一体成型，因此剑身上会有极具特色的花纹。[39] 一些宝剑作为镇宅之宝代代相传，还有少量宝剑则几乎成为圣物，比如圣奥拉夫的宝剑"斫"（Hneitir），它在 1030 年的斯蒂克莱斯塔德（Stiklestad）之战后被一个瑞典维京人捡到，然后这把剑在他家族中流传了三代。[40]

　　斧头是维京人最广为人知的武器，最初还只是小型的窄刃武器，是樵夫用来砍树的那种斧头的衍生品。之后才出现了宽刃大斧（有时被称为"丹麦斧"），它必须要使用双手挥动。实际上双手斧不甚实用，它的使用需要很大的空间，这意味着使用者无法在防御性阵型中受到保护。[41] 这种武器发展到极致则是钩斧，斧刃向下延伸一长段，使得它非常笨拙（或许也可谓惹眼）。远程武器方面，维京人倾向于使用标枪和弓箭。不过在萨迦中的道德规范十分重视单打独斗的荣耀，鄙视使用这些远程武器。

　　说到防护装备，大多数维京人都拥有一个盾牌，其直径一般有 3 英尺，主要使用木材制造，盾牌的中心一般有金属盾钮来保护握持者的手，有时还会在盾牌边缘进行加固。到 11 世纪，鸢形盾牌出现了，巴约挂毯中就有这样的盾牌。[42] 一些战士还有金属头盔，这种头盔一般都是锥形的，偶尔额外会有护眼的装置或者向下伸出的护鼻（不过从来都没有"角"，将角作为维京人的基本特征虽然普遍，但是不符合史实 [43]）。如果一个普通战士拥有护甲的话，护甲往往也只是加护垫的衣物；由相扣的铁环打造的锁子甲（对抗劈砍武器时最为有效）十分少见，一般只有十分富有的人才能拥有锁子甲（比如挪威国王哈拉尔德·哈尔德拉达，他的锁子甲下摆实在是太长了，看起来就像是裙子，于是他的手下给它取了个绰号"艾玛"）。

至少在早期，大多数有记载的维京人掠夺行动是由同一地区的小团队进行的独立行为。在那之后的攻击行动中，一些掠夺部队的规模显著扩大，常常由国王的部队组成。国王往往有王室扈从卫队（hird），不过，在必要时也会征召额外的部队。额外的部队之中大多数人是自由的农民（并得到其他大领主的扈从武装的加强）。在瑞典，被称为汉德（hund）的土地区域有义务按要求提供 4 艘船。在丹麦，同样的单位被称为赫里德，而且在国王要求时，它要提供 40 个武装过的人。[44] 大概正是在这样的征兵行动的支持下，八字胡斯韦恩（Svein Forkbeard）和克努特大王才能在 11 世纪初对英格兰进行有组织的大规模远征。小股的掠夺海盗则以不那么正式的方式组织起来，而且这些赫尔（盎格鲁－撒克逊史料中对这样的流动部队的称呼）在大型战役的过程中，会经历组织、分散、重组这三个过程；以英格兰为例，这些大型战役可以持续 10 年之久。

对付像修道院那样的无力自卫的目标时，维京人的战术和任何时代的武装人员对付手无寸铁的平民的方式没有区别：威胁、恐吓，并且在他们的要求没有得到满足时就采取暴力手段。当维京人面对有武装的敌人时，他们通常会结成战线，以"盾堡"（skjaldborg，实际上和盎格鲁－撒克逊人的盾墙战术基本一致）将他们的首领或国王围在中间。指挥官的旗帜会竖立在空中，其中最著名的是挪威国王哈拉尔德·哈尔德拉达的"焦土之旗"（Landøyðand）。在最初使用远程武器对射之后，大多数战斗会转变为一系列白刃战，双方的战线彼此接近、相互挤压。最后，有一方会击破对手的战线，而战败者在撤退与溃逃期间遭受大量的伤亡。在那些重要的战斗中，死伤人数的大概数字很难统计（毕竟双方部队的规模也很难计算）。在 878 年的阿什当之战中，威塞克斯的阿尔弗雷德大王击败了一支维京大军，据称伤亡"数以千计"。在 991 年的马尔顿之战中，伤亡数则是"数以百计"。偶尔也会有似乎更精确的数字。比如，在 896 年的普尔，有 120 个维京人被杀死，这个数字大概只是通过 6 艘船乘以每艘船上的 20 个战士来简单地计算出来的，记载中英格兰人死亡了 62 人的数字也许更接近真实。[45]

在谈到战场上使用的策略的时候，我们知道维京人爱使用佯攻和伏击。他们有时使用被称为"猪突"（Svínflykjin，"野猪阵"，因为这个阵型和野猪鼻子的形状相似）的楔形阵，这种阵型的推进力能更容易地击破敌人的盾墙。维京人战士中有极为特殊的狂战士（Berserker/Berserks），他们完全不进行任何有计划的战术，狂战士（熊皮战士）的称呼来自他们最初穿来代替盔甲的熊皮上衣，他们有时也被称为"狼皮战士"（ulfhednar）。这种没有防御措施的战斗方式显然是日耳曼民族的古老习俗，公元 1 世纪的罗马历史学家塔西佗就记述了裸体青年拿着剑和矛跳的舞蹈；在瑞典的瓦尔斯加尔德的一处 7 世纪的坟墓中出土的一个头盔上，有一个仅戴着头盔和系着腰带的年轻人的形象。

在战斗激烈的时候，这些狂战士会进入战斗狂怒（battle rage）的状态，相传此时的他们能获得超人的力量，而且杀红眼的他们不会感到疼痛。不过，除了萨迦的记述，几乎没有证据证明狂战士真实存在，这些故事也许只是为了恐吓那些和维京人的精锐战士作战的人。值得注意的是，在冰岛，狂战士很可能被放逐，毕竟在战斗中出现这样的行为（会破坏己方战线）也许会适得其反。[46]

维京人的凶残的名声，或许要以比较的眼光来看待。他们对基督教圣地的亵渎，确实让修道院编年史学家们大受震撼，然而他们的谋杀、绑架、纵火的行为，却没有哪一起能和法兰克王国的查理大帝在 782 年屠杀了 4500 名萨克森异教徒的行为相比，这些萨克森人只因他们不满查理大帝强行推行基督教而发动了叛乱就惨遭杀害。[47]东盎格利亚的埃德蒙国王被维京人当作箭靶来射死，坎特伯雷大主教艾尔夫赫亚（Aelfeah）被他们用牛骨头击打致死。这些只是维京社会中一种随意而为的暴力行为，称不上格外残忍。更为骇人的则是"血鹰"（blood-eagle）——将受害者的胸膛切开、肋骨劈开，把肺从胸膛中拉出，而后钉在胸部外侧，形状就像老鹰的双翼。这种血腥且让人极度痛苦的刑罚，在西格赫瓦特·托德松在 11 世纪创作的《克努特之诗》（Knútsdrápa，一首歌颂克努特国王的北欧宫廷诗）中被第一次提到，诗中诺森布里亚的埃勒国王就受到这个刑罚而死。这也许是与萨迦中对在战场上盘旋、饱食腐肉的鹰的描述相混淆了。[48]

就战略而言，9 世纪早期的维京人掠夺似乎不过是相对猛烈的海盗行为，除了以往的探险行为让他们知道哪里充满财富、哪里防御不严，并没有什么计划可言。随着攻击者获胜的消息一传十，十传百，对战利品的觊觎会让更多掠夺者随之而来，而受害者上缴的贡金只会加速这一过程。比如，法兰克王国的秃头查理在 9 世纪 50 年代和威塞克斯的无备者埃塞尔雷德在 1000 年左右为了让维京人离开而缴纳的赎金。

　　维京人战斗的一个最鲜明的特点就是他们善于利用海上运输的优势，这使得他们能到达的地域更广，一旦掠夺结束就可快速撤退。对于陆上行军来说，维京人配备的马匹让他们和在海上时一样有机动性。不过，他们有就地过冬的做法，他们会在严酷的天气中度过冬天，而不是在适航季节结束前返回家乡，这有利于延长正在进行的战役。他们的过冬地点就成了进入他们的目标地区的桥头堡。最初这些地点是近海的岛屿，或者是与大陆之间有河流隔开的沿海地区，比如法兰西的努瓦尔穆捷和肯特的谢佩岛（维京人在 850 年第一次过冬的地点）。在春季，维京人分散为小型的掠夺队，让他们更容易获得补给。与此同时，掠夺队之间又保留有足够的联系，一旦有组织的武装进攻他们，他们就会重新聚集。他们也会利用现有的防御设施（比如切斯特的古罗马堡垒），不过当没有什么现成防御设施的时候，他们就会建立自己的土木防御工事，比如他们在德比郡的雷普顿建造的设施，以及维京人从 9 世纪 40 年代就在爱尔兰建造的"朗格福尔特"（筑垒的港口基地）的核心建筑。

　　维京人的掠夺部队和军队的规模差别极大。标志英格兰的维京时代开始的维京人的行动不过只有 3 艘船参与，他们进攻了布里特里克国王统治（786—802 年）下的多塞特的波特兰。[49]《盎格鲁－撒克逊编年史》中 897 年的记载的开头提到一次战斗，其中只有 6 艘船参加。[50] 到了 10 世纪，维京舰队就有数百艘船了。值得注意的是，威塞克斯国王因尼的 7 世纪的法律中提到超过 35 人的部队被称为一"赫尔"，这个词被用来称呼大多数维京人的掠夺部队，所以在许多情况下，这些部队并不足以被称为"军队"。

　　《盎格鲁－撒克逊编年史》中的数字的精确度有些可疑，不过在它的记载中，在 9 世纪有 12 个维京人舰队，而其中有 8 个舰队由 35 艘以下的船只组成。根据每艘船能装的人数来估算，每个舰队的最大兵力大概在 1000—1750 人。根据记载，在 843 年，67 艘船只出现在法兰西的卢瓦尔河；到 853 年掠夺者已经在那里集结了 105 艘船只；在 885—886 年的对巴黎的攻击中，军队由 700 艘船只组成，其规模已经达到顶峰。假设每艘船最多有 50 个战士，这支大军的人数将会达到 35 000。即使每艘船上的人少至 30 人，那总人数也会达到 21 000。因此这支舰队的规模肯定被夸大了。这样非常大的数字（即使是更小些的 100 或 200 艘船）也许只是编年史学家表明敌人数量众多的简单方式，他们并不需要什么准确度。892 年，从法兰克王国进入英格兰的"大军"[51] 大概有 250 艘船，不过《盎格鲁 - 撒克逊编年史》中提到他们有自己的马匹，所以这支大军的实际规模也许只有 1000 人。[52]

不过，有一点是明确的，掠夺行动的规模确实随着时间的推移而变大，而且到 11 世纪早期对英格兰的几次远征中，几乎可以肯定人数有几千。尽管维京人的人数少，但是他们可以在数年中一起协同作战，他们的成功也归功于此。与之相对的是，他们在法兰克王国、爱尔兰、苏格兰和英格兰的盎格鲁 - 撒克逊诸王国的那些敌人的军队，都以他们的少数王室侍从作为核心，并伴随有非正规的缺乏训练的征召民兵（比如盎格鲁 - 撒克逊人的菲尔德），而这些民兵无法在战场上维持很久。

我们的史料包含了相当多的信息，比如维京人什么时候来，他们攻击了哪里，他们如何战斗，甚至还有他们生活的社会的特征和发展状况。然而它没能告诉我们，为什么这个相对独立于欧洲北部其他地区的社会，在发展了这么久之后，突然发动了规模如此浩大的海外掠夺活动。这也许是整个维京时代的关键问题。当然同样重要的问题还包括，为什么在持续了约 200 年之后，这种攻击随即停止了。

一个理论认为前维京时代的人口密度的增加引起了对资源的争夺，引起了斯堪的纳维亚的内部的战争。最后，过多的人为稀少的资源而战，暴力活动直接转向极具诱惑的国外目标。铁器时代晚期的一些斯堪的纳维亚定居点中有一些关于人口增长的证据，也许能证明这一理论。在日德兰半岛西部和挪威西部，人类的活动扩张到了之前人们不会居住的沼泽地带，考古证据表明人口增长增加了对可用资源的压力。[53]

其他证据则不能让人信服。在丹麦，不来梅的亚当记录日德兰半岛是"几乎没什么耕地，并不适合定居"。[54] 与此同时，他将斯科纳描述为"满是作物，商品丰富，教堂遍地"。[55] 来自海泽比和隆德的木材证明对橡木的需求（可以用来建造船舶或房屋）让榉树林在维京时代的覆盖范围增加了，这意味着人口增长也带来了需求的增加，不过这个变化在掠夺行动开始后才发生。[56] 同样地，诺曼历史学家圣昆廷的杜多（Dudo of Saint-Quentin）叙述了诺曼人为了不让人口过剩而采取的一种抽签方法。他宣称：由于缺少土地，主要家族的人们会进行抽签，抽签失败的人将被放逐到海外，他们可以"通过战斗为自己获取土地，其他人则继续和平地生活下去"。[57] 作为在 10 世纪早期的抽签失败者，赫罗尔夫将这种不幸变为大幸，并成为诺曼底的第一个维京人统治者。

比人口增长这个推动因素更重要的，也许就是欧洲西北部的贸易联系的普遍加强的拉动因素。7 世纪，商业中心和新兴贸易点快速增加，比如说法国北部的斯特普尔斯附近的奎恩托维克

（可以追溯到这个世纪的早期）、[58] 弗里西亚的迪尔斯泰德（在716年就已经存在了，当时盎格鲁－撒克逊的圣威利布罗德前往丹麦传教时途经这里）和英格兰南部的哈姆维克。贸易网络经过这些中心抵达丹麦，并且和日德兰半岛西部海岸的里伯（至少在720年就建立了）和东部海岸的海特哈布（海泽比）这两个贸易中心连接到一起。[59]

这两个城镇属于斯堪的纳维亚的最初的几个主要贸易中心。其他的贸易中心还有瑞典梅拉伦湖的比尔卡，以及挪威南部的考庞。斯堪的纳维亚一直支配着在南欧和西欧售价高昂的贸易商品（主要是琥珀和毛皮，他们的毛皮通常是从萨米人部落——以及之后罗斯地区的斯拉夫人——那里获得的贡品）。不过，丹麦和瑞典的贸易市场的建立，极大地推动了内部市场的发展，为那些向国内销售进口商品的商人以及斯堪的纳维亚的内部贸易提供了更多机会。迪尔斯泰德和海泽比则有些特别，他们同北海和波罗的海的沿岸建立起贸易联系，来自莱茵兰的陶制酒器、石磨、玻璃都出现在这两个城镇的考古发掘中。海泽比也是一个将东方来的商品（比如毛皮）贸易到南方和西方的法兰克王国的通道。还有更邪恶的奴隶贸易。9世纪晚期，佛兰德斯的修道士圣里姆波特来到这个港口，将一个被俘虏的修女用赎金救了出来。[60]

商业中心是欧洲西北部的贸易普遍增长的一个标志，这一定和斯堪的纳维亚商人活动的区域里的财富增长以及地理知识的进步密切相关。那个时代的陪葬品反映了来自西欧的进口商品已经达到了更高的水平。例如8世纪的瑞典的船墓中出土的大量玻璃，[61] 还有在丹麦的里伯出土的32枚银币，这些银币也许就来自迪尔斯泰德。对于一些旅行的斯堪的纳维亚人而言，这种诱惑一定十分强烈，促使他们从和平贸易转而直接强行夺取那些他们渴求的商品。商人和海盗之间的界限常常模糊不清。在《埃吉尔萨迦》中，一个英雄在波罗的海东部进行了一系列掠夺，随后他用抢来的钱在库尔兰进行和平的贸易。[62]

造船技术的改良在维京人的兴盛中起到了关键作用。在斯堪的纳维亚的许多地方（丹麦的群岛、挪威的漫长且曲折的海岸线以及瑞典的许多湖泊），乘船来进行交流要容易得多，陆上交通则要经过各种复杂地形（通常是无法通行的森林或山脉）。在斯堪的纳维亚最早出现的船是划桨小船，比如，大约公元前 300 年的约尔特斯普林船。约尔特斯普林船是一种圆底的船，以重叠搭造（将木板相互重叠）的方法来制造，而这种独特的制造方式在斯堪的纳维亚延续了 1000 年以上。到了尼达姆船的时代（310—320 年），船舶制造技术已经显著地进步了，这艘重叠搭造的船有 15 对船桨的桨架，它的船员至少有 30 人。[63] 不过，这艘船还没有真正的龙骨（这一结构可以避免船只因大风而侧翻），这一进步的到来不得不推迟到 700 年（拥有龙骨的克瓦尔松德船的年代）之前的某一时间。

维京时代之前的船没有配备船帆。正是风帆的使用，让这些吃水浅的重叠搭造的结实的划桨船在风力下也能行进。这种改进后的船让 9 世纪的维京人能够快速地长距离移动，运载的船员人数也增加到了 100 人。他们的航行并不需要港口，而且能够深入河流系统之中，而他们敌人的吃水深的船只没有这样的能力。[64] 维京人从何时开始使用风力来推进他们的船只不得而知，不过到 8 世纪晚期，他们已经这样做了。丹麦的卡尔拜的一个 7 世纪的船只雕刻品似乎是一艘帆船。[65] 来自哥特兰的 8 世纪的图画石上画有带船帆的船。在 2008—2010 年之间，在波罗的海上属爱沙尼亚的萨拉马岛的萨尔米发现了两艘船，将它们当作证据，可以将船帆的使用时间提前到 8 世纪早期。这两艘船中的二号（被称为萨尔米二号）上的木头和布匹的痕迹可能证明了船帆和桅杆的存在。萨尔米二号船上整齐地排列着 33 个男性的骸骨以及一把剑，而在另一艘船（可追溯到 650—700 年）上有 7 个男性的骸骨。这些骸骨的存在让人想到他们大概是在波罗的海东部的一次掠夺行动中被杀死的。因为它们是年代较早的船，这些人甚至可能属于 7 世纪晚期的瑞典的英格林王朝国王英格瓦尔派出的掠夺远征军。[66] 如果的确如此的话，这将是维京式的掠夺在这一地区存在的最早证据，这比对林迪斯法恩的攻击早一个多世纪。商业中心不断增长的财富的吸引力也许为掠夺行动提供了动机，不过维京人对船只的改进提供了手段。

不过如果没有合适的时机，维京人的掠夺无非癣疥之疾，这些细碎的烦扰，大概只会在编年史上偶尔被提到。就像那些在 4—5 世纪攻击罗马帝国的蛮族从未在罗马帝国的鼎盛时代攻破边境防御，同样地，维京人长期成功的真正缘由，在于他们所面对的敌人是分散的。在英格兰，这些掠夺者面对的是一个不团结的国家——诺森布里亚、麦西亚、东盎格利亚、威塞克斯这几个王国和其他的一些小国，这让维京人的军队有机会将它们逐个击破，最后只有威塞克斯组织起了无望取胜的坚决抵抗。在苏格兰，新生的阿尔巴王国正处于将皮克特人和残存的不列颠人控制的土地吸纳为自己的领土的最后阶段，没有余力扩张到北部和西部的群岛地区，更不用说去保卫那里了。在爱尔兰，当地王国的相互斗争让维京人得以在海岸线上建立起立足点，随后这些地方成长为永久定居点，当地人花了数个世纪才将其彻底消灭。

在法兰西亚（法兰克人在 5 世纪和 6 世纪征服的罗马帝国的高卢地区，和现代法国地域近似，而且在 9 世纪时，它还包括德意志西部、比利时、荷兰、意大利北部和瑞士），查理大帝通过在 797 年对萨克森人的最终征服成功地将边境推进到丹麦附近。再加上他的继承者们的软弱，在这一情形下必然发生边境冲突（又或许是法兰克人的征服行动），随之而来的就是掠夺行动。在一段时间内，这一威胁破坏了国家的完整性，最终诺曼底被完全地分割出来。在罗斯地区，维京人并没有遇到已经建立的国家，不过他们想要在混乱情况下安全地贸易的欲望，促使他们去建立新的定居点（或者占领一个已有的）来保卫他们的贸易活动。在这里，虽然他们最终接触的是拜占庭帝国、哈扎尔王国、里海附近的大小穆斯林政权这样成熟的政权，[67] 战利品的诱惑还是驱使他们同欧洲西部的同族一样进行极具破坏性的掠夺。

另一个常被认为是促使劫掠活动（尤其是伴随着人口迁徙的）的因素是国王权威的增强（或者像一些萨迦里说的"暴政"），它让不想负担苛捐杂税的人避居海外。在萨迦传统中，挪威王国的第一位统一者——金发哈拉尔德和这个理由有特殊的联系。不过，这种貌似巧妙的联系无法得到历史年表的证明。哈拉尔德对挪威的征服一般被认为是在 9 世纪 60 年代中期，而这一进程是在 871 年哈福斯峡湾战役中基本完成的。[68] 此时在冰岛的定居在 874 年已经开始了，更何况欧洲西部和北部的许多地区，已经处于在 9 世纪的 40—60 年代的维京人猛烈攻击的尾声了。哈拉尔德国王在 931 年去世，随后王国再次分裂，在这时维京人的攻击并未减少。丹麦的统一要晚一些，蓝牙哈拉尔德在 958 年左右才完成统一。在那时，维京时代的开端已经过去了一个半世纪了。因此，将掠夺行动归咎于政治集权是不可信的。政治上的纷争和混乱才是让这种情况壮大的原因，大量的战士时刻准备好去海外进行武力冒险。

最后，所有这些变化也许都是维京人的掠夺时代在 8 世纪晚期开始的必要因素，某个因素是无法单独满足条件的。早期掠夺者对不设防的目标的显著成功一定吸引了其他人，而他们获得的财宝为建造船只以及招纳新的追随者提供了资金。随着维京时代的继续，来自西方的战利品和来自东方伊斯兰世界的银币持续涌入，以及赚了大钱的人和当维京海盗的声望逐渐上升，对于年轻战士而言，掠夺已经变成了一个十分诱人的职业选择。10 世纪初期，斯堪的纳维亚的王室政权开始建立，它们此时已经对掠夺没有什么影响力了。最终王权的壮大让独立的战争首领纷纷消失，于是，那些最后的"掠夺"[69]实际上是王室赞助的军事冒险。

第 2 章

从掠夺到定居

在法兰西、不列颠和爱尔兰的维京人，840—950 年

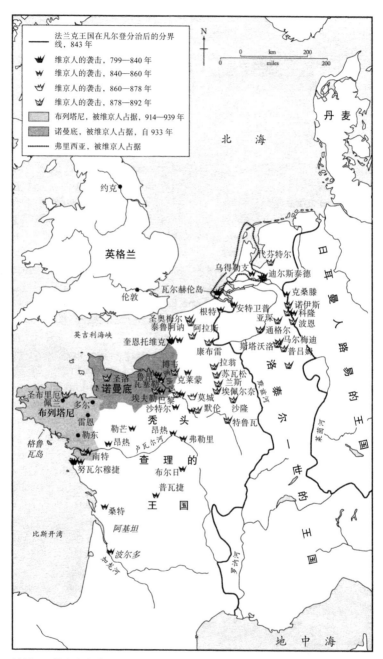

地图3　维京人在法兰克王国及弗里西亚

在维京人最开始对英格兰、苏格兰、爱尔兰和法兰西发动攻击的大约 40 年后，他们的掠夺行动依旧是相互孤立的事件。他们蹂躏了沿海地区，不过对那些受到他们攻击的王国而言，他们并不是致命威胁。9 世纪 30 年代以来，法兰克王国的政治不稳让维京人站稳脚跟，他们不再只是四处骚扰或只是一时的威胁，甚至可能破坏欧洲西北部的全部政治秩序。

　　变化的诱因是法兰克王国的国王虔诚者路易在 840 年去世。随之而来的，是他的三个儿子——洛泰尔、日耳曼人路易、秃头查理——以及他的侄子丕平二世之间的继承纠纷，他们之间的激烈冲突打破了加洛林王朝的统一，而对热衷于趁火打劫的维京掠夺者而言，法兰克王国已是门户大开。843 年 7 月，阋墙的兄弟们在凡尔登通过签订条约（查理获得帝国的西部领土，路易获得莱茵河以东的地区，洛泰尔获得帝国的中部，并且无视了丕平二世对阿基坦继承权的宣称[1]）达成和解；不过维京人的攻击在这之前就已经开始了。

　　在帝国的东北部，洛泰尔觉得他必须建立一个缓冲区来遏制他们，于是将斯凯尔特河的河口的瓦尔赫伦岛授予丹麦首领哈拉尔德。秃头查理控制的那些土地就此成了维京人的目标：鲁昂和圣万德里耶的修道院在 841 年被掠夺，康多维克在 834—838 年就遭受过数次进攻，南特在 842—843 年被抢劫。在进攻南特时，维京人在举行圣约翰节（6 月 24 日）节庆的时候突然到达城镇。北欧人于是开始了一个此后不断重复的攻击方式——在城市中满是朝圣者和贸易商的时候发动进攻，这样既能增加俘虏的奴隶数量，也能增加抢夺易于携带的贵重物品的机会。

由于预想到接下来会发生什么，圣万德里耶的修道士们交出了 26 镑银币，让修道院幸免于难，还赎回了 68 名人质。如果法兰克人认为这种做法不会吸引更多的掠夺者，那他们就大错特错了（一个世纪后的盎格鲁 – 撒克逊人也一样）。不间断的掠夺行动在教会的编年史学家的作品中重复出现。如努瓦尔穆捷的埃尔芒塔尔（Ermentarius），他自己生活的修道院屡屡遭受攻击，并记述了当时广泛存在的绝望感：

> 船只的数量在增加，无数的维京人不断涌来，他们的群体也在不断壮大。各地的基督的子民成了他们屠戮、纵火、抢掠等行为的受害者。维京人将他们看得见的都洗劫一空，而且无人能阻拦……船只多次溯塞纳河而上，在整个地区，恶人们越来越强大。鲁昂因被洗劫和焚烧而荒废了。巴黎、莫城、博韦地区都被攻下，默伦的要塞被夷为平地，沙特尔被占领，埃夫勒和巴约被掠夺，没有城镇幸免于难。[2]

在 841—892 年的半个世纪里，法兰克王国的一些地区在每年都会遭到维京人大肆掠夺，这些攻击主要集中于三个地区：卢瓦尔河流域、塞纳河流域、索姆河流域。这些河流系统让北欧人从大海深入内陆，进攻那些之前自认为不会受到来自船上的敌人的进攻的城镇。[3] 秃头查理的西部王国拥有漫长且缺乏防护的海岸线，掠夺者在此也格外凶猛。与此同时，由于虔诚者路易的儿子之间长期内斗，而法兰克人的各个派系又时常雇佣维京人为自己作战，法兰克人用于对抗维京人的防御力量可谓虚弱不堪。857 年，阿基坦的丕平二世竟然背弃了基督教，并且加入了卢瓦尔河上的维京人。[4] 他对本土宗教缺少热情大概是由于他的叔叔查理在 852 年让他削发成为修道士，还强迫他待在修道院中。[5] 丕平的叛教并未给他带来好运，864 年普瓦图伯爵拉努夫"使用计谋"将他俘虏并且转交给了查理，他作为基督教的叛教者被囚禁而死。同样具有威胁的是，865 年布列塔尼的统治者萨洛蒙和丹麦维京人哈斯泰因的军队一起进攻了曼恩和图赖讷，目的是再开辟一条战线，进一步威胁处境艰难的法兰克统治者。[6]

一直以来，维京人掠夺行动的目标被局限在沿海的城镇和修道院（比如 841 年的圣万德里耶），他们所造成的破坏有限。不过，845 年，维京人溯塞纳河而上，第一次进攻巴黎。拉格纳[7] 率领的这支部队的出现散播了恐惧，法兰克人担心他们会由于自己的罪行而遭受上帝的惩罚，就像上帝惩罚以色列人那样。查理和法兰克守军惊惶地逃进了圣但尼修道院，放任维京人在国王的眼皮底下吊死了 111 个俘虏。痢疾的流行让许多掠夺者倒下，首都才得以避免遭受进一步的掠夺。尽管如此，查理还是被迫给维京人大笔赎金让他们离开。法兰克人则从上帝对拉格纳的复仇中获得了满足，至少在《圣日耳曼遗骨转移记》[8] 的作者的眼中是这样的。根据他的记述，拉格纳在回到丹麦时死状凄惨——他的胃部胀裂爆开，患病的肠子洒落一地，而这是对他之前掠夺巴黎的圣日耳曼修道院的惩罚。

拉格纳的军队在 845 年获得的赎金高达 7000 镑银币，查理的权威却依旧相当牢固，他只花了三个月就筹集完了这笔巨款。不过在接下的几年里，掠夺者们都集中在弗里西亚、布列塔尼、阿基坦，并未接近查理统治的核心领土。随后，在 853 年、858 年、860 年，他们多次在塞纳河上聚集军队，压榨更多的赎金。掠夺的性质也开始改变。852 年，维京人第一次在塞纳河上过冬，这一改变（他们在英格兰也一样）标志着他们永久地进入了法兰克王国的政治时局之中。他们在塞纳河的存在也逐渐深化，856 年他们在距离巴黎只有 40 公里的热福塞建立起设防营地，从那里出发，他们可以随意掠夺位于塞纳河右岸的韦克桑地区。

查理在 860 年向新到达的维京人战团的首领韦兰交出了 5000 镑银币的赎金，作为回报，他们要去围攻（并且赶走）"刚勇者"比约恩（Björn Ironside）的维京人军队，后者将塞纳河上的瓦塞勒岛作为基地。在围攻下，有断粮风险的比约恩向韦兰支付了更多的金钱（6000 镑银币）以解围，在这一诱惑下，他狡诈的同族韦兰毫不犹豫地接受了。[9] 之后，这两支军队一起沿着塞纳河向下，在河边的不同地点过冬。

在某种程度上，查理面对这些日渐加大的威胁时却无所作为，是因为他不得不将注意力又一次集中在帝国内斗上：他的儿子口吃者路易在 862 年 1 月叛乱。最终在 864 年，查理下令修建了一个水坝，封锁了维京人的撤退路线，迫使韦兰投降并且皈依基督教。受到此次成功的鼓舞，查理放弃了之前的消极策略——等待掠夺者到来，然后再收买他们——而开始采取更主动的策略。864年，在皮特雷斯的一次会议中，他下令采取更强力的措施。这次会议上通过的法令有近一半都是关于货币改革的，不过其中一条是禁止向"外国人"（可以肯定指的就是维京人）出售锁子甲、武器和马匹。此外，关于保卫领土的最重要的措施是，所有的男性都要在桥梁和大道上建立防御工事，并且要在这些地方执勤。这条法令的目的是为了在塞纳河沿线重现将韦兰围住的那一幕——用设防的桥梁限制维京人的自由移动，并且不让他们再次靠近巴黎。防御工事的顶峰是壮观的蓬德拉尔什大桥，它建造在塞纳河和厄尔河的交汇处，桥的两端均有用于防卫的要塞。

虽然塞纳河由于这些措施而暂时相对安全，但是维京人继续沿着卢瓦尔河和索姆河进行掠夺。阿基坦的丕平二世和他叔叔秃头查理之间的仇恨让阿基坦变得尤其脆弱。在 841 年的丰特努瓦战役中，他和洛泰尔的联军被查理击败，许多当地人战死。在这一地区，法兰克人抵抗维京人掠夺者的能力因此大为削弱。结果在 844 年，斯堪的纳维亚人的战团深入加龙河，并且攻击了图卢兹。848 年北欧人攻占了波尔多。更糟糕的是，丕平二世于 857年叛逃到维京人那里。不过他的叛乱并未成功，尽管维京人在863 年洗劫了昂古莱姆，却也损失惨重。他们那年晚些时候对图卢兹的攻击则遭到了查理猛烈的反击，丕平二世因此被俘虏。

即便为他们提供便利的本地盟友被除掉了，维京人对阿基坦的掠夺还在继续，直到 868 年阿基坦人进行了一次大规模的反击。他们"向上帝和圣伊莱尔（St Hilary）祈祷，大胆地进攻北方人。他们杀死了一些人并击退了其他人"。[10] 昂古莱姆的防御工事也在这一年得到加强，此后，维京人基本上停止了在这一地区的活动。

对法兰克王国西北部的斯堪的纳维亚人的掠夺行动的反应，由于相对独立的布列塔尼省的存在而变得复杂。维京人的第一次掠夺是在 843 年 6 月对南特的进攻，当时代表加洛林王朝统治布列塔尼的诺米诺（Nominoë）起兵叛乱，这两件事情的同时发生也许并不是巧合。随后和其他地方一样，维京人的攻击开始增多，并且伴随着一系列对修道院的攻击，比如在 853 年攻击图尔的圣马丁修道院。也是在 853 年，维京人再次证明了他们的"忠诚"：布列塔尼人雇用了西德罗克去解决刚刚洗劫了南特的另一个维京首领戈德弗雷德，结果西德罗克却放他逃往勒东的安全地带。[11]在布列塔尼的统治者萨洛蒙于 874 年去世后，伴随着内战和北欧人的进攻规模的加剧，布列塔尼的情况更加糟糕。维京人掠夺者再次利用了受害者内部的政治动荡。9 世纪 80 年代情况变得更糟，886 年，维京人占领了南特的一部分，并且将这里作为进攻布列塔尼的其他地方的基地。新的布列塔尼公爵阿兰进行了一系列强有力的反击，将维京人赶走，并且为这个困境重重的行省赢得了一些喘息的机会。不过，他在 907 年去世，他的继承者之间的内斗进一步削弱了布列塔尼的防御，让整个领土的防线岌岌可危。

911 年，糊涂查理和罗洛率领的维京人战团签订了合约，以保证法兰克王国的核心地区免于掠夺，诺曼底公国因此建立[12]。这一条约有个无心的后果：那些一心想要掠夺的北欧人于是转而针对布列塔尼。最终，919 年，从卢瓦尔河而来的一个大规模的维京舰队进行了全面入侵，大部分布列塔尼贵族落荒而逃。921年，纽斯特里亚的罗贝尔[13]正式地将南特割让给舰队的首领拉格纳尔德，维京人的控制得到了承认。看起来布列塔尼会和诺曼底一样成为维京人的永久殖民地。不过在维京人占领了近 30 年后，布列塔尼的统治权回归到阿兰一世的儿子阿兰·巴比特尔托手中。在这之前，他一直在英格兰的威塞克斯的埃塞尔斯坦国王的宫廷中等待时机。他率领军队在 936 年登陆多尔，并且在第二年猛攻位于南特城外的圣艾尼昂的维京人要塞，杀死了许多维京人。幸存者们都逃到船上，沿着卢瓦尔河撤退。不久后，阿兰就控制了南特，他发现当地已经荒废。维京人不重视建筑维护，因此他在前往圣菲利克斯大教堂的一路上，不得不清理沿途的杂草。939年在雷恩附近的特朗，他击败了卢瓦尔河上维京人剩下的军队，终结了他们在布列塔尼持续了近一个世纪的掠夺行动。

因为维京人对布列塔尼的统治并不长久，所以他们军事占领的证据相对较少。当地有一些大概是维京人建造的土木要塞，比如圣布里厄附近的"佩兰营地"以及特朗的两处土木工事（这里出土的陶器可以追溯到 920—980 年）。和诺曼底以及英格兰的丹麦法区不同，布列塔尼只有一些地名可以辨识出其中的斯堪的纳维亚起源——那些词汇都包含"盖尔什"（"La Guerche"，来自古北欧语的"virki"，意为"要塞"）这个词。[14]

更特殊的是，布列塔尼还有在法国其他地方均未发现的维京人遗存——距离布列塔尼南部的海岸几英里远的格鲁瓦岛的一处悬崖上的维京船墓。这个船墓和在挪威的科克斯塔德和奥塞贝格[15]的那些更为重要的船墓不同，在挪威，死者的尸体被放进船内，然后把船埋到土堆中；在格鲁瓦岛，在埋到泥土中之前，船只被焚烧过。15 英尺高的土堆堆积在这艘船上，这艘船有 40 英尺长，其中有两个男性——一个成年人和一个青年人，他们的陪葬品有他们的武器、马具、珠宝和其他陪葬品。这个船墓中出土了一个独特的物品——一个或许是用于船尾的装饰圆环，而对应这种"龙尾"的维京人的船首装饰"龙头"，则有多得多的出土文物。[16]这个坟墓的年代只能确定到 900—1000 年，而且墓主人的身份是未知的。不过，根据随葬品（可以断定墓主人是个异教徒）的丰富程度，可以推断墓主人是 10 世纪 20 年代的维京人掠夺浪潮中的一个首领，他可能在布列塔尼建立过短暂的维京政权。

9 世纪 70 年代，法兰克王国的其他地方的维京人活动稍微平息了。不过，在英格兰发生的一些事件让维京人的战火再次燃起。威塞克斯王国的阿尔弗雷德大王在 878 年的埃丁顿战役中决定性地击败了维京人，这迫使大量北欧人从英吉利海峡朝南方撤退。[17] 法兰克人之间出现纷争 [18] 的消息也助长了维京人的野心。秃头查理（877 年）和他的儿子口吃者路易（879 年）的相继去世让国家出现了一系列问题，最后路易三世和卡洛曼二世将王国平分。事实证明路易三世是一位杰出的战场指挥官，他在 881 年的索库尔（Saucourt）决定性地击败了维京人。不幸的是，他在第二年的 8 月就去世了——他在骑马追求一个女孩时摔下马而死。

与此同时，东法兰克王国的王室也遭遇了一系列的不幸事件：路易三世的儿子从宫中一个窗口坠落身亡，这导致路易三世在去世时并没有男性继承人。卡洛曼二世在 884 年打猎时由于受伤而死，胖子查理就此继承了这两人的领地。[19] 不过在这 3 年间，维京人在毫无阻拦的情况下肆意掠夺。他们在奈梅亨的王宫中过冬，进攻了一连串的城市——科隆、波恩、诺伊斯和亚琛。据说，维京人把亚琛的查理大帝的旧王宫当作他们的马厩。

戈德弗雷德和西格弗雷德率领北欧人掠夺了莱茵兰地区，然后来到了法兰克王国的核心地带巴黎附近。戈德弗雷德皈依基督教，并且接受了查理支付的 2000 镑银币，然而这两个举措都没有停止丹麦军队的脚步。884 年，他们洗劫了鲁汶。在第二年，他们猛攻蓬德拉尔什，这座秃头查理时建设的设防桥梁没能阻挡他们。11 月，他们抵达了巴黎，随即开始发动围攻。在近一年的时间里，虽然被围困的巴黎城内物资匮乏，不过维京人也没能迫使守军们投降。但巴黎伯爵厄德率领的法兰克人也未能突围成功。最终，对厄德的求援无动于衷的胖子查理并未派出援军，在进行了轻微的抵抗之后，就命令巴黎人允许维京人军队沿着塞纳河自由地前往勃艮第。查理还同意支付给北欧人 700 镑银币，而且命令厄德伯爵来筹集这笔钱。查理国王因此名誉扫地。887 年，查理被废黜，被英勇保卫巴黎（且被背弃）而深得民心的厄德取代。

作为西法兰克王国的统治者，[20] 厄德依旧要面对维京人的问题。889 年，维京人再一次威胁巴黎。不过，由于东法兰克国王阿努尔夫在 891 年于鲁汶附近的迪尔河决定性地击败了一支维京人大军，次年出现的饥荒也让维京人补给的获得更为困难，他们未能造成更大规模的破坏。遭遇了这些挫折之后，维京人首领哈斯泰因相信在海峡对岸能获得更多战利品（同时他从厄德那里勒索了一笔金钱），他率军出发前往英格兰。在英格兰，他进行了一次为期 4 年的战役，范围波及整个国家[21]。

在接下来的 10 年里，维京人控制下的布列塔尼专注于在法兰西西部进行扩张，塞纳河上的防御压力越来越大。911 年，罗洛率领一支新的维京部队到来，并且在沙特尔附近进行掠夺。糊涂查理（他在 898 年取代厄德成为国王[22]）不准备直接对抗他们，转而割让了塞纳河上的土地（那里在将来成为诺曼底公国）。作为回报，罗洛同意阻止其他维京战团掠夺法兰克人的领土。[23]

一直以来，政治羸弱和王朝分裂为维京人提供了各种机会。他们一开始只进行小规模的掠夺，随后他们在法兰克王国境内河流的河口上暂时驻扎。一些地方一直在抵抗维京人，比如奥尔良和沙特尔的主教们就在 854 年征集了船只和战士，来阻止维京人的进攻。不过，王朝分裂和内战极大地限制了王室能布防的程度，维京人很容易就能发现其他可替代的目标。除了诺曼底，他们未能在其他地方将这些最初的成功转变为永久性的占领。原因之一是秃头查理的强化防御运动让法兰克人的防守变得更坚固。原因之二是在英格兰北部、苏格兰、爱尔兰和诺曼底出现了不少维京人统治地区，这些地区如同虹吸效应，将那些野心勃勃的北欧移民都吸引过去，他们知道同族的力量能让他们在那里更轻易地获得钱财。这两个原因，让维京人未能将他们最初的成功变成永久的占领，当然，诺曼底是个例外。

　　除了诺曼底（和某种程度上的布列塔尼），维京人几乎在法兰西销声匿迹。他们攻击过的那些修道院大多幸存了下来，并且得到了重建（虽然圣万德里耶修道院由于在 852 年毁坏而被遗弃，然而在 9 世纪 60 年代，梅纳德院长重建了修道院）；人口的流离失所也是暂时的，康多维克和迪尔斯泰德这样被严重破坏的城镇在初次遭到维京人攻击之后仍然存在了一段时间。在法语中的斯堪的纳维亚语起源的词汇主要流传在诺曼底的法语方言中，那里在数十年的时间内直接受到了斯堪的纳维亚人的殖民。这些词汇包括 "homard"（意为 "龙虾"，来自古北欧语的 humarr）、"vague"（意为 "波浪"，来自古北欧语的 vägr）以及 "quille"（意为 "龙骨"，来自古北欧语的 kjölr）。在法兰克王国活动的北欧人留下来的考古遗迹就更少了，其中最有代表性的是诺曼底的皮特斯的一个女性富人的坟墓（里面有北欧风格的胸针），以及在佩兰的维京营地和格鲁瓦岛的船墓中出土的工艺品。此外，法兰西各地还有零星的发现，包括各条河流中散落的入侵者遗留的斧头。[24]

维京人建立起政权、进行控制的第一个欧洲地区是弗里西亚，不过有些荒谬的是，在讨论他们的征服活动的各种史料中，时常完全忽视这里。弗里西亚位于现代的荷兰和德国的北海沿岸，在8世纪法兰克人逐渐征服了这里。早在弗里西亚国王拉德博德在719年去世时，它的西部和河口地区就被法兰克人强行吞并。剩下的地区逐渐被纳入统治；734年，它的东部地区落入了法兰克人的手中。最终，随着查理大帝在797年征服了邻近的萨克森，法兰克王国的疆域就直接和丹麦人的边境相接了。

康多维克和迪尔斯泰德这样的商业中心就位于弗里西亚，这对早期的维京人掠夺者而言十分诱人。加洛林王朝的统治者试图扰乱他们的新邻居丹麦人的政局的尝试则更加难以抵抗。虔诚者路易在814年接受了前一年被驱逐出境的丹麦国王哈拉尔德·克拉克的宣誓效忠。815年，路易下令入侵丹麦，来让他有希望又充满感激的新附庸重获王位。这一远征并未成行，不过在法兰克人的压力下，哈拉尔德最后还是成功复位。7年后，哈拉尔德前往英厄尔海姆去皈依基督教，路易成为他的教父，皇后朱迪丝则成为哈拉尔德妻子的教母。不过，哈拉尔德同法兰克人之间的关系过于亲密，让哈拉尔德再次被赶出丹麦。

作为他皈依基督教的安排的一部分，哈拉尔德作为路易的附庸而获得弗里西亚的东北部的鲁斯特林根地区。将土地正式地转让给丹麦统治者是非常特别的事件，这标志着为期70年的、弗里西亚的加洛林王朝的统治者在法律上完全认同的维京人首领在弗里西亚的一部分地区（有时是全部地区）有继承权的统治的确立。不过，哈拉尔德的统治在他的封地只持续了两年，然后他的名字从历史记录上消失了。841 年，另一个哈拉尔德被洛泰尔一世授予了瓦尔赫伦岛附近的土地。为了洛泰尔的利益，哈拉尔德在 9 世纪 30 年代掠夺了法兰克人的土地，目的是动摇洛泰尔的弟弟秃头查理的统治。[25]

第二个哈拉尔德在 9 世纪 50 年代去世，他的儿子戈德弗雷德之前在丹麦，随后他和堂兄罗里克（Rorik）继续蹂躏弗里西亚。这两人的掠夺战团围攻了迪尔斯泰德，在面对这种糟糕情况时，洛泰尔所能做的只有将那里当作封地送给罗里克。虽然堂兄弟两人之后回到了丹麦，不过罗里克在 855 年又回到了弗里西亚。据说，他当时已经控制了弗里西亚的大部分，他的统治范围大概南抵瓦尔河，东到日耳曼人路易的边境。

罗里克在接下来的 18 年里统治弗里西亚。他在史料中最后一次出现是 873 年，当时他在亚琛拜访了日耳曼人路易，并且宣誓效忠。不过他也许直到 882 年还在掌权。在罗里克的统治下，弗里西亚享受了宝贵的和平时期，在此期间，只有两次维京人掠夺行动的记录。第一次是在 857 年，罗里克还在丹麦；第二次在 863 年，那时他允许维京人海盗们自由地经过他的土地去掠夺克桑滕。他统治期间唯一一次出现问题是在 867 年，罗里克当时被一个称为"柯金吉人"（Cokingi）的神秘群体赶出了弗里西亚。不过这只是个短暂的插曲，他在 870 年又重新执掌大权。根据记载，同年他还在奈梅亨和秃头查理进行了对话。

882 年时，基本可以肯定罗里克已经去世，而他的领地随后被戈德弗雷德获得。戈德弗雷德也许是另一个被流放的丹麦王室成员，他因为一份同胖子查理达成的权宜的协议而获得这些土地：胖子查理以弗里西亚的领地作为条件让戈德弗雷德成为他的附庸，作为交换，戈德弗雷德停止他对法兰克王国的破坏与掠夺行动。戈德弗雷德皈依基督教也是这个协议的一部分，他还迎娶了一位出身显贵的法兰克妻子（洛泰尔二世的私生女）。不过，戈德弗雷德对法兰克王国的政局介入过深，他在 885 年和他的连襟休一起阴谋叛乱，随后他又企图背叛休，借此向胖子查理要求获得科布伦茨附近的大片土地，以保证继续效忠。戈德弗雷德被召来同法兰克尼亚公爵亨利商讨具体事宜，结果在一场刻意组织的争执中，他本人受伤而死。

一直以来，维京人对弗里西亚的长达 70 年的占领的具体证据只有一个简单地名阿森德尔夫特（古称是阿斯曼尼德尔福特，也许涉及了一个当地的北方德意志语的维京人名字阿斯曼）和仅仅 6 件北欧文物。这一情况强化了一个观点：维京人的统治非常短暂，而且他们在弗里西亚并没有真正的定居点。不过在 1995—1996 年和 2001 年在维灵根的维斯特利夫（Westerlief）发现的两处钱币窖藏开始改变这一情况。在第一处钱币窖藏有 3.5 磅重，其中有臂环、银块和 78 枚加洛林王朝的便士。第二个钱币窖藏则要小一些，其中有 95 枚阿拉伯钱币；而阿拉伯钱币在欧洲出土数量最多的一次就在斯堪的纳维亚的南部。[26]1991 年在特兹梅林根出土的一处钱币窖藏中则有超过 2800 个钱币，其中的 13 个钱币罐可以追溯到 816—915 年之间的这 100 年里。[27] 由于在正常情况下，维京人的钱币窖藏不会在他们没有实际定居的地方发现（如果不想在那里久居，为什么要储存如此之多的金银细软？），这也许证明维京人在这块地区的长期存在比预想的程度要深。维灵根位于弗里西亚的北部，这里也许是统治斯凯尔特河流域的一个交通便利的基地，就像瓦尔赫伦岛可以让维京人去控制这个省份的南部。

斯堪的纳维亚人的统治对弗里西亚的影响深远，这影响甚至能出现在英格兰的战场上。根据记载，在 867 年攻击约克的维京人军队的首领乌贝被记述为"弗里西亚公爵"（Dux Fresciorum）。他的部队大概就是在 867 年罗里克被驱逐时从弗里西亚出发的，这反映了维京世界的一个地区的事件的余波如何快速地抵达另一个地区。此外，根据记载，878 年突然到达泰晤士河的维京军队在第二年回到了根特（距离弗里西亚的南部不远）。这证明北欧人控制的北海南部的沿岸地区已经是盎格鲁 - 撒克逊统治者（以及法兰克统治者）的心腹大患。在英格兰，少数地名可以证明弗里西亚人定居在当地，这些地名可以和它们的古北欧语后缀一同作为参照，例如弗里斯比（Firsby）和弗里斯索普（Friesthorpe）。[28]

就像熬过了最初的攻击之后，在法兰西的维京人暂时中止了掠夺活动，英格兰似乎也在 9 世纪的前四分之一的时间里获得了喘息的时机。不过，我们的主要史料主要关注英格兰南部的威塞克斯，也许让我们对北部的情况有了错误的印象（英格兰的北部也许还在受到攻击）。同样地，史料中没有提到就意味着那里没有维京人入侵被记录下来的想法也是错误的。无论如何，在 9 世纪 30 年代的小规模的掠夺之后，840 年，南安普顿和波特兰遭遇了更猛烈的攻击。在接下来的几年里，持续不断的攻击出现在威塞克斯的西部，843 年，埃塞尔沃夫国王（839—858 年在位）在迈恩黑德附近被 35 艘船只组成的维京舰队击败。除了这些失败，英格兰人偶尔也会获得胜利，比如 848 年，当地民兵在帕雷特河的萨默塞特击败了一支维京人舰队。此时，维京人的威胁还未达到

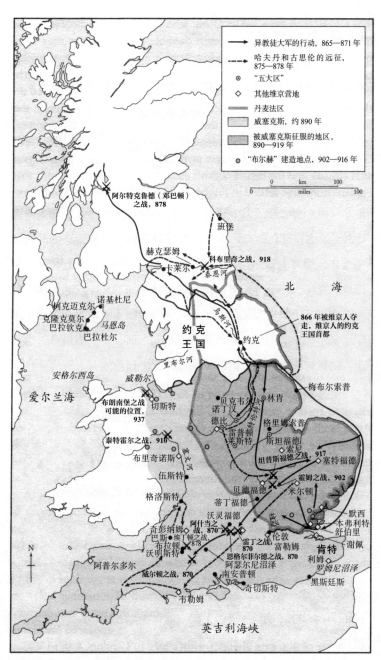

地图 4　维京人在英格兰，865—916 年

能压倒性地打破盎格鲁－撒克逊人的防御的程度。

　　情况在 850 年变得更危险了。在此之前，掠夺者们在冬季都会撤退回到他们的大本营：掠夺英格兰西部的那些人回到爱尔兰的港口，而攻击英格兰东部的那些人回到丹麦。在这一年，一支前所未见的大规模舰队（《盎格鲁－撒克逊编年史》中记载它包含 350 艘船只）到达英格兰，并且洗劫了坎特伯雷和伦敦。此后舰队并未返回家乡，而是在萨尼特岛上过冬。虽然埃塞尔沃夫国王在阿克利赫击败了这支军队，[29] 但是另一支维京大军在 854 或 855 年抵达并且在距离伦敦更近的谢佩岛过冬。第三支维京舰队之前在索姆河上掠夺，在 860 年横跨英吉利海峡，接着在第二年将威塞克斯王室驻扎的首都温切斯特洗劫一空。这支舰队最终被赶走，回到了法兰克王国。这种模式将在接下来的半个世纪中不断重复：掠夺者们试探性地攻击英格兰，而且一旦盎格鲁－撒克逊人的抵抗变得坚决，他们就撤回法兰克王国。

　　维京人已经从小麻烦变为了大威胁，不过威塞克斯和他的邻居们所面对的危险还远不是决定性的。然而在 865 年，这一切都被改变了，一支"大军"（《盎格鲁－撒克逊编年史》中的用词为"micel here"）抵达了英格兰。和之前的维京人不同，他们不仅在当地过冬，还在这里待了超过 10 年。在这期间，他们毁灭了一个又一个的盎格鲁－撒克逊王国的军队，终结了这些国家独立的地位。这些维京军队的规模不是之前的几十人（最多数百人）的战团，而能达到几千人。这标志着维京人威胁的性质发生了决定性的改变。[30] 率领这支大军的是一对战士兄弟，宽大者（Wide-Embracer）哈夫丹和无骨者（beinlausi）伊瓦尔（英瓦尔）。这个伊瓦尔也许和记载中 9 世纪 60 年代早期在爱尔兰活动的伊麦尔是同一个人。因此异教徒大军中的一些人有可能是横渡爱尔兰海来到英格兰的。伊瓦尔是怎样获得他古怪的绰号一直有很多猜测，比如他患有的某种疾病使得骨头变得脆弱，他也许因此无法独自行走。[31] 他们是否是拉格纳·洛德布罗克（Loðbrók，"多毛马裤"）的儿子也令人怀疑。拉格纳是一个传奇的维京人，一般认为他在845 年掠夺了巴黎。[32]

伊瓦尔和他的同伴们在一个季度里大肆洗劫东盎格利亚的城镇和修道院，然后北上进军。他们径直前往约克，并且在 11 月 1日到达。此时，这个城镇中满是去大教堂参加诸圣日活动的达官显贵。这些人中有两个诺森布里亚的国王——埃勒和奥斯博特，这两人之前过于专注于双方之间的内斗而没有认真地准备对抗维京人的攻击。在基督徒们祈祷时，维京人大军直接冲进城市。埃勒和奥斯博特都成功逃脱，当那些外来者离开后，他们就回到城里。因此，已经在泰恩河过冬的维京人军队只好在 867 年 3 月返回并且再次攻占了约克。[33]

这一次，奥斯博特国王在战斗中被杀，埃勒国王被维京人抓住处死。据说，伊瓦尔和哈夫丹对他执行了"血鹰"仪式，[34] 这是他们对自己父亲拉格纳死亡的复仇。根据《拉格纳萨迦》，由于他嫉妒儿子们在不列颠获得的名誉，便从丹麦远航去进攻诺森布里亚，结果被埃勒击败并俘虏。这个维京人掠夺者拒绝透露自己的名字，因此被激怒的诺森布里亚国王将他扔进了满是毒蛇的土坑。当毒蛇爬在他身上，并且向他体内注射致命的毒液时，拉格纳以真正的维京英雄的样子赴死，高歌激动人心的《死亡之歌》（*Krákumál*）："我们一直在挥舞手中的剑，我们进入高特兰的时候。……自那之后，人们称呼我为多毛马裤。……我将长矛刺入大地之环。"最后拉格纳将要毒发身亡，他在临死时说出预言："猪崽若是知道老猪的命运，它们也要惨嚎！"

他们在约克扶植了一个傀儡统治者埃格伯特。[35] 868 年，维京人又突然出现在麦西亚，攻占诺丁汉，不过未能决定性地击败当地的国王伯雷德。他们随后回到约克并且等待了一年，随后在 870 年突袭了东盎格利亚，并且杀死了国王埃德蒙。《盎格鲁－撒克逊编年史》中对伊瓦尔的胜利只有简短的几句话："丹麦人取胜了，杀死了国王，征服了全部土地。"[36] 不过，埃德蒙的死亡很快被蒙上了殉难的色彩。10 世纪晚期的《圣埃德蒙受难记》[37]（*Passio Sancti Eadmundi*）增添了许多可怖的细节。在这本书里，埃德蒙最初逃出了伊瓦尔的魔爪，他提出条件说，只要伊瓦尔皈依基督教的话，他就会降服于伊瓦尔。之后埃德蒙被俘虏了，由于他无礼地坚持让伊瓦尔转换信仰，因此被绑在树上，被愤怒的维京人射成靶子。他的头颅被砍下，而且被丢弃在地上；根据传说，一只大狼前来守卫他身首分离的地方，并且哭号道"Hic，hic"（"这里，这里"），来帮助人们寻找国王的遗骸。当东盎格利亚人将埃德蒙的身首收集到一起，并下葬在伯里修道院的时候，头颅和躯干奇迹般地重新结合到了一起。

随着诺森布里亚和东盎格利亚都被征服，"异教徒的大军"接下来将注意力集中到威塞克斯，并且在 870 年的晚秋攻击了那里。军队的规模在此时已经变小了不少，因为在这之前，伊瓦尔离开了主力部队，前往英格兰的北部，去进攻不列颠人的斯特拉思克莱德王国的首都阿尔特克鲁德要塞（邓巴顿岩石）。在受到围攻 4 个月后，要塞陷落了，斯特拉思克莱德王国再也未能真正从这次浩劫中恢复过来，而伊瓦尔和奥拉夫带领满载俘虏和战利品的

200 艘船回到了都柏林。[38] 现在再来看威塞克斯，在恩格尔菲尔德的小规模冲突后，维京人在 871 年 1 月 4 日在雷丁取得决定性的胜利。4 天之后，在阿什当，威塞克斯的民兵（菲尔德）试图阻止北欧人抵达沃灵福德的泰晤士河渡口。在当时迎战哈夫丹和一个新首领巴格塞吉率领的维京人的，是威塞克斯的埃塞尔雷德国王（865—871 年在位）和他的弟弟阿尔弗雷德。

在阿什当战役中，因为埃塞尔雷德的迟到（据说是因为在祈祷），阿尔弗雷德差点英年早逝。当维京人试图包抄阿尔弗雷德一方已经被削弱的盾墙时，阿尔弗雷德让他的战士过早发动进攻；如果不是他的哥哥及时赶到的话，他们的军队就要被完全压制住了。战斗在一棵荆棘树下胶着时，迎来了战斗的转折点，维京人渐渐被打退。巴格塞吉被杀后，北欧人的军队溃败逃散了。接下来的屠杀，被《盎格鲁－撒克逊编年史》简要地记述为"两支敌军都被赶跑，好几千人被杀"。[39] 哈夫丹麾下有 5 名雅尔被杀，他只得撤退到雷丁，不过他很快聚集部众，在贝辛和梅雷顿击败了盎格鲁－撒克逊人。[40]

阿什当是阿尔弗雷德参与的第一次重大军事行动，也是他为时 7 年的传奇生涯的开端，他将作为英格兰最坚定的捍卫者之一，留下被神化的显赫威名。在埃塞尔雷德去世（死于战场伤口还是自然原因则不得而知）之后，他在 871 年 4 月 15 日继位为国王，而他正好是一位真正有能力的领袖。这个新国王也面临着潜在的威胁，那就是埃塞尔雷德的年轻的儿子埃塞尔赫尔姆和埃塞尔沃尔德，不过他们并不热衷于王朝内斗。即便这样，阿尔弗雷德的登基还是受到了一些阻力，他的传记作家阿瑟尔就简要地记述他"承担了整个王国的统治"，而非被立为国王。[41]

此时，一支新的维京人部队抵达了英格兰，在《盎格鲁－撒克逊编年史》中，他们被称为"夏季大军"（The Great Summer Army）。他们在雷丁加入了哈夫丹的军队，这支联军在威尔顿（威尔特郡）击败了新任的威塞克斯国王。阿尔弗雷德刚戴上王冠不久，就有可能马上失去它，所以他别无选择，只好向哈夫丹支付一大笔赎金来让他离开威塞克斯。金钱换来的喘息时间并不长，不过已经足够让阿尔弗雷德重整军队，为不可避免的新一轮攻击做准备。在此期间，维京人军队不得不转向北方，去镇压诺森布里亚的叛乱（当地人驱逐了国王埃格伯特和从约克来的大主教伍尔夫希尔）。直到秋季到来，维京人才南下进军，去进攻伯雷德国王的麦西亚。伯雷德国王发现支付大笔赎金的政策只会表现出软弱，并且会让他的王国成为更加诱人的目标。

之后，到了873年，维京军队到达了位于雷普顿的麦西亚王室的宗教中心，并且在那里建立过冬营地。伯雷德国王无力驱逐他们，而且他的追随者们四散而逃。心碎的他只好退位，并且前往罗马进行朝圣之旅。[42] 获得胜利的古思伦扶植了一个"愚王的塞恩"（foolish king's thegn）切奥尔伍尔夫当傀儡。

维京军队在雷普顿驻扎的证据是一个占地约 3.6 英亩 * 的呈 D 字形的土垒，他们就凭借它越冬。这个防御工事里还有一个撒克逊人的墓地教堂（之前是麦西亚王室的墓地），其中有 260 具男性的骨骸，他们都被紧凑地放置在一个简易的高规格的墓地里，墓上面有泥土和卵石组成的土堆。用放射性碳定年法测定，一些遗体的年代可以追溯到 700—750 年，因此这些人也许是修道院中的

---

* 1 英亩约合 4046.86 平方米。

修道士，他们被挖掘出来然后被重新埋葬。然而由于有 45% 的被掩埋的男性尸体的头上都有被砍伤的痕迹，可以证明这些人中有许多都死于暴力，也许就是在战斗中被杀；又因为维京人的工事和他们有关，所以他们最有可能是在"夏季大军"的战役期间战死的人。埋葬在墓葬中心的战争首领是谁已经不得而知，在 1686 年发现这一遗迹的工人托马斯·沃克在报告中声称那具骨骼有 9 英尺长，不过这不太可能是真的。沃克将那个大个子骷髅的头骨交给了当地学校的校长鲍尔先生，不过很遗憾的是，它在之后被弄丢了。[43]

哈夫丹率领他的人手前往了诺森布里亚，因此这支"大军"一分为二，他们对威塞克斯的威胁也进一步减小了。876 年，维京人掠夺了卡莱尔、赫克瑟姆，还有林迪斯法恩那不幸的修道院。根据记载，维京人"分取了诺森布里亚的土地，耕起地来，用以自我补给"。[44] 这是一个关键的变化，标志着在英格兰的维京人殖民地真正地建立起来了。与此同时，哈夫丹本人对耕种兴趣不大，他在 877 年对爱尔兰进行了远征，结果在爱尔兰的东北部的斯特兰福特湾战死。[45]

此时"大军"的另一部分由古思伦指挥，他们在 875 年前往剑桥，准备再次入侵威塞克斯。在这一年的秋季，大军进入阿尔弗雷德的领地，一路行军到多塞特的韦勒姆，没有遇到真正的抵抗。随后他们被西撒克逊人的军队包围起来。不过，由于敌人有一支 120 艘船只组成的增援部队正在赶来，这个威胁让阿尔弗雷德允许古思伦离开他被围困的营地，前提是北欧人的战争首领对神圣的黄金臂环起誓。于是，维京人溜出了阿尔弗雷德的陷阱。

古思伦根本就不打算信守诺言，无论是对着神圣的多神教物品发出的誓言，还是对着基督教的圣遗物做出的承诺。他马上前往埃克赛特，准备迎接即将到来的舰队。对维京人而言，不幸的是，这支舰队在斯沃尼奇出了海难，而且损失了 3600 人。这一灾难而不是虔诚的信仰沉重地压在古思伦的心头，他签订了一个新条约，并且在 877 年秋天率领部队撤出威塞克斯。随后，维京人将麦西亚分割开来，一部分军队就驻扎在王国的东部，就像他们的同族在诺森布里亚所做的那样。这对切奥尔伍尔夫而言是极大的不幸，而对阿尔弗雷德而言无疑是大好消息。这些维京定居点就是"五大区"（林肯、诺丁汉、莱斯特、德比、斯坦福）的起源，这些定居点也是维京人在英格兰中部的领地的核心，也是未来丹麦人在英格兰的占领区的核心地区，之后这些地方被称为丹麦法区。[46]

　　与此同时，古思伦依旧驻扎在格洛斯特，等待再次进攻威塞克斯的时机。由于冬季到来，阿尔弗雷德解散了他的民兵，他大概真心认为自己至少在来年的春天前都是安全的。当他在奇彭纳姆的王室庄园中举行圣诞宴会的时候，维京人军队跨过了边境。在主显节前夜，古思伦到达奇彭纳姆，却发现他的猎物以及王家议事会中的领导者已经逃走了。《盎格鲁 – 撒克逊编年史》中记载："敌军悄悄来到奇彭纳姆，占据西撒克逊人的土地，定居下来，并且把很大一部分居民赶得越海而逃，把其他大部分居民都征服了。居民向他们屈服，但阿尔弗雷德国王除外。他带着一小支队伍艰难地穿越森林和难以进入的沼泽地带。"[47]

　　阿尔弗雷德在自己的土地上沦为逃亡者。他的传记作家阿瑟尔写道：阿尔弗雷德"在这次大灾难中，在萨默塞特郡的林地中过着并不安定的生活；因为没有生活必需品，他只能频繁地出动，从异教徒手中甚至从那些屈服于异教徒统治的基督徒的手中，以公开的或者偷偷摸摸的方式获取食物"。[48] 到复活节时，逃亡中的国王已经被限制在阿瑟尔尼附近的萨默塞特平原上。在维京人征服整个英格兰的过程里，似乎命运注定了他只不过是个无关大局的人物。

阿尔弗雷德已经有足够的时间来思考他的困境。正是在这期间，出现了他将农妇的烤饼烧掉的著名故事。据说，当时国王正在一个卑微的牛倌所有的小屋中避难，牛倌的妻子请他照看正在烘干的烤饼，被自己的困境搞得心烦意乱的阿尔弗雷德却把饼烤焦了，因此并不知道这个心不在焉的客人的身份的农妇狠狠地斥责了他。这个故事中巧妙地包含了盎格鲁–撒克逊语中的一个双关语——"hlaf weard"，君主/烤面包者，其中的含义是正像阿尔弗雷德烧焦了的面包那样，他未能照看好他继承的威塞克斯王国。[49]

阿尔弗雷德国王并未被动地等待古思伦来将他抓获，而是派遣使者在威塞克斯各地来来往往，试图重整军队去进行反击。那些忠于他的人将位于威尔特郡和萨默塞特的交界处、沃明斯特和阿瑟尔尼之间的某处的"埃格伯特之石"作为会合地点。878 年5 月，阿尔弗雷德和他的小部队从沼泽地中出来，和已经聚集在那里的来自汉普郡、萨默塞特和威尔特郡的约有 4000 人的大部队会合。[50]

古思伦不得不迅速出击，不让这群起义者聚集力量。从奇彭纳姆出发的他迅速向西南方行进，占领了位于埃丁顿附近的布拉顿的一个早已荒废的铁器时代的山堡。威塞克斯的民兵前进到一排石灰岩丘陵的顶部，正对着防御工事的外围沟渠。在那里，他们列队为盾墙，和维京人的战阵交战。在激烈的战斗之后，拼凑而来的盎格鲁－撒克逊军队打破了维京人的战线，正如阿瑟尔所述："毁灭了维京军队并且大肆杀戮，追杀那些逃回堡垒的人，将他们砍倒。"古思伦和其他在战败中逃跑的北欧人被围困在奇彭纳姆，在艰难地熬了半个月之后，"在饥饿、寒冷、恐惧，最后是绝望的驱使下，异教徒们要求议和，他们向国王交出人质，要多少给多少，而且不要任何回报"。[51] 还有一个额外条款：古思伦和他的 30 个重要的部下必须成为基督徒，而阿尔弗雷德本人将成为丹麦国王的教父。因此，在得到阿特尔斯坦的教名之后，古思伦率领军队撤退，他们开始前往麦西亚，然后在 879 年前往东盎格利亚，他的军队在东盎格利亚"定居并且分取了土地"。

此时，诺森布里亚、麦西亚和东盎格利亚都有了丹麦人的殖民地。879 或 880 年的某个时间，阿尔弗雷德和古思伦签订了正式条约，确定了英格兰人控制的领土和丹麦法区（维京人统治下的领土）之间的边境。除了威塞克斯，盎格鲁－撒克逊人还保有麦西亚的西部地区，那里被交给埃塞尔雷德郡长去管理，而切奥尔伍尔夫在之前已经死了。两个领地之间的分界线大概沿着古罗马的涉水大道（"从泰晤士河到利河，沿着利河到它的源头，之后直接到贝德福德，最后从乌斯河到涉水大道"），而且伦敦在西撒克逊人的统治范围之内。[52]

古思伦和威塞克斯之间的和平持续了 5 年，885 年，他越过边境来进行大规模的进攻，不过阿尔弗雷德轻易地击退了他们。与此同时，西撒克逊的国王做了一个极为成功的举动——哈夫丹的继任者、维京人的约克领主古思弗里特也皈依了基督教。[53] 不过，阿尔弗雷德知道无法凭借这些外交功绩来高枕无忧，他清醒地知道威塞克斯脆弱的防御是它和其他的盎格鲁－撒克逊人王国能被维京人轻易攻占的关键。他下令建造"布尔赫"（设防城镇和堡垒），计划建立起一个彼此距离不超过 20 公里的庇护所网络。这个网络中的许多地点在后来发展成为繁荣的贸易城镇，比如沃灵福德、奇切斯特、伍斯特、巴斯、黑斯廷斯和南安普顿。被称为《布尔赫地籍》[54]（*Burghal Hidage*）的文献还记述了之后为这个系统提供资金的税收系统。这也许意味着在这个计划被全力执行时，有近 27 000 人的军队可以保卫威塞克斯的城镇和堡垒。

884—885 年，当一支新的维京人掠夺部队从法兰克王国到来时，这个新防御体系得到了检测。这支部队发现近 20 年前的"大军"能在这里轻易地获得战利品的经历已经成为历史，因为阿尔弗雷德的纵深防御战略起到了作用。在维京人试图取得进展的时候，阿尔弗雷德进攻了他们在罗切斯特附近的营地，许多外国人逃回了法兰克王国。即便这样，一些幸存者成功地到达了他们的同族古思伦[55]在东盎格利亚的王国，并且在沿海进行掠夺。

阿尔弗雷德现在则放出了他为了反击维京人的威胁而打造的另一个武器——英格兰人的舰队。这支舰队可以在海上和北欧人交战，英格兰人曾经也有海军力量，不过，现在他们是毫无疑问的海上霸主。阿瑟尔记述了一场在斯陶尔河河口的海战："维京人都被杀死，他们的船只都被俘获。"在那天，13 艘维京人的船只被击沉或被夺取。西撒克逊人惊人的胜利有力地震慑了那些还想着以旧的方式去自由掠夺的小规模维京军队。

892 年登陆的维京人军队并不是小型战团，而是自"大军"以来规模最大的一支部队。据说，这支军队有 250 艘船，[56]其中有 56 艘从布洛涅航行而来，在肯特的罗姆尼附近的林姆尼河河口登陆。他们攻占了埃洛普布尔南的一个布尔赫（此时它还未完工），[57] 随后在附近的阿普尔多尔建立起一个新的营地。黑斯腾率领的由 80 艘船组成的舰队也到达了，他们航行到了泰晤士河的河口，并且在谢佩岛的对岸建立起了营地，这支舰队的抵达让阿尔弗雷德陷入了十分危险的境地。如果东盎格利亚或者约克的维京人加入其中，那么即便阿尔弗雷德已经进行了军事和行政上的改革，威塞克斯非常有可能再次被击败。

阿尔弗雷德和他的儿子长者爱德华在 893 年和众多维京人部队进行了一系列运动战。他们还支付一大笔金钱来说服黑斯腾让他的一个儿子接受基督教的洗礼，不过这次的皈依仪式也只让黑斯腾短暂地离开战场几个月。在顽强的抵抗下，维京人的主力撤退到了英格兰中部，并且最终在切斯特的古老的（且年久失修的）罗马军团要塞中过冬。由于威塞克斯民兵的焦土政策造成了补给短缺，因此维京人进入威尔士北部，并且进攻他们曾经的盟友格温内思国王阿那拉文德·阿普·罗德里（Anarawd ap Rhodri），然后他们再次折返，前往埃塞克斯的默西。

他们现在面对的抵抗比 9 世纪 60 年代的掠夺者们所面对的要顽强得多，这让维京军队中的许多人失去了勇气：其中的一支大部队越过海峡返回了，还有一支西格弗里斯率领的部队渡过爱尔兰海，进攻了都柏林的维京人国王西特里克·伊瓦尔森。[58] 那些留下的人在 895 年对伦敦进行了一次判断失误的攻击，威塞克斯的民兵将他们击退，并且在麦西亚一路追赶。最后，他们被围困在什罗普郡的布里奇诺斯。不过，对于持续 4 年的对阵来说，这次并没有激烈的战斗，也没有高潮，维京人只是同意将军队解散，一些前往东盎格利亚，一些去了诺森布里亚，还有一群人（被描述为"没有钱的人"）回到了法兰克王国。

892 年的维京人入侵者所造成的破坏和 864—865 年"大军"造成的破坏相比要少得多，他们被赶走后，并没有大规模的入侵接踵而至。新成立的英格兰舰队将进攻怀特岛的一队小规模的掠夺者赶走之后，阿尔弗雷德享受了三年相对和平的时光。他在899 年 10 月去世，享年 50 岁的他，大半生中都在和维京人作战。他已经面对过各种敌人，他留给了他的儿子爱德华一个 20 年前无法想象的、安全得多的王国。

丹麦法区依旧在维京人的手中。严格来说，这个词汇不能在这时使用，因为这个词汇第一次在法律条文中出现是在埃塞尔雷德二世（978—1016 年在位）的时候，而且那时这个词指的是在英格兰的范围内有独立司法权的地区，而不是指的有独立政治地位的地区。此外，在大约 40 年后的忏悔者爱德华（1040—1066年在位）的统治时期，丹麦法区才被定义为包含东盎格利亚、东米德兰（这个地区在广义上被称为"五大区"）和诺森布里亚的地区，总共有大概 15 个郡，而且占英格兰全境的约三分之一。[59]在那里，维京人的统治持续了 30—70 年。

这些地区在文化和基因上受到北欧人的影响有多少，以及到底有多少维京人定居在那里，都是饱受争议的话题。一个决定性的证据是来源于斯堪的纳维亚的各种地名。在丹麦法区的南部几乎没有这样的地名，不过在北部，那里有很多北欧地名的变体，而且相当密集，[60]尤其是在林肯郡、诺丁汉郡和莱斯特郡这几个地方。在柴郡的威勒尔的一个偏远地方也有一群北欧来源的地名聚集，它们出现的原因是因为 902 年的都柏林陷落而逃亡的挪威维京人定居在这里。

在英格兰最值得注意的一类斯堪的纳维亚地名是"格里姆斯顿混合词"（Grimston hybrids），它们是英格兰和斯堪的纳维亚词汇的结合，它们也许反映了那些北欧人占有的英格兰村庄。这些地名中有：包括"-thorpe"后缀的词汇（比如格里姆斯索普和梅布尔索普），这大概来自古北欧语的 thorp（意为"次级定居点"）；以"-by"后缀结尾的（比如格里姆斯比），这大概来自古北欧语的 by（意为"农场"）。[61] 以"-by"为后缀的词汇是数量最多的，根据记录，有超过 850 个地名以"-by"结尾，而且其中大部分地名位于林肯郡和约克郡。[62] 这些地名有可能源于来到这片新征服土地的斯堪的纳维亚人的移民浪潮，也有可能源于丹麦人的军事精英从他们赶走的盎格鲁 – 撒克逊贵族那里获得的村庄和庄园。无论它们是怎么来的，这些地名也许在 12 世纪才出现的事实，让一切变得更加复杂。此外，一些地方也许是克努特在 1015 年对英格兰进行征服的时候才获得了丹麦名字。[63] 在大多数情况中，我们可以确定，1086 年的"地籍清查"上面已经全面地列出了英格兰的大多数的土地所有权，这些定居点在那个时代已经有了斯堪的纳维亚风格的地名。[64]

约克大概是维京人影响最为深远的地方，这个城市被他们统治了近 90 年（在 866 年占领而在 954 年丢失[65]）。他们在这里建立了一个位于英格兰北部的小王国，因为他们和都柏林的同族之间时有联系，似乎可以说他们在那时创造了一个以爱尔兰海为中心的维京人的领域。北欧人定居点的核心位于科珀盖特（Coppergate，酒杯匠大街），在那里出土了众多维京时代的文物，乌斯河附近的潮湿土壤里缺乏氧气，这让皮革和木材等有机材料能被保存下来。这些文物里既有在整个维京人世界的定居点中几乎无处不在的骨梳，也有世界上最大的人类粪便化石，以及更珍贵的各种剑和珠宝。[66]

我们对维京人控制下的约克的早期阶段所知甚少。北欧人将埃格伯特国王驱逐之后，城市的控制权似乎由盎格鲁 - 撒克逊人的大主教伍尔夫希尔执行了一些年。哈夫丹的短暂统治进一步地证明了维京人对诺森布里亚的控制十分虚弱，他和他的手下在 876 年"定居"在这里，然后马上就被驱赶到泰恩河以北。在此期间的约克"王权"并未稳定下来。这个城市的下一个已知的维京统治者是古思弗里特，他在 880—895 年掌权，并被埋葬在约克大教堂。这证明了一些维京精英此时已经皈依了基督教。从约 910 年开始，约克的铸币厂生产的金币用一种两面下注的方式来止损：上面没有王室的名字，而是在一面有"圣彼得（这个城市的主保圣人）之钱"的铭文，另一面是多神教的图案"托尔之锤"。在这个时代，战争和血仇让统治者的更替如同走马灯一般，这样的做法也是明智之举。

在阿尔弗雷德大王去世的 899 年，丹麦法区以及约克的维京王国成为英格兰的政治版图上的一个永久性存在似乎已成定局。不过，一旦情况有变，这一假设很快就不成立了。阿尔弗雷德的哥哥埃塞尔雷德的儿子们一直都是潜在的危险因素：由于他们的继承权未得到承认，他们很容易成为不满者所围绕的中心，甚至是叛乱的中心。现在他们的叔叔去世了，其中的一个儿子埃塞尔沃尔德决定去宣称王位继承权，对抗指定的继承人——阿尔弗雷德的儿子长者爱德华。他围攻了位于多塞特的温伯恩的王室庄园，不过他没能获得足够的支持。随后，爱德华率领当地民兵出现，在寡不敌众的情况下，埃塞尔沃尔德成功地在夜幕的掩护下溜走了。

埃塞尔沃尔德前往约克，他似乎在那里被维京人推选为国王。不过，他们也许仅仅是承认这个盎格鲁－撒克逊人王子是可以取代阿尔弗雷德的适当的"领主"，打算以正当理由将他扶持为威塞克斯的傀儡统治者。他的"统治"时期似乎和其他约克的维京统治者［西格弗罗斯（895—900 年在位）和克努特（900—905 年在位）[67]］的统治时间相互重叠，他在那里拥有任何真正的专权无疑是可疑的。不管埃塞尔沃尔德的真正的地位怎样，他的统治都很短暂。他的堂亲长者爱德华放弃了威塞克斯在之前的 20 年里普遍采取的防御姿态，转而进行了一场战役——逐步将维京人赶出东盎格利亚、"五大区"以及最后的约克。由于他的姐姐埃塞尔弗莱德在阿尔弗雷德统治时期嫁给了麦西亚的郡长（源自"长老"，是一个地区内最高级的王室官员）埃塞尔雷德，爱德华的地位得到强化。在他的姐夫于 911 年去世后，他的姐姐就成了英格兰人的麦西亚的统治者，她还对当地人的情绪加以安抚，来支持威塞克斯对当地的实际接管。

902 年，爱德华越过丹麦法区的边境，并且在贝德福德郡的比格尔斯威德附近的霍姆（Holme）的一场苦战中，将他的堂亲埃塞尔沃尔德杀死。虽然维京人在战场上占了上风，不过他的战死让维京人的抵抗转为溃败。爱德华现在已经解决了一个危险的王位觊觎者，虽然这一成功并未让他立刻扩大疆土。在这一年，从都柏林被赶走的北欧人战团从西北方抵达，他们为约克的维京人提供了增援。

爱尔兰的维京人的灾难为他们在其他地方提供了机会。一支大部队似乎在 905 年左右在里布尔河建立了基地。他们在那里留下了钱币窖藏，其中有大量碎银（银币和切碎后用作银条的工艺品）。这些窖藏里的物品大部分都来自爱尔兰，其中大量的诺森布里亚银币则证明他们同英格兰北部的维京人领主之间至少存在联系，甚至还可能有合作。克代尔（Cuerdale）的钱币窖藏实在是太大了，这是目前在俄罗斯以外发现的最大规模的维京银币窖藏，它也许是某一支军队的战备金库，准备用于再次征服都柏林。[68] 1840年，一群正在维修里布尔河上的堤坝的工人发现了这个钱币窖藏。每个发现者都被允许保留一枚银币，不过，钱币窖藏的主体被送到了大英博物馆；它总重超过 100 磅，有 8500 件物品（其中有7000 枚左右的钱币）。即使最初并不打算留下，这些向东越过爱尔兰海的维京人中的许多人还是分散开来，并且定居在一大片区域里，比如坎伯兰郡、威斯特摩兰郡、兰开夏郡和东约克郡。他们中的一些人甚至去了诺曼底的科唐坦半岛。作为他们爱尔兰来源的标志，他们留下来一些以 "-erg"（来自古爱尔兰语的 dirge，意为 "羊圈"）结尾的地名。斯堪的纳维亚来源的地名的密度在威勒尔半岛十分高，特别是在北部地区，比如艾尔比可能就来自埃拉拜尔（"爱尔兰人的定居点"）。在其他地方，斯堪的纳维亚的地名也十分常见，比如兰开夏郡的西部，尤其是里布尔河的北岸地区（在科诺提·阿什附近的庭沃尔，就有一个明显的单词 "庭"，这也许证明这里是当地的会议地点）。不过，这次新的斯堪的纳维亚人的涌入，带来的最直接也最长久的影响就是为约克王国提供了更为安全的西部边境，并且让诺森布里亚的维京人与都柏林的北欧人（他们在 917 年重新统治了那里）之间的交流更为容易。

维京人从都柏林的大批离去，也让斯堪的纳维亚人对威尔士的攻击达到一个高峰。根据记载，在 902 或 903 年，英吉蒙德进攻了安格尔西岛的罗斯·美莱恩（Ros Melion）。德赫巴思的统治者卡德尔·阿普·罗德里将他击败之后，他加入了在英格兰西北部的维京人移民群体，并且在切斯特附近定居。不过，英吉蒙德不久后就被赶出城市，并且在 907 年试图征服它，但是未能成功。切斯特也从它的维京居民那里获得了一个斯堪的纳维亚元素：在这个城市中发现了一些斯堪的纳维亚风格的顶部有环的别针和臂环。921 年，一对银币模具在这里雕刻而成，人们以都柏林的维京统治者西赫特里克的名义铸造银币。

906 年，爱德华在蒂丁福德（Tiddingford）同东盎格利亚和诺森布里亚的维京人签订了条约。[69] 这一次，和平还是不能持久。不过这次爱德华主动出击，他在 909 年率领麦西亚人和西撒克逊人的联军越过边境，进入诺森布里亚。第二年，当爱德华在肯特的时候，作为报复，维京人在麦西亚四处掠夺，远至布里斯托尔。最终，威塞克斯和麦西亚的民兵在斯塔福德郡的泰特霍尔（Tettenhall）迎战维京人。这次战役和阿什当战役一样是有决定性意义的，斯堪的纳维亚人被击溃，他们的三个首领（阿斯尔、哈夫丹、伊瓦尔 [70]）被杀。这为西撒克逊人对米德兰和东米德兰的进一步扩张打开了通路。

爱德华乘胜在前沿地带修建布尔赫，渐渐进入维京人的领地，而维京人已经虚弱到无力对抗。他将国境线推进到了东盎格利亚深处，在 917 年占领了亨廷登，还在同年的 11 月征服了科尔切斯特。东盎格利亚的丹麦军队在不久之后向他投降了。919 年，他在曼切斯特修建了一个堡垒后，成功地在诺森布里亚也建立了一个布尔赫。

与此同时，在无骨者伊瓦尔的孙子拉格纳尔德的率领下，爱尔兰维京人在英格兰北部活跃起来。918 年，他率领大军去对抗苏格兰国王君士坦丁（900—943 年在位），以及班堡的埃尔德雷德率领的诺森布里亚北部的英格兰人。[71] 两支军队在老哈德良长城以南、泰恩河畔的战略要地科布里奇（Corbridge）交战。双方势均力敌。尽管双方陷入了僵局，拉格纳尔德依旧能将自己确立为英格兰的主要的维京人首领。埃塞尔弗雷德在当年的 6 月去世，这让她没有时间去接受约克维京人的投降条件。[72] 于是，拉格纳尔德前来填补这一政治真空。

长者爱德华即将达成的目标——征服在英格兰仅剩的维京人的主要领地——就这样被阻止了。拉格纳尔德在名义上承认西撒克逊人国王是他的君主，不过他的继承者西赫特里克（无骨者伊瓦尔的另一个孙子）则对爱德华采取了更为尖锐的态度。920 年，爱德华在德比郡的贝克韦尔建立了一个新的布尔赫，这被认为对约克构成了威胁。[73] 爱德华的儿子埃塞尔斯坦（924—939 年在位）同约克的维京人建立起较为友好的关系，他将一个女儿嫁给西赫特里克，无疑就是想结束这种敌对状态。不过，西撒克逊人的希望落空了，西赫特里克在婚后的第二年就过早去世了。伊瓦尔的另一个孙子古斯罗斯继位，他越过爱尔兰海，来保证他的祖传遗产不会落入埃塞尔斯坦的手中。

埃塞尔斯坦的耐心由于约克维京人统治者的更迭而消耗殆尽，威塞克斯国王在 927 年率领大军进入诺森布里亚。他很快将古斯罗斯赶出了约克，随后在坎伯兰郡的伊蒙特召开了一个会议来巩固他的地位。在那里，西威尔士的海韦尔国王、苏格兰的君士坦丁国王、埃德武夫之子埃尔德雷德（班堡领主）都承认了他的统治权。为了不让维京人重建对约克的统治，埃塞尔斯坦将丹麦人在那里建造的防御工事全部破坏。他废除了之前流通的盎格鲁－斯堪的纳维亚的钱币，并且下令在那里铸造他自己的钱币，这让他对城市的权威进一步强化。

在 7 年时间里，埃塞尔斯坦在英格兰北部的霸权地位无人挑战，似乎维京人对约克的统治就要永久地终结了。在都柏林，古斯罗斯的儿子奥拉夫在 934 年当权。威塞克斯国王似乎害怕他的新旧敌人联合起来，也许是为了取得对爱尔兰的维京人的先发优势，934 年，他对苏格兰进行了新的攻击。根据记载，埃塞尔斯坦在这一年的攻击将苏格兰的大片地区蹂躏了一番。如果是这样，奥拉夫并未理会这个警告。937 年，奥拉夫·古斯罗斯松派出一支浩大的舰队去和斯特拉思克莱德的不列颠人以及君士坦丁的苏格兰军队联合起来。

这支联军向南进入英格兰，埃塞尔斯坦和他的弟弟埃德蒙在布朗南堡将他们拦住了。双方交战的地点并不确定，许多地方都有可能性，不过柴郡的布罗姆布勒大概是最有可能的地点。[74] 英格兰人损失惨重，不过维京人遭遇了灾难性的战败——来自爱尔兰的 5 个国王、7 个雅尔，还有君士坦丁的一个儿子都战死了。奥拉夫狼狈地逃回都柏林，在几个月之前和他从都柏林一起出发的大军已经变为泡影。苏格兰人和不列颠人之间的伟大联盟似乎也永久地消散了。《盎格鲁－撒克逊编年史》中保留的一首诗歌描绘了威塞克斯人对取胜的喜悦之情：

这年，埃塞尔斯坦国王、众贵族的封君、众人的财富施赠者，还有他的弟弟埃德蒙王子，在布朗南堡一带，以其刀刃赢得了不朽的光荣。爱德华的诸子劈开盾牌之墙，以锤锻的利剑砍断椴木制成的盾……敌人死了，苏格兰人和海盗灭亡了。整天时间，战场被人们的鲜血染成暗色……那里躺着许多被长矛毁灭的人，许多北欧战士的盾牌被刺中了，许多苏格兰人饱尝战争滋味，也一样毫无生气地倒在那里。

整个这一天里，西撒克逊人的骑兵队伍不断追逐敌人，以磨得锋利的刀剑狠狠地从背后砍杀亡命之徒……5个年轻的国王死在那个战场上，他们死于刀剑之下；还有奥拉夫的7名伯爵，以及无数的水兵和苏格兰人丧生。北欧人的君主从那里被逼得落荒而逃，他带着一小股人逃到了他的船头。船只破水急行，国王在淡褐色的滔滔水面上离此而去，逃脱性命。

于是那些长矛下幸存的可怜的北欧人，乘坐他们打上钉子的船出航，前往丁海，横渡那深深的海洋，向都柏林前进，灰心丧气地返回爱尔兰。国王和王子兄弟二人也双双回到自己的国土，也就是西撒克逊人的土地。他们因这次战争而欢欣鼓舞，撇下的是那羽毛黝黑的东西、那嘴上带钩的黑鸦，去分享那些尸体，还有那长着暗褐色羽毛、白尾巴的老鹰，那贪吃好斗的隼，去享用死尸的腐肉，以及那灰色的野兽、森林里的狼。

根据书本和我们的古圣先贤所告诉我们的，自从盎格鲁人和撒克逊人渡过宽阔的大海，自东方来到这里，侵入不列颠，而那些自豪的攻击者、那些热衷于荣誉的武士征服不列颠人，赢得一个国家以来，在这之前，这个岛上还从来没有过哪个人凭着刀锋剑刃杀死过更多的战士。[75]

不过，西撒克逊人在布朗南堡的辉煌胜利仅仅将维京人暂时阻挡了两年而已。939年埃塞尔斯坦去世，继承者是18岁的埃德蒙，可能是在这个消息的鼓励下，奥拉夫再次前往英格兰。混乱往往伴随着新君王统治时期的开始，奥拉夫在没遇到什么阻力的情况下成为约克国王。在莱斯特惨败后，埃德蒙被迫接受了一个丢脸的条约，这导致在第二年，奥拉夫的军队已经横行于"五大区"。[76] 940年，奥拉夫向北进军，深入苏格兰南部的古代益格鲁人的领土，进军邓巴。他在941年去世，而他的堂亲奥拉夫·西赫特里克松（绰号"凉鞋"）继位。随后埃德蒙收复了一些失地（主要在"五大区"）。最终，943年，两个国王签订了与60年前的阿尔弗雷德和古思伦之间的条约类似的一个条约，他们将双方领土的边境确定为沃特林大道（Watling Street）一线。此外还有在维京人和威塞克斯之间签订和平条约时已经成为传统的一个条件：奥拉夫皈依基督教，而埃德蒙成为他的教父。

由于一个敌对的维京人国王拉格纳尔德·古斯罗斯松的出现，约克的情况变得更加复杂。他的统治只持续了一年（943—944年），不过奇怪的是，埃德蒙也成为这个人皈依基督教时的教父。在第二年，埃德蒙将这两个人都从约克赶走了；在6年时间里，西撒克逊人又一次征服了北部的维京人首都。埃德蒙于946年去世，当时他试图为他的管家辩护，在与人斗殴时被杀。在他死后的混乱中，他的弟弟埃德雷德继位；在此期间，约克似乎出现了短暂的叛乱，这让约克的维京人统治者中最后也是最著名的一位登上王位。

约克的维京人选埃里克为他们的新国王。这个埃里克传统上被等同于前任挪威国王血斧埃里克——他在不受欢迎的统治期间杀害了两个兄弟，并且在 936 年被迫退位。这两个埃里克之间的联系似乎在 12 世纪已经出现，而且在史料中并没有确切的证据证明他俩是一个人，有一个说法认为这个埃里克也是无骨者伊瓦尔的后裔。[77] 如果他是挪威国王的话，那在他被邀请去当约克国王之前，他大概在苏格兰北部的群岛附近进行掠夺行动。他的第一次统治（假设它存在的话[78]）很短暂，到了 947 年，威塞克斯的埃德雷德国王已经成功地将权威施加到了诺森布里亚。第二年，埃里克在约克真正成功地建立起自己的权威，不过斯堪的纳维亚人之间［诺森布里亚的北欧人、爱尔兰的同族们、来自丹麦或挪威的维京人（比如埃里克本人）］的长久的分歧再次将这一稳定逐渐破坏了。

由于沃尔夫斯坦主教支持埃里克，大概意味着他的统治已经不像他的绰号那样血迹斑斑了。949 年，埃德雷德入侵了诺森布里亚，把埃里克驱逐出去。即使这样，约克的人们依旧顽固地坚持他们的同威塞克斯区别开来的独立，并且将奥拉夫·奎兰再次请来做国王，他当时也是都柏林国王。[79] 奥拉夫的第二次统治并不比第一次成功到哪去，952 年约克人出于对血斧埃里克的青睐将他赶走。

埃里克第二次（或第三次）在约克的短暂统治是模糊不清的。954 年，在埃德雷德的又一次入侵中，埃里克向北逃往苏格兰。在某个被称为"肮脏沼泽"的地方，他被班堡的统治者奥斯伍尔夫伯爵背叛，并且被奥拉夫的儿子马库斯伯爵[80]杀死。那时的人们也许还没有意识到一件事：埃里克是约克的最后一位维京人国王，也是最后一个在丹麦法区建立起重要的权力基础的斯堪的纳维亚人。[81] 从 10 世纪 50 年代起，由于来自约克的流亡者们继续胡作非为，威尔士的维京人活动有短暂的活跃。不过，现在都柏林的维京人统治者已经不再野心勃勃地去建立一个包括约克的盎格鲁－爱尔兰王国。因此，马恩岛上的维京人定居点越来越重要，那里是统治爱尔兰海的海上航线的一个替代地点。

马恩岛的战略位置邻近英格兰的西北部、苏格兰的西南部和爱尔兰的北部这三个地方的海岸线，对都柏林的北欧人那样的海上政权而言，这里是极佳且合理的基地。从这里出航的维京人掠夺者大概在 10 世纪 70 年代和 80 年代 [82] 在安格尔西岛的兰贝德戈赫建立起一个基地。不过，那里的维京人统治者并没有确切的记录，直到伍斯特的弗洛伦斯的《英格兰诸王史》中提到一个被描述为"诸岛之王"的马库斯，这个人也许就是马恩国王，并且可能是在 973 年的切斯特向威塞克斯的埃德加国王宣誓效忠的统治者中的一个。不过维京人到这个岛上的时间明显要早于这个时间点，因为已出土的维京人的钱币窖藏中至少有一个是 955—960 年 [83] 这一时期的。关于马恩王国的书面记载很少，比如在 987 年的在马恩岛外的一场战役；在 1014 年的克朗塔夫（Clontarf）战役中，马恩的北欧人和都柏林的西赫特里克一同作战。[84] 下一个可靠的记载是西特里克的儿子戈德雷德去世，他的儿子芬戈尔继位为马恩国王，不过这两个国王的已知信息也仅限于此。1079 年，戈德雷德·克洛温攻占了岛屿。据说，他是 1066 年的斯坦福桥战役 [85] 中的一个幸存者，他将马恩岛作为基地并建立了一个远及爱尔兰的小帝国（在他于 1095 年去世前，他征服了都柏林和伦斯特）。随后在 1098 年，挪威国王光腿马格努斯到达马恩岛，他发现继承权战争为这个岛屿带来了灾难，此后这个有自己的国王的岛屿和挪威王位紧密地联系到一起，直到它在 1266 年被割让给苏格兰国王。

在历史史料中几乎没有 10 世纪的马恩岛的维京人的记录，不过许多维京时代的坟墓已经被发现了。位于巴拉杜尔的一个墓葬中就包含有船墓的遗存。巴拉杜尔的另一个墓葬中则包含有维京人的不列颠群岛中已知的唯一一个人类献祭的可能证据 [86]：一个女性骨骼的头颅被开了一个轮廓清晰的洞。巴拉杜尔和诺基杜尼的墓葬中发现了野猪的遗骸，这种仪式在不列颠群岛的维京人坟墓中很少见，不过在斯堪的纳维亚则要常见得多，这也许证明他们是近期的移民而非已经定居的北欧人。[87] 基督教似乎在 10 世纪已经存在于马恩的维京人之间了，一系列精美的十字架雕刻足以证明这一点，十字架的许多装饰还是斯堪的纳维亚风格的，而且有一些上面还有斯堪的纳维亚的如尼文铭文。柯克迈克尔的十字架大概是其中最早的一个，上面有典型的维京人的自我夸耀：如尼文雕刻大师高特尔自称他"做出了这个以及马恩岛上所有的"（换句话说，他雕刻了整个岛屿上的十字架）。十字架上的图像证明了当地混合的人口——在一个十字架 [88] 上，一面是奥丁将脚伸进巨狼芬里尔的口中的图案，[89] 而另一面是基督的形象。

马恩岛上的最真实的维京时代的遗迹是岛上的泰尼沃尔德（Tynwald，即马恩岛议会），它号称是世界上最古老且从未中断的议会。[90] 这个地点第一次被提到是在 1237 年，被称为庭瓦拉 [tingualla，这个词和中世纪的冰岛议会的词，庭格维利尔（Thingvellir）很相似]。它现在由一个二层土堆组成，基座的周长有 80 英尺左右，而顶部的周长则超过了 12 英尺。现在代表女王的副总督坐在最上层，旁边则是主教和牧师，议会成员则在下层，这重现了曾在这里进行的真正的北欧议会。

　　位于苏格兰的维京人定居点要比马恩岛的定居点有更为深远的重要性，尤其是在奥克尼群岛的那些。就像在 865 年的"大军"抵达后的英格兰维京人的掠夺行动持续不断地进行，苏格兰的维京人也迅速地从单纯的掠夺转为攻占基地。据说在 874 年，挪威的金发哈拉尔德的一次远征之后，奥克尼群岛落入了挪威人之手。不过很明显，北欧人早在这之前就开始定居在那里，因为哈拉尔德的动机是让已经在群岛上立足的维京人的掠夺行动停止下来，他们甚至对挪威的安全造成了威胁。重建维京时代的奥克尼群岛的历史要相对简单些，因为我们掌握有一个详细的史料——《奥克尼萨迦》，而维京人的苏格兰的其他地方（设得兰群岛、赫布里底群岛等等）则比起来更缺乏书面史料。不过，萨迦的叙事过于流畅而无法让人相信。在没有其他确实的证据的情况下，有一点是很难确定的：我们掌握的那些故事是不是在事情已经发生了很久之后，才被精心地制作或修改出来，以满足一些政治需求的。

　　当维京人在 9 世纪抵达苏格兰北部和群岛地区时，这些地区并非无人居住。那里已有的民族是皮克特人（Pictish）。这个民族在 297 年第一次在古罗马的史料中被提到，[91] 而且他们的名字来自拉丁语的皮克特（Picti，被涂抹的人，这也许说的是他们文身的习惯）。到了 6 世纪，书面的历史记录开始出现，这些皮克特人当时已经皈依了基督教，并且建立起了中央集权化的王权。不过到 9 世纪，在新兴的苏格兰人王国和新来的维京人的共同的压力下，他们渐渐地被排挤出来。一些地名还是证明了他们的存在，比如皮特洛赫里和彭特兰峡湾 [92]（Pentland Firth，皮克特人的峡湾）。此外能证明他们存在的还有不少当地的雕刻而成的符号石，其中最早的一些上面装饰有动物图案和几何图形。由于皮克特人当时已经皈依基督教，其中晚期的那些（记作类型 2 和类型 3 [93]）一般是长方形的石板，其中一面是十字架，而另一面是一些神秘符号（也许是象形文字）。

这些符号的意义是不清楚的，实际上，它们是否有任何语言上的含义都是可疑的。因此，它们对于识别皮克特语几乎没有帮助，更不用说去翻译皮克特语了。不过皮克特语一般被认为是和威尔士语类似的 P 型凯尔特语，[94] 与戈伊德尔语（现代盖尔语的祖先）的 Q 型凯尔特语不同。在 839 年于皮克兰惨败于维京人之后，皮克特人彻底崩溃，而皮克特语也被来源于 Q 型凯尔特语的苏格兰语取代。

笼罩在皮克特人身上的神秘氛围延续到了中世纪的编年史中。在 13 世纪初期写作的《挪威史》，将奥克尼的最初居民描述为"皮克特人和帕帕人"。[95] 它将这些部族中的皮克特人描绘为仅比侏儒高一点的人群，他们在早上和晚上建造令人惊叹的建筑物，不过一到中午，他们就失去了全部的力气，并且满怀恐惧地躲藏在地下室里。皮克特人地区特有的一种地下建筑"苏特雷"（地下洞穴）也许让这个作者（或者他的史料来源）产生了错误的印象。他还将帕帕人描绘为坚信犹太教的非洲人，这证明他对这个地区真实情况的了解完全是东拼西凑的。

维京人如何统治奥克尼群岛，并且将当地的皮克特人赶走甚至消灭的这一过程是模糊不清的。《奥克尼萨迦》的传说证明金发哈拉尔德在 9 世纪 70 年代到达奥克尼群岛的时候，当地已经有维京人定居，他们自行其是的掠夺行动造成了足够的麻烦，吸引了挪威王室的注意力。哈拉尔德的远征带来的影响也许被高估了，毕竟传说他征服了奥克尼群岛、设得兰群岛、赫布里底群岛、马恩岛和"更西边的"土地，不过法罗群岛和冰岛的居民认为他们的祖先是来自挪威的移民，因对哈拉尔德在挪威的日益残暴的统治感到不满而迁徙至此。短期的战役无法取得那样深远的影响。但是，考古证据也无法被用来证明在 9 世纪 70 年代之前就有维京人定居点这一观念，因为到目前为止，在奥克尼群岛发现的异教徒的北欧人墓葬没有早于 9 世纪中期的，其中时代最晚的是在巴克伊（Buckquoy）发现的一个年代稍晚于 950 年的男性的坟墓。[96]

《奥克尼萨迦》中的故事可能大大高估了金发哈拉尔德的作用，并且将奥克尼群岛维京化的进程简化了。挪威和冰岛的萨迦与历史书坚持哈拉尔德在征服奥克尼群岛中的主要作用，也许是挪威为了主张对那些群岛拥有王位继承权而进行的宣传。[97] 根据有关哈拉尔德的大规模掠夺的史料中的一般说法，在这次远征中，挪威的默勒伯爵拉格纳尔德的一个儿子伊瓦尔被杀死了，为了补偿他的损失，国王将奥克尼群岛和设得兰群岛交给了拉格纳尔德。拉格纳尔德则将它们传给了他的弟弟西格尔德［他的绰号是"强者"（hinn góði）］。因此，西格尔德成为第一位奥克尼伯爵，这个维京人家族将统治这个群岛超过 400 年。

无论金发哈拉尔德的探险真相是怎样的，奥克尼群岛是从挪威向西横跨北海之后第一个方便的登陆地点，因此，那里很明显会被用来作为发起对其他地方的掠夺的一个基地。下一个关于群岛地区的真实的记载，是强者西格尔德在 890 年对苏格兰北部的攻击，而他的盟友是萨德雷斯（"南方群岛"，北欧人对赫布里底群岛的称呼）的统治者平鼻凯特尔的孙子红发托尔斯泰因。当地皮克特人的首领是一个名为"獠牙"（得名于他嘴里的大牙）梅尔布里奇的凶猛战士。北欧人和皮克特人约定双方各出 40 个人来战斗，不过到了约定的那天，梅尔布里奇看到西格尔德的人数是约定人数的两倍。[98] 寡不敌众的皮克特人没有获胜的希望，西格尔德杀死了他并且将他的头砍了下来。在回家的路上，梅尔布里奇的头在西格尔德的马鞍袋里摇晃，那个"獠牙"将奥克尼伯爵的大腿划伤了。伤口很快受到感染，西格尔德因此死去，受害者在死后向背信弃义的人复仇了。

死去的伯爵被埋葬在萨瑟兰的奥克尔河附近，而他的盟友托尔斯泰因不久就在凯思内斯的一场战斗中被杀。这证明了维京人在早期就介入了苏格兰的遥远北部的政治，而且他们的存在将一直持续到 13 世纪。西格尔德的儿子和继承人古思伦在无嗣而终前，只统治了奥克尼群岛一年。随后，默勒的拉格纳尔德将他的一个儿子哈拉德派来统治奥克尼群岛，并且让他继承了伯爵的头衔。这个新统治者发现丹麦的维京人在一片混乱中畅通无阻地掠夺战利品，而且他无力控制这个情况。很快，他就偷偷回到挪威，让奥克尼群岛落入两个海盗——卡尔夫·斯库法（"恶人"）和托勒·崔斯凯格（"树胡子"）的手中。据说，由于对哈拉德的懦弱行为不满，拉格纳尔德将他还剩下的几个儿子都聚集到一起，随后，他预言了他们未来的命运：托瑞尔将会继承他去当默勒伯爵，赫罗朗格将会前往冰岛，赫罗尔夫注定要征服诺曼底，只有奴隶母亲生下的最小的儿子托尔夫·埃纳尔没有获得关于美好未来的预言。这个不受青睐的孩子乘着一艘船向着奥克尼群岛航行。由于他的母亲的家庭全是奴隶，他并没有获得父亲的建议，他离开得越远，在外的时间越长，拉格纳尔德就会越满意。[99]

奥克尼群岛以北 60 英里是设得兰群岛的最南端，它在苏格兰的维京人的历史中从未扮演过主要角色，主要障碍是当地像北欧人在他们斯堪的纳维亚的家乡一样缺少适合耕种的土地。不过，这个岛屿盛产易于开采的滑石，维京人将它视作打造烹饪和储存容器的极有价值的材料。设得兰群岛的维京时代的早期细节鲜为人知，人们只在安斯特岛的安德霍尔挖掘出了一个时代较晚的维京人的农场。

设得兰群岛上最早的维京人定居点的痕迹，大概是 1958 年在圣尼尼安岛发现的皮克特银币的窖藏。它的发现者是一个十分幸运的 16 岁学生，他当时在一次考古挖掘中做助手。窖藏中有鼠海豚的下颌骨和 28 块银板，这也许曾经是一个皮克特首领的财富，维京人将它抢过来然后埋在了圣尼尼安礼拜堂（7 世纪的教堂，在设得兰群岛最为古老）的地板下。

不过，维京时代最著名的遗迹是在设得兰群岛南部的萨姆堡的定居点。沃尔特·司各特爵士在他的"维京"小说《海盗》中将这个遗迹命名为雅尔绍夫，中世纪时，这个遗迹之上是一个男爵的角塔城堡，当年司各特应该听说过它。在 1950 年对那里的发掘中，人们发现了一个大型的维京人农屋，而在同一片区域里，它们建造在一组皮克特人的"轮屋"[100]上。同样地，皮克特人的建筑下是更早的青铜时代和铁器时代的土层。这几个连续出现的阶段中的每一个，似乎都是被主动放弃的，原因是临近的沙丘而非暴力行为的影响。人们只在维京人的土层中出土了少数武器，而且这是对同一地点的皮克特人房屋的再次利用，这意味着一个渐进式的接管，而非直接将原有居民暴力驱逐。[101]

皮克特语的地名几乎完全在北方群岛消失，仅有的几个例外中最显著的一个就是奥克尼群岛本身，这个词汇大概来自一个意为"猪"的皮克特语词语，也许可以认为这个群岛由"养猪民族"统治。[102] 这一现象也证明了维京人通过驱逐或杀戮完全取代了原来的人口。不过，雅尔绍夫的存在似乎倾向于说明有过对当地人的同化，至少在设得兰群岛是有同化现象的。相应地，在金发哈拉尔德的时代，随着更为正式的吞并，斯堪的纳维亚人的移民才渐渐定居在这个群岛上。[103]

对维京人定居点的纪念活动在奥克尼群岛很盛行，不过北部群岛对斯堪的纳维亚时代的最壮观的纪念活动是在设得兰群岛举行的。在每年 1 月的最后一个星期二的极夜里，在苏格兰北部的寒冬中，设得兰群岛的人们以一场壮观的火焰节来庆祝白天的开始。这个节日被称为圣火节（Up-Helly-Aa，也许是对"Uphalliday"的误用），这一庆典标志着冬季结束，将燃烧的焦油桶在勒威克的大街上拖过是它的一大特色。由于害怕这一行为造成火灾，城市议会在 1874 年禁止了这一行为。[104] 不过，圣火节依旧让人印象十分深刻：当地人穿起维京服饰，组成扮装队伍〔其中有一个扮装首领（Guizer Jarl）〕。作为对古代战士的火葬仪式的再现，他们手持点燃的火把，点燃维京人长船的模型。实际上，北欧人的长船在 1899 年的仪式上才首次出现，不过整个节日是对已经绵延了千年以上的维京人传统的引以为傲的纪念。

作为在苏格兰群岛地区第三大的维京人活动地区，赫布里底群岛的维京人影响没有那么大。不过，最早的有记载的维京人对苏格兰的掠夺行动就发生在这一地区，斯凯岛和艾奥纳岛在 8 世纪 90 年代遭遇了武力进攻。在盖尔语中，赫布里底群岛被称为"异国人的群岛"（Innse Gall），证明了早期的斯堪的纳维亚人对那里的控制程度。在法兰克王国的《圣贝尔坦年代记》中，847年的记录写道："北方人也统治了爱尔兰附近的各个岛屿，并且在没有抵抗的情况下待在那里。"[105] 这则消息显示 9 世纪时维京人已经在赫布里底群岛建立了基地。

武力征服的标志就出现在北尤伊斯特岛的科伊尔－伊根·安·尤达尔（Coil-eagan an Udail），那里有一个 9 世纪中期的小型维京堡垒以及 6 个紧密相连的附属建筑。此外，附近有个时代相近但是被完全遗弃的、自从铁器时代就有人居住的地点。这很有可能是维京人的第一个小型立足点（它的防御工事只有 20 英尺宽），它让维京人可以统治已有的居民，随后将他们赶走。这里进行的这一过程并不像雅尔绍夫那里的那么和平。

不过，地名的证据证明赫布里底群岛的维京人的密度要比奥克尼群岛和设得兰群岛的低得多，而且在群岛的南部要更低。在勒维斯岛上，接近 80% 的村庄名是北欧的，在斯凯岛则是 2/3，而这个比例在群岛的南部则更低。除了韦斯特罗斯的乌拉普尔还有一些北欧语来源的地名，在苏格兰的西海岸完全不存在北欧语的地名。因此，勒维斯岛也是北欧人的考古遗迹最为丰富的地区，例如在科尼普的一个墓地（富有女性的遗体上，佩戴着椭圆形的胸针，以及有 44 颗珍珠的项链）。不过，当地还没有出土像设得兰群岛的雅尔绍夫和奥克尼群岛的波尔赛那样的维京人定居点。

在爱尔兰海的另一边，在 9 世纪 30 年代开始有对爱尔兰海岸的零星进攻。就像他们在英格兰那样，他们轻易地就从富有的教堂中获得了战利品，随后，维京人的探险者不断前来。837 年，60 艘北欧船只组成的舰队出现在博因河和利菲河，他们击败了尼尔家族的诸王。随后，维京人开始在爱尔兰的内陆水域活动，比如内伊湖、香农河、巴恩河、博因河，比以往更深入地攻击内陆。838 年，一个名为萨克索博（或萨克索夫）的维京人首领的战死标志着爱尔兰防御者少有的胜利，他也是对爱尔兰的掠夺中第一个留下名字的首领。

维京人第一个可确定的过冬基地在 840—841 年的内伊湖。这来自《阿尔斯特年代记》中在 842 年的记录"异教徒依旧待在都柏林"，因为他们没有回去过冬被认为是一个值得注意的事情。此时，维京人开始建造"朗格福尔特"（筑垒的港口基地），先是在劳斯郡的安纳格森（或是在林恩·都阿柴尔）建立了一座，随后在 841—842 年在都柏林建立起更重要的一座。随后，他们在沿岸建立起了一系列类似的港口——沃特福德（Waterford）、伍德斯托（Woodstow）、威克斯福德（Wexford）、威克洛（Wicklow）和利默里克（Hlymrekur）。

由于控制了利菲河上的一个重要渡口，都柏林（爱尔兰语称为"Dubh-Jinn"，意为"黑色水池"）很快成为维京人在爱尔兰的重要基地，到他们日渐式微的 11 世纪，这里是他们仅存的据点。在都柏林，维京人定居点的遗迹到处都是。在都柏林西郊的艾兰布里奇（Islandbridge）的维京人墓地，有数十具战士的遗骸以及他们在挪威制造的剑。在现代的基督大教堂附近有最早的维京人定居点的遗迹。第一个朗格福尔特确切位置一直以来被认为是在波多尔河（Poddle River）的北岸，也许就在后来的都柏林城堡的位置，根据现在已经出土的 9 世纪中期到晚期的一系列墓葬和住宅遗迹的地点，可以认为这个港口位于都柏林的"黑色水池"的另一侧。[106]

到了 11 世纪，一个工匠区在维京人的都柏林兴旺起来，那里的住宅和工坊是枝条结构的，而枝条编织板则由灰色和棕色的枝捆绑而成。当地居民留下的埋藏物中有各种丢弃损坏的碎片，其中甚至还有铸造奉献给托尔的锤形护身符的滑石模具。这个定居点在 902 年被抛弃（至少被维京人精英抛弃了），然后在 917 年得到重建。10 世纪，它的防御工事是一圈土堆，而人们在 11 世纪建造了另一圈土堆，到 1100 年，石墙又取代了之前的土堆。[107]维京人显然将他们在斯堪的纳维亚的政治组织的元素带到了这里。斯堪的纳维亚的"庭"（集会）似乎曾在学院绿地的土丘（最开始是史前的一个墓葬）上举行过。根据记载，一个被称为"都柏林的法律宣讲者"（冰岛也有类似的头衔）的官员，在 980 年的塔拉战役 [108] 中战死了。

维京人此时正式在爱尔兰扎下根来，即使爱尔兰人在 848 年取得的一系列胜利也无法将他们赶走。爱尔兰此时正处于长期的四分五裂之中，在康诺特、明斯特、阿尔斯特的诸王和尼尔家族的南北支系的诸王的统治下，当地共有 150 个不同的小型王国。这些国王有一些则自称是地位高于其他人的"至高王"（high-king）。这种情况意味着维京人能够利用他们的敌人之间的分歧而在沿海地区频频得手。不过，爱尔兰的相互敌对的小型王国也给予了它一种极强的恢复力——征服一个小型王国的同时，许多王国还在继续战斗，而这正是盎格鲁 - 撒克逊人的英格兰所缺少的。

848 年的几次战败让爱尔兰维京人陷入了危机。在幸存的北欧人中，他们似乎陷入了内战。851 年，一群被称为"黑发外国人"的维京人抵达了都柏林，并且屠杀了许多已经定居在那里的"金发外国人"。[109] 随后，在 852 年的卡林福德湖战役中，黑发维京人击败了金发维京人。第二年，一个新的维京人首领奥拉夫（爱尔兰的编年史称他为安莱博）抵达了，他终结了内斗，并且在 9 世纪 50—60 年代统治爱尔兰的维京人。他被称为"莱斯兰（盖尔语的挪威）国王之子"，[110] 和他一起来的还有他的二弟伊瓦尔和三弟阿瑟。

854—855 年，奥拉夫离开了爱尔兰前往马恩岛和赫布里底群岛，让爱尔兰获得了短暂的喘息之机。这是都柏林的维京人首领们第一次介入爱尔兰海附近的各种政局，随着时间推移，他们的这种倾向会让他们的基地弱化，而这是有毁灭性的。862 年，至高王梅尔·塞克莱恩去世。在他的统治期间，明斯特和伦斯特的国王服从于他。他的去世让维京人从都柏林扩张到了尼尔家族南支的土地上。864 年，奥拉夫击败并杀死了米思的共治国王康乔巴，将他溺死在克朗纳德的教堂里。不过，也是在这年，伊瓦尔离开爱尔兰前往英格兰。两年后，奥拉夫和阿瑟进军皮克兰。他们的外出远征让爱尔兰人抓住机会进行了一次反击：爱尔兰东北地区的许多维京人基地都被毁灭，维京人的军队在伦斯特和都柏林附近的克劳道金被击败，获胜的爱尔兰人收集了 100 个维京人首领的头颅作为战利品。

这些战败迫使奥拉夫匆忙地赶回爱尔兰。他全面出击，洗劫了阿尔马的教堂。到了 870 年，他相信自己可以再次离去了。这次，他和伊瓦尔组成联军前往不列颠，去围攻不列颠人的斯特拉思克莱德王国的首都——阿尔特克鲁德要塞（邓巴顿岩石）。在四

个月的围攻后，这座堡垒陷落了，他们二人率领满载着战利品的
200 艘船只回到都柏林，[111] 而斯特拉思克莱德王国在这次打击下
一蹶不振。874 年，奥拉夫在对皮克兰的一次攻击中战死，伊瓦
尔接受了都柏林的王位，他的地位一直很稳固。当他在 873 年去
世时，《爱尔兰编年史》将他称为"爱尔兰和不列颠的所有北欧人
的国王"。

伊瓦尔的家族继续统治都柏林，他的三个儿子相继继承了王
位，直到 888 年西赫特里克获得王位，才终结了他们的统治。893
年，一个无血缘关系的维京人雅尔——西格弗里斯 [112] 转来挑战他
的统治，不久之后，两人暂时放下了分歧，一同前往不列颠去掠
夺。这次内斗并没有因为西赫特里克在 894 年回到都柏林而停止，
在两年后他就被敌对的维京人杀死了。对爱尔兰的掠夺由于他们
的自相残杀而减少，但是从未完全停止；在爱尔兰的史料中，这
一时期被称为"四十年的平静"。902 年，爱尔兰人利用了北欧人
之间的长期分歧，并且建立了以布雷加的梅尔·芬尼亚和伦斯特
的瑟鲍尔为首的联盟。他们战胜了都柏林的斯堪的纳维亚人防御
者。在文献中，"满是伤痕和筋疲力尽的、半死不活的异教徒"四
散而逃。[113]

因此流浪中的爱尔兰的维京人撤退到了不列颠，英吉蒙德
在 902—903 年掠夺了安格尔西岛，而其他人则将注意力转向苏
格兰。他们对爱尔兰的东北地区进行了一些零星的掠夺，不过维
京人直到 913 年才卷土重来。奥特率领"新的一支异教徒大舰队"
进攻了沃特福德港，《盎格鲁－撒克逊编年史》记载他是从不列颠
出发的。随后在 917 年，伊瓦尔的两个孙子——拉格纳尔德和西赫
特里克指挥一支新的维京舰队抵达了爱尔兰，并且将奥特的部队

赶到一边。拉格纳尔德攻占了沃特福德，他的兄弟伊瓦尔则前往伦斯特，在康菲击败了爱尔兰军队，并且再次进入都柏林。[114]

919 年 9 月，爱尔兰人将入侵者赶走的尝试失败了，阿尔斯特国王和其他四位国王在灾难性的战败中死在维京人的手中。北欧人的再次征服似乎让都柏林在接下来进入了一段繁荣时期，城市沿着利菲河迅速地扩张，而且出现了更加组织化的地区划分。在沃特福德也是一样，维京人定居点的中心从伍兹顿的第一处朗格福尔特，转移到苏尔河附近向南的一个地方。

随后的爱尔兰维京人的统治者们都幻想于建立一个囊括爱尔兰海、整合了约克和都柏林的维京人的联合王国，这一目标削弱了他们在两个城市中的统治。919 年，西赫特里克因为这一目的而回到了不列颠，并且在 921 年成为约克国王。而伊瓦尔的另一个孙子哥特里特则留了下来，成为都柏林国王。他的统治标志着 9 世纪 20 年代的内斗的开始，敌对的维京人以利默里克和沃特福德为中心，并且在爱尔兰各地建立起新的营地，比如 926 年在利默里克以南的戈尔湖，以及邓多克湾的林思。

维京人领土的短暂扩张在 926 年终止了。在这一年，尼尔家族南支的国王缪尔齐尔塔克·马克·尼尔在卡林福德击败并且杀死了 200 名北欧人。这一年晚些时候，他在斯特兰福德湖击败了另一支维京人军队，哥特里特的儿子在这次战斗中被杀。尽管有这些失败，当西赫特里克在 927 年在约克去世时，哥特里特似乎毫不犹豫地要继续那毫无新意的惯例——从爱尔兰前往诺森布里亚去继承王位。他的野心很快就失败了，就在当年，威塞克斯的埃塞尔斯坦国王将他赶了出来，他很快就回到了爱尔兰。

哥特里特在 934 年去世，在他统治时期的最后 7 年里，他专注于和利默里克的长期内斗。不过，冲突并未得到解决，而是留给了他的儿子奥拉夫。937 年奥拉夫获得了胜利，他在利湖毁灭了利默里克的舰队并且俘虏了他的敌对国王（他也名为奥拉夫，不过绰号是"疥癞头"）。由于感觉自己在爱尔兰的地位已经稳固，奥拉夫现在转而担忧另一个情况——威塞克斯在英格兰北部的权力不断增强，他们有可能将约克的维京人王国一举消灭。他和苏格兰的君士坦丁以及其他的北方政权组成了联军，但是在布朗南堡惨败于埃塞尔斯坦的手下。[115]

尽管尼尔家族在 938 年围攻了都柏林，奥拉夫在听到他的死敌埃塞尔斯坦在 939 年去世的消息时，还是毫不犹豫地赶回英格兰去宣称拥有约克的王位继承权。都柏林的控制权现在属于他的侄子奥拉夫·西赫特里克森，他的盖尔语名字是卡隆兰（意为"凉鞋"），这个名字也许预示着同化过程开始不断加深。不过，奥拉夫·卡隆兰也被约克吸引了过去，仅仅一年之后，他就将都柏林王位交给了另一个亲戚布拉卡里·哥特里特森。在这期间，他们同爱尔兰人之间的冲突不断加剧。944 年，布雷加的国王康加拉兹攻占并且洗劫了都柏林，杀死了 400 名维京人。在这两个城市中，北欧人国王如同走马灯一般变换不止。奥拉夫也被赶出了约克，并且在 945 年回到了都柏林，从不情愿的布拉卡里手里以武力来重获王位。随后在 948 年，维京人重新控制了约克，奥拉夫返回约克去当了三年的国王。

这场混乱大幅度地削弱了维京人定居点抵抗爱尔兰人攻击的能力。布拉卡里的统治也只持续了几个月，然后他在一场战斗中被尼尔家族的南支杀死。稳定在 951 年才恢复，当时出于对血斧埃里克[116]的青睐，奥拉夫·卡隆兰再次从约克被驱逐出去，历经磨炼的奥拉夫回到都柏林。奥拉夫在接下来的 30 年里统治都柏林，在这一时期，爱尔兰的维京人王国的影响力达到了顶峰，不过，它最终灭亡的种子也在这时被种下了。

在西欧，维京人还在一个地区有所活动，不过那里也许是他们最少获得成功的地方。在维京人对法兰克王国的阿基坦地区广泛进行掠夺期间，他们一定意识到西南方还有一片富饶的土地。在 9 世纪早期，伊比利亚半岛被一分为二：一边是伊斯兰教的以科尔多瓦为首都的安达卢西亚埃米尔国，另一边是北方的几个基督教王国——莱昂、卡斯提尔以及"西班牙边区"（在法兰克人控制下的巴塞罗那附近的东北地区）。双方之间有争议的边境地区是埃布罗河流域以北的地区。

除了掠夺的机会，西班牙可以吸引维京人的还有奴隶贸易：将已有的（法兰克人和盎格鲁－撒克逊人）奴隶卖掉或者抓获新的奴隶。[117] 跟维京人熟悉了之后，伊斯兰教的西班牙居民给了他们一个特殊的称呼"马尤斯人"（意为"火焰崇拜者"），不过，这个称呼来自斯堪的纳维亚人的哪种宗教仪式还不清楚。[118] 阿拉伯人的倭马亚王朝的科尔多瓦埃米尔国统治者阿布德·拉赫曼二世（822—852 年在位）派遣一个使者去见一个未知的北方国王（此人可能是都柏林的维京人国王图尔吉斯或者丹麦国王霍里克[119]），我们现在有这个使者留下的记录。这个使者就是诗人叶海亚·伊本·哈卡姆·贾亚尼，由于他外貌英俊，所以绰号是加扎勒（意为"瞪羚"）。在这之前，他已经对拜占庭皇帝塞奥菲罗斯进行了一次成功的外交任务。但是这第二次外交使命被认为不怎么成功。外国统治者试图通过让叶海亚在自己面前鞠躬来羞辱他，而阿拉伯使者拒绝这样做。最终，国王将接见厅的入口降低，这样让叶海亚自己出丑，不过他是倒着进入的，将他"可耻的部分"对着国王。还有一件事也于事无补：北方的王后迷恋于这个有魅力的摩尔人大使，并且几乎每天都要将他传唤到卧室中，而她宣称这是为了倾听他关于安达卢西亚的生活的故事。

　　西班牙诸国和维京人之间的关系似乎不像他们在法兰克王国、爱尔兰和不列颠那样敌对。当地很少有维京人的艺术品的出土，[120] 而且只有一些地名能反映出北欧人的存在，例如莱昂的洛德马诺斯和加利西亚的洛迪马诺斯（这两个地名都意为"北方人"）。不过，在 9 世纪早期，[121] 也许有维京人掠夺了西班牙北部，因为第一份有记录的对伊比利亚半岛的大规模掠夺出现在 844 年。这支有 54 艘船的维京舰队航行的地方也许比他们本来计划的更遥远。从布列塔尼出发的他们最初掠夺了法兰西的西南地区，随后进攻了西班牙北部的基督教地区（包括科鲁那港）。北欧人向南航行到穆斯林控制的土地，在短短的几周内，他们所造成的破坏比基督教王国和倭马亚王朝的埃米尔国之间的一个多世纪的冲突所造成的还要多。他们焚烧了加的斯和阿尔赫西拉斯，随后沿着瓜达尔基维尔河航行，在塞维利亚附近的梅纳岛上建立营地。让他们深入法兰西的塞纳河和卢瓦尔河的也一样是这种在浅水航行的能力。此时这个城市缺少城墙，因此他们意识到很容易在这里进行掠夺，不过由于瓜达尔基维尔河和塞维利亚之间是不可通航的，他们被迫上岸进军。阿布德·拉赫曼匆忙征召的摩尔人军队因此不费吹灰之力便击败了他们。

　　许多幸存的维京人逃回到船上，在接下来的屠杀中，大概有 1000 人被杀，30 艘船只被烧毁。他们遇到了之前从未见过的武器——希腊火，这些由投射器发射的燃烧物的特有性质是能在水面上燃烧。[122] 有约 400 个维京人被俘虏，他们中的绝大多数都被吊死了。不过有少数幸存者皈依伊斯兰教，并且在塞维利亚附近定居，据说他们在之后的几年里以卖奶酪为生。[123] 那些逃脱了的船只在北上的途中顺路洗劫了阿尔加维，并且狼狈地回到了法兰克王国。

也许是因为 844 年的掠夺的不利记录让维京人打消了念头，859 年之前都不再有他们掠夺的记录。在那年，哈斯泰因（Hasteinn）和刚勇者比约恩率领远征队进入地中海，由于他们向东航行了这么远，这次远航本身就是一个成就，并且为他们赢得了不朽的声望。这支舰队规模庞大，船只数量在 60—100 之间，它似乎有非凡的航行目标——洗劫罗马城。[124] 这次远征开始并不一帆风顺，他们对富有的朝圣中心圣地亚哥·德·孔波斯特拉的掠夺被击退了。随后，他们遭遇了进一步的失败，在塞维利亚城外被后倭马亚王朝的新统治者穆罕默德一世击败。

维京人继续航行，通过直布罗陀海峡，在那里，他们几乎没受到什么抵抗。在这期间，他们只进行了短暂的停留，并且掠夺了加的斯和阿尔赫西拉斯。因此，他们成为第一个进入地中海西部的北欧舰队，随后，这两个维京人首领又获得了一项第一——维京人第一次进攻北非沿海。他们突然登陆了摩洛哥的尼科尔埃米尔国。他们洗劫了那个城市并且在那里待了一周，他们还从王室后宫中俘虏了两个妇女。科尔多瓦的穆罕默德一世支付了相当多的赎金后，她们才被释放。

维京人北上并且沿着西班牙的海岸向东航行，进攻了瓦伦西亚和巴利阿里群岛，然后抵达了法兰克王国的南部沿海。在那里，他们掠夺了一些修道院，并且焚烧了纳博讷城。最终冬季到来，他们在卡马尔格建立了营地，这个位于沼泽中的避难所让他们躲开了不受欢迎的法兰克人的注意。在接下来的春季，哈斯泰因和比约恩沿着罗讷河而上，洗劫了尼姆和阿尔勒。似乎，维京人在卢瓦尔河和塞纳河上的成功将再次出现，这个新部队会在法兰克王国的南部和罗讷河上建立一个基地，从那里出发，他们的掠夺就可以持续很久。不过，在普罗旺斯伯爵杰勒德[125]率领军队在瓦朗斯将他们赶走后，他们便决定继续前往意大利。

无论如何，在诺曼编年史家圣昆廷的杜多的记述中，故事是这样的：维京人最终抵达了一个城墙和塔楼都由白色大理石建造而成的宏伟城市。由于无法直接将城市攻下，他们转而使用了一个计谋。即使这个故事不是真实的，那也至少证明了他们的敌人所认为的维京人的狡猾程度。哈斯泰因来到城边，并且宣称想要皈依基督教。第二天，他的手下将他放在棺材里，抬到了城门前，声称他们的首领在晚上可悲地去世了。城市的市民允许葬礼队伍进入城门，不过维京人在安全地进城后，就拔出剑来，而哈斯泰因也从棺材中跳了出来。随后，维京人狂热地洗劫了这座城市。事实上这座城市并不是罗马，而是相对朴素的卢尼城。[126]

由于对战利品感到失望，维京人继续在地中海进行掠夺。他们也许进入了地中海东部，并且在拜占庭帝国的范围内航行，不过他们确切的路线是未知的。他们在861年试图再次通过直布罗陀海峡，不过这次却不得不以武力杀出一条通路，因为一支大型穆斯林舰队在那里阻拦他们。哈斯泰因和比约恩成功地在战斗中通过海峡，代价就是损失了许多船只。在向北撤退的途中，他们成功地俘虏了潘普洛纳的国王加西亚，并且为了释放他而勒索了 7 万金币的赎金。因此，至少带有这些慰问金和他们在尼科尔俘虏的一些非洲奴隶（北欧人称呼他们为"蓝人"），他们在 862 年的春天回到了卢瓦尔河 [127]。

倭马亚王朝对这些维京人掠夺的反应是建造了一连串的堡垒，并且加强了他们的海军，阿布德·拉赫曼二世就在阿尔梅里亚建立了一个新的海军基地。因此，在 10 世纪，维京人在西班牙的掠夺主要针对的是信奉基督教的北方诸国。根据记载，在 951 年、965 年和 966 年，维京人进攻了加利西亚。968 年出现了一次大规模的攻击，贡纳兹率领的维京人军队杀死了圣地亚哥的主教希斯纳诺。因此这群人变得大胆，他们在乌利亚河上建立了一个基地，在三年里继续四处出击，造成了巨大的破坏。972 年，他们进攻了穆斯林控制地区的阿尔加维，不过倭马亚王朝一般能轻易地阻挡这些维京人对他们的攻击。

偶尔的掠夺一直持续到 11 世纪，大规模的入侵出现在 1014 年的米诺河的图伊和 1029 年的加利西亚；在 1047—1066 年之间，圣地亚哥遭到了一系列大规模的攻击。不过，维京人从未能够像他们在法兰克王国做的那样，在西班牙建立起基地。距离太远，加上他们的攻击受到顽强抵抗，这意味着他们在西班牙的掠夺所构成的威胁从未达到在欧洲西北地区的水平。因此，维京人在西班牙的存在十分有限，仅有一些地名、莱昂大教堂的宝库里以马门风格进行雕刻的圆柱形骨灰盒、在加利西亚的卡托伊拉举行的一年一度的罗马风格的维京节日。当然，最重要的还是关于哈斯泰因和刚勇者比约恩的远航的不朽记忆。

第 3 章

首领、神话与船

800—950 年的维京时代早期的斯堪的纳维亚

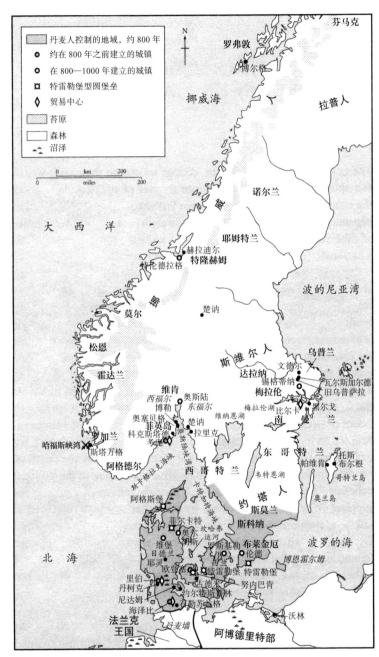

地图 5 维京时代早期的斯堪的纳维亚

维京人外出掠夺的基地——斯堪的纳维亚半岛，在 800 年时已经开始了一系列的政治变革，各个小政权逐渐融合，并将最终形成丹麦、瑞典和挪威。不过这个进程非常缓慢，而这个进程并不如民族主义者（或者更应该说是各王朝的鼓吹者）说的那样开始得那么早，也没那么早熟。

9 世纪的丹麦统治者的身份是模糊不清的。西格弗雷德和哈夫丹两兄弟被提到在 873 年联合执政，不过因为那些在英格兰和爱尔兰进行掠夺的相对较小的战团的首领们也被称为"国王"，所以不能说他们控制了整个丹麦，也许他们所占有的也不过是其中的一小块地盘。在这个世纪的晚期，历史迷雾才渐渐地消散。891年，东法兰克国王阿努尔夫在迪尔河（位于今比利时）击败了一支维京人军队。不来梅的亚当的《汉堡－不来梅大主教编年史》中，有许多关于斯堪的纳维亚的细节，当然，其中的视角是德意志人的。根据他的记载，伴随着两个丹麦国王（西格弗雷德和戈德弗雷德）的战死，丹麦王国的政治凝聚力衰退了。非常短命的海尔吉国王很快就被奥拉夫以武力取代，这个奥拉夫的王朝源自瑞典（也许就是斯科纳地区）。他的两个儿子古诺帕和古尔德继承了他的王位，随后来自其他家族的西格里克·斯韦恩松和哈德贡·斯韦恩松接替为统治者。实际上，这几个统治者对我们而言并不重要，不过这足以说明丹麦此时陷入了政局动荡之中，而且来自北方的瑞典的影响力越来越强。

935 年，汉堡大主教乌尼派出一个传教团去会见戈尔姆（绰号是"长者"），却发现他是个顽固的异教徒。这一记载和不来梅的亚当的编年史有些冲突。在亚当的记载中，在 934 年，德意志皇帝捕鸟者亨利击败了丹麦国王古诺帕，并且向北扩张到了海泽比。这样的话，在戈尔姆登基之前，西格里克和哈德贡就没有多少时间（不到一年）去统治。关于戈尔姆，我们所知甚少，不过他建立的耶灵王朝将在接下来的维京时代里统治丹麦。

我们已知的信息来自戈尔姆和他的儿子哈拉尔德（绰号"蓝牙"，得名原因不明 [1]）建立的一系列纪念碑。这些石碑位于日德兰半岛的东南地区的瓦埃勒附近的耶灵（Jelling）的教堂院落中，耶灵现在是一个安静的小镇，不过它在 10 世纪组成了丹麦王国的心脏。这两块如尼铭文的巨石所在的地点有两个大型的墓葬、教堂本身和一系列无名的立石。一块石碑是戈尔姆所立，以纪念他的妻子蒂丽；另一块则是哈拉尔德所立，以纪念他的父母。在这个地方很难第一眼就看出，这个建筑群说明了 10 世纪中叶的丹麦的发展状况，特别是这个王国里正在进行的基督教化。

戈尔姆的如尼石是第一个被放置在这里的，在饱经风霜的长方形的石板上雕刻有如尼文铭文 [2]"戈尔姆国王建立这个石碑来纪念他的妻子蒂丽，丹麦的珍宝"。这仅仅代表了戈尔姆对死去的王后的传统上的悼念，不过他还在现在的教堂的北方建造了一个宏伟的墓葬（有 35 英尺高，直径为 230 英尺），在那里则有为了蒂丽和他本人的遗体而准备的木制墓室。此外，他在墓葬的一端竖起了一连串的石头，围成一块三角形的区域，它也许代表了一个抽象的船，因此这个遗迹一般被称为"石船"。也许有这种可能，蒂丽的石碑最初就是被放置在"船头"，不过它随后被移走，并且被遗忘了，最终它于 1590 年在教堂庭院中被挖掘出来。

在戈尔姆人生的最后 15 年里，哈拉尔德成为他的父亲的共治者。在老国王于 958 年去世之前，将基督教带给丹麦人的尝试已经开始了。948 年，三个主教被派遣去了奥尔胡斯、里伯和海泽比。[3] 哈拉尔德在他的父亲去世前并未成为基督教徒，不过在此之前的一段时间里，在他任命的顾问中已经可以明确看出，接受新宗教的有利环境已经出现了。在哈拉尔德继位为国王的仅仅两年后，一个新任的传教士主教波普最后让丹麦国王本人皈依了基督教。不过，根据不来梅的亚当的记载，丹麦人在同德意志皇帝之间的战争中战败，正是这次战败的重要影响而非宗教信仰，让哈拉尔德心甘情愿地接受了洗礼。

这一切都来自在王室的宴会大桌上进行的一场激烈争论：大家畅饮啤酒和蜂蜜酒，无疑在酒精的刺激下，宴会中的辩论越来越热烈。大家转而去讨论哪个神祇才是最强大的：丹麦人准备接受基督是神圣的这一信条，不过他们将其仅仅算作与他们自己的众神（比如奥丁和索尔[4]）相比不那么强大的神灵之一。波普不能接受这种对基督教信仰的公开冒犯，宣称只有一个真神，而维京人崇拜的众神就是恶魔。为了避免这一言论转变为暴力，哈拉尔德要求波普接受神判来证明他的论点是真实的。

神判的方式多种多样，可以是强迫当事人将未受保护的手臂伸入一锅开水中来取回一个指环，也可以是将被绑住的当事人丢入池塘中。后一种神判在中世纪晚期经常被用来辨识女巫：如果被害人浮起来并且活着，那她就是有罪的；如果她下沉并且淹死，那她就是无辜的。在现代人看来，这似乎是野蛮的法律手段，不过实际上，当从双方的支持者获得的正式陈述来判决案件的真相的常见做法陷入失败的时候，以及在任何调解方式都不能让人获得满意的补偿的情况下，神判是相当常见的。

在波普的这个案例中，在任何试图对辩论进行真正的调解之前，在一开始就诉诸了神判。国王下令让波普手持一块烧红的铁块走几步，然后再丢弃它。根据这个仪式的规则，他的手在几天里被绑上绑带，随后再对伤口进行检查——如果伤口感染了，那神判就会被判决为对他不利。在奥尔胡斯的西南地区的塔姆德拉普的教堂中，讲道台上的一系列青铜饰板是纪念这件事情的，饰板描绘了事情的经过。⁵在其中的一幅图画中，铁块正在火焰上加热；而在下一幅中，波普移除了手上的绑带来显示伤口是干净的。随后的图画中，由于哈拉尔德被正当地说服了，他赤裸地站立在一桶水中来进行洗礼仪式。

蓝牙哈拉尔德也许将基督教带给了丹麦，至少这让他自己很满意。不过，在此之前就已经有基督教的传教士了。第一份相关记录是714年的诺森布里亚人圣威利布罗德。他在8世纪早期的在弗里西亚的为期40年的传教过程中花了点时间去拜访安根杜斯国王，这位国王被描述为一个"比任何野兽都凶猛，比石头还要顽固"的人。⁶由于威利布罗德在丹麦国王面前的傲慢无礼的行为，这次传教几乎没有收获。

下一次对丹麦传教的尝试要到823年，法兰克王国的统治者虔诚者路易派遣兰斯大主教埃博去重新传教。他似乎让一些人皈依了基督教，在826年又有一大批人转变了信仰——哈拉尔德·克拉克和他的400名追随者在美因茨接受了基督教。当然，在那个时代，他这么做的主要原因是为了获得法兰克王国的支援，以便获得丹麦王位，而非宗教信仰上的考量。当哈拉尔德最终得以返回丹麦时，他履行了他的那部分的协议，将一个名为安斯卡的年轻基督教传教士带回国。这次传教能否成功和哈拉尔德的政治生涯紧密相关。在哈拉尔德被驱逐出境的几个月之后，安斯卡和他的同伴奥杜贝尔特也不得不离开。他们几乎没有时间来建立一所学校（也许是在海泽比）来向年轻人讲授基督教教义。安斯卡下一次去斯堪的纳维亚时并没有前往丹麦，而是到了瑞典。[7]

在一个多世纪后，蓝牙哈拉尔德通过为他的家族墓地增加了激动人心的新元素，显示了他对基督教的皈依。据说，某一天他在日德兰半岛的一个沙滩上，偶然看见了一块花岗岩巨石。他下令用人力将这个 10 吨的大块石料拉回耶灵。他也许在这时已经下令在他母亲的墓葬的南方堆起另一个小一些的土堆。这个新的墓葬几乎完全毁掉了之前存在的船石，许多石头就被埋在下面。说来也奇怪，当考古学家在 1941 年考察这里的时候，他们并没有在这个新的纪念物里发现墓室，因此哈拉尔德从来就没打算用它来容纳自己的遗体。船石和土堆中的墓地明显是多神教信仰的残余，这在新的基督教的丹麦并不会得到鼓励。

这块如尼石被描述为丹麦的"皈依证明"，它是一块三角形的红黑色花岗岩，在它的三个面上都有雕刻。其中的一面有冗长的如尼文铭文，以及一幅展现了哈拉尔德的基督教信仰的图像。铭文是："哈拉尔德国王树立这个石碑是为了纪念他的父亲戈尔姆，也是为了纪念他的母亲蒂丽；哈拉尔德征服了整个丹麦和挪威，并且让丹麦人成为基督徒。"在石碑的第二面，一头狮子和一条衔尾巨蛇在为至高地位扭打着，这也许象征了旧宗教和新宗教之间的冲突。在石碑的第三面有现存的斯堪的纳维亚最早的本土的耶稣基督的形象。基督的形象外环绕着连锁的纽结图案，他的手臂向外伸展，双腿交叉成十字形，眼睛大张，表情宣示着神圣的胜利。起初，在耶灵石上也许是有彩色颜料的，现在仅仅只有少数残留的痕迹存在了，因此当时的基督的形象应该更让人印象深刻。附近博物馆里的彩色石碑复制品和原件相比有些不同，不过它可以为这一观点提供一些证据。

那个教堂就好像是之后才添加的东西，当前这个朴素的白色罗马式教堂可以追溯到 1100 年，它半隐半现地处于两个土堆之间，在这个满是异教元素的场景中，这个基督教的标志决定性地插入其中。在 1820 年对北方的墓葬的发掘[8] 中，出土的文物有橡木做的墓室，以及散乱的人工制品，比如一个银杯（耶灵艺术风格因上面的装饰而得名），[9] 不过墓里并没有人类遗骸。这个坟墓也许在某个时间遭到了破坏，而且陪葬品被盗走了（《强者格雷蒂尔萨迦》[10] 中就生动地描述道："英雄进入一个墓葬中，和被埋在那里的强者卡尔的遗骸去战斗，随后他带着宝库中的陪葬品逃走了。"）。不过，在南方的土堆里没有人类骨骼，这证明了出土文物较少的情况也许并不能归咎于盗墓贼。

这个秘密在 1976 年得到了部分解决，当时教堂决定安装一套中央加热系统，考古学家发现了之前的两个毁于火灾的橡木教堂的残骸，还在最早的建筑物的正下方发现了一个坟墓。在坟墓中有一个中年人的遗骸，身高大概为 5 英尺 6 英寸。遗骸的骨头安置得并不整齐，这证明这些骨头在从之前的安葬处移动到这里的时候被弄乱了。这个坟墓中也有大量金线，还有一对腰带装饰物，而这些也许都来自一件早就腐坏的大衣。对这种情况的合理解释是哈拉尔德将父亲的遗骸转移到这里来作为皈依基督教的象征，他之前也许就埋葬在北方的封土堆中，不过哈拉尔德的母亲蒂丽的遗骸遭遇了什么已经不为人知了。戈尔姆的骨头被烧成了骨灰，2000 年时，他大概已经是第三次被迁葬了，当时他被再次埋葬在耶灵教堂下，和他的直系后代丹麦女王玛格丽特二世葬在一起。

耶灵的建筑群并不是哈拉尔德统治时修建的唯一壮观建筑。在 10 世纪 50 年代，在丹麦南部的丹麦墙沿线，新的工程正在开工。10 年后，一道新的城墙防御体系建立起来，将海泽比的堡垒群和主要的防御工事连接到一起。对海泽比、里伯和奥尔胡斯的防御工事的额外改进也被归功于哈拉尔德，不过他建造的工程中最壮观的建筑是散落在丹麦各地的大型圆形堡垒。瑞典南部的斯科纳地区也有一座这种堡垒，此地当时是丹麦领土的一部分。在以前的观点中，这些堡垒被认为是八字胡斯韦恩在 1013 年入侵英格兰时的征召部队集结地。在树木年代学的鉴定下，堡垒中使用的木材现在可以追溯到 980—981 年，这让它们被定年在哈拉尔德的时代。

这些大型堡垒散布在西兰岛西部的特雷勒堡（这种类型的堡垒也因这里而得名）、日德兰半岛东部的菲尔卡特、日德兰北部的阿格尔斯堡、菲英岛的欧登塞附近的努内巴肯、斯科纳地区的另一个特雷勒堡。它们都建立在相似的平原地区。它们的大门都在正的东西南北方向，而且都配备有用木材加固过的防御土墙。这些堡垒的规模各不相同，菲尔卡特和努内巴肯的直径大概有 390 英尺，特雷勒堡的直径有 445 英尺，而相对大型的阿格尔斯堡的直径则有 790 英尺，是其他的两倍左右。在较小的三个堡垒的内部有 16 个大型建筑的地基，这些有圆形外墙的建筑的周长都在 100 英尺左右。阿格尔斯堡的面积更大，足以容纳 48 个这种建筑。这些堡垒的内部有东西向和南北向的两条道路，这两条路将四个大门连接到一起，并且把堡垒内部分为四份。

修建这样的大型堡垒的确切目的是未知的，尤其是它们的内部建筑都没有维修过的迹象。这表明它们也许只被使用了不到 20 年。这些堡垒都位于（或邻近）主要道路的沿线，因此它们也许是哈拉尔德将王国"统一"之后巩固王室权威的一种手段。不过，一旦他的权力稳固下来，它们就因为相对多余而被放弃。[11] 他下令对丹麦全境的路网进行的一系列改进则进一步地证明了这一观点。维尔吉河谷的拉文宁 - 恩格桥是斯堪的纳维亚最大的桥梁之一，它有 2460 英尺长、18 英尺宽。[12] 年代学的检测已经将其追溯到了 978 年。不过，这个木桥的全长都位于一条直线上，误差不超过两英寸。为了承担它的重量，需要在建造中将 1100 个桩柱打进沼泽地中。这是中世纪早期技术的一个惊人成就，而且它的达成一定需要一个强大的中央集权的政府，这样才能动用那样巨大的人力物力。和特雷勒堡一样，拉文宁 - 恩格桥上也没有维修的痕迹，因此实际上它的使用寿命一定很短。这意味着它是作为王室权力的象征而非长期的实用设施来建造的。

哈拉尔德似乎已经成功地将丹麦王国的大部分统一在他的统治下，不过他面对外来的敌人时并未成功。德意志皇帝奥托一世的威胁，让丹麦人加强了丹麦墙的防御工事。不过，他们在 973 年对南方的攻击失败了。随之而来的是德意志人的反击，他们占领了包括丹麦墙在内的日德兰半岛的南部。哈拉尔德花费了 10 年的时间来收复失地，特雷勒堡和拉文宁 - 恩格桥都可以被追溯到这个危机时期。也许是为了强化国家统一和巩固自己的权力，他才修筑了这些建筑。

在北方，哈拉尔德要面对敌对的挪威国王好人哈康。哈康在 954 年对日德兰半岛、西兰岛和丹麦控制下的斯卡纳的沿海地区进行了掠夺。哈康的父亲金发哈拉尔德开始了挪威王国的统一进程，而他的儿子也同样野心勃勃。丹麦国王试图将自己人扶持到挪威的王位上，他为血斧埃里克的一个儿子灰袍哈拉尔德（在 934 年被挪威人驱逐出境）提供援助。埃里克儿子的几次进攻都被击退，最终哈康于约 960 年在菲恰尔的一次战斗中受了致命伤。他的宫廷诗人艾维英德——绰号不幸被定为"抄袭者"（Skáldaspillir）——为他的君王创作了一篇令人悲伤的墓志铭：

> 财富消失，亲人死去，
> 土地荒废，
> 由于哈康抛弃了众神，
> 许多人沦为奴隶。[13]

随后埃里克的五个儿子将挪威瓜分，丹麦的这一潜在敌人已经被削弱了。但是蓝牙哈拉尔德依旧对灰袍哈拉尔德的越来越强的独立倾向感到烦恼。当特隆德拉格人起义去反抗埃里克的儿子们时，丹麦国王十分乐意为叛军提供支持。970 年，灰袍哈拉尔德在利姆峡湾的一次战斗中死亡。随后挪威被分割为两部分：一部分属于蓝牙哈拉尔德的新盟友拉德的雅尔——哈康·希格尔德松，另一部分则成为丹麦控制下的南部和东部地区。

哈拉尔德成功地将北方的威胁扼杀掉了，不过他的杰出统治以耻辱的方式终结。在 983 年对德意志人取得胜利后不久，在心怀不满的权贵组成的联盟的支持下，他的儿子八字胡斯韦恩起兵叛乱。哈拉尔德在战斗中受伤，向东逃到了文德兰，并最终来到了约姆尼要塞（或约姆斯堡，也许是现在波兰的沃林岛）。根据不来梅的亚当的记载，他在几年后就死在那里。哈拉尔德也许想要将这个堡垒作为返回丹麦的一个跳板，他在那里和他的第二任妻子、文德人公主托维 [14] 结婚。在传闻中，他建立这个堡垒作为一个独立的维京人战团（他们被称为约姆斯维京战士）的中心，他也许想过去寻求他们的支持。[15]

和约姆斯维京战士相关的传说不仅满是英雄气概，而且丰富多彩。在传说中，这个堡垒有一个大型港口，可以容纳 350 艘船只；不允许女性进入大门之中，这里只为那些最强大的战士提供住所。《约姆斯维京萨迦》（*Saga of Jomsvikings*）也提供了哈拉尔德灭亡的另一种说法：约姆斯维京战士在狂欢痛饮的时候，丹麦国王诱使他们同意去进攻他的主要敌人拉德的雅尔哈康。当这些战士酒醒的时候，他们不得不信守承诺，所有人都去了挪威。他们一向都有善战的名声，但是他们在赫约龙格瓦格战役中被完全击败了。随后，从积尸成山的战场中幸存下来的 70 个人被带到了哈康雅尔的面前进行审判。

挪威雅尔于是将约姆斯维京战士一个接一个地处决，来近距离地观察他们是否能无愧于他们名声那样去直面死亡。一个俘虏请求他的同胞们注视他，他说如果死后真的有灵魂存在，他将会举起手中的斧子来示意。不过，当他人头落地时，他失去生命的手指松开，武器掉落在了地上。在 9 个同胞已经被处决之后，一个 18 岁的年轻人被拖上前去成为第十个受害者。他大胆地要求在砍头的时候将他的金色长发从他的脸上移开，以避免他的发辫沾上鲜血。他的要求得到准许，雅尔的一个手下粗暴地抓住男孩的头发。当斧子砍下时，这个年轻的约姆斯维京战士向后一缩，因此斧子转而将挪威刽子手的手给切了下来。哈康对他的勇敢和智慧印象深刻，然后赦免了这个年轻人。但是杀戮并没有结束，第十一个约姆斯维京战士阿基之子瓦根被选出来处死。不过瓦根成功地从抓住他的人手中逃脱，抓住一把武器，并且给了正在监斩的哈康的重要亲信索尔基尔以致命的一击。由于这让人印象深刻的勇敢行为，瓦根被邀请成为挪威雅尔的伙伴，不过他拒绝了，除非他幸存的同胞都能被释放。随后他的请求被接受了。这个传说肯定是编造出来的，但是这个萨迦大概保留了对文德兰的波罗的海上的一个丹麦人的前线基地的记忆，这个海军基地足够强大，能让哈拉尔德心怀希望，认为这里也许能够让他恢复王位。

　　和丹麦相比，挪威政治统一的进程要缓慢得多。这个国家的地理环境比它南方的邻居更为复杂崎岖，在丹麦，大多数地方只要经过陆上或海上的短途旅行就能抵达。9 世纪中期之前，挪威几乎没有任何中央的权威，只有诸多小型王国的政治中心，它们坐落在奥斯陆峡湾沿线的各个地区，主要有西福尔、劳马里克、赫德马克和东福尔。这些地方包含了挪威大多数最好的耕地。挪威第二重要的地区，是位于北部的现代的特隆赫姆（Trondheim）附近的特隆德拉格（Trøndelag）。早期的政治中心的第三个核心地区是挪威西部沿海的松恩（Sogn）、罗加兰（Rogaland）和霍达兰（Hordaland）。11 世纪以降，这三个地区之间的紧张关系在很大程度上定义了挪威的政治史。

挪威统一进程的先行者是金发哈拉尔德，他是韦斯特福尔的一个小国王黑发哈拉尔德的儿子、阿萨女王的孙子。[16] 根据传说，他的母亲做过一个梦：她的儿子像一棵树一样成长，它有红色的树根、绿色的树干和白色的树杈，它的树冠将覆盖整个挪威。这个梦预示了她的儿子未来的伟大人生。哈拉尔德在 870 年左右继承了哈夫丹的小王国，由于他父亲的封臣们马上就利用这个机会宣布不再效忠，光辉未来（甚至生存）的可能性似乎遥不可及。他经过多年的苦战来将他们重新统一到韦斯特福尔的王国（也许还包括灵厄里克和邻近地区）。与此同时哈康·约加尔德松也在特隆德拉格附近进行同样的统一行动，这预示着双方之间最终极有可能会起冲突。哈康接受哈拉尔德作为他名义上的君主，一场灾难因此消散了。

这一安排让哈拉尔德得以放手去进攻西部的霍达兰和罗加兰，第一批维京人掠夺者正是从那个地区出发，横跨北海去不列颠和爱尔兰。在一场恶战之后，哈拉尔德的舰队在斯塔万格以西的哈伏斯峡湾（Hafrsfjord）追赶上了当地的雅尔们。事情发生在哪一年并不明确，不过一般而言，这一天在 885—900 年之间。[17] 这次战役发生的时间对确定维京人在北大西洋的扩张的年代顺序是非常重要的，因为奥克尼和冰岛的萨迦传统中都坚持最初的定居者是由于哈拉尔德的越来越残暴的统治才逃离了挪威。[18] 不幸的是，这个年代顺序的确定并不十分恰当，因为哈拉尔德直到 870 年才登上王位，这大概人们在是冰岛建立起第一批维京人殖民地的时间，而且在几十年之后，他对国家的控制力才强大到足以威胁那些西部的向往自由的人。

此时的哈拉尔德还有敌人，而且他同特隆德拉格的哈康之间的和平共存并不稳定，作为韦斯特福尔国王，他在挪威的冲突中作为明显的胜利者脱颖而出。很久以前，哈拉尔德立下誓言：在他成为整个挪威的统治者之前，他永不剪发梳头。这一誓言让他获得了早期的绰号"缠发者"。不过在此时，他并不认为他的誓言已经完成了，在苏格兰的北方群岛上还有已经逃离了他的统治的人，而且这些人正在掠夺海上的航线。于是，他进行了一场远征，有记录说他的远征一直向南到了马恩岛，这也许有些夸大。哈拉尔德将奥克尼群岛和赫布里底群岛纳入挪威的控制下的自我宣传也是十分可疑的，不过至少他进行过某种程度的远征。

现在哈拉尔德已经心满意足了，他令他最信任的追随者缪拉伯爵拉格纳尔德为他剪发，这项工作完成后，国王也获得了他更为人所知的绰号"金发"（hafagre）。据说国王现在专注于内政，他进行了一些行政改革。例如，他在各个地区任命雅尔去监督管理，他们收集的税收有三分之一要收归国库；他还建立了一个正式的系统，雅尔们都要为军队提供人手。不过有许多措施也许是之后才有的，却被回溯到这个时间点。

那个时代有一份手抄本，它叙述了一个名为欧思尔（古北欧语的奥塔）的挪威商人的航行经历，我们可以通过它，向那时挪威人的生活投去难得的一瞥。他的故事得以被记录下来，是因为他在 9 世纪晚期拜访了威塞克斯的阿尔弗雷德大王，随后他的旅行记录作为附件被添加到《反异教七卷历史》（*Historiarum adversum paganos libri septem*，5 世纪的西班牙教士奥罗修斯所写的基督教视角的世界历史书籍）。

欧思尔居住在挪威北部的特罗姆瑟附近，至少他对阿尔弗雷德国王这样说："对所有挪威人来说，是最遥远的北方。"据说，他被认为是霍洛加兰人（Halogolander，那片遥远土地上的人民）中非常富有的一个，他拥有 600 头驯鹿、20 头牛、20 只羊和 20 头猪，还有"用马犁过"的一小片耕地。他的财富中最主要的部分来自他从当地的萨米人部落那里作为贡品收集来的物品。这里面不仅有毛皮，还有鸟、鲸须，以及海象皮和海豹皮。

有一年，欧思尔想去查明海岸线还要向北延伸多远，还想弄清在挪威人到目前为止探索过的地区之外是否有人居住。他从猎鲸者已经抵达过的最远点出发，沿着无人居住的海岸航行了三天，在这个时候，大地突然转变为向东延伸了。欧思尔继续沿着海岸航行了 4 天，随后海岸线转而向南。又经过 5 天的旅行，他和他的水手进入了一条大河，而且河的沿岸都有人定居。他在那里遇到的民族包括科拉半岛的芬人（欧思尔的手抄本的古英语翻译版中称之为比欧玛斯人）和被称为基文纳人（古北欧语中称为基文尼人）的使用芬兰语的民族，这些民族在北欧人尝试开拓北极时，继续控制着北极的土地。

欧思尔进行这样的远距离的航行，是为了获取珍贵的贸易品——海象牙。他也许抵达了白海地区（今俄罗斯的西北地区的沿海地带）。这次探险并没有让两个地区建立持久联系，这表明商业动机与纯粹的好奇心的结合也许已经在刺激维京人进行远距离的航行。

在欧思尔前往英格兰的路上，他向另一个方向航行，沿着挪威［挪威的名字就来自"北方航路"（North Way），这条海上通道就顺着它的海岸线］的海岸线航行，并且在约一个月 [19] 之后抵达了一个被称为塞林格斯希尔（也许是奥斯陆峡湾西岸的考庞）的地方。随后他向南航行 5 天，来到了海泽比，他描述那附近的岛屿都"属于丹麦"（这是"丹麦"一词很早的一次出现）。最终，欧思尔来到英格兰，他将阿尔弗雷德大王描述为他的赫拉弗尔德，或者说他的领主，虽然这不大可能是因为这个挪威商人向威塞克斯国王宣誓效忠，更可能是因为在传统上，外国人要向当地统治者缴纳一笔税款，来让他们在停留期间能得到保护。

　　欧思尔并不是唯一一个旅行记录被翻译成古英语、被记入奥罗修斯的书籍的旅行者。另一个名为伍尔夫斯坦的商人也向阿尔弗雷德讲述了他前往海泽比和波罗的海地区的旅程，他大概是挪威人或英格兰人，[20] 从丹麦出发的他，向东航行到维斯瓦河河口的特鲁索，在这 7 天的航行中，他经过了斯卡纳、法斯特、洛兰岛、朗厄兰岛和文德兰，抵达了威特兰。这片土地属于埃斯特人，这个部落以蜂蜜和鱼为食，他们的富人喝马奶，而穷人喝蜂蜜酒。伍尔夫斯坦还记录了他们的一个奇特习俗：将人的尸体放在室内好几天，由于极为寒冷，尸体并不会腐烂。[21]

　　当金发哈拉尔德在 933 年去世时，他留下了众多的儿子，在一些记载中有 16 个之多，不过他最终的继承人好人哈康的宫廷诗人抄袭者艾维英德所提到的 9 个儿子的可能性更大。最后是日德兰半岛的一个国王的女儿朗希尔德和哈拉尔德所生儿子埃里克获胜，并且成为挪威王位的继承者。埃里克同丹麦国王长者戈尔姆的女儿贡希尔德的婚姻，让他成了挪威统治者的一个十分合理的候选人，因为这两个王国之间的联系预示了他们可能最终联合在一起，也让他们之间的保持和平的可能性得到提高。

　　哈拉尔德的最小的儿子哈康此时正在英格兰，他在威塞克斯国王埃塞尔斯坦的宫廷中得到培养，他也因此得到一个绰号"埃塞尔斯坦的养子"（Athelstansfostri）。在得知他父亲的死讯之后，哈康迅速返回了挪威，并且同强烈反对埃里克继位的赫拉迪尔的雅尔——西格尔德联合起来。面对这样强大的联军，埃里克并没有选择战斗，而是向西航行到英格兰。948 年，他成为约克国王，并且给他弟弟的养父造成了无尽的麻烦。埃里克对约克的时断时续统治随着他在 954 年去世而终止，[22] 之后他的儿子们专注于谋求挪威的王位，而不是在英格兰北部重获他们的遗产。

由于他的侄子灰袍哈拉尔德和丹麦的蓝牙哈拉尔德之间结成了同盟，好人哈康对挪威的统治十分不稳定。此外他在埃塞尔斯坦的宫廷中接受了基督教的教育，但是他在国内强制改信基督教的政策也遭到了反对 。在 1913 年于库洛伊岛的西北海岸发现的库利如尼石上，记录了新宗教来到挪威的事情，上面写道："托里尔和哈尔瓦德竖立这块石头是为了纪念乌尔夫约特，基督教已经来到这个王国 12 年了。"这是挪威史料中第一次出现"基督教"这个词汇，这个如尼石可以追溯到 10 世纪 40 年代，正好就在哈康的统治期间。[23]

新国王试图鼓励礼拜日的仪式，也鼓励以基督教的方式去庆祝约尔节——古老的多神教的冬至节。在这个节日中要大量饮用艾尔啤酒、举行献祭、收集公牛血液。国王的角色也在其中是一个古老的神圣元素，因此他的参与对这些异教仪式的成功与否十分重要。当哈康宣布废除那些习俗时，群众一片哗然。赫拉迪尔的雅尔西格尔德和其他的守旧贵族威胁要叛乱时，哈康同意用一个刻有奥丁名字的神圣角杯饮酒。当他为了保留他的基督教信仰的完整性，在船只上画了十字架符号时，那些人再次抗议并且问他在做什么，西格尔德向他们保证说，国王仅仅是画了一个纪念索尔的符号。

不过，西格尔德还没完，他将一块献祭给异教众神的马肉给哈康吃。这对于国王而言太过分了，他表示拒绝，也没有喝这块肉炖出来的汤。不过最终哈康认识到，他的固执有可能会让他失去王位，因此他通过闻煮熟的马肉的香气来作为妥协。[24] 但这既不能让基督徒感到欣喜，也不能真正满足异教徒的情感。随着紧张局势再次出现，哈康终于吃了一块献祭的马肝，还大口喝下神圣的肉汤。结果是人们对哈康的印象就是他在基督教和多神教之间的含糊态度。他的妻子则被认为是古老宗教的信仰者；而且当埃里克的儿子们于 960—965 年之间在菲恰尔击败了哈康，他的追随者将国王从战场上救走时，他们询问了濒死的哈康的意见，他的尸体并没有埋葬在教堂墓地中，而是被安葬在了异教的坟堆里。

获胜的埃里克的儿子们和他们的母亲贡希尔德一起返回了已经四分五裂的挪威。它的东部地区依旧在哈康的侄子特里格维的手中，古德罗德·比亚尔纳松统治下的韦斯特福尔、西格尔德雅尔统治下的特隆赫姆也宣布了自己的独立。实际上，灰袍哈拉尔德只能在国家的中部和西南部发号施令。到 970 年，哈拉尔德已经击败了特里格维，并且将韦斯特福尔纳入统治；赫拉迪尔雅尔也被杀身亡，他的儿子哈康继承了他的地位。埃里克儿子们的权力的增加让丹麦的蓝牙哈拉尔德感到担心，他同哈康·西格尔德松建立了同盟。这支联军于 974 年在利姆峡湾附近的哈尔斯击败了灰袍哈拉尔德，并将他杀死。因此挪威被一分为二：赫拉迪尔的哈康·西格尔德松控制了西部的省份，蓝牙哈拉尔德占领了挪威的东部和南部。赫拉迪尔雅尔在名义上接受了丹麦的领主地位，他承诺一年提供 20 只猎鹰作为贡金，并且有义务在必要的时候提供军事支援。不过他坚定不移地维持自己的独立，他之前被迫接受皈依基督教只是因为那是分割挪威的协议上的一部分，他很快就会公开地拒绝皈依。

终于，哈拉尔德越来越厌恶他的这个好斗的附庸，986 年他派出一支舰队去进攻挪威西部，想让哈康顺从。传闻说在这次战役中，约姆斯维京战士加入了哈拉尔德。[25] 不过，他们在赫约龙格瓦格战役中被击败，这让哈康的统治稳固地延续了 10 多年。他一直统治到 995 年，另一个挪威王子——维克的特里格维的儿子奥拉夫在那时到来。[26]

瑞典是三个斯堪的纳维亚国家中最后统一的王国。那里有两片相互独立的领土：以现代的瑞典西部为主的斯韦阿兰（斯维尔人的国家）和包含现代的哥特兰在内的瑞典东部的约塔兰（约塔人的国家）。曾经有人相信这两个地方早在 6 世纪被早期的英格林王朝的诸王统一到一起了，[27] 不过国家统一更可能发生在第一个千年终结的时候。瑞典的史料与丹麦和挪威的相比要少得多，在 9—10 世纪，那两个国家中的各种类型的信息中都缺少他们东方邻居的身影。我们获得的最早的记录来自安斯卡的传教活动，当时汉堡 - 不来梅大主教将他派往斯堪的纳维亚去传教。

安斯卡在丹麦的第一次传教是失败的，第二次传教的目的地是瑞典，他在 829 或 830 年出发。在满是危险的路上，安斯卡和他的小传教团被维京人攻击了，那些无保护或无防备的旅行者一向是他们的目标。虽然传教团逃出生天，但是他们丢失了携带的全部圣书，那些书或许有的装饰着贵金属和珠宝，它们对强盗而言是便携而有吸引力的目标。最终安斯卡的传教团来到当时瑞典唯一的主要城市（或者说城市的雏形）梅拉伦湖边上的城镇比尔卡（Birka）。[28] 他们和当地的国王比约恩见面，受到了友好的接待。比约恩大概是斯维尔人的国王，显然他的统治没有覆盖整个瑞典。

安斯卡成功地让比尔卡的地方执政官（praefectus）皈依了基督教，并且在他的帮助下在城镇里建立了一座小教堂。不过基督徒的人数相当少，而且安斯卡很快就回到汉堡去当大主教。过了一段时间，留在当地的主教高兹伯特被驱逐出境，当地的一个皈依基督徒尼塔尔德殉教了，此人是瑞典第一个有记载的基督教殉教者。当安斯卡得知这些消息后，他在 850 年左右试图第二次进行传教。当安斯卡回到比尔卡时，此时的国王是某个奥拉夫，国王表示可以支持传教事业，不过传教士必须在"庭"（当地议会）上进行演讲并且得到批准，因为"他们的习俗就是由全体人民而非国王来决定各项事务"。[29] 这件事不仅让我们得以窥视瑞典早期的城市中心的组织机构，也证明了 9 世纪的瑞典统治者的权力是受到限制的。

由于比尔卡是重要的贸易中心，基督徒也许已经不断前往那里，有些人甚至定居下来。虽然安斯卡被称作"斯堪的纳维亚的使徒"，他长期的传教活动却收效甚微。当瑞典的中央集权的王室权威得到强化时，基督教才开始快速传播。君王们认识到在成为基督徒之后，他们自己的权威能得到加强。在此之前，我们所知道对基督教热情的君王只有关于"常胜者"（Segersäll）埃里克的零星记录。这个 10 世纪的下半叶的人物被描绘成一个狂热的维京人，致力于对邻接他王国的核心地带乌普兰进行掠夺。他也许在975 年建立了锡格蒂纳城（Sigtuna），这里成为瑞典的首都和仅次于比尔卡的第二大城市。据说他在丹麦皈依了基督教，并且有一个基督徒妻子（波兰的梅什科大公的女儿），还批准了新一轮的传教活动。不过就像那时候的维京人首领经常做的那样，他的信仰是十分肤浅的，而且他一回到家就放弃了新宗教。[30]

在埃里克的儿子奥洛夫［绰号为"半王"[31]（Skötkonung），980—1022 年在位］的统治下，瑞典的王权和基督教结合了。他也许是瑞典的第一个真正的基督教国王，他在约 1008 年于胡萨比接受了洗礼，并且帮助教会在西约特兰的斯卡拉建立起一个新的主教区。君王权力增长的标志之一是奥洛夫在锡格蒂纳建立了一个铸币厂，在大量硬币的正面上印有铭文"Olaf Rex"（奥洛夫国王），而反面的铭文往往是"SiDei"，这大概是"Sigtuna Dei"（上帝的锡格蒂纳）的简写，这意味着他公开地信仰基督教。在外交上，奥洛夫的主要成就是同丹麦国王八字胡斯韦恩建立了同盟，去对抗挪威的奥拉夫·特里格瓦松，他们在 1000 年的斯沃尔德战役中击败了挪威国王，瑞典获得了特隆德拉格的部分地区。[32] 奥洛夫的权力能在瑞典境内延伸多远依旧是不确定的，而且他造的硬币称他为"rex sveorum"（斯维尔人的国王），这证明他王国的核心依旧是斯维尔人的地区。即便他有对约塔人的控制权，那也是不完全的。[33]

奥洛夫对瑞典基督教化的作用充其量是有限的，据说他由于拒绝重归异教信仰而在 1021—1022 年被杀害而殉教。人们在耶姆特兰北部的弗洛斯岛上发现了一块如尼石，新宗教的逐渐传播由它得到了进一步的证明。这块石碑可以追溯到 11 世纪的上半叶至中叶，碑文上写道："古德法斯特之子奥斯特玛德下令竖立起这块石碑，下令建造这个桥梁，他让耶姆特兰人信仰基督教。此桥由阿斯比约恩建造，此如尼文由特尔约恩和斯泰因雕刻。"这个铭文很能说明问题，它表明了在这个遥远的北方地区，基督教的到来是由于一个当地首领的工作，在锡格蒂纳的国王对此并没有什么影响。耶姆特兰是瑞典和挪威之间的边境地区，它在很大程度上保持了自己的独立，直到 1178 年挪威的斯韦勒·西格尔德松击败了耶姆特兰人并将它吞并。

在瑞典的核心地区，基督教的地位并不稳固，不来梅的亚当对 11 世纪晚期的瑞典的记述则进一步证明了这一点。他记载，在斯特恩基尔（绰号为"异教徒"）的统治期间，在 1066 年爆发了反基督教的起义，而且致力于崇拜奥丁、弗雷和索尔的乌普萨拉的大神殿则成为异教徒反抗的中心。亚当从未去过乌普萨拉，身为基督教牧师，他在那里必定不受欢迎。不过为他提供史料的当地人向他讲述了那里举行的异教仪式中的一些细节，他根据那些信息描绘出十分恐怖的场景。他讲述了那里每 9 年举行一次的一系列大型献祭仪式：每种生物中都要挑出 9 个公的被杀掉，它们的尸体随后要被挂在圣树上示众。基督徒也被迫参加这种血腥的仪式，除非他们支付了大量罚款以取得豁免。[34]

1084 年，英格国王拒绝参加异教仪式，他的姐夫斯韦恩公开反对他，并且在他控制的地方自立为王。斯韦恩（绰号"献祭者"）随后率领贵族们进行了一个仪式，以同基督教断绝关系：每个人都要吃光一份献祭过的马肉。不过英格并没有坐以待毙，他撤退到了约特兰的西部，并且密谋进行复仇。三年之后英格归来，将斯韦恩困在一个房屋中，将他和房屋一起烧成了灰。英格重新登基为王，而且异教徒的抵抗也被镇压。他最后清算乌普萨拉神殿，在 1090 年左右，他下令摧毁神殿、将圣树连根拔起，他的这次行动没有遇到什么抵抗。因此，在安斯卡在丹麦人中第一次传教行动的 250 多年后，异教在瑞典的复兴已经没有了可能性，基督教在斯堪的纳维亚地区取得了完全的胜利。

从维京时代开始的 8 世纪晚期到此时，斯堪的纳维亚地区在其他许多方面也发生了改变。在 7 世纪到 8 世纪早期，商业中心开始在欧洲的西北地区兴起，它们成为早期的维京人攻击的主要目标之一。城市化也在斯堪的纳维亚地区缓慢地进行，不过由于瑞典和挪威的有些地方陡峭崎岖、陆上交通状况不佳，城市化因此受到了阻碍。因为同样的原因，某种程度的中央权威的出现也受到了限制，因为这些大型定居点的安全无法得到保障。

在维京时代，斯堪的纳维亚地区中的大多数人依旧生活在孤立的农庄中，到 9 世纪早期，城市化几乎没什么进展，整个地区只有四所城镇：两个在丹麦（里伯和海泽比），一个在瑞典（比尔卡），还有一个在挪威（考庞，即斯基林格萨尔）。有趣的是，这些城市和之后出现的城市不是连续的，这些地方在 1050 年之后都不再是主要的贸易中心：考庞和比尔卡一起消失了，而里伯和海泽比则在之后被重建。在 10 世纪晚期到 11 世纪，出现了城镇建设的第二波浪潮，这一批成长起来的城市有瑞典的锡格蒂纳，丹麦的奥尔胡斯、罗斯基勒和隆德，以及挪威的奥斯陆、特隆赫姆。这些城镇同这些国家王室权力的增长有着密切的关系，它们是随着永久性的王室中心和统治王国的边远领土的地区城镇的需求而成长起来的。

维京时代的丹麦的人口密度相对较高，由于邻近弗里西亚、法兰西和德意志的发达市场，它的城镇化得到了促进，比斯堪的纳维亚地区的其他地方要成熟得更早。在丹柯克和菲英岛上的古德米有早期的城镇中心，在丹柯克已经发现了 5—6 世纪的玻璃船碎片，在古德米至多有一些大型农场以及港口附近的小型建筑群，不过在这些地方并没有真正的城镇中心。第一个真正的城镇是日德兰半岛西南地区的里伯，它可以追溯到 710 年，[35] 不过在这个阶段，当地的活动似乎还是季节性的，一旦一年一度的市集结束，它就被暂时废弃。

人们在里伯的工坊遗迹中出土了梳子、玻璃珠和珠宝，这些工坊标志着所有的早期斯堪的纳维亚城镇的一个特色：制造业和商业一同出现。里伯于 9 世纪 50 年代第一次在书面史料中被提到，霍里克国王允许安斯卡在那里进行传教。里伯河的沿岸地区已经有稠密的定居人口，在当地有四五十个工坊，每个工坊有 20—25 英尺宽、65—100 英尺长，工坊聚集在河流的北岸和东岸。直到 770—780 年，最初的季节性活动才让位给永久性定居。9 世纪早期在城镇外围挖掘的沟渠也许仅仅是表明适用里伯城镇的法律的范围，而不是要试图加强它的防御能力，因为对维京时代的掠夺行动来说，这道沟渠太浅了，无法起到任何真正的防御作用。9 世纪中叶以后，考古的记录消失了，直到 12 世纪都没有里伯的存在的明确证据。不过这不一定表明定居点被荒废或是被毁灭了。[36]

丹麦的第二个城镇是在东南地区的海泽比（现在位于德国），它和横跨日德兰半岛南方的狭长地带的丹麦墙有紧密联系。这个定居点的建立的证据最早可以追溯到 750 年，[37] 而这个城市在书面史料中第一次出现是在 800 年，当时丹麦国王戈德弗雷德下令毁灭了瑞里克的阿博德里特人的商业中心，并且将它全部的商人都转移到他控制下的锡莱索尔普（Sliethorp），那里也许就是处于发展早期的海泽比。到 10 世纪，那里已经是有大型土墙环绕的繁荣的贸易中心。1049 年那里依旧被丹麦人控制，挪威国王哈拉尔德·哈尔德拉达在那一年将这里洗劫一空。[38] 不过，到 12 世纪，它作为地区中心的地位已经被石勒苏益格取代了。

第三个出现在斯堪的纳维亚的永久性城镇是瑞典的比尔卡，它位于梅拉伦湖上的比约克岛（意为"有桦树的地方"）。梅拉伦湖是那个地区的一个交通要地，也是这个王国的人口最为密集的地区之一。9 世纪时湖水的水位比现代的水位要高 12—15 英尺，因此当时小岛的面积也只有现在的一半。在它兴起之前，邻近的利隆岛上的黑尔戈（Helgö）是商业中心，在 5—6 世纪，那里有一批用作工坊的长屋。在那里出土了一个佛像、一个爱尔兰牧杖头和一个科普特长柄勺，这些文物证明了那里同国际交流的范围之广。这个岛屿的墓地中的陪葬品表明黑尔戈也许只能同时维持不到 20 位居民，因此这里并不能称为真正的城镇。

800 年左右，原本在黑尔戈的手工业已经转移到了比尔卡，比尔卡的定居点也因此得到了相当的增长。维京时代的定居点的主要区域位于岛屿西部的"黑土地"（Svarta Jorden），这个占地约17 英亩的区域也许最初有木栅栏环绕。它的边界上散布了许多墓地，其中大概有 2000 座坟墓。近一半的墓地已经被挖开了，人们在其中出土了数量相当多的陪葬品，出土物品中有好几套天平和砝码，这种商人阶层的特有物品证明商人已经是比尔卡人口中的重要组成部分。现在岛上的这个地区依旧满是土堆和倒下的船石，表示这里长眠着维京时代的居民们。

现在这个安静的地方，当时的贸易联系的范围包括了西方的英格兰、东方的维京人罗斯的拉多加湖、北方的乌普萨拉、南方的海泽比和德意志的市场。安斯卡在瑞典的传教过程中，比尔卡

的财富和重要性让它成为理所当然的目的地，尤其因为这里是贸
易中心，也许意味着可能有基督徒已经经过那里或者定居下来。
安斯卡发现那里的组织机构包括一个王室长官，还有从当地统
治者那里保持了相当程度自治的当地议会，这些都证明了这个
城镇的重要性。涉及城镇和贸易、为以后的瑞典法律奠定了基础
的《比约克法》（*Bjarkeyjarrétr*），最初就是在比尔卡制定的。[39]

　　小岛上出土的文物中，年代最早的物品是 8 世纪 60 年代的
梳子，它们和在俄罗斯的旧拉多加出土的类型相似。年代最晚的
文物则有一个包括 450 个伊斯兰钱币的大型钱币窖藏，钱币中最
晚的可以追溯到约 962 年，似乎就在这一时期，比尔卡作为贸易
中心的重要性渐渐丧失。在 10 世纪晚期的某个时间点，小岛上
的堡垒被烧毁了，这是有意的还是事故并不清楚。此后比尔卡就
被遗弃了，但它依旧在教会的主教团里拥有地位，直到 1060 年，
汉堡 - 不来梅的大主教还继续将主教任命到那里。不来梅大主教
乌尼在 10 世纪 30 年代的一次访问中就死在了这里。这个不幸的
神父就在当地落葬，但是头颅被送回了不来梅。[40] 邻近的阿德尔
斯岛上有一个中世纪的领主庄园的遗迹，那里作为瑞典的王室中
心继续使用到 13 世纪，随后瑞典主要的城市中心转移到了锡格
蒂纳。

　　锡格蒂纳现在是满是精致低矮小屋的漂亮城镇。它的起源大
概在 10 世纪，它建立在湖岸线和多岩石的山脉之间的小型狭长地
带上。和比尔卡一样，当时的水位比现在高 12—15 英尺。到 11
世纪，锡格蒂纳是梅拉伦湖流域唯一的城镇，它是在王室的资助
下建立起来的，而且它王室驻地的地位确保了它的成功。这个城
镇也承担了王室铸币厂的责任，在 11 世纪早期的半王奥洛夫统治

期间，那里铸造了大量的"锡格蒂纳钱"。[41] 最早的铸币厂的遗址现在已经杂草丛生，人们在那里出土了一些铅板的碎片，它们曾是铸造钱币的模具。

在那里出土过来自罗斯地区的复活节彩蛋和玻璃指环，还有许多来自斯拉夫世界西部地区的陶器，通过这些物品可以推测出与锡格蒂纳有联系的地域范围。与之前的城镇一样，人们在城镇中的许多地方都挖掘出了证据，显示这里有琥珀加工和梳子制造等行业。到 11 世纪 70 年代，锡格蒂纳也有了自己的主教，虽然在斯特恩基尔统治下的异教复兴期间这一主教职位曾被短暂地放弃，最终，在 12 世纪 30 年代，这个主教区决定性地转移到了 25 英里之外的老乌普萨拉。

挪威王国最早的城镇位于考庞，和 9 世纪晚期挪威商人欧思尔拜访的塞林格斯希尔也许就是同一个地方。[42] 它就位于挪威南部现在的拉尔维克的附近，现在的水位比维京时代要低 10 英尺，那时位于水下的土地现在都是陆地。在 1956—1967 年进行的对这里的第一次全面挖掘中，人们发现了 5 座房屋，[43] 不过房子里都没有壁炉，这表明此定居点也许是季节性的，并没有永久居住的居民。这个地方被墓地环绕，其中在比克尔贝尔格特有一个以土葬为主的大型墓地，而考庞北部则有一处以火葬为主的墓地。同时在挪威的奥塞贝格和科克斯塔德发现的第一批重要的维京人船墓就在几英里外的封土堆中。[44]

考庞似乎在 803 年之前就已经有人居住了，当时先要划分地块，不久之后就开始修建固定的建筑物。在 10 世纪的第二个 25 年中，出土工艺品的数量大量减少，这也许意味着这个定居点正走向衰落。即使这个地点已经被放弃了，这一地区还是比较重要的，毕竟在休斯比的王室庄园离这里只有不到一英里。挪威的城市化进程的确十分缓慢，想想从考庞被遗弃到 1048 年哈拉尔德三世建立奥斯陆作为王国的新首都，中间的间隔长达近一个世纪。

我们对斯堪的纳维亚地区的早期城市化的了解极大地依赖考古史料。在研究斯堪的纳维亚地区时，我们经常碰到的一个问题是北欧文化没有书写记录的传统，这和他们有自己史料的事实并不相悖。5 世纪左右，斯堪的纳维亚地区确实出现了书写系统，他们并不使用拉丁字母，而是使用一种被称为如尼文的本地字母来书写。这种字母满是锐角和直线，适合被雕刻在石头或木头上。

古北欧语的词汇常让人感觉其中有神秘玄虚的知识，这也许意味着这些符号最早就是用来传达神圣知识的，或者是在宗教仪式上使用的。在北欧神话最吸引人的一则故事中，奥丁渴望得到这种禁忌的知识，他希望它能帮助他逃过诸神的黄昏（在这场世界末日的战斗中，大多数北欧众神都会死亡[45]）时已定的命运。于是他进行了字面意义上的自我献祭——他将自己头朝下地吊在世界树（Yggdrasil）之上达 9 天时间："我知道自己吊在狂风飘摇的树上，达九夜之久，我被矛刺伤，我作为奥丁，自己献祭给自己，在无人知晓的大树上！没有面包充饥，亦无一角杯的水解渴，我往下看，获取如尼文字；我放声叫喊，从树上跌落。"[46] 神秘的牺牲仪式是有效的，奥丁获得了如尼文的知识。

如尼文起源的细节并不为人所知，不过它们和某些拉丁字母有相似点，这表明它们一定有源于罗马帝国境内的模板。在瑞士南部的一些手抄本中所用的字母和如尼文有相似点，这表明如尼文的起源可能与此相关。[47] 现存最早的如尼文书写作品来自 2 世纪的丹麦，即日德兰半岛的诺维林和西兰岛的西姆林耶的扣针上的铭文。第一个铭文被转写为"widuhudaR"，这也许是饰针所有者的名字。[48] 这个铭文中的如尼文是早期的弗萨克式如尼文，而"弗萨克"（Futhark）正是以这个字母表中的头三个字母来命名的，就像希腊语的字母表（Alphabet）源自其中的头两个字母"阿尔法"（Alpha）和"贝塔"（Beta）。

第一种弗萨克式如尼文（也被称为旧弗萨克文）包含了原始斯堪的纳维亚语中的大多数读音，它的字母表中有 24 个字母，虽然其中只有 5 个表示元音。使用这个字母表拼写的铭文留存很少，而且现存的 200 个实例中有近四分之一来自挪威，而且其中的大多数来自西部和西南部的沿海地区。其中最长的是在奥斯特兰的图尼教堂发现的图尼铭文，此铭文是为了纪念某个"家族之长"（Woduridar），纪念碑则由他的继承人所竖立。

在约公元 500 年，一系列语言转换影响了原始斯堪的纳维亚语，[49] 让它转变为古北欧语，古北欧语正是维京时代绝大多数时间里在整个斯堪的纳维亚地区通行的语言。大概就在同一时间，弗萨克字母表也发生了变化。实际上，这些变化相当违反语感，因为古北欧语中的音素比原始斯堪的纳维亚语更多，其中元音就有 12 个。这个新式的字母表（被称为新弗萨克式）中的字母减少到 16 个，这使得音译铭文的最好方法就是使用大量的模糊音。这种拼写法缺少 g 的音素，因此丹麦国王长者戈尔姆的名字不得不以 k 作为第一个字母。由于词汇之间缺少空格（虽然有时有十字架或标点来标示间隔），还有当一个词汇的首字母和前一个词汇的最后一个字母相同时会省略掉其中一个，这个问题因此更加严重了。

如尼石上倾向于使用某种公式化的句子，因此解读它们就相对容易。大多数现存的如尼文来自纪念石碑，这些纪念死者的纪念碑上会有公式化的句子："甲竖立这块石头来纪念乙，他的某某（妻子、儿子、兄弟姐妹等等）。"维京时代的近 3000 个如尼文铭文中有少数散布在爱尔兰、不列颠、冰岛等其他斯堪的纳维亚人的殖民地，当然也有些是零散的意外，比如在伊斯坦布尔的阿亚索菲亚博物馆（圣索菲亚大教堂）中就有两个如尼文的铭刻。[50]大多数如尼石碑在瑞典，有近 2300 个；丹麦有 400 个；在挪威的相对较少，只有 138 个。实际上许多石碑的年代相对较晚，有近三分之一可以追溯到 1050 年之后，而且许多都刻有基督教的惯用语。[51]它们大多数很简短，一些甚至只有十几个词汇，不过最长的铭文有超过 750 个词汇。这个石碑在 19 世纪的瑞典被发现的时候，是东约特兰的洛克的教堂墙壁中的石料，它大概是在 9 世纪早期被雕刻出来的，这个纪念碑是瓦兰来纪念他儿子维莫瑟尔的；碑中还提到了和 6 世纪的东哥特人统治者狄奥多里克有关的传统故事，以及一系列未知的神话生物。

在斯堪的纳维亚各地发现的如尼石的类型也不一样。在瑞典北部发现的如尼石上更可能有装饰性的艺术元素，比如交织在一起的蛇（不过这种元素在丹麦的耶灵石上也有）。挪威和丹麦的如尼石上往往用直接的横线和圆环来书写，在如尼文本身之外，一般会有简单的十字。[52]很少有如尼石和已知的历史事件有关，或者能以任何方式追溯到精确的日期。最著名的例外就包括前文中提到的耶灵石，还有一些是纪念在英格兰"接受了克努特的税金"

的人，这让这些石头可以定年到 1018 年左右。还有一些石头用来纪念那些在远游者（Widefarer）英格瓦尔于 1040 年对罗斯地区东部的远征中死亡的人。[53] 即使是那些提到了具体事件的铭文往往也很难去追溯到日期，例如特隆德拉格的库洛伊岛上发现的托里尔和哈尔瓦德竖立的石头，上面写着"基督教在挪威已有 12 个冬天"。对这段文字有多种解释，比如说斯蒂克莱斯塔德战役的 12 年之后，即 1042 年；奥拉夫·特里格瓦松去世的 12 年之后，即 1007 年；或者哈拉尔德之子奥拉夫在莫斯特的一次议会上宣布基督教是挪威的国教的 12 年之后，即 1036 年。[54]

大多数如尼石铭文在本质上是为纪念而写的，作为男性的纪念物而被竖立，虽然它们往往是女性为了纪念死去的丈夫而竖立的。竖立这些石头的最初目的可能是在精确的死亡证明（或者任何形式的记录文件）不存在的情况下，将它们竖立起来以公开宣示对财产的继承权。这十分重要，尤其是对那些在维京人的远征中死在海外的人来说。为了纪念在英格瓦尔的远征中未能回家的人们而竖立的 25 个如尼石就是十分明显的例子。

现存的如尼文铭文中最特别的一批位于奥克尼群岛的一个铁器时代的石堆墓纪念建筑——梅肖韦古墓的内部。在维京时代，一群人破坏了墓地，并且在那里待了一段时间，然后留下了一些雕刻。这群人也许就是《奥克尼萨迦》提到的：奥克尼伯爵哈拉尔德·玛达萨尔松和他的伙伴在 1153—1154 年的新年被一场风暴困住，他们躲进了被称为奥卡哈吉的墓葬。[55] 这个墓葬本身就有神奇的特点：冬至日早上的阳光会穿过低矮的入口通道，照亮其他时间里漆黑一片的墓穴内部。由于进入墓葬内部必须弯着腰，这让维京人想到了一个粗俗的笑话，并且把它留在铭文里："许多女人都在这里弯过腰。"这些维京人（或许与在 1153—1155 年和挪威雅尔埃尔林一同前往圣地参加十字军的奥克尼伯爵罗格瓦尔德－卡利有关）从顶部开洞进入，在梅肖韦古墓中留下了超过 30 个铭文。如果没有梯子和绳子等辅助工具，仅仅站在维京人破门而入时掉落的瓦砾堆上还要小心翼翼地保持平衡的话，一些铭文是很难被写上去的。

他们的确是回国的十字军的充分证据是一段铭文："约萨拉曼（耶路撒冷人，即十字军）闯进了墓中。"一些铭文十分简洁："索尔芬写下了这些如尼文。"还有一些则是穿越了岁月的涂鸦，是赞美特别的女人的："英吉格尔德是世界上最美丽的女人。"还有一系列铭文描述了一次伟大的宝藏的发现之旅："在西北有一大笔财富被藏起来，它在很久以前就被埋在那里了，哈皮（Happy）就是那个发现宝藏的人，霍康独自从这个墓葬里把宝藏挖走了。""我说的肯定是真的，宝藏已经被拿走了，在三天以前，宝藏就被带走了。"不过，由于维京时代的掠夺者对大多数新石器时代的坟墓并不感兴趣，这个宝藏是否真的存在是十分可疑的，这些铭文也许只是玩笑而非自夸。

许多如尼文印记使用了一种被称为"树枝如尼文"的特别的书写风格，这种类型的铭文在奥克尼群岛十分常见，这些如尼文需要使用一种数字代码来读出原意。在这样遥远的地方，这似乎是个无意义的工作。在这里，其他任何人偶然遇到如尼文的机会很低，无论如何，这些铭文中并不包含保密信息。实际上，使用这种深奥的如尼文风格也许更多的是为了展示如尼文雕刻者的技巧和学识。最精美的雕刻中就包括一段毫不谦虚的自夸："雕刻这些如尼文的人，是在西方大洋中如尼文雕刻技巧最精湛的，他雕刻如尼文用的斧子在冰岛南部杀死了坦迪尔之子高克尔。"在这个维京人的自夸之中，我们也可以窥视萨迦传说的背景，因为这个雕刻者也许就是奥斯格里姆之子索尔哈尔，这个冰岛人加入了拉格纳尔德伯爵的十字军。他的五世祖——艾莉萨和格里姆之子奥斯格里姆，在一次争吵中杀死了他的义兄弟坦迪尔之子高克尔，并且拿走了死者的斧子。可以假设就是索尔哈尔继承了这个传家宝并且将它带到了奥克尼群岛，不过他是否用这样的珍贵武器的锋刃在梅肖韦古墓的内部雕刻了这些如尼文，就是另一个问题了。[56]

如尼文在维京时代之后的很长一段时间都还在继续使用。1955 年，在挪威的卑尔根的中世纪城区布吕根区的一场大火之后，人们发现了一批保存十分完好的文物。这些如尼文铭文雕刻在松木和骨头上，在容纳它们的仓库的屋顶意外倒塌的时候幸存下来，它们大多数可以追溯到 1250—1330 年。这些铭文包括宗教文书、世俗文书、商业信件、淫秽涂鸦和弗萨克式字母表的练习，这些文件的涵盖范围表明，即使到了这个晚期阶段，如尼文也不是几乎被遗忘的古文字。[57]不过，此时的如尼文依旧不怎么适合用来书写大段文字。随着基督教传入斯堪的纳维亚地区，书写文字也随之而来，基督教对礼仪书的需求，还有之后对世俗文本的需求，让拉丁字母被广泛地采用，它很快就取得了统治地位。即使到 19 世纪，如尼文的书写传统依旧被珍视、被保持着，而且斯堪的纳维亚的农场主依旧将简短的如尼文铭文刻在物品上，比如农场的名字。关于它们的知识甚至在 19 世纪晚期传播到了斯堪的纳维亚之外：1898 年在明尼苏达州发现的一块所谓的维京时代的石碑，即"肯辛顿如尼石"，很有可能就是伪造的。[58]它的"发现者"的屋里就有包含如尼文知识的书籍，而且他也许在家乡瑞典的学校里学过这些知识。[59]

　　在斯堪的纳维亚诸国在 10—11 世纪（或者在不久的将来）皈依基督教之前，维京人是多神教世界的一部分，他们的宗教信仰曾经覆盖了北欧的日耳曼世界的大部分地区。我们对维京人的宗教信仰的全盛时期的了解，绝大多数源自后世的史料（而且撰写者往往是基督徒），例如冰岛在 1000 年皈依了基督教的记述是传教士历史学家阿里·索尔吉尔松在 12 世纪写下来的。我们还可以参考各种萨迦传说，例如《拉芬克尔萨迦》中记述的拉芬克尔对弗雷神的牺牲仪式，可以参考不来梅的亚当对瑞典乌普萨拉的宗教仪式自相矛盾的记述，可以参考萨克索·格拉玛提库斯于 13 世纪早期完成的《丹麦诸王纪》。更为可信的文献史料以古老的吟唱诗歌的形式保存下来，它们嵌入了萨迦传说以及被称为《诗文埃达》的一系列诗歌。《诗文埃达》也被称为《老埃达》，[60] 以便和冰岛历史学家斯诺里·斯图鲁松的《散文埃达》区分开来。《散文埃达》是斯诺里为诗人们写的一本手册，其中附带了许多传统故事中的元素，也意外地留下了许多神话信息。

　　"埃达"的开头部分是一系列和北欧人的神话传说相关的诗歌，其中记述了众多神话生物，随后是一系列英雄史诗，其中许多诗歌是关于名为伏尔松格的传奇王朝的。这个系列中的第一个诗歌是《瓦洛斯帕》，它概括了北欧人的宇宙从最初诞生到最终毁灭的全部历史。

　　这个诗歌中反映了北欧凛冽的寒冬，还有相应的对火与热的痴迷。诗歌讲述道：在时间开始之前，只有被称为"金伦加鸿沟"（Ginnungagap）的无边虚空，它的北边是被称为尼福尔海姆（Niflheim）的满是冰霜的区域，在相应的南边则是被称为穆斯贝尔海姆（Muspelheim）的酷热地方。在这两个针锋相对的地区相邻接的地方，冰霜被融化，融化的水滴形成了一个名为尤弥尔（Ymir）的巨人，他是冰霜巨人之祖。冰与火的结合也创造了一头名为欧德姆布拉（Audhumbla）的母牛，它舔舐的冰块中形成了一个名为布尔（Bur）的人形造物，他的孙子就是奥丁（Odin）、威利（Vili）、菲（Ve），即北欧众神的祖先，他们杀死了尤弥尔。在尤弥尔死亡时，血液喷涌而出，将他的子孙都淹死了，只有贝格尔米尔（Bergelmir）幸存了下来，并且成了所有巨人的祖先。与此同时，这三个古神将尤弥尔的尸体丢进了金伦加鸿沟，并且用他的肉创造了大地，用骨骼创造了山脉，用血液创造了海洋。

　　随后，诸神创造了矮人，这些黑暗的地下生物将和巨人一样成为许多北欧神话中主要的反派角色。不过诸神并没有直接创造人类，而是偶然创造了几乎没有生命的人类祖先——男人"阿斯克"（Ask）、女人"恩布拉"（Embla）。他们缺少"灵魂、情感和理性"，在传说中，奥丁和他的同伴赫尼尔（Hoenir）、卢尔（Lour）通过向他们吹气来赋予这几种特性。[61]

　　北欧众神分为两个主要的神族：奥丁、索尔和多数主神的阿萨（Aesir）神族，以及弗雷和他的妹妹弗蕾娅（丰饶女神和女战神）为主的华纳（Vanir）神族。这个分法或许显示了在北欧历史极早期时，两个不同神话体系的融合。北欧世界的超自然世界里也居住着其他的生物，比如巨人（jotnar）、矮人（dvergar），以及一个较小的神系，即所谓的"迪法"（Difar），他们主要与华纳神族有关。北欧神话中的所有神都代表着人类的某一种情感，比如嫉妒、愤怒、爱，而且绝大多数神都是人的形象。

神话中的所有个体都在体系中有自己的位置，这个体系十分复杂，而且根据精细的地形地貌有不同的划分，这让它和希腊罗马的神话体系很不一样。他们的宇宙是盘状的，分成三个区域。内部是神居住的阿斯加德（Asgard），每个神都有自己的神殿：奥丁的瓦尔哈拉（Valhalla）、索尔的特鲁德赫姆（Trudheim）、弗蕾娅的福克旺（Folkvang）。中间的区域是米德加德，人类居住的区域。最外面的区域则称为乌特加德（Utgard），是巨人和其他凶恶生物居住的地方。[62] 这些区域周围是巨大的海洋，海中居住着邪恶的米德加德巨蛇，巨蛇咬住自己的尾巴，形成巨环，维持世界的秩序。

在三个区域的最中央有一棵巨大的梣树——"世界树"，在树根处是乌瑟尔之井（Urd's Well），那里有三个神秘的女神，所谓的"诺恩"（Norn），她们决定着宇宙间一切的命运。[63] 树上居住着各种奇特的生物，包括树最高处的树枝上的鹰、名叫尼索格（Nithogg）的龙——它在世界树的根部缓慢咬噬，企图推倒巨树；另外还有一只名叫拉塔托斯克的松鼠在树上跑上跑下，在鹰和龙之间传递捏造的消息；还有四头鹿，想要吃光所有的树叶来杀死巨树。

阿萨神族的主神是奥丁，他是众神之父、智慧之神。然而他并非全知全能，他渴求知识和力量，这促使他去进行不同寻常的献祭。他除了经历过在世界树上倒吊九天以获取如尼文的知识这个严格考验之外，[64] 还从巨人弥弥尔（Mimir）看守的井中饮水，他相信这水会赐予他极大的智慧。饮用这魔水使奥丁失去了一只眼，而他也心甘情愿，因为这智慧物有所值。有一次奥丁变成一条蛇进入洞中，遇到巨人萨同的女儿贡罗德（Gunlod），她看守着三个大锅，锅中装着诗文的蜜酒。奥丁变回人形引诱贡罗德，和她共寝三夜，每一次都得到了一些巨人的女儿赠予的蜜酒。最后她愤怒的父亲发现了他，奥丁变成巨鹰逃走，但他快要抵达阿斯加德时，巨人已经快要追上他了。变成鹰的奥丁为了逃脱，吐出了一些蜜酒干扰萨同，才得以返回众神的居住之地，并把余下的珍贵蜜酒吐到桶中。他与其他的阿萨神分享了蜜酒，还把少量的蜜酒分给了他欣赏的诗人，给予他们灵感（而北欧的诗文也因此被称为"奥丁的战利品"）。为了干扰萨同而吐出的蜜酒落到地上，让那些低级的诗人分享，得不到神灵帮助的他们依然得以编出几句"顺口溜"。

获取了知识与力量之后，奥丁作为最高权威，统治着其他神和生物。协助他的是两只巨大的乌鸦，胡金和穆金，它们立在他的肩头，每天来到世间探察，向奥丁汇报各种有趣的事。他的协助者还有女武神，这些女神会在战场上寻找英勇战死的战士的灵魂，然后将战士的灵魂带到奥丁的大厅瓦尔哈拉。在瓦尔哈拉，战士的灵魂每一天都进行格斗训练，以等待"诸神的黄昏"（Ragnarök，神与巨人的最后一战），每一天晚上他们的伤口都会愈合；他们共饮蜜酒，并食用野猪塞利米尼尔（Saehrimnir）的肉，而每天清晨野猪的肉又会魔术般从骨头上长出来。

尽管理论上奥丁是众神之中最强大的，对他的崇拜却不是在北欧最为广泛的。崇拜者最多的是战神与雷神——索尔，他的战锤米约尼尔能够摧毁它击中的一切。索尔在山羊拉动的车上穿过天空，他投掷米约尼尔的行为会带来雷电与雨水。索尔拥有一条让他力量倍增的腰带，他就像一个完美化的维京战士。比奥丁更平易近人的他也成了北欧世界广泛崇拜的神灵。而在维京时代，对索尔的崇拜更加风行，对奥丁的崇拜则集中在之前的文德尔时代（6—7 世纪），而统治的贵族们此后依然崇拜奥丁。[65] 索尔崇拜分布广泛有一个证据，那就是在维京时代的遗址中出土过大量索尔之锤的护身符（呈倒丁字形，即神锤的形状）。

　　地名也可以说明各个神灵在各地受欢迎的程度不同：和某个神有关的地方往往会将神的名字纳入地名之中。战争与英勇之神提尔几乎仅在丹麦得到了这种纪念；另一个神乌林（萨迦从未提到他）几乎只出现在挪威中南部和西部。奥丁的名字在丹麦出现得比在挪威频繁（特别是欧登塞，即"奥丁的祭坛"），在瑞典也有一个集中出现的区域，他在那里似乎和弗雷不相上下。从地名来看，对索尔的崇拜在挪威和瑞典东部最为广泛，在滨海地区尤甚。[66]

　　北欧神话通过口耳相传的方式在诗篇中流传，但对于诗篇的讲述者来说，多神教信仰活跃的年代已经很遥远了，因此往往很难确定这些故事是不是因为要和基督教的故事相符而被改写过。我们对每个神灵的了解往往都不完整，也无法真正复原他们在神界之中的真实地位。这些趋势集合在北欧神话最著名的一个故事之中：巴德尔（Baldr）之死。洛基（Loki），即杀死巴德尔的神，他是个颇为矛盾的形象，是女神与巨人所生的。这个恣意妄为的骗子似乎时常和阿萨神族起冲突，他常常和神灵的敌人——矮人、巨人以及下层世界之中的其他怪物——结盟，而非和奥丁、索尔或弗蕾娅结盟。

　　故事里，巴德尔的母亲弗丽嘉（Frigg）要求所有的生物发誓不伤害他的儿子，但她没有要求看起来无害的槲寄生发誓。按照维京人的传统，神灵以向巴德尔射箭取乐，因为他们清楚这伤害

不到他。而洛基清楚弗丽嘉的疏忽，就用槲寄生制成了箭。他来
到巴德尔失明的兄弟霍德尔（没有视力的他当然无法参与这项活
动）的身边，提出要帮助他找到自己的目标。在这个说谎的神灵
的指引下，箭矢射中了目标，巴德尔倒地身亡。在盛大的葬礼过
后，悲痛的神灵派地位较低的战神赫尔莫德前去寻找海尔（Hel），
赎回巴德尔，让他返回阿斯加德。在骑着奥丁的八腿神马斯莱普
尼尔跑了九天九夜之后，赫尔莫德穿过了吉欧尔（Gjoll）金桥进
入冥界，祈求冥界女神海尔释放巴德尔。

　　冥界女神答应了他，但只有一个条件：所有生物都要为巴德
尔的死流泪致哀。得知此事，飞禽走兽，乃至顽石，都为死去的
神灵落泪。最终神灵们找到了一个老年女巨人索克，躲在洞中的
她不肯流泪。这个老人正是洛基假扮的，她自然拒绝流泪，巴德
尔也因此永久地被困在冥界。当众神发现是洛基害死巴德尔之后，
愤怒的众神将这个骗子抓走，绑在三块尖锐的岩石上，将他放在
剧毒的大蛇下面。他忠诚的妻子席格琳（Sigyn）接住了滴下的毒
液，让洛基免受伤害，但当碗中接满毒液，她必须将毒液倒掉时，
毒液就会滴在洛基身上，灼烧他的躯体，而挣扎的洛基会让大地
随之颤动，地震就是这样产生的。

　　或许巴德尔牺牲的故事是北欧人在接触了基督教之后，改写
的基督钉死在十字架上的故事。"诸神的黄昏"和基督教启示录故
事的对比则更为惊人。在三个太阳不再照耀的冬季（Fimbulvetr）
之后，被永世囚禁的巨狼芬里尔将会挣脱，吞下太阳。与此同时
米德加德的巨蛇——约尔姆格兰德将会离开它环绕的世界，攻击
大地中部的米德加德。随之而来的是大批邪恶的生物，包括苏尔
特率领的火巨人，还有最终逃脱并加入邪恶一方的洛基。在信使

之神海姆达尔的号角的召唤下，众神和瓦尔哈拉里的英灵集结起来。

弗雷与苏尔特搏斗，却被巨人所杀，而另一位战神提尔则被地狱犬格拉姆杀死。索尔更为幸运，他用战锤米约尼尔杀死了巨蛇，但濒死的约尔姆格兰德把毒液喷在了雷神的身上。索尔退后几步，倒地身亡。而奥丁则和芬里尔（据说它是洛基和女巨人所生）恶斗。最终巨狼吞下了众神之父，而势均力敌的洛基与海姆达尔同归于尽。大部分的神与他们的对手都死亡之后，苏尔特用火焰剑引燃了世界。随后的大火之中，旧世界就此被焚烧殆尽。

或许是对基督教中死者会在审判日复活的故事的改编，在火焰熄灭之后，一些年轻的神灵得以幸存，包括奥丁之子维达尔（Vidar）和维利（Vili），还有索尔之子梅迪（Módi）和马格尼（Magni）——他们也继承了父亲的米约尼尔。霍德尔也没有受伤，而巴德尔也得以从冥界之中返回。两位人类（利夫和利夫萨希尔）在浩劫之中幸存。在旧太阳之女的照耀之下，世界得到了重建，而之前的所有邪恶生物将不复存在。

我们很难确认在这个有序而复杂的北欧神话体系里，究竟留存了多少古代北欧多神教崇拜的内容。由于缺少官方的层次体系，也缺乏基督教那样的经书，各地的信仰之间必然有相当大的差异，而大量地方信仰也远不是现存的贫乏的记载所能复原的。或许还有大量的宗教遗址存在，虽然在探察了对这些从地名看可能有庙宇的地方（如有后缀"霍夫"和"维"）之后，却鲜有发现，那些感觉很明显应该是庙宇的地方可能并不是宗教场所——如冰岛北部霍夫斯塔济的遗址更可能是一个长屋。然而近年瑞典的博尔格发掘的"长屋"之中找到了许多索尔之锤护身符，遗迹外面则埋有大量的动物骨骸（以狗、猪、马的居多）。2002 年在瑞典南曼兰省的伦达，人们在一个铁器时代的大厅中发现了一系列的小型青铜像和金像，或许代表着宗教献祭的祭品。1984 年，人们在耶姆特兰的弗洛索教堂中挖掘出了大量动物骨骸，它们或许是在神圣的树林之中被献祭的（因为骨骸围绕着一棵古山毛榉树）。[67] 而在特隆赫姆以北的兰赫姆，人们又于 2012 年发现了一个多神教崇拜地点。

　　北欧多神教似乎不存在专职的教士阶层，也没有教会体系，这与基督教不同（不过在冰岛似乎有类似的体系存在）。[68] 部落首领（和国王）在公共仪式上担任某些角色，因此统治者和贵族改信基督教对北欧多神教的打击更为沉重。《埃里人萨迦》的记载 [69] 提到一个首领拥有一座神庙；而冰岛的《定居者之书》则提到，首领要在集会中戴上在神庙圣坛上佑福过的手镯。不来梅的亚当对瑞典乌普萨拉的 9 年一次的仪式的记载则更为恐怖，按照他的说法，要在每一种动物中选择 9 个雄性来杀死，这种描述或许有过度夸大之嫌，但至少能说明这个多神教徒的庇护所在 12 世纪后期依然存在。

　　萨迦之中也有平民的信仰的痕迹。一个故事是，挪威国王奥拉夫·特里格瓦松在一个房屋中避雨时，发现一些农民把一个马的阴茎当作圣物崇拜。身为挪威的第一位基督教国王，奥拉夫当然愤怒异常，他将这个怪异的异教偶像扔在地上，让农民的狗啃食它。另外，对魔法和巫术的信仰也同样经久不息，这根源于北欧信仰之中"赛迪尔"（Seiðr）的影响，这种特殊的魔法与女预言家紧密相关，或许源自北欧人在斯堪的纳维亚半岛北部接触的萨米人（或者拉普人）的萨满信仰。《古拉庭法》，这本法典最早编纂于 12 世纪，使用于挪威西部的峡湾地区，它声称人们不能相信"预言、巫术和罪恶"，[70] 这足以说明法典的编纂者认为这些迷信仍在流行。时代更晚的《波加尔庭法》更明确地宣称，发现人的头发、指甲或者青蛙腿的话，就意味着有人在用巫术，要遭受指控，此外它还提到了召唤巨魔。[71] 1106—1121 年在任的冰岛侯拉尔主教约恩·奥格蒙达尔松（"好人"），就和一系列的圣井、圣泉有关，他记载称教会权威试图与当地的信仰妥协，将各地的宗教里的神圣地点用作基督教的用途。

北欧的多神教信仰对死后世界的认识颇为复杂。他们认为战死的人将会前往瓦尔哈拉，过着一种充满荣耀的生活；而耻辱地死在床上的人，则要在海尔阴森的大堂之中永远受苦。然而他们也认为死者的魂灵有时会待在他们生前去过的地方。所谓的"活尸"（draugr），会因为葬礼上一些仪式没能完成而无法安息（因此船棺上有时会加上泊船的石桩，以免船棺和船棺的乘客"游荡"）。另外萨迦之中还多次提及"守墓尸"（haugbui），死者的灵魂依然在墓（haugr）中活动，并重新回到他们的肉体里。在《格雷蒂尔萨迦》中，英雄进入了老卡尔的坟墓，而老卡尔已经变成了守墓尸。拿走墓中的金银之后，准备离开的格雷蒂尔发现一只死人的手抓住了他。为了逃脱，英雄和守墓尸"展开了无情的搏斗，他们身边的一切都被打碎"。他们在冰冷黑暗的墓中奋力搏斗，直到格雷蒂尔拔出宝剑约库尔斯诺特（Jokulsnaut），砍掉了守墓尸的头颅。不幸的是他此后又遭遇了活尸，活尸外形是被杀的牧羊人格拉姆，格雷蒂尔又战胜了活尸，但受到了诅咒，诅咒让他越来越畏惧黑暗，最终陷入了癫狂。[72]

特别重要的首领或者战士可以在船棺中安葬（船棺也要被

埋在墓里，焚烧与不焚烧的例子都有）。最壮观的船棺葬礼在维京世界的东端——罗斯地区，阿拉伯旅行者伊本·法德兰（Ibn Fadlan）描述了火葬仪式。这究竟是不是典型的维京葬礼，甚至它是不是源自北欧的，我们都不得而知，不过仪式确实惹人注目。

伊本·法德兰作为哈里发穆可塔迪尔的使节的秘书，在921年随同出使伏尔加保加尔人，他详细记载了途中遇到的一群"卢西亚人"（Rusiyyah 或 Rus）。他们的高大体格让法德兰印象深刻，但他也不齿他们不卫生的生活方式，也不明白他们为什么每天都要梳头。他目睹的葬礼是一个富人的葬礼，因为"如果（死者）很贫穷，他们就造一艘船，把他放到船上，然后将船焚毁"。富人的葬礼则更为复杂，维京人"收集起他的财产，分成三等份，一份给他的家人，一份用来给他置办安葬时用的衣服，最后一份则留给安排葬礼的人，让他们准备蜜酒；一个奴隶少女将自杀，然后与她的主人一同火化，维京人则在此时共饮蜜酒。而他们没日没夜地饮蜜酒，直到不省人事"。[73]

死者随从之中的一个奴隶（似乎通常是女奴）将自愿陪同他进入坟墓。在预定的葬礼日期，伊本·法德兰来到河边，观看葬礼上将要使用的船：

> ……在船周围建造了巨大的木支架……而后他们把船抬起，放在木架之中……他们搬来一张躺椅放在船上，上面铺着拜占庭的锦缎。一个老妇人，即他们所说的"死亡天使"，把那条锦缎铺好。她亲自监管死者衣服的缝制，直至完成。这个老妇人将杀死那个少女……他们来到死者的坟墓前，他们把木料上的土去掉，抬起木料，让死者穿着死亡时所穿的

林迪斯法恩石。

林迪斯法恩修道院。

耶尔蒙布头盔，10世纪。此头盔是在斯堪的纳维亚发现的唯一一个完好无损的头盔。

贡讷斯特鲁普银锅。发现于丹麦的沼泽中，是斯堪的纳维亚青铜时代的一件杰作。

林德霍尔姆山的船棺靠石。

旧乌普萨拉的墓葬。

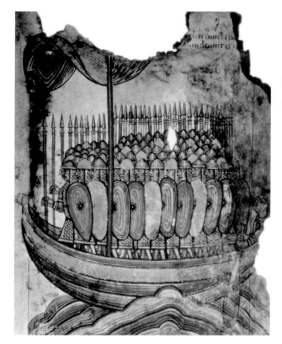

法兰克王国的维京入侵舰队。自 12 世纪的《圣奥班生平》。

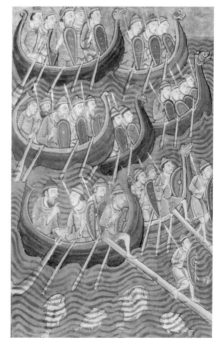

英格瓦尔和胡巴率领丹麦人发动入侵。自 12 世纪的《圣埃德蒙的生平、奇迹与热诚》。

克代尔钱币窖藏。

俯瞰雅尔绍夫。

耶灵石。

在特雷勒堡重建的维京长屋。

波普手持红热的
铁条，塔姆德拉
普饰板。

索尔之锤护身符。

哥特兰石刻图画。

科克斯塔德船。

奥塞贝格船。

衣服，抬着他向前……他们而后给死者穿上袜子、裤子、靴子和上衣，以及带金纽扣的锦缎披肩。他们给他戴上锦缎和黑貂皮制成的帽子，抬着他进入船上搭起的帐篷里。他们把死者放在被子上，放上垫子，把带来的蜜酒、水果和鲜花放在他的身边。而后他们带来一条狗，劈作两段，放在船上。之后他们把死者所有的武器都带来，放到他的身边。随后他们带来两匹马，让它们奔跑发汗，再全部用剑斩碎，把肉扔到船上。他们又赶来两头牛，同样切碎扔上船。再之后他们又把一只公鸡和一只母鸡杀死扔到船上。那个自愿赴死的少女则四处奔走，来到各个帐篷之中，每个帐篷的头领都会对她说："对汝之主人言讲，我如此做是出于挚爱。"

随后则是葬礼的高潮：

在周五的下午，他们把那个少女带到门框状的木架中。她双脚站在他们的手上，被举到木架旁。他们对她说了一段话，随后把她放下，又再度将她举起。她又重复了刚才所做的事，然后这样的举动又进行了第三次。之后人们给她一只母鸡，她把母鸡的头切下扔掉。我问翻译，她的举动是什么意思。他回答道："第一次举起她时，她说的是'看哪，我看到了我的父母'。第二次举起她时，她说的是'我看见了所有过世的亲人'。第三次她说的是'我看到我的主人在乐园之中端坐，乐园金碧辉煌、绿草如茵，他的身边满是男人和仆人。他召唤我，让我去见他吧'。"他们允许她登上船。她解下佩戴的两条护身符，交给那位被称为"死亡天使"的老妇人，她的任务就是结束少女的生命。随后女奴将两只脚环解下，交给旁边等待着的两位少女，她们是"死亡天使"的女儿。

　　而后人们把她抬进船中，但不允许她进入帐篷。人们拿着盾牌和木棍，给她带来一碗蜜酒，她唱了一段歌，将酒喝下。翻译对我说道："她在和她的朋友们告别。"随后她拿到了另一杯酒，她则开始唱长歌，而老妇人则催促她尽快喝完，走进她主人所在的帐篷中。那时我看出了她的紧张。她想要进入帐篷，却在帐篷和船边上犹豫。而后老妇人推了她的头一下，跟随她进入帐篷中。人们开始用木棍敲击盾牌，掩盖她的惨叫声，以免惊扰其他的少女。随后六个人走入帐篷之中，每个人都与她交合。他们把她放到死去的主人身边，两人抬脚，两人拉手。而后老妇人套好绳圈，让最后两个人拉拽。最后老妇人用宽刃的匕首刺穿她的肋部、把匕首摆正，那两个人则将她勒死。

死者的亲属随后拿起火把焚烧了那艘船。当伊本·法德兰目睹这一景象时，他听到旁边的一个人说话，就问他的翻译此人在说什么。答复很唐突，他说："阿拉伯社会很愚蠢。"于是继续问"为什么？"他说："你们把你们挚爱的人和最荣耀的人埋进土里。而土中的野兽与蠕虫就会吃掉他们。我们则立即烧掉一切，让他马上进入天堂。"[74]在这一切结束之后，他们把死者的名字（以及罗斯王的名字）写在桦木柱子上，然后葬礼就结束了。

　　尽管伊本·法德兰记载的细节或许是他遇到的维京人战团所特有的仪式（或许受到了斯拉夫葬礼仪式的影响），19世纪晚期在北欧发现的一系列墓葬还是确认了船棺的存在。最壮观的两处船棺——科克斯塔德船棺和奥塞贝格船棺均位于挪威，它们在不到 25 年的时间里被先后发现（分别发现于 1880 与 1904 年）。科克斯塔德船棺（可追溯至 850 年）埋葬在桑讷峡湾附近，封土中的蓝色黏土有效地保护了墓葬中的有机材料（特别是船只的木料），而发掘者也得以将船棺近乎完好无损地从埋葬地点中移出。船棺的船有 75 英尺 5 英寸长、17 英尺宽，满载时的排水量或达 20 吨。上面有 16 排桨，但没有给桨手坐的长凳（或许桨手只能坐在装自己财物的箱子上）。桅杆安置在巨大的橡木基座（被称为 "kjerringa"，即老妇人）上，而上面的插槽让桅杆升降自如，以及时应对风浪，而不必将其拆卸。[75]

　　墓室之中的陪葬品包括一张床的残片、一张棋盘（以及鹿角制成的棋子）、一个皮包，还有箱子的挂钩、铁制鱼钩，以及几件铁质挽具。在船的前部发现的文物更多，包括三艘小船（尽管它们在仪式中的意义至今尚有争议）、一架雪橇、一个金属锅和六张木床，其中一个床上还雕刻着动物的头。[76]

　　科克斯塔德船棺的墓主，在当时可谓是巨人，他有近 6 英尺高，2007 年对骸骨的分析显示，他有肢端肥大症，骨节粗大，因此他脸盘宽大，相貌也不同寻常。他似乎死于混战之中，首先他左腿受伤，这让他跌倒；而后他又右腿受伤，他似乎因此失血过多而死。这个壮汉究竟是在哪一次战斗之中丧生，或许就永远无从得知了。

　　另一艘或许是保存最好的维京船棺，则是于 1904 年在挪威西部西福尔的奥塞贝格发现的。最初发现它的是当地的农民奥斯卡·罗姆，他挖掘了自己的土地上的一座大土堆，希望能发现文物（24 年前在科克斯塔德的发现给了他相当的鼓舞），他就此发现了这座船棺。他在罗姆出土了一些木头，将样品带给克里斯蒂安尼亚（今奥斯陆）的古文物博物馆馆长加布里尔·古斯塔夫松。起初对此表示怀疑的古斯塔夫松在 1903 年进行了试发掘，而后在次年开始全力发掘这座直径 145 英尺的大土堆。幸运的是那一年夏季降雨稀少，挖掘颇为顺利，而封土之中的蓝色黏土——和科克斯塔德的蓝色黏土一样——也保护了其中的有机材料（特别是木料），堆积的泥炭也起到了密封作用，在几个世纪里阻止了水渗入墓葬。

船尾尖端最先出土，但考古队很快发现，在下葬之后的某个时刻，船棺已经被破坏并遭到盗掘，而盗墓者遗落的东西散布在入口与墓室之间。封土以及填封土之前立在其中的石头的重量很沉，已经将龙骨压断，龙骨的一部分已经竖立起来了。

船棺碎成了 2000 块碎片，碎片和残存的少量文物被运往奥斯陆，其中大部分文物十分脆弱。这个巨大拼图而后在热明矾溶液中浸泡，留下明矾在木材中的结晶，让木材得以保持稳定——虽然依然易碎，而后再涂上木馏油和亚麻籽油。原来的木料中有90% 仍能继续用于拼接，考古学家也最终得以将整个龙骨复原。1926 年，木料被重组，转移到了位于奥斯陆附近的比格迪的一座专门为它建造的博物馆中。将巨大的船从复原的工厂运到博物馆花了几乎一天的时间，动用了一套特殊的可拆卸轨道，轨道仅有100 码＊长，必须不断将轨道的后部拆卸到前方以便运送船壳——这个辛苦的工作吸引了许多好奇的围观者驻足观看。如今，这件

＊ 1 码约合 0.9144 米。

文物陈列在十字形的大厅之中（和科克斯塔德船共同陈列）。即使不在水中，船上巨大的龙骨依然造型优美；巨大而完好的科克斯塔德船的船体依然饱满，如同良马的体侧一般，这或许是现存的维京船只文物之中最令人惊叹的两件。

奥塞贝格船棺的桅杆和舵几乎没有使用过的迹象，其他的一些特点，比如桨口无法在风暴中关闭、舰船本身的容积，都足以说明这艘船只并不适合用于掠夺活动。因此这艘船或许仅仅是仪式用的，甚至是为这次葬礼而特意制作的。墓主是两名妇女，一位是中年妇女，另一位年轻一些，她们引发了许多推测。对木料的分析证明，建造船只的树木应该是在 820 年砍伐的，而船只可能在 834 年停止使用，这或许说明了墓主所生活的年代。

虽然墓主中至少有一人身份显赫，墓室之中的骸骨却似乎是仓促放置的，或许按照伊本·法德兰的说法，维京人在葬礼上大量饮酒就是这种现象的成因。[77] 对骸骨的检测初步显示，其中一位妇女有 20 多岁，另一位则年长许多，这与伊本·法德兰的记述相吻合。年轻的妇女可能是被杀死，而后和女主人一同下葬的。然而在 2006 年，奥塞贝格墓葬和科克斯塔德墓葬又被重新打开（此前于 1948 年封闭，遗骨被归葬原处）。尽管发掘者发现存放遗骨的金属箱已经进水，骸骨有被溶解的风险，但是对骸骨牙根的研究发现，"年轻的妇女"其实死去时已经 50 多岁了。"年长的妇女"的腿骨存在异常，或许她曾在幼年受伤，卧床甚久，而似乎在十四五岁时再度受伤，左膝的问题让她沦为残疾。她的死因或许是腹部或胸部的癌变，最终癌细胞扩散到了全身，影响了骨骼，让她在临终时痛苦不已（而她也"光荣地"成为挪威已知的最早的癌症患者）。

尽管奥塞贝格船棺墓主的身体状况要比 1904 年出土的船棺墓主情况更好，但这对了解她们的实际身份依然提供不了什么帮助。最好的猜测就是年长的妇女地位尊贵，很可能出于王家。她有可能就是阿萨女王，即金发哈拉尔德的祖母。[78]

虽然奥塞贝格船棺之中没有发现珠宝（推测应当是被盗墓者取走了），余下的陪葬品依然极具价值，最值得注意的是一个大型木制马车，车的轮子保存完好，上面还雕刻有盘旋的凶恶野兽。在车辆的侧面有四个木雕头颅，其中一个是凶恶扭曲的人脸，它也成了关于维京时代最为著名的图像。其他物品包括妇女所用的各种日常物品，是供她们在往生后使用的，比如斧头、刀具、整头牛的遗骨、床、被褥、纺织用具以及车辆和雪橇（或许是为她们前往另一个世界时所用）。在各种物件之中还有一张挂毯的残片，它几乎完全分解了，或者说是被压在一起，如同蛋糕一般难以分开，根本无法完全拆开研究。即使如此，部分挂毯还是得以修复，上面的形象显示它或许是某幅挂画的一部分，上面有行走或者骑马的人物，还有各种各样的小图形，比如卍字符号、绳结符号和飞鸟形象，它们填满了几乎所有的空白处。

在奥塞贝格还发现了所谓的"佛桶"，它是一只在其他方面都平常无奇的紫杉木桶，但是在把手上有两个类似闭目打坐的佛陀的形象，它们身上都有一对黄色珐琅制成的卍字佛印。尽管这看起来可能是他们和东方贸易的结果，但桶应当是在爱尔兰制造的，或许是从爱尔兰的修道院抢掠而来。[79]更加惊人的是在奥塞贝格墓葬角落发现的一张床的四个床柱。每个床柱上都雕刻了独立的龙形象，第一条格外凶恶，仿佛随时要跃起伤人，而第二条龙则怪异而令人厌恶，第三条龙大张着眼，第四条龙的表情则近乎滑稽。

在维京舰船发展的高峰，以奥塞贝格船和科克斯塔德船为代表，舰船体积甚大、船体开放，既使用船桨也使用风帆，而独特的建造方式让它们适合用于长途的掠夺活动。他们的船只吃水很浅，可以在其他大多数大型船只无法进入的河流之中航行，而这让他们的目标惊恐不已，因为只要有海岸线或者河流，维京海盗就有可能出现。

奥塞贝格船的龙骨长达 65 英尺，稍微弯曲，让船的吃水最深处位于船壳最宽处，以便增加船只的载重量。船只的骨架上是一系列交叠的木板，上面使用铁钉连接，在末端以小金属片加固。使用交叠的木板是"重叠搭造法"的典型特征。木板随后用木质的肋条加固，通过穿过底部孔的绳子捆扎。

科克斯塔德船比奥塞贝格船略大，约有 75 英尺长。其整体架构更加坚固，龙骨一体成型，因此更适合在海上航行。它的船壳更圆，桨口还可以关闭，以防水涌入打湿船只内部。其两侧也比之前的船只更高，这个改进让船员能在航行时生活在更干燥的环境中。科克斯塔德船约完成于 850 年，比奥塞贝格船晚了近半个世纪，这说明船只建造技术在这一维京人的掠夺活动全面展开的时期有了明显的提升。

科克斯塔德船和奥塞贝格船（以及年代略早的另一艘船，1867 年于楚讷出土）都是维京海盗的典型战船——长船的实例，尽管记载中提到过的更大的舰船甚至能运载 70 名桨手（比如奥拉夫·特里格瓦松的长蛇号，上面有 34 对船桨）。奥塞贝格船在内侧扶手处有盾牌架，可以挂 64 面盾牌（考古学家发现的盾牌残片证明这些圆盾直径约 3 英尺，涂着黑色与黄色的颜料）。当入港之时，盾牌可以留在一侧，震慑潜在的敌人或者在犹豫是否要把财宝交给维京海盗的人。两艘船的桅杆都完好无损（尽管科克斯塔德船的桅杆不完整），都可以在必要时升起或下降，使用所谓的桅杆栓进行调节（这根木料拴在桅杆上，让调节桅杆更加容易）。转向则使用巨大的侧桨，侧桨位于船只的右侧［而英语的"右舷"（starboard），就源自古北欧语的"styrbord"，即转向的一侧］。在陆地上时侧桨可以收起，只要解开拴住桨的皮带就可以将其放进船中。

这些大船给人带来的视觉震撼不可小瞧。11 世纪中期，《诺曼底埃玛王后颂》的作者留下了克努特的舰队在 1015 年离开丹麦的一段记载，他描述道："闪耀的兵刃挂在一侧，另一侧挂着的盾牌闪着火焰一样的光芒。黄金在船尾闪耀，白银则在各式各类的船只上放光……所有目睹这恐怖的对手的人，看到金光闪耀的舰船上，全副武装的战士满面金光，而龙头上也闪耀着纯金的光芒……又怎能不畏惧率领这支军队的国王呢？"[80]

我们对维京舰船的风帆与索具则所知有限，毕竟仅靠出土的船只上的残存文物，很难准确复原，而萨迦之中存留的记载也相当有限。我们因此只能依赖图画上的形象，特别是瑞典本土以东55 英里处波罗的海中的哥特兰岛上的一系列岩石绘画。

这座岛屿在维京时代的重要性，从岛上出土的大批维京时代的钱币窖藏中可见一斑，而且岛上还有许多小港口，比如帕维肯，它们充分利用了哥特兰在波罗的海的战略位置。更惊人的是那些有图案的岩石，它们通常被用作墓碑，这些雕刻图案出现于约公元 400 年的铁器时代，而且几乎是该岛所独有的。最开始的图案有螺旋纹饰、圆花饰和想象中的动物，随着这种风格的不断发展，神话中的场景开始出现；有时图案还描绘太阳和舰船，两者的结合或有一定的宗教意义，象征将陆上的死者用船运到死者的世界。[81] 图案中最早的船只（可追溯至 6—7 世纪）上却只有船桨，没有船帆。

直到 9—10 世纪，哥特兰的石刻才和瑞典传统的如尼石更为类似，上面有了纪念过世者的铭文，但石刻上的图画依然留存，成为北欧世界最为与众不同的风格之一。图画包括女武神将死去的维京战士带离战场、奥丁独特的八腿神马斯莱普尼尔，还有一系列的船舶的图画，画上的船没有扬帆，船帆则绝大多数是清一色的三角帆，但船只索具则更为复杂。基本可以肯定这些船是战船，因为石刻上的船只满载着战士，仿佛在急于求战。

其他存留的船只（或残片）提供了维京舰船形制的更多信息。一艘在丹麦菲英岛上的拉德比发现的舰船（仅剩下在土壤之中的印记，还有几排金属铆钉存留）大约可追溯到 900 年，比在奥塞贝格和科克斯塔德发现的船只更长更窄。这种造型的船只使用风帆更为困难，或许是在波罗的海近海使用的。而 1953 年时发现的一艘船，或许是在 985 年进攻海泽比时沉没的，这艘船给维京时代晚期常见的大型舰船提供了典型范例。其长度估计有近 102 英尺，而且能够载运 60 名桨手，这意味着这艘船的船员发动攻击时的规模相当可观。

记载之中（也就是说仅见于萨迦之中）的最大维京战船，是奥拉夫·特里格瓦松的长蛇号，据说长度超过 100 英尺。这艘船在 998 年建成，其间还发生了一些事故。负责监工这艘大战舰的是"顺滑的刮削者"（Skafhogg）托尔贝格。一天晚上，托尔贝格必须要离开，工程无人照顾，当他带着国王返回时，发现"工人已经到来，但是没有开始工作。国王询问他们为何如此消极怠工。他们的回答是船只被某个人可耻地破坏了，这个人在从头到尾的木板上都留下了一道深痕"。[82]奥拉夫勃然大怒，向众人悬赏这个破坏者的名字，而托尔贝格承认他正是那个破坏者。奥拉夫斥责他的首席工匠，要托尔贝格立即将船复原，否则就处决他。"而后托尔贝格上前切削木板，直到所有刻痕被完全削平，与其他部分平齐。随后国王和其他人一致认为，在托尔贝格改良之后，船只更加美观了。国王随后让他在另一侧也如此进行，并致以重谢。"

托尔贝格的改良如今已经无从得见，因为奥拉夫的舰队在999或1000年的斯沃尔德之战被击溃。[83]人们最后一次看到国王是他从长蛇号的船尾全副武装跳入水中自尽，以免被俘受辱。尽管有些人认为他依然存活，有些人希望他能够返回解放挪威，更可能的情况是他从最大的维京长船跳下之后便溺亡了。

1962年，人们在丹麦的斯库勒莱乌发现了另一个维京船只存留的宝库，当时从罗斯基勒峡湾的海底打捞出来了一系列的船只残骸。这些船只或许是在11世纪70年代，在一次对该城的掠夺时被刻意凿沉的，以封锁前往西兰岛上的罗斯基勒的航路。进入港口的主要海路有三条，而这几艘船永久封锁其中一条，当地舰队可以有效封锁另一条海路，而最后一条海路较为曲折，必须要本地的向导指引才能安然通过。现在斯库勒莱乌船陈列在峡湾旁边的博物馆的玻璃柜中，它的完整性比挪威发现的科克斯塔德船和奥塞贝格船要差，金属框架已经全部消失，余下的船体看上去颇为科幻。其中一艘船（斯库勒莱乌二号船）有98英尺长，乘员可能多达75人，是长船制造技术发展到顶峰的作品。对木材的分析显示这艘船是在爱尔兰建造的，于1040年左右在都柏林附近地区完工。这种船型被称为"蛇船"（snekke），这种海洋怪兽载运着 10 世纪和 11 世纪初发动大规模侵袭的战士远航。另外一艘较小的战船，斯库勒莱乌五号船，则有 60 英尺长，配有 13 对桨，是长船里小型舰船的例子。

斯库勒莱乌一号船则是另外一种类型完全不同的船只。[84] 这艘船比起长船更加粗短坚实，是所谓的"诺尔船"（knorr），即维京时代典型的非战斗运输船。这种特殊用途的船需要的船员很少（因而能够运载更多货物），而且桨也更少，这意味着其动力更依赖风帆。目前发现的最早同类船只是在挪威的克拉斯塔出土的，大约可追溯至 990 年，船上载运的一批磨刀石仍留存在残骸之中。斯库勒莱乌一号船大约于 1030 年在挪威完成，大约 52 英尺长，可以载运 24 吨货物。正是这种船只在波罗的海进行运输，保证与维京世界的远端——比如冰岛和格陵兰——的联系（格陵兰格外依靠挪威王室的诺尔船运输，挪威每年都要派船向这些孤立的殖民地提供补给）。[85]

罗斯基勒的博物馆是重建维京船只的主要中心之一，这一传统开始于 1892 年建造科克斯塔德船的复制品，而那艘船也从挪威一路远航抵达了芝加哥，路上几乎没有遭遇什么困难，成功在克里斯托弗·哥伦布抵达新大陆的五百周年纪念日之前抵达，并得以在世界博览会上展览。如今的重建项目是重建每一艘斯库勒莱乌船，包括最近复制的斯库勒莱乌二号船，复制品被命名为格伦达洛的海骏马号，它在 2008 年从丹麦起航抵达冰岛。这次航程没有遭遇任何重大事故，即使遭遇了风暴天气，船只进了大量水。这也显示了 11 世纪时的先驱者们，在出海远航时必须忍耐何种潮湿的情况。

维京人使用各种各样的技术来为他们舰船的航行导航，无论是在家乡的近海航行，还是在穿越北大西洋的壮举之中。在近海，最简单也最有效的导航方式就是盯紧陆上的地标，并估算航行的大约时间。北欧海岸线上（以及维京世界其他地方）的许多地名都是对这种航行方式的纪念，比如库伦（斜坡）、斯科纳沿岸的海岬，以及一系列以"-ey"（岛）为结尾的名词，比如威尔士的安格尔西岛和拉姆西岛（即使这个地区受到北欧文化影响的时间很短，程度不深）。[86] 进行更远的航行时，导航者可能要记住一系列的地标，并将他看到的地貌与脑海中的印象对应起来。类似的"参照表"在《定居者之书》中有所涉及，为挪威去格陵兰的航路提供了指导："从挪威的海纳尔出发后，若是要抵达格陵兰的赫瓦尔弗，就要一路向西航行，在抵达设得兰之后转向北，那里只有能见度很好才能看到；途中会经过法罗群岛，那里的海洋如同被高耸的山崖劈开；而后还会抵达冰岛，在那里只需要注意飞鸟和鲸鱼。"即使看不到陆地，维京人也能够通过太阳、星空和海鸟导航，他们至少使用过一次渡鸦导航，这种鸟对陆地的直觉能让它们找到冰岛。[87] 风向与水流的流向也能让经验丰富的水手用来估测他们的位置，如果其他手段都失效的话，这些经验至少也能让他们预计接下来的天气状况，据此调整航线。

而维京人所说的"航位推算"（dead-redckoning）具体所指就没那么清楚了，据说他们使用一个中央插针的木盘（就像日晷一样），用来估测经度。他们将阳光在固定时间投射到木盘上的影子同板子上的记录比照，来看船只的航向是否正确。如果日影比板子上的刻度要长，那么船只的位置就更为偏北；如果日影比刻度短，那么船就在更靠南的地方航行。1948 年人们在靠近格陵兰岛东部的乌纳多克发现了一个木盘，其年代在 1000 年左右，木盘上有 16 个刻度和标志，这可能就是一个日影标度盘的例子。[88] 另一个更完整的木盘是 2002 年在波兰的沃林发现的，但是没有证据说明这个木盘是用来做什么的，也没有其他证据（无论是考古证据还是萨迦传说）说明在航海导航中使用过这类装置。

更加不确定的是维京人是否用过太阳石，这种石头被拿着朝向太阳的时候，阳光会发生偏振。《伦道夫·萨特尔》(*Raudulf-tháttr*) 中提到奥拉夫·哈拉尔德松拜访过的一个农夫的儿子就有这种石头，它可以让使用者确定太阳的位置，即使太阳被云遮住的时候也没有影响，但是没有证据证明这种石头能在导航中发挥实际用途。奥迪－黑尔加松（Oddi-Helgason）的故事可以佐证，他的别称是星之奥迪（Star-Oddi），生活在 12 世纪的冰岛，以进行过一系列精确的天文测算而著称，例如确定夏至日、冬至日的日期。我们还是不清楚他的结论是否是一次性的，在一般情况下也能测算出来；我们也不知道他的成果能否为一般的维京领航员所知晓。

尽管存在这种不确定性，也不必认定维京人在波罗的海、挪威海岸线、穿越北海进入大西洋的航行，靠一种极为精密的导航系统才得以完成。认为维京水手们有这些辅助手段的读者，或许应该注意一下，萨迦中留下了许多航行者被风暴吹离航线后不知道自己在哪里的记载。最有名的范例是比雅尔尼·赫尔约尔夫松，他的父亲在他出去远征时从冰岛迁移到了格陵兰，而他去寻找父亲时意外偏离了航线，误打误撞抵达了北美的海岸（他也是第一位抵达北美的欧洲人），他最开始还以为这里是格陵兰。[89]

　　无论是船首的龙头、复杂的珠宝首饰，还是如尼石上环绕的装饰，几乎所有维京时代的文物都展示着他们对装饰的喜爱。斯堪的纳维亚早期艺术风格属于4—6世纪的大迁徙时代里欧洲北部的一种艺术风潮。然而7世纪之后，北欧世界便产生了独立原创的艺术风格，这种风格特别喜欢使用动物形象，它们常常是互相缠绕在一起的野兽，这种别致的艺术风格创造了惊人的复杂性与力量感。

　　艺术风格向来难以确定时代，特别是那些持续时间甚久的艺术风格，毕竟本应逐渐取代的艺术风格却往往如同印刷多次的纸张一样，互相交叠、模糊不清。一些地区在接纳新风格的问题上更为保守，而一些格外"过时"的风格可能出现在物品上，它们的考古背景难以确定，很可能就是在家族里传承了几十年乃至几代人的传家宝。

　　最早的维京时代北欧艺术风格，被艺术史学家定义为"E风格"，[90] 它在哥特兰的布罗埃出土的22件镀铜挽具上得到了体现。挽具上面有复杂的动物形象，包括一只头上有喙、脚如叉的怪兽，以及一只"抓握兽"——这种风格延续了几个世纪，这类动物往往用爪子一般的足部抓握自己的身体。这一风格的最有名的文物是在奥塞贝格船棺中发现的，那里的帐篷的装饰和床柱的雕刻上，还有大锤和车辆上都用木材雕刻了活灵活现的动物形象，而这些形象均属于"E风格"。

　　随后的维京艺术风格被称为博勒风格（Borre Style），因在挪威的西福尔的博勒发现的一系列镀铜挽具而得名。[91] 它的特征有缎带、交错的圆形菱形等几何图案，还有"抓握兽"的装饰，这些怪兽往往有长鼻子，有时还有类似猪尾的部分。还有其他更为自然的动物形象，它们常常把头弯向后方。博勒风格从斯堪的纳维亚一路传播，蔓延到维京人占据的不列颠群岛，而混合后的盎格鲁－维京风格在一系列的石像和金属器件上得到了体现。

博勒风格延续到了 10 世纪后半叶，几乎与其同时代的耶灵风格，则是因为在耶灵的北封土堆出土的 10 世纪中期的小银杯而得名的。[92] 耶灵风格依然以兽形装饰为主，主要形象是 S 形的野兽，其腰胯部分极为狭窄，几乎要被拉长为条状。这种风格似乎源自博勒风格（继而逐渐发展为马门风格）。一些耶灵风格的文物的出土时间比在耶灵出土的那些更早，科克斯塔德船棺之中发现的一个搭扣，或许也与这一风格有关。

马门风格在 950 年左右出现，因在日德兰的马门的一个男性的墓葬中发现的华丽装饰斧而得名。斧上的嵌银丝装饰的形状是一个新的野兽，它长得像鸟类，而交织的树叶与藤蔓则占据了其余的空间。这个鸟形动物的躯干上有大量装饰用的小点。尽管名字是耶灵，所谓的耶灵石却是马门风格的（而耶灵石上的狮形生物就是马门风格的典型例子）。其他马门风格的文物广泛分布在维京世界各地，包括在马恩岛的柯克布拉丹出土的一只带雕刻的十字架，以及奥克尼的斯凯尔窖藏之中发现的别针。

1000 年左右，马门风格被灵厄里克（Ringerike）风格所替代，其名字源自奥斯陆以北的同名地区，人们在那里发现了这一风格的大量砂岩石雕。它最明显的特征是植物装饰，即在石刻的底部有藤蔓的卷须作为装饰。在植物装饰的上面是一只大步向前的动物，最后由藤蔓中的蛇完成最后的装饰。这一风格的文物中，最好的例子就是金属风向标，比如一个在瑞典索德拉拉出土的。此外瑞典最精美的如尼石刻也属于灵厄里克风格，其中包括南曼兰的埃斯基尔斯蒂纳附近的拉蒙斯贝格特石刻，上面描绘了西格尔德的传奇——杀死巨龙法弗尼尔。石刻上有三条大蛇组成的框架，如尼铭文位于外侧；而西格尔德本人站在框架之外，用剑刺入最下方的蛇（代表着巨龙法弗尼尔）的腹部。[93]

灵厄里克风格大致和基督教在北欧最初的传播是同时的，也是最早接纳基督教圣像画的风格，尽管多神教的符号依然存在。这种风格传入了不列颠群岛，在温什科姆的诗集插画（11 世纪二三十年代）上有所体现，而这种风格在爱尔兰的持续时间则远超其他地区。

约 1050 年，灵厄里克风格又被一种新的艺术风格取代——乌里斯风格，因挪威西部松恩的木板教堂而得名。这些典型的挪威木板教堂是在挪威接受基督教的初期建成的，它们往往配有华丽的雕刻，特别是在门上。和北欧其他地区不同，原本的木教堂并没有被此后的石教堂取代，许多教堂得以存留至今，保留了它们典型的配有小塔楼和尖塔的高屋脊，还保留了有龙和其他凶猛野兽雕刻的山墙。[94] 这种风格和其他维京时代的主要北欧艺术风格一样，它的一个主要元素就是风格化的怪兽形象，包括带有两条腿的蛇形兽、站立的四腿兽和形如缎带并在末端长着动物头的怪兽。和此前的灵厄里克风格不同，作品之中的对称性相当有限。在木板教堂之外，乌里斯风格也出现在大批瑞典的如尼石（上面的铭文往往雕在蛇的里面）、高质量的金属制品之上，比如在西兰的伊瑟峡湾发现的金奥尔十字架。这也是首个人们有时能在作品中辨认出作者名字的北欧艺术风格，至少如尼石的情况是这样，石刻者时常把自己的名字刻进去。在南曼兰发现的一个石刻上，雕刻师刻上了这样一段铭文："阿斯比约恩雕刻了这块石头，并为它上色，将它作为纪念碑，他将与如尼石永存。"（这也提醒我们如尼石原本是上色了的，绝不只是如今我们看到的朴素石刻。）

　　维京时代的最后主要风格，乌里斯风格，在 12 世纪初消亡，在 1110 年后其范例便逐渐减少，不过这一风格在爱尔兰还是至少存留到了 12 世纪 30 年代。自此以后，瑞典、丹麦和挪威的新君主们仿效西欧与南欧的君主，最后的维京掠夺也是几代人之前的事了；或许颇合时宜的是，一股新的艺术风尚席卷北欧，即所谓的"罗马风格"，这一风格也得以在接下来的 200 年间保持主流地位。

第 4 章

横渡大西洋

900—1262 年的法罗群岛和冰岛的维京人

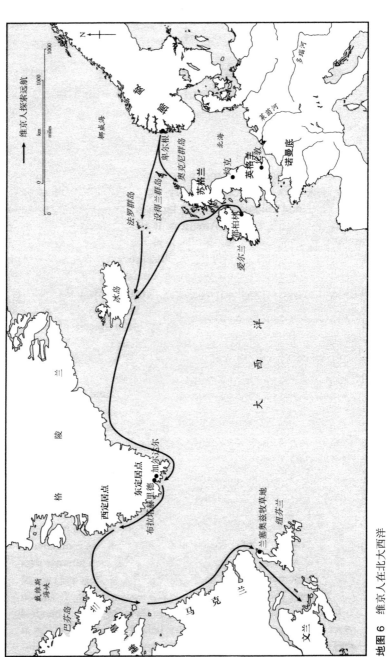

地图 6　维京人在北大西洋

一些维京人在欧洲北部的海岸线横行，而其他的人则加入了波澜壮阔的远航之中，北欧的殖民者乘船在大西洋上远航，径直抵达美洲的东部沿海地区。这一切的开始却可谓出奇的平凡。9世纪早期，最初的掠夺开始出现在不列颠和爱尔兰的同一时间，维京人开始在苏格兰北部和西部的一连串群岛中进攻（在已经有人定居的地方）和定居（在无人定居的地方）了。这些群岛中被占据时间最长的就是法罗群岛，它也是维京人建立大西洋的领域的第一块真正的奠基石。法罗群岛由 18 个火山岛组成，和挪威、苏格兰以及冰岛之间的距离大致相等，距离最近的地方是东南方向大约 180 海里 * 以外的设得兰群岛。

第一批维京人最可能在约 825 年抵达当地，[1] 他们也许发现在他们之前那里已经有了一个小型定居点。爱尔兰修道士迪奎著有《寰宇览胜》(De Mensura Orbis Terrae)，这本书是基于同时代人的了解而撰写的地理概要，它总结了关于已知世界的各个地方的知识，书中说：

在不列颠北方的大海中有许多其他的岛屿，在一路顺

---

* 1 海里约合 1.852 千米。

风、鼓满风帆的情况下，从不列颠的北方群岛出发只需花费
两天两夜就能抵达那里。一个虔诚的修士告诉我，他操纵双
横板的小船花了两天时间到达，他还登上了其中一个岛屿。
那里还有一组小岛，它们之间被很窄的水道分割开。来自我
的国家爱尔兰的隐士们已经在那里居住了近百年了。不过，
那里就像世界刚被创造时的那样荒凉不堪，现在，北方人的
海盗已经将那里的隐士一扫而空，留下无数的绵羊和种类奇
多的海鸟。[2]

迪奎提到的地方是否是法罗群岛不能确定，不过他合理地让
我们想起强行抢走土地（古北欧语为 landnám）的可能性，这使
爱尔兰的修道士们被强制性地赶走了。这一联想也得到了花粉证
据的支持：法罗群岛的自然植被——即使到现在也是以野草、莎
草和小灌木为主的——早在 7 世纪早期到中期就受到了干扰，这
很有可能就是人类活动造成的。[3]

法罗群岛的北欧人定居点的书面证据主要来自 1200 年之后不
久成书的《法罗人萨迦》（Saga of Faroese），它专注于 10 世纪末
期，也就是这个群岛皈依基督教的时代。这个萨迦的作者主要关
注挪威国王金发哈拉尔德在法罗群岛的历史中扮演的角色，而且
他很有可能夸大了早期的殖民者中挪威人的作用。他将第一批定
居者的首领称为瘸子格里姆，格里姆据说是在 9 世纪 80 年代为了
逃离挪威国王的中央集权政策而离开挪威的。这也许和《奥克尼
萨迦》中相似的大胆说法（哈拉尔德吞并了奥克尼群岛[4]）一样是
夸大之词，而且瘸子格里姆抵达的日期更有可能是在 825 年左右。
他的绰号"瘸子"（Kamban）是凯尔特语词汇，这暗示了法罗群

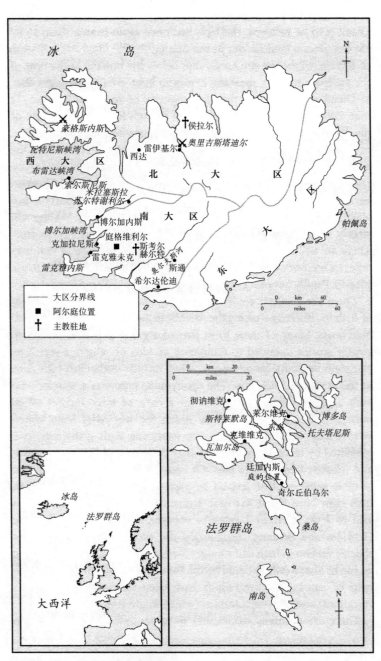

地图 7　维京人的冰岛与法罗群岛

岛的最早的北欧人定居者是混合族群，他们也许就来自马恩岛，因为那里的斯堪的纳维亚人并没有取代当地居民。[5]

即使金发哈拉尔德并不是移民在这个群岛上定居的直接原因，法罗群岛和挪威之间的联系依然十分紧密，在9世纪90年代，一批从挪威来的来访者极大地影响了群岛的历史进程。他们中有一个地位显赫的贵族妇女——深思者奥德（Aud the Deep-minded），她在前往冰岛的中途停留了下来，并且主持了她的孙女奥鲁瓦（Olúva）的婚礼。[6]她孙女的后裔是加塔（Gata）家族，此家族是维京时代的法罗群岛的重要家族之一。爱尔兰-挪威对法罗群岛（以及之后的冰岛）的影响可以从一个事实之中看出来：奥德的丈夫，即近期刚被杀害的白色奥拉夫（Olaf the White），生前就是都柏林国王。整个萨迦以这些后代中的两个人——促狭的斯兰德·托尔比约恩松和他的弟弟托尔拉克·托尔比约恩松的功绩为中心，他们也许生活在970年左右。萨迦中描绘的社会是典型的斯堪的纳维亚风格，例如在斯特莱默岛的廷加内斯半岛上举行的庭，以及斯兰德在杀死了哈格里姆、他的兄弟布里思迪尔和拜尼尔之后，在斯兰德和他的敌人之间展开的暴力冲突。这场世仇延续到了下一代，布里思迪尔之子西格蒙德试图复仇，最终他失败了。

除了《法罗人萨迦》中的戏剧性的故事，我们对于维京时代的法罗群岛的大部分了解来自考古发现。第一次科学的挖掘是1941年在斯特莱默岛的克维维克村进行的，当时出土了一个65英尺的长屋，在它的外部有泥土做的长椅。在20世纪80年代，人们在莱尔维克附近的托夫塔尼斯发现了一个可以追溯到约900年的维京时代的农场。农场里有个规模差不多的长屋，它的墙壁用干燥的石头搭成，并有草皮层的保护，长屋的一端也许是牛栏。出土文物中还有大量的碗、盘子、纺轮和其他由滑石或皂石制成的工艺品。这些材料并不能在法罗群岛获取，它们一定来自挪威或者设得兰群岛，这表明定居者和他们的斯堪的纳维亚的母国之间保持了紧密联系。他们以畜牧为生，将捕鱼作为副业。绵羊在当地经济中居主要地位，"法罗"（Faroes）这个名字在古北欧语中意为"绵羊岛"。

在中世纪的其他时间，法罗群岛一直是斯堪的纳维亚世界的一部分，不过那段历史的细节几乎不为人所知。1035 年，它成了挪威王国的一部分，法罗人的庭也被降级到莱格庭（一种法院）的地位。在此之后，关于这里的记载十分稀少，1277 年和 1388 年，据记载一些冰岛人在船只失事之后留在了当地；在 1364 年，法罗群岛的主教的船被大风吹离了航线，他们到了冰岛，并且不得不在那里过冬。[7] 1397 年，这个群岛随后被纳入丹麦 – 挪威联盟之中，并且在联盟于 1814 年解散之后留在了丹麦，直到今天也处于丹麦的统治下，不过它在今天是拥有高度自治权的自治领地。

就像深思者奥德的故事让人联想的那样，一旦维京人在 9 世纪中期于法罗群岛站稳了脚跟，他们就会进一步向西方远航，并最终在 870 年左右抵达冰岛。

我们的确不清楚这些开拓进取的航海家在进行探险之前拥有怎样的知识水平，不过如果迪奎的记载是可信的，那爱尔兰人就再一次打败了维京人。[8] 他记载从不列颠的北部出发，经过 6 天的航行能抵达大西洋中的一块遥远的土地，在那里的夏至日，太阳几乎不会降到地平线以下。在一个记述中世纪的卫生情况的片段中，迪奎解释说：即使到了午夜也是十分明亮的，人们可以像

中午一样，从他们的衣服上抓下虱子。⁹我们不能确定最早前往
"苏勒"（极北之地）的这些拜访者是谁，也无法确定迪奎描绘的
那个地方是冰岛还是斯堪的纳维亚的北部沿海。不过据说第一批
抵达的北欧人发现了一些帕帕尔人（papar，他们称呼爱尔兰基督
教隐士的词汇）定居在那里。这些影子一般的修道士很快就离开
了，他们不希望生活在异教徒（9世纪的大部分维京人都是异教
徒）的附近，留下了一些"爱尔兰书籍、铃铛和牧杖"。冰岛西部
依旧有一些地名反映了对难以捉摸的爱尔兰隐士的记忆，如帕佩
岛（帕帕尔人的岛）、朗附近的帕普弗约尔瑟尔，以及斯特朗达塞
斯拉的帕帕费尔（帕帕尔人的山）。¹⁰

爱尔兰的修道士乘坐着他们的科拉科尔船（一种蒙皮小船）
在大西洋上往来航行的记载，即便有可能是真的，也不那么可信。
被称为"伊姆拉玛"（immrama）的航海传奇小说就有一部分是这
类故事，这种流派的小说倾向于描绘宗教探索和纯粹渴望去冒险
的主题，其中就有《梅尔·杜因之旅》（*Voyage of Máel Dúin*）这
样的异域传奇。这个名为梅尔·杜因的英雄是一个战士，他建造
了一个足以容纳60个船员的巨大的科拉科尔船，出发去追捕谋杀
他父亲的人。梅尔·杜因在一路上拜访了29个岛屿，有一个上面
满是大型蚂蚁，还有一个上面居住着说话的鸟；再有一个岛的地
表炽热，并且居住着灼热的猪。和冰岛上也许存在的隐士有更直
接关系的是《布兰登的故事》（*Brendan's Voyage*）。爱尔兰圣人布
兰登于844年左右在爱尔兰西南部的特拉利附近出生，据说他是
一个不知疲倦的旅行家，他去过威尔士、赫布里底群岛和布列塔
尼。有趣的是，在他的旅行的记述（爱尔兰语的版本较短，而拉
丁语的版本"Navigatio"则较长）中，他拜访了一个绵羊岛（这

也许就是法罗群岛），并且偶然遇到了喷出火和烟的山峰（这可以被解释为冰岛的火山）以及"水晶柱"（这可能是冰山）。

关于这些地方有太多的故事，而且故事在描述中还提到了许多岛屿，这让大西洋似乎成了修道士的超级快速通道。不过，大多数据说最早的爱尔兰旅行家去过的岛屿都有几乎不可能存在的奇怪特征。而且从《布兰登的故事》可以推断出他抵达了冰岛、格陵兰、北美，甚至是墨西哥的说法，[11] 就肯定是对史料的过度解读了。

在爱尔兰隐士之后的第一个拜访冰岛的维京人旅行家似乎是纳多德（Naddod），他在法罗群岛附近被一场猛烈的风暴吹离了航线。经过后人的研究，他航行的更精确的时间大概是在 9 世纪 30 或 40 年代的某一天。他在暴风雨中飘摇不定，最终来到了一个未知的海岸，不过他只在附近航行了一段距离，并且因当地的寒冷天气而命名那里为"斯诺兰"（雪地）。[12] 一个名为加尔达尔·斯瓦瓦尔松（Garðar Svarvarsson）的瑞典人对纳多德的经历感到着迷，他在不久之后就出发，并且抵达了"斯诺兰"，不过出于自负，他决定将那里重新命名为"加尔达尔斯霍尔姆"。很快，在 9 世纪 60 年代末，一个名为弗洛基·维尔戈萨尔松的挪威人（法罗群岛的发现者不是他就是瘸子格里姆[13]）也出发去寻找这个地方。弗洛基在航行中带了几个不同寻常的旅伴——三只乌鸦，它们的作用是看附近是否有陆地。在这个旅程比弗洛基的预估花费了更长时间的时候，弗洛基像诺亚一般，放出了第一只乌鸦，乌鸦只在船只的附近飞翔，并在随后返回，停在了船尾。不久之后他再次尝试，这次乌鸦在返回之前飞行了一段距离。并不气馁的弗洛基之后放飞了第三只乌鸦，而这只乌鸦感觉到附近有土地，头也不回地飞过了船头。弗洛基随后沿着乌鸦选择的路线航行，并且最终在冰岛的西北海岸的瓦特尼斯峡湾（Vatnsfjörd）登陆。

由于这个富有创意的航海技巧，弗洛基之后被称为哈拉芬 - 弗洛基（Hrafn-Floki，乌鸦 - 弗洛基）。他攀登了登陆点附近的一个山丘，并且在这个制高点上看到附近的峡湾里满是浮冰。此时已经接近冬季，所以弗洛基和他的同伴决定回家，不过恶劣天气让他们无法离开，他们被迫一直待到第二年的夏天。最后弗洛基回到了挪威，由于他满腹牢骚，他将那个岛屿重新命名为"埃斯兰"（Ísland，即冰岛），从此以后这个名称就固定了下来。然而他的一些同伴对那个地方的评价更为积极，他们中有一个托洛尔夫就夸夸其谈，声称那个岛屿的草地上"流出了黄油"。从那天起，他就获得了一个讽刺的绰号：黄油托洛尔夫。[14]

冰岛是唯一一个有相对完整的定居记录的维京海外领地。我们拥有两条相对独立的书面记录线索。第一个是冰岛的修道士和学者、被称为"博学者"的阿里·索尔吉尔松（1067—1148 年）开创的非常早的历史写作传统。阿里是《冰岛人之书》的作者，书中概述了从定居点初建到 12 世纪的冰岛历史，阿里重视细节，重视寻找可信的史料，这得到了时人的高度评价。《挪威列王传》（Heimskringla）的作者斯诺里·斯图尔鲁松就花费了很多篇幅来描绘阿里是怎样从他的养父哈尔·托拉林松那里仔细收集许多史料的。就在阿里长大成人的房子中，他回忆起了 11 世纪初的非常早期的基督教的冰岛。阿里的成就还要归功于一份更为珍贵的文献——《定居者之书》，这份文献的目的是列出一份参与到冰岛的最早定居活动中的所有人的名单，其中还有他们土地的地界等细节。原始版本的《定居者之书》并没有保留下来，不过保留下来了三个中世纪的版本。[15]这本书对确定家族谱系（对那个社会的法律体系来说，确定数代人之间的精确血缘关系十分重要）、解决财产纠纷都是十分有价值的。即使这些信息在定居后的两个世纪才第一次成为书面记载，其中许多细节也许还是准确的，这样的对新殖民的土地的记录可谓前无古人，直到现代才被超越。

在纳多德、加尔达尔·斯瓦瓦尔松和哈尔芬-弗洛基无果而终的探险活动之后，《定居者之书》中记载的冰岛的最早的定居活动可以追溯到 9 世纪 70 年代。和《奥克尼萨迦》将奥克尼群岛的移民活动归因于金发哈拉尔德对挪威的统一（许多人想要逃离统治越来越高压的政权）一样，《定居者之书》将最初到达冰岛的北欧人的动机归因于同一原因。第一批定居者（主要是挪威人）据说很快就前往了那里，这些先行者中就有英格尔夫·阿尔纳松和他的义兄弟赫约尔莱夫。英格尔夫两次前往这个新发现的岛屿，第一次是初步探索，而第二次是移民。据说，在第二次航行中，他将他在挪威的家乡农场的高椅木柱一起带去。英格尔夫坚持多神教的维京人传统，当他的船只接近冰岛海岸时，他将这些支柱丢到大海中，发誓在它们被冲上岸的地方建立他的新农场。最初英格尔夫未能发现它们，于是他开始定居在一个名为"英格尔夫斯赫夫迪"（英格尔夫的头）的地方。随后，他花了一些时间来调查这片土地，他选择了雷克雅未克（意为"烟雾缭绕的海湾"，因为附近有很多温泉）的隐蔽港湾作为他的新家园，更为巧合的是，据说他最终在那里找到了那些差点找不到的高椅木柱。

阿里将移民活动追溯到 874 年左右，令人惊讶的是，这一时间得到了火山灰年代学的证实。若对历史上的火山爆发中的火山灰进行年代测定，每次火山爆发都拥有一个非常特殊的化学结构，这样就能分析出火山灰对应的那次火山爆发的日期。随后，可以通过相应地层中的火山灰来追溯人类定居点的沉积层的日期。这种技术显示，在第一批维京人定居者到来的前不久（至少是在他们留下任何考古遗迹之前）冰岛有一次火山爆发。通过对格陵兰的冰川记录的分析，这次火山爆发被定位在 872 年，误差在两年以内。[16]

雷克雅未克的最早期的遗迹被发掘出来，并且得到了保护，人们可以在老城边上的一个博物馆中看到它。也许是雷克雅未克最古老长屋的遗迹就在地下室中，不过它是否就是英格尔夫的房屋则不确定。让人感兴趣的是，最近一个简陋围墙的遗迹被发掘了出来，它也许是两块田地之间的分界线，而且它似乎就位于 872 年（误差 2 年）的那个火山灰沉积物的下方。这个新发现是否能得到确认，以及它能将冰岛的定居者的日期向前推多少年还不清楚，不过它肯定增加了英格尔夫的定居点并不是第一个定居点的可能性。[17]

冰岛的早期历史的第二个主要史料就是被总称为《冰岛家族萨迦》（*Íslendingasögur*）的萨迦选集。这些萨迦的背景是冰岛被殖民的前一个半世纪，其中偶尔也谈及斯堪的纳维亚地区。它们讲述了冰岛的主要家族之间的冲突，以及随之而来的常是悲剧的结局。就大体而言，《冰岛家族萨迦》并不想讲述那些"高度政治性的"故事，或者对冰岛的历史进行连贯的政治叙事，不过后来被称为《斯图尔隆加萨迦》（*Sturlunga Saga*）的一系列萨迦（它不是家族萨迦的主要部分）中讲述了一连串的权力斗争，描述了冰岛的松散的首领领地是怎样几乎融合为一个一致的政治整体的。[18]萨迦中的一些叙事手法过于套路化，由于维京人习惯于关注主角之间的精确关系，一些萨迦在开头就会列出冗长的家谱。最好的萨迦之一《尼雅尔萨迦》讲述了中心人物尼雅尔·索尔盖尔松怎么被他的朋友贡纳尔·哈孟达尔松的谋杀行为（他的狡诈的妻子哈尔盖尔是萨迦中的蛇蝎美人，是她教唆了丈夫）卷入长期的纷争。由于他的儿子们谋杀了贡纳尔的堂亲霍斯库尔德，最终寻仇的一群人将尼雅尔烧死在他自己的农庄中。

　　一些家族萨迦关注某一个人的一生，比如《埃吉尔萨迦》（不过这个萨迦中的大部分故事是在冰岛之外发生的）；其他的萨迦则是真正的“家族萨迦”，比如《拉克斯峡谷萨迦》，它们会讲述一个家族中数代人的历史。我们拥有的萨迦在形式上大多数可以追溯到 14—16 世纪的手抄本上，不过大多数萨迦在这之前的 13 世纪就已经被整理完成了。它们得以幸存，并不是因为精英阶层重视冰岛传统传承，而是因为说书的传统，以及岛上的农庄在几个世纪的时间里都在传抄珍贵的羊皮纸抄本。直到 17 世纪才有人认识到它们的真正价值，斯考尔赫尔特主教将一些最珍贵的手抄本——如《弗莱特岛记》（*Flateyjarbók*）和《王室诗集》（*Codex Regius*）[19]——当礼物送给丹麦国王腓特烈三世，这位国王对北欧文物的兴趣是众所周知的。在这个世纪的晚期，收藏家已经开始大量购买冰岛的萨迦手抄本，其中收藏手抄最多的是实际上出生于冰岛的阿尼·马格努松（Árni Magnússon），他在 1701 年被任命为哥本哈根的丹麦古代史教授，并且在第二年被派到冰岛去建立一个包含所有的农场的花名册。[20] 阿尼完成这件事花了 10 年时间，在此期间，他也将他能获得的古老手抄本全部收集起来，最终积累了近 6000 件文献。当他在 1720 年回到哥本哈根时，随船运回的文献装满了 55 个箱子。不幸的是，1728 年阿尼家中失火，大火烧毁了近三分之二的珍贵书卷，幸运的是，那些最有价值的萨迦的主要部分都被保存了下来。

到了 19 世纪，随着民族主义的觉醒，冰岛人要求丹麦将他们的萨迦手抄本送回，他们和哥本哈根之间进行了长达一个世纪的并不顺利的谈判，而在当时大部分萨迦手抄本已经被哥本哈根的国家图书馆收藏了。1945 年，冰岛从丹麦独立，归还手抄本的呼声越来越高。1961 年，丹麦国会最终通过了将它们送还冰岛的法案。即使这样，由于各种各样的法律上的阻碍，直到 1971 年，最初的两份手抄本才得以回归。作为一个象征性的姿态，《弗莱特岛记》和《王室诗集》被挑选为第一批回归冰岛的萨迦手抄本，因为它们也是第一批被送去丹麦的。丹麦方面为表现对送还事件的强烈情感，当它们离开时，哥本哈根的国家图书馆降了半旗。与此同时，雷克雅未克的移交仪式则在电视和网上被现场直播。移交活动开始后，整个过程还持续了很久，最后一份手抄本直到1997 年才被归还。那时一些最有价值的手抄本——比如《挪威列王传》——还留在哥本哈根。在丹麦之外的国家的冰岛手抄本则仍然留在原处。[21]

如果仅仅从字面上理解家族萨迦，我们会认为冰岛是一片因世仇而撕裂的土地，只有手持宝剑才能获得安全，而《冰岛人之书》中的记述则过于简短。这些史料足以让我们以中立的视角来认识维京人在冰岛建立的独特社会。因为冰岛的移民是在金发哈拉尔德的高压统治下的难民（如果这种在许多萨迦中都有的说法可信的话），他们不太可能十分希望用一种暴政来取代另一种。最终他们建立了一个没有国王，也没有其他行政权威的政治体系，这种管理系统被称为"冰岛自由邦"（Icelandic Commonwealth）。令人惊讶的是冰岛自由邦成功地延续了三个半世纪，它只有司法机构和立法机构，完全放弃了行政机构，而在现代的国家理论中，这三个机构都是一个社会必不可少的三大支柱。

《冰岛家族萨迦》可以在多大程度上被视为历史文献也是广受争议的。有关萨迦的学问曾长期被"书文"（bookprose）学校垄断，这些学校也有最早的萨迦手抄本。因为萨迦在创造和传播的过程中，它描绘的那些事件的确切过程，即便不是完全虚构的，至少也被修饰过了，几乎没人会否认这一点。这一观点最著名的支持者是冰岛的外交家和历史学家西古杜尔·诺道尔[22]，他认为它们完全没有历史价值，而且研究它们也几乎不能增进对维京时代的冰岛社会环境的了解。不过这一观点在今天看来有些极端。例如《埃吉尔萨迦》中的"文海德尔战役"的记录并不能被视作是对 937 年的威塞克斯的埃塞尔斯坦和维京人 – 苏格兰人的联军之间的布朗南堡战役的真实记述。即便这样，萨迦肯定能告诉我们很多知识，比如冰岛社会是怎样运作的，法律和权力是怎样相互作用的，以及一个没有世俗君主的中世纪社会是怎样大致成功地延续的。

冰岛的定居点是以农场为基础的，在雷克雅未克的城市中心于 13 世纪形成之前，那里没有城镇和村庄。最早的移民们往往宣称并占有广大的土地。英格尔夫·阿纳尔松在 9 世纪 70 年代的最初的定居地就占据了奥尔夫斯河到赫瓦尔峡湾之间的整块地区，而斯卡拉·格里姆（埃吉尔萨迦中的英雄埃吉尔的父亲）就在米拉塞斯拉占据了一大片土地。那些后来者显然向金发哈拉尔德大倒苦水：这种土地侵占让他们几乎没有地方定居。根据《定居者之书》的记载，国王为了解决纷争，下令一个人宣称占领的土地不能大于他能在一天内用烽火标记边界的土地。[23]

哈拉尔德的法令大概不是被忽略了，就是来得太晚，因为到930年，冰岛的土地都已经有人居住了，至少在名义上是有主人的。人们在11世纪还建立了许多农场，不过它们都建立在已经属于别人的土地上。《定居者之书》中记录的最后一块有人定居的土地是霍尔纳峡湾和雷克雅内斯半岛之间的土地，因为湍急混乱的海上风浪让此处绝无良港，而且在这里登陆十分危险。

如果《定居者之书》中的证据可信的话[24]，第一批冰岛移民主要来自挪威，特别是挪威的西部。由于在维京时代之后就很少有新移民到来，孤立的冰岛就具有了独特的环境，让这里可以成为 DNA 分析的新技术在某种意义上的实验室。通过对线粒体 DNA（mtDNA，仅通过母系血统来遗传）的分析，可以知道在现代的冰岛人的基因组成中来自凯尔特人的遗传物质的比例很高。这也许表明，参与了最初的移民行动中的女性即便大多数都不是凯尔特人，凯尔特女性的比例也相当高，她们中的大多数也许来自爱尔兰。[25] 作为冰岛的女族长，深思者奥德的一生就能印证这个趋势。奥德是挪威贵族平鼻凯特尔的女儿，他嫁给了都柏林的北欧人统治者白色奥拉夫。在丈夫死后，奥德和她的儿子托尔斯泰因前往赫布里底群岛，而托尔斯泰因的死又让她前往奥克尼群岛，随后是法罗群岛，最终她在冰岛找到了新的生活。她于895年左右抵达冰岛，尽管《拉克斯峡谷萨迦》还特别提到她还带着一些在不列颠附近俘虏的奴隶，她的随从中肯定有和她一同从爱尔兰来的妇女，或者有她在逗留于苏格兰期间抓获的妇女。

冰岛是一个非常保守的社会，基本上是自给自足的，不过为数众多的绵羊则提供大量的羊毛用于出口。挪威的商人对冰岛的瓦德马尔布（手工纺织的羊毛布）评价很高，冰岛的首领就用它们来交换那些冰岛并不出产的奢侈品。畜牧业的兴盛将在不久之后为冰岛带来重大的生态灾难，因为对绵羊和牛的过度放牧，所以植被和粘连在上面的表层土壤都被一扫而空。在最初的移民浪潮的时代，冰岛上是有一些树木的，到 10 世纪，几乎所有的树木都被砍来作为柴火或建筑材料，这意味着水土流失的加剧，整个岛屿的肥力也因此下降。这也迫使冰岛人不得不依赖洋流从西伯利亚送来的浮木，而这种木材几乎无法用来造船，虽然用来建房[26]和做燃料是足够的。这种木材变得十分宝贵，因此对这种"漂浮物"的所有权成为重要的收入来源，也成为法律纠纷的主要原因。

　　12 和 13 世纪，土地肥力的下降似乎已经在某种程度上减轻了。不过在 16 世纪，情况又变得更糟，冰岛因此出现了几次饥荒，这也使冰岛内陆的大部分土地变得像月球表面那样寸草不生，那里基本没有植被，看上去就像外星的荒原。

　　冰岛社会的核心是自由农场主，他们或许组成了最大的群体（和挪威一样）。和斯堪的纳维亚地区不同，这个阶层在冰岛并不需要向任何上级效忠，也不需要向君主效忠。不过有一种"大人物"的阶层在一般的农场主阶层之上。这些"戈狄"（单数拼写为goði，复数拼写为goðar）扮演了将冰岛社会凝聚到一起的忠诚网络的核心角色，他们也许在冰岛皈依基督教之前还有一些宗教功能。戈狄拥有的职位或权力被称为戈多尔德（goðord）。他们为了获得自由的农业社群的忠诚而相互对抗，他们要说服或者诱使自由人成为他的"庭人"（thingmenn，即追随者）。不过，他们并没有可以发号施令的精确领地，其控制力取决于他在那个时间的追随者。他们也没有其他地方的男爵或国王那样的控制力，因为他们的追随者有合法的权利来放弃此前的效忠宣誓，并且宣布自己是另一个戈狄的"庭人"。那些拥有最多的庭人的首领在面临法律诉讼时是举足轻重的，因为大量追随者的誓言会被纳入判决的考虑，即使是在阿尔庭（Althing，国家议会）的讨论中也是如此。

这个体系是一种精英政治，而且一个成功或有野心的农场主可以通过吸引大量的庭人来成为戈狄，这种社会阶级上升的渠道一直延续到 13 世纪（那时冰岛自由邦开始瓦解）。戈狄也是让家族世仇的危险趋势不致陷入失控的一个制动器。即使一个自认为权利受到损害的人不是某个戈狄的追随者，也可以和这个戈狄联系，并且请求他在案件中担任自己的辩护人，在大会中为自己辩护，或者说服案件中另一个人达成和解。作为交换，这个戈狄也许会得到以好处酬谢的承诺（saemd，意为"光荣的报酬"）。因此这个体系为双方施加了很大的压力，促使他们去进行和解，甚至还提供了向受害方提供赔偿的方式，以降低世仇。

和纯粹的历史记载或法律记录相比，萨迦为早期冰岛社会提供了更加深刻的见解。它们将真实事件以栩栩如生的（有时也会让人误解）方式讲述出来，着重强调了故事和景观中的元素之间的有机联系，这些景观现在也可以去体验。尽管据说萨迦对尼雅尔在贝格索尔什沃尔的农场——他正是在这里被戏剧性地烧死——的风景的描述，一定是一个从没有去过那个地方的人写的，《尼雅尔萨迦》中的贡纳尔索特还是可以一去的，正是在那里，由于赛马比赛的争吵而引起的宿怨，贡纳尔伏击了斯塔卡德和埃吉尔。

在萨迦中，贡纳尔的敌人大胆地前进，不过贡纳尔已经意识到了敌人的存在，并且在他们能接触到自己之前就将他们一个个射杀：

> 于是，斯塔卡德催促自己的人马冲了过去，直奔着河边空地上的贡纳尔和他的兄弟们。猪头西古尔德冲在最前面，一只手拿着不大的圆形盾牌，另一只手则握着一杆打猎用的长矛。贡纳尔看到了他，"嗖"地一箭向他射了过去。看到一支箭从高处飞来，西古尔德便举起盾牌来挡，但是那支箭射透了那面盾牌和他的眼睛，从他的颈后飞了出去。他是这场战斗中第一个被杀的人。[27]

在近战中，杀戮还在继续。在英雄史诗式的叙述中，贡纳尔和他的兄弟赫约特在受伤的情况下将敌人一个个杀死：

> 伯尔克和索凯尔冲了过来，比索尔盖尔的动作更快。伯尔克挥剑直取贡纳尔，贡纳尔持戟用力一挡，伯尔克的剑就被打废了。这时，贡纳尔看到索凯尔在自己身体的一侧，正在攻击范围之内。他把身体的重心移到一只脚上，横剑一扫，正中索凯尔的脖子，索凯尔的头颅当即飞了出去。

不过，赫约特在战斗的最后被杀了，这让贡纳尔的胜利充满了苦涩：

> 此时，赫约特已经杀死了两个人。这个挪威人就向他扑了过去，砍中了他的胸膛，赫约特当即倒地而死……在这场

战斗中，对方一共有十四个人丧命，赫约特是第十五个。贡纳尔将赫约特放在他的盾牌上，打马扬鞭回到了家里。他们把赫约特的遗体在家乡掩埋了。

据说在距离道路不远的河边浅滩上，有一块巨石，这就是贡纳尔站立的地方。在这附近有一处墓葬，据说人们在里面发现了3具男人的遗骸。其中一个人佩戴的弓箭手指环雕刻有一只鹿，而贡纳尔的弟弟赫约特的名字的意思就是鹿。这也许仅仅是巧合，不过人们还是选择相信这里就是那场战斗进行的地点，而且埋葬在这里的其中一个人就是《尼雅尔萨迦》中记述了其死亡过程的人。

相似地，在雷克雅未克的东南方的赫利达仁迪，一个古老的农场建筑就坐落在山顶，可以俯瞰下面广大的平原地区。据说就是在这里，贡纳尔的妻子哈尔盖尔看到尼雅尔的奴隶在有争议的公共土地上砍伐木头，并且派出了她的管家将他杀死。通过对现场的调查，我们现在已经很难了解是故事反映了真实的事件，还是地形本身让人联想到了这个故事。也许在萨迦创作者的脑中，这两个元素是融合在一起的。

萨迦中的其他特征则反映了冰岛社会中不光彩的一面。在冰岛的议会中，最严厉的处罚是强行剥夺公民权（即将其驱逐出冰岛）。这种惩罚有两种形式："短期流放"（fjörbaugsgarðr），[28] 这意味着要被迫离开冰岛三年，而且财产要被没收；"长期流放"（skógarmaðr），即永久放逐，这个判决有时也作为对那些被判处短期放逐但是没有离开冰岛的人的加重判决。一个人被剥夺了权利之后，就要时刻面对死亡的威胁：所有人都不能为他提供庇护，也不能帮助他离开岛屿；一旦有人把他抓获，就算将他杀死也不会受到惩罚。不过在一些特定的情况下，议会会允许犯法者可以不受阻碍地离开冰岛，只要他在上船之前没有偏离大路或者停留了超过一定的天数，那他就不会被杀死。

一些家族萨迦的核心情节中就有流放。《吉斯利萨迦》（*Gisli's Saga*）也许就是这些萨迦中最伟大的一本，书中的主角吉斯利认为是索尔格里姆杀死了他的朋友维斯泰因，他将索尔格里姆杀死，因而被判处流放之刑。吉斯利开始了逃亡之旅，不过噩梦一直困扰着他，并且耗费了他的精力："在我的梦中，我的身边有两个女人，其中一个对我很好，不过另一个净给我讲述坏事，而且她的故事一天比一天更糟糕。"[29] 由于这些噩梦的折磨，吉斯利四处躲藏，变换地点，直到他变得十分害怕黑暗。最终，十分虚弱的吉斯利在英雄般的最后一战中杀死了八个人后，被他的敌人埃约尔夫砍倒。

许多法外之徒没有离开冰岛的办法，或者像吉斯利那样不愿意离开冰岛，他们就会前往那些难以到达的地区（这在冰岛上遍地都是），然后他们会为了生存而落草为寇。在冰岛西部的博尔加内斯以北 40 英里的地方，就有一个现在依旧可以去探寻的藏匿点。苏尔特谢利尔（Surtshellir）洞穴位于荒芜的熔岩平原上，那里寸草不生，只有地衣覆盖在裸露的岩石上，那里的风景呈现出一种不自然的暗绿色。洞穴的名字则来自北欧神话中的火巨人苏尔特（Surt），他在诸神的黄昏（众神和黑暗势力的最终决战）[30]用他的火焰剑将世界点燃了。这个洞穴系统是在火山活动的高温下形成的，因此这个名字中的比喻十分恰当。洞穴的通道系统超过两英里长，洞中充斥着大量钟乳石和漂砾，这对那些想要成为强盗的人来说是足以隐藏自己的安全之所。洞穴形成于 900 年左右的一次火山爆发。在盗贼们将它当作藏身处的时候，这些洞穴也许因为残存的火山热量而比较温暖。早在 12 世纪创作的《定居者之书》中，这个洞穴是斯密德克尔塞尼尔两兄弟索拉林恩和奥杜恩以及他们的战团经常出没的地方，他们一直恐吓着附近的地区，直到附近的农场主们在一次伏击中杀死了他们中的 18 个人。[31]

这个洞穴网络中的最大的洞穴大厅，有一侧就是"骨洞"（Beinahellir），顾名思义，曾经在那里发现了大量的动物骨骼，不过那些骨头已经消失很久了。另一侧则是被称为"堡垒"的地方，人只能通过近乎垂直的斜坡爬上去，这种地形可以让一个法外之徒就能防御多个进攻者。在它的后方有一个粗糙的石墙和一个壁炉。这里还有一个垃圾堆，似乎显示这里是这些中世纪的盗贼的吃饭地点，盗贼仔细地将骨头砸碎，来吸食营养丰富的骨髓。1969 年，诺贝尔奖获得者冰岛人哈尔多尔·拉克斯尼斯（Halldor Laxness）拜访了这个洞穴，当时这个几百年前留下的堆积物足足有 3 英尺高。现在那里只有一些骨头碎片了，散落在洞穴的地面上。这也隐约提醒了我们：违法者并不只存在于故事中。拉克斯尼斯对他在这里收集的牛骨碎片进行了放射性碳年代测定，测定的日期并不十分准确，日期范围是 870—1260 年，年代范围涵盖了移民时代到自由邦时代的整个时期。[32] 随后在 2001 年，对洞穴中的出土物的分析将垃圾堆中的骨头的年代定位在了 690—960 年。假设移民在 9 世纪 70 年代到冰岛之后这个洞穴才被利用，这些违法者的年代可以被缩小到 870—960 年。从 2001 年调查的骨头碎片可以推断：盗贼们的食谱是很杂的，他们吃的有绵羊（总数中的 64%）、牛（近 1/4），以及马、猪和山羊（其余部分）。有趣的是，这些违法者不吃鱼，或者他们无法弄到鱼，因为在那里没有找到鱼骨。

这个洞穴也和一个更黑暗的故事有关：在《斯图尔隆加萨迦》中，斯图尔拉·西格瓦特松[33] 在 1236 年将斯诺里·斯图尔鲁松的儿子奥拉克加抓获。随后他将这个俘虏从雷克霍尔特运送了近 20 英里，送到了苏特尔谢利尔洞穴。据说，他在这里将无助的奥拉克加刺瞎并阉割，然后囚禁在"堡垒的顶部"，这明显指的就是苏特尔谢利尔内部的那个洞穴。

和苏特尔谢利尔的法外之徒相对的，司法天平的另一端是 39 个戈狄，根据《格拉加斯》（ Grágás，冰岛现存的最早的法律法规），他们有权力去主持瓦尔庭，即各个地区的一年一度的春季大会。他们也会代表他的庭人来进行法律诉讼，而且他们都有责任去执行法院的判决，毕竟这里并没有传统意义上的行政机构。对于 930 之前的"庭"，我们只知道它们是地区性的（位于克加拉尼斯和索尔斯尼斯），在这之后，冰岛人试图建立一个更加集权的中央机构。这也许并不是什么巧合，那时冰岛上已经全是定居者了，关于所有权的法律争议和随之而来的流血冲突正在变成严重的问题。

冰岛人正是希望建立一个能够约束整个岛屿的法律体系，而整个冰岛的议会就是这个体系的副产品。一个名为伍尔夫约特尔的挪威人在冰岛东部的朗获得了一个农场，他被派往他的祖国挪威，据说他在挪威花费了 3 年的时间来为冰岛编撰新的法典。他编的法典主要基于挪威的《古拉庭法》，这个法典通行于挪威西部的霍达兰、松恩和峡湾地区。[34] 伍尔夫约特尔从挪威回来之后，他就提出要建立一个阿尔庭（中央议会）。

　　阿尔庭在 930 年建立，这让冰岛可以宣称自己的议会是世界上最古老的国家议会。不过在丹麦统治期间，阿尔庭在 1799 年迁往了雷克雅未克，而且在 1800 年被彻底废除，直到 1844 年才被重建。因此，有人认为阿尔庭并不是最古老的"从未中断"的议会。[35] 召开议会的地点就位于现在被称为"庭格维利尔"（意为"庭的平原"）的地方，就在奥克萨拉河的旁边，离雷克雅内斯半岛很近。这个地点十分壮观：在平原的背后的丘陵之中有大型裂谷，它是由于地球板块的移动而形成的，而冰岛正处于两个板块的交界处，这也是冰岛的火山活动十分活跃的原因。在每年 6 月的白昼最长的两周时间里，戈狄和他们的追随者们从冰岛的各处艰苦跋涉来到这里。从冰岛东部的最遥远的地方来到这里也许要花上数周时间。当他们抵达时，他们会用树枝和草皮建造自己的临时棚屋，由于他们年复一年地到来，他们在屋顶上盖上了家纺的土布。萨迦中到处都是在这些棚屋附近发生的阴谋和冲突。在庭格维利尔裂谷的两侧依旧能看到其中一些棚屋残存的遗迹——一些稍微凸出地面的土堆，它们简直是目击了各种重大事件的幽灵。在《尼雅尔萨迦》中，尼雅尔的儿子们和弗洛西之间的关于霍斯库尔德·尼雅尔松的谋杀案 [36] 的官司就被记载了下来。数以百计的追随者和他们的首领一起来到这里，一些人是来贩卖食物和啤酒的，还有一些人仅仅是为了这样的大型集会提供的联姻机会。阿尔庭更像是一个大规模的露天节日，而不像一个严肃的现代议会。[37]

　　虽然在理论上阿尔庭的首席执法者是阿尔谢尔雅尔戈迪（至高首领），不过实际上他的角色仅限于议会的正式开幕式和确立议会场地的边界。[38] 阿尔庭中最引人注目的部分是罗格贝格（法律石），而议会中最重要的成员罗格索古马德尔（法律宣讲者）会每年站在上面凭借记忆背诵冰岛法律中的三分之一。这么做的原因是，直到 1117—1118 年法律条文才被写下来，在这之前，它和萨迦一样依赖口头宣讲。[39] 因此，到了三年任期结束的时候，法律宣讲者就公开地朗诵了冰岛自由邦的整个法典。1262 年，冰岛正式成为挪威王国的一部分，这一行为就不再继续了。此后冰岛的法典中的条款是由挪威国王指定的。由于长期的弃置，法律石的位置也不再清楚。它可能在裂谷后面的峭壁上的一个突出部，也可能是断层线的前面大型土堆顶部的一个平坦石板。大概是为了方便人们接近，冰岛政府已经在后一个地点竖立了一个大旗杆来标记。

阿尔庭的另一个主要特征就是罗格里塔（立法议会）。这个议会由 39 个戈狄组成，他们每个人都有义务在两位顾问的陪同下出席大会。他们就坐在法律石前面的草地斜坡上的三圈长椅上：顾问们坐在上层和下层，戈狄们则坐在中间。他们在那里讨论制定新法律或修订旧法律，当需要知道关于现行法律的准确信息的时候，他们会去请教法律宣讲者。这是一种非常公开的立法形式，但它避免了对已达成一致意见的言论或对某人有利的言论的争议。

法律宣讲者并没有执行权，不过他们在任期内能获得巨大的声望。从阿尔庭的第一任法律宣讲者伍尔夫约特尔开始，接任这个职位的每个人的名字都有记载。不过到 10 世纪 50 年代，这个体系开始失控了，那个时代的两个主要首领华姆尔的索尔德尔·吉尔利尔和布雷达波尔斯塔杜尔的通古·奥迪 [40] 之间的严重冲突则让这一危机恶化了。这一案件不得不被转回到阿尔庭，因为事情的参与者并不相信他们会在当地议会得到公平的审判，毕竟他们都来自庭区之外的地区。为了解决这一问题，冰岛被划分为四个地区，每个地区有3个议会（北区除外，那里有4个议会）。每个议会都配备有一个法庭来解决常规案件，它有权管理当地的司法。除此之外，每个地区在阿尔庭都有法院，任何觉得他没有（或者不会）在当地议会中得到公正审判的人都可以将他的案件送到法院审理。[41]

　　阿尔庭和法院的组成结构的最后一次大改变是在斯卡普迪·索罗德松担任法律宣讲者的时候。他在1004—1030年期间担任了26年的法律宣讲者，是冰岛历史上任期最长的一个人，在他的任期的前期，斯卡普迪建立了第五法院（Fifth Court）来作为上诉的最终法院。阿尔庭的四个地区法庭在审判时都需要全体一致，因此出现了大量的积压案件。新的第五法院采取了多数票决的制度，目的就是避开这些僵局。[42]

　　在阿尔庭的活动中扮演了关键角色的戈狄们也在冰岛的基督教时代之前的宗教信仰中具有中心地位。戈狄这一职位最初也许就和维持一个神庙的责任有关。与此同时，《定居者之书》中有一些人的头衔就是"祭司"。据说他们中有一位叫杰伦德，他在拥有的一小块土地的边界上点火，随后将这片土地献给了神庙。同样，书中还提到了人们要向神庙捐献税金，书中将这一行为比作基督徒向教会交什一税。《瓦彭菲尔丁加萨迦》中提到了一个名叫斯泰因沃尔的女祭司，她主持的一个大型神庙每年都能获得大笔的捐款。

　　虽然冰岛的早期移民中有基督徒，比如深思者奥德这样的重要人物，不过他们的人数和影响力似乎很有限。他们对基督教的信仰似乎也不是特别虔诚，例如定居在埃哈弗约尔杜尔的瘦子海尔吉。据说他"信仰基督教，不过在航行中或面对困境时会祈求托尔的保佑"。[43] 10 世纪晚期，基督教在维京世界的接受程度越来越高：丹麦的蓝牙哈拉尔德在 970 年皈依基督教，挪威的奥拉夫·特里格瓦松（995—1000 年在位）和奥拉夫·哈拉尔德松（1015—1028 年在位）也相继信仰了基督教。[44] 这一情况也影响到了冰岛。10 世纪 80 年代，一系列基督教传教士前往冰岛。他们中的先行者是绰号为远行者的索尔瓦尔德·考德伦松，他作为腓特烈主教的传教团中的翻译者来到这里，腓特烈主教是不来梅的阿达尔达格大主教派来传教的，他大概是不会北欧语的德意志人。这群人试图改变当地人宗教信仰的行为遭遇了巨大的阻力，而且冰岛人狠狠地讽刺了他们。例如，冰岛人在一首下流诗中暗示索尔瓦尔德是腓特烈的九个孩子的真正父亲。这样的诽谤是十分严重的事情，而且按照冰岛的法典，作者会被判决流放。[45] 怒火中烧的索尔瓦尔德并没有等待判决来解决这个事情，他杀死了要为这首诗负责的两个人。由于这个恶劣行为，他和腓特烈主教都被赶出了冰岛。

下一次对冰岛的传教尝试是在奥拉夫·特里格瓦松在 995 年获得挪威王位之后不久，他资助了这次传教活动。在强迫他自己的臣民皈依了基督教之后，他又试图在所有挪威人迁入的地区推行基督教。他派出斯泰弗尼尔·索尔吉尔松在冰岛来推行他的想法，不过这个新传教士以十分粗鲁的方式来达成目的：破坏异教神庙，并且砸毁了大量神像。这也许和 7—8 世纪在盎格鲁 - 撒克逊人的英格兰和弗里西亚的传教士前辈们的行为没什么两样，不过在冰岛人的反应是将他放逐，并且在阿尔庭通过了一个法律：

号召社群在基督徒进入别人的家里亵渎或辱骂旧的众神的时候对其采取合法的行动。[46]

不死心的奥拉夫在 998—999 年派出了第三个名为唐布兰德的传教士。唐布兰德相对来说更为成功，他让一些知名人士施行了洗礼，例如西达的哈尔·索尔斯泰因松和白色吉祖尔。不过，唐布兰德的传教水平并没有比他的前辈们高太多。作为对某个维特里里德发表的针对他的诽谤诗的回应，唐布兰德直接杀死了诗人。因此，唐布兰德被迫回到挪威，不难想象，他在那里尖锐地批评了冰岛人顽固地拒绝放弃异教的态度。由于传教已经失败，奥拉夫·特里格瓦松转而采取了更严厉的措施，禁止冰岛人在挪威的港口做贸易，这一行为严重地打击了冰岛的经济。他还将那些冰岛的上层家族中恰好待在挪威的人绑为人质，威胁说如果他们的家庭不皈依基督教，就要杀了人质。

冰岛的基督教徒在这样强大的外援的支持下变得大胆，在 999 年的阿尔庭上，为了不参与到异教的宣誓和祭祀之中，他们的首领并没有出席。1000 年（基督徒的重要的一年）的夏天，白色吉祖尔和他的女婿赫雅尔迪前往挪威，他的女婿由于写下了对弗蕾娅女神的渎神诗而被判处流放。这两个人成功地说服奥拉夫释放了冰岛的人质，并且承诺会运用他们的影响力来劝说他们的同胞接受基督教。[47]

随后发生的事是冰岛历史上最具戏剧性的事件之一，吉祖尔和赫雅尔迪在 1000 年的夏末回到了冰岛，当时人们正在出发去参加那年的阿尔庭。他们必须在审判开始前到达，这样才能避免在他们不在场时候做出不利于他们的判决。不过他们经过的地区上的人拒绝出借马匹，吉祖尔对他的支持者们传递消息，要他们集合起来与他碰头，因为他收到消息说赶在他前头的异教徒正在计划用武力将他的那群人从庭格维利尔赶走。吉祖尔和他的盟友一起全副武装地骑马来到议会平原，相应地，异教徒的支持者们也准备好了一样有威慑力的部队。

似乎在议会上将要发生极其血腥的冲突。不过在典型的冰岛式的和解下，双方都放弃了直接的敌对行动，并且各自撤退。在第二天，他们回到议会，听取他们各自的领导者的讲话。吉祖尔和赫雅尔迪在法律石上进行了陈述，而异教的拥护者也这么做了；议会否决了基督徒的提案，而且双方都宣布另一方是"法外之徒"。阿尔庭仿佛将要在这一天由于武力而终结，而冰岛有可能会一分为二：异教徒自由邦和基督徒自由邦。

幸运的是，冷静还是占了上风，而且基督教的首领西达的哈尔说服了法律宣讲者托尔盖尔·托尔凯尔松来仲裁这个案件。这是个明智的举动，因为托尔盖尔是个异教徒，而且他对这个案件的判决更有可能被异教徒一方接受。在传闻中，哈尔以从奥拉夫·特里格瓦松那里得来的金钱贿赂了托尔盖尔，不过那些关于幕后的谈判和贿赂的史料并不完全可信。[48] 据说托尔盖尔回到了他的棚屋中来思考这件事，他白天和晚上都待在"他的斗篷下"。他为什么要采用这个非常不平常的姿势的原因仍不清楚，不过这也许和某种萨满仪式有关，[49] 这样他就能得到这个可怕困境的答案。

第二天早上，索尔盖尔将大家叫到了罗格贝格。他进行了演讲，强调了拥有一个以上的法律会将冰岛人置于危险之中，他说："如果我们分裂了法律，我们也就撕碎了和平。"他继续说道，双方都同意遵守他支持的那种（异教的或基督教的）法律。如果聚集在法律石前兴奋的异教徒认为索尔盖尔（毕竟他也是异教徒）

会做出倾向于他们的决定，那他们就要失望了。相反他宣布：从此以后，所有的冰岛人都将是基督徒，而那些没有经过洗礼的人要尽快皈依基督教。他还补充了一系列小让步，来安慰那些更极端的异教徒：异教徒法律允许的抛弃不想要的婴儿，现在依旧是被允许的；吃马肉继续得到认可；在私下对异教的众神进行献祭还是被允许的。最后一个让步也许是最重要的让步，不过由于不能在公开场合露面，异教徒的一系列民间信仰必然会消亡——就像君士坦丁大帝在 313 年颁布了对罗马帝国境内的基督教的敕令一样，冰岛的法律最终也做到了这一点。[50]

许多人并不满意这一决定，而且许多人拒绝在阿尔庭接受洗礼，他们宣称奥克萨拉河的水太凉了。作为代替，他们坚持在伦达尔－雷伊克加达鲁尔[51]的雷伊基尔的温泉中接受洗礼。具有讽刺意味的是，奥拉夫·特里格瓦松不久之后就在斯沃尔德战役[52]中战死，挪威又暂时恢复了异教。即使基督教失去了最有力的支持者，它也已经被传播到了冰岛，并且站稳了脚跟。最初，冰岛人不得不暂且用巡回的主教，比如挪威的奥拉夫·哈拉尔德松在 1020 年派来的伯恩哈德·维尔拉德松主教。在这一时期，教会的领导权很快就落入了戈狄们和其他首领的手中，他们中有不少在自己的土地上建立起小型教堂。

11 世纪，有许多"传教士主教"在冰岛任职，其中在职时间最长的是英格兰人主教鲁道夫，他 1030—1049 年一共在冰岛待了 19 年；还有一个萨克森人主教伯恩哈德，他从 1048 年起在冰岛任职，他待的时间和鲁道夫一样久。冰岛人对一系列巡回主教们并不满意，大多数巡回主教都不会说冰岛语，而且他们有时会做出出乎意料的行为。11 世纪 60 年代，海恩里克主教仅仅在冰岛任职了两年，最终他成了隆德主教，并且在那里酗酒后去世。
最终，戈狄们决定冰岛必须有自己的永久主教，并且在戈狄中选
择了一位来担任这一职务。伊斯莱夫（Ísleif）是皈依时代最重要
的基督教首领之一的白色吉祖尔的儿子，此时他已经在德意志的
一个修道院学校里完成了教育。作为一个已经被授予圣秩的牧师，
同时又作为冰岛最重要的家族之一的儿子，他巧妙地成为水平适
当的神职人员和冰岛统治阶层成员的结合体。伊斯莱夫在 1055 年
的阿尔庭会议上获得了全票通过，随后他前往欧洲去获得对他职
位的认可。凭借一个令人印象深刻的礼物——在格陵兰抓获的一
只活的北极熊，他很容易就得到了神圣罗马帝国皇帝亨利三世的
接见，后者允许伊斯莱夫前往意大利。他在同罗马教皇维克托二
世的正式会见之后，被派去不来梅正式任职主教。由于挪威的哈
拉尔德·哈尔德拉达并不承认不来梅教会的权威，这还引起了一
些外交风波。

　　回国之后的伊斯莱夫选择在冰岛南部的斯考尔赫尔特
（Skálholt）的他父亲的土地上建立他的主教驻地，他在那里稳步
地推进了教会的建设；不过他也遇到了一些困难，比如他没能把
什一税体系建立起来。根据《主教萨迦》，他的一些信徒还犯下了
一些并未详细记载的"恶劣行为"。[53] 当伊斯莱夫在 1080 年去世时，
他的儿子吉祖尔 [54] 继任了主教职位。冰岛的教会史中，吉祖尔是
最成功的主教之一，在 1097 年，他成功地推进了什一税，为教会
建立了一个坚实的经济基础。他在 1095 年对冰岛全境的农场进行
调查，这是统计每个人要交的什一税的必要工作，也是冰岛的第
一次人口普查，它确定了全岛的自由农场主的人数是 4560 人。

　　斯考尔赫尔特一直都是冰岛主教的驻地，直到 1785 年主教座

堂被转移到雷克雅未克。与此同时，北大区的首领们开始抱怨斯考尔赫尔特距离他们太远了，最终吉祖尔主教同意他们可以有自己的主教，并且以雷克雅未克 190 公里外冰岛西北部海边的侯拉尔为主教驻地。侯拉尔主教第一位任职者是乔恩·奥格蒙达尔松，他之前在斯考尔赫尔特学习神学。隆德大主教[55]拒绝认可乔恩为主教，这引起了一些小纠纷，起因则是乔恩之前结过婚，还不止一次，而是两次。乔恩获得了罗马教皇对他的婚姻过错的赦免，并且在 1066 年正式任职。这个新主教发现他的教区沉浸在异教徒的愚昧之中，于是他下令所有人在每周日都要去参加弥撒。在他 15 年的主教任期内，他还废除了以异教众神的名字来命名一周七天的名称的传统。[56]此外，他还下了一个不那么受欢迎的命令：他试图宣布跳舞和歌唱民谣是不合教规的。

随着冰岛的教会在 12 世纪得到了更多权力，主教们开始干涉冰岛的社会制度，并且试图从首领们手中谋求更大的独立。最先开始这一进程的是索尔拉克·索尔哈尔松主教，他曾经是奥古斯丁修会的修士，在 1174 年担任斯考尔赫尔特主教，他试图禁止纳妾制（这在贵族家庭中非常常见，是除了婚姻之外的巩固双方的联盟的一种方式）、禁止离婚。他的上级隆德大主教埃斯泰因给他的一封信并不能为他提供帮助，他在信件中指责冰岛的首领们在婚姻事务中"就像农场中的牲畜一样"。[57]1203 年，担任侯拉尔主教的古德蒙德·阿拉松让这一行动更进一步，在首领们激烈抵抗的情况下，他还是成功地建立起主教对神职人员的审判权，这份审判权不受世俗贵族的干扰。他也在教区内四处旅行，无论他到哪里，他都会为泉水祝福。他的种种慷慨的行为让他在普罗大众中十分受欢迎，他为此获得了"好人"（hinn goði）的绰号，不过这也让他经常要面对财政的困难。

戈狄们和教会之间的关系越来越糟糕，古德蒙德有几次被赶出了他的教区。1208 年 7 月，一场武装冲突在侯拉尔的主教宅邸外爆发了，主教的追随者和敌对者加起来大约有 700 人，古德蒙德的衣衫褴褛的军队包括 2 个修士、40 个牧师，以及一群乞丐和流浪者。不过令人吃惊的是，反对主教的一方的领导者科尔贝恩·图马松被杀，还有一些人死在了冲突中。随后，在 1209 年的春天，首领们聚集了更加强大的部队，并且迫使主教再次离开了他的教区。他在挪威度过了两个为期四年的流放期才得以回返，不过平衡在 1222 年的更多暴力冲突中被打破，另一个反对主教的首领图米·西格赫瓦特松被杀了。在 1233 年古德蒙德的最后 4 年的任期中，情况才真正地平静下来，已经衰老的他减少了自己的激进行动，这平息了对他的不满。

一个名为斯诺里的年轻人参与了 1209 年对古德蒙德的攻击，实际上他对主教抱有同情心，在主教被赶出侯拉尔的时候还陪伴在他身边。这个年轻人出生于 1179 年，来自强大的斯图尔鲁松家族，他之后成为冰岛最著名的文学家和历史学家，并且是冰岛自由邦在 13 世纪中期发生崩溃的许多事件的主要参与者之一。

斯诺里小时候在冰岛南部的奥迪的乔恩·洛普特松的家庭中长大成人。乔恩是关于挪威诸王的《挪威史》的作者博学者塞蒙德（Saemund the Learned）神父的孙子，因此他在这个家庭中，大概能轻易地接触到关于冰岛的早期历史和文化的许多手抄本。1199 年，斯诺里同赫尔迪斯结婚，这场婚姻对他而言十分吉利，因为他的岳父贝尔西·维尔蒙达尔松有个名副其实的绰号："富人"。1202 年，当他的岳父去世之后，他继承了岳父在博格的家族财产，而博格正是埃吉尔·斯卡拉格里姆松的家乡。这笔财富让斯诺里能够有空让自己沉浸于政治活动和文学创作：前者让他在冰岛各地获得了许多地产，并且两次担任了阿尔庭的法律宣讲者；后者则为他带来了更长远的名声。

在此时，冰岛人关于异教徒的过去的记忆正在逐渐消退，扎根于传统的诗歌语言也随之渐渐消亡，斯诺里在吟唱诗文的学识远还没完全失去之前就注意到了这一点。为了保护这一文化，他编纂了《散文埃达》，这份复杂的作品中包括《诗的语言》（*Skáldskaparmál*，这一部分基本上是诗人职业的指南书，它使用了众多早期作者的作品来当例子）和《诗韵》（*Háttatal*，包括几十种传统冰岛诗歌的形式和韵律的例子），还有一章由许多传统的神话传说组成。斯诺里也写过《挪威列王传》，书中包含了从最早的时代到 1175 年之间的挪威史。不过他是否像一些人认为的那样是《埃吉尔萨迦》的作者，并没有定论。

到斯诺里的时代，传统的戈狄之间的权力平衡已经开始失衡。12 世纪之前，一个首领只能担任一个戈狄的职位，或者几个人共享一个职位，不过在 12 世纪头十年之后，权力越来越集中到了少数人的手中。斯托尔戈狄（大戈狄）阶层于是开始兴起，他们一个人就有好几个首领的权力，与此同时他们开始建立起类似于小型王国的统治区域。在这些统治区域内，斯托尔戈狄经常废除传统的当地议会，转而将司法权控制在自己手中。斯诺里本人在博格的时候就有好几个戈狄的职位，并且当他在 1206 年来到内陆的雷克赫尔特的时候，他也在那里担任了戈狄。

到 1220 年左右，这种统治区域已经减少到 10 个左右，并且围绕着斯图尔隆加家族（他们和挪威王室有密切的联系）和奥迪家族形成了两个松散的联盟。在接下来的 40 年中，双方之间发生了一系列恶性冲突，冰岛实际上已经处于内战的边缘。冰岛上大规模的军队陷入了这之前从未有过的激战，战争的结局并不是建立起统一的冰岛王国，而是冰岛失去了自己的独立，并成为挪威的领土。大戈狄之间的冲突被一系列萨迦记载了下来，它们被统称为《斯图尔隆加萨迦》，而斯诺里·斯图尔鲁松的侄子斯图尔拉·西格赫瓦特松创作了其中的一部分。在同一时期，富裕的农场主则发展成为斯托尔班德尔（大自由人）阶层，他们厌倦了大戈狄之间的血腥冲突，越来越倾向于将挪威国王视作是某种程度的安全担保人。

这些派系卷入了挪威王国的内战中：哈康国王和斯库里·巴尔达尔松伯爵正在交战。作为斯库里的支持者，斯诺里·斯图尔鲁松发现自己站在了他的侄子斯图尔拉的对立面。1236 年，双方的支持者公开宣战，并且于 1237 年 4 月在博尔加峡湾的贝尔进行了激战，斯诺里的盟友加尔达尔的索尔莱夫在这次战役中惨败。斯诺里被迫短暂地流亡到挪威，他在那里同斯库里伯爵进行了谋划，伯爵似乎承诺：一旦他赢得挪威的王冠，他就封斯诺里为冰岛的"伯爵"。[58] 与此同时，在 1238 年 8 月的冰岛北部的奥里吉斯塔迪尔，斯图尔隆加家族灾难性地战败了，斯图尔拉和他的父亲西格赫瓦特战死。这次战斗的胜利者吉祖尔·索尔瓦尔德松现在是冰岛大部分地区的统治者，他还是哈康国王的支持者。

斯诺里在这个时候回到了冰岛，不过他和斯库里伯爵之间的臭名昭著的交易已经有所风传。1240 年，斯库里本人在一次对哈康国王的公开叛乱中死去。挪威王国决心对任何支持过斯库里的人进行报复，其中就包括斯诺里。哈康国王为此给吉祖尔下令：斯诺里必须被押送回挪威，如果他拒绝的话就杀了他。

吉祖尔召集了一支部队来达成国王的意愿，他们在 1241 年 9 月 23 日的夜晚冲进了雷克赫尔特的斯诺里的农场，猝不及防地抓住了这位毫无还手之力的老人。这个伟大的诗人和历史学家躲藏在他家的地下室中，吉祖尔的人搜索并抓获了他，他们并没有给他接受哈康国王的仁心的选项，而是将斯诺里当场杀死。

不过有其他斯图尔隆加家族的人逃过了吉祖尔的捕杀，内战爆发了。1246 年 4 月，冰岛发生了有史以来最大规模的一次战斗，豪格斯内斯（Haugsnes）之战爆发了。这些越来越惨烈的血腥冲突正在削弱冰岛首领们的统治，而非巩固他们的政治地位。在这次战役之后，吉祖尔和他的主要敌人索尔德·卡卡里转而请求哈康国王来进行仲裁，这明显标志着挪威在冰岛的影响力越来越强大。到了 13 世纪 50 年代的早期，挪威国王开始以他自己的名义来控制各个首领，例如把索尔德在他的影响力到达顶峰的时候叫到挪威，然后禁止他回国。[59]13 世纪 50 年代，内斗并未停止，暴力事件时有发生，在 1253 年的婚礼上吉祖尔·索尔瓦尔德松的儿子哈尔就遭到了攻击，吉祖尔的妻子、所有儿子都被烧死了。

首领一个接一个地掌权，而后又逐个失势。作为主要大戈狄中的一员，索尔吉尔斯·斯卡尔迪似乎已经是冰岛的统治者了，他曾经在 1247—1250 年在挪威当人质，并且作为哈康的人回到了冰岛。然而在 1258 年，在他待在冰岛西北部的埃雅弗约尔杜尔的时候，被他的敌人索尔瓦尔德抓住后杀死。随后，挪威国王转而支持吉祖尔，他在当时也被扣留在挪威，哈康授予他伯爵的头衔，并且将他送回冰岛。吉祖尔承诺去"恢复和平"，实际上，这意味着保证冰岛对挪威效忠。吉祖尔积极重建了他在冰岛的权力基础，不过他并没有遵守对国王的承诺。1260 年，哈康国王派出了两个使者——伊瓦尔·阿尼尔约塔尔松和帕尔·林扫马来到阿尔庭，他们在那里公开宣读了询问冰岛为什么没有向挪威国王缴纳贡税的信件。吉祖尔明显无法继续蒙混过关了，大自由人阶层倒向挪威人，让他的地位不再稳固。因此在 1262 年的阿尔庭会议上，出席的人宣誓"土地、人民和贡税永远属于哈康国王"，还签署了包括了更多细则的书面条约，即《吉祖尔誓约》(*Gizur's Covenant*)。

即使东大区的领导者直到 1264 年才同意这一条约，冰岛自由邦此时已经在实际上不存在了。《吉祖尔誓约》中的条款规定，每个纳税人每年要向国王上交一定数量的手工纺织的土布，而且每年要有 6 条船从挪威来到冰岛。后一个条款并没有维持很久，同样地，冰岛人要遵守的"冰岛法律"的另一个条款也很快被背弃。在 1262 年之后，冰岛的法律不再由阿尔庭来决定，被称为《古格拉斯》(灰鹅法) 的自由邦的法典很快被废止，并且在 1271 年，名为《雅尔尼斯达》(铁皮法典) 的新法典就取而代之。这个新法典在冰岛十分不受欢迎，因为它只不过是挪威法典经过略微修改后的版本。由于害怕叛乱会让他失去这个新获得的领土，马格努斯国王向冰岛人承诺了一个新法典，此法典即《乔恩斯布克》(*Jónsbók*)，它更接近传统的《古格拉斯》。这平息了冰岛人的不满，阿尔庭在 1281 年接受了这个新法典，马格努斯也获得了一个新头衔"拉加拜提尔"(修法者)。很不幸，他并没有机会享受和冰岛之间的新的和睦关系，因为他在一年前就已经去世了。

在此之后，冰岛的维京时代终于真正地走向了尾声。家族萨迦的编撰让冰岛英雄的传统知识始终保持鲜活，而且也要比斯堪的纳维亚世界的其他地方保留的要完整得多。不过，冰岛本身却是停滞不前的，它的经济相对无力，对它的挪威君主也几乎没有影响力。这些人的祖先为了远离金发哈拉尔德的压迫而离开挪威，400 年后，他们的后代却又牢牢地被哈拉尔德的后裔控制住了。[60]

第 5 章

消失的殖民地

1000—1450 年的格陵兰

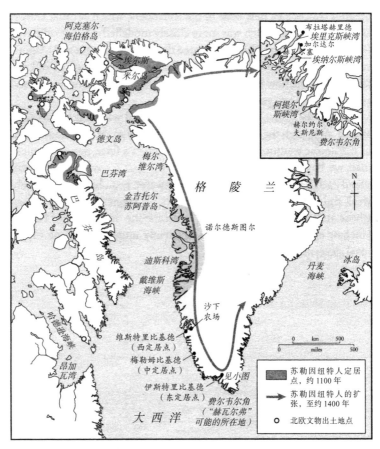

地图 8　维京人在格陵兰

面积广阔的格陵兰岛是世界上最大的岛屿，[1] 它和冰岛之间最短的距离只有 318 英里。在北欧人的时代，从冰岛西部的斯奈山半岛到格陵兰东部的瓦特金山的航程在顺利的时候只需要花上 4 天时间。[2] 不过，这个最近的登陆点并没有什么实际用处，因为常年不化的冰雪覆盖了格陵兰岛的 83.5 万平方英里陆地中的大部分，而且它的东部海岸环境十分险恶，这片白色的多岩荒野不像北欧人移民去的冰岛那样适合农业活动。

那些前往冰岛的船只有可能偶尔会脱离航线，去往格陵兰，不过第一个确实出现的关于西方有土地的传闻是在 900—930 年之间的某个时间，当时挪威人贡比约恩·伍尔夫 - 克拉卡松（Gunnbjorn Ulf-Krakason）发现自己偏离了预定的目的地，而且他看到了陆地，他认为那是一系列小岛。[3] 此后至少有 50 年都没有人有机会再次前往"贡比雅尔尼尔·斯科尔"（贡比约恩的岩岛群），而它们的实际位置，尚无令学界满意的解释，它们也许实际上从未存在过，仅仅是一个错觉，[4] 是一个海市蜃楼，是格陵兰岛海岸的倒影。《定居者之书》中记载的赫维特拉曼纳兰（白人之地）则更为诱人。据说大概在 10 世纪 70 年代的早期，冰岛人阿里·马尔松被吹到了那里，并且发现了一块已经有人定居的土地，那里也被称为"布兰德·米克拉"（大爱尔兰）。他在那里待了一段时间，并且在那里接受了洗礼，这证明在格陵兰岛已经有某种北欧人或凯尔特人的殖民地。[5] 不过，并没有其他史料或考古证据证明阿里的登陆是事实，他的成就一定很可疑。而且他描述的关于斯堪的纳维亚社会的运作的细节表明，他抵达的地方也许是斯堪的纳维亚的某处，并非格陵兰。

一个脾气暴躁的年轻探险家在 982 年的夏天出航，这一次他寻找的终于不再是海市蜃楼了。"红色"（Rauði）埃里克的绰号也许指的是他的红色头发，或者他的火暴脾气，他此时已经被流放两次了。他在 970 年左右和父亲索尔瓦尔德·阿斯瓦尔德松一同离开挪威，因为他的父亲在冲突中杀人而被判处流放。埃里克和索尔瓦尔德从斯塔万格附近的耶伦地区的家庭农场中出发，他们前往冰岛，不过当他们抵达的时候，却发现最好的土地在很久以前就被人占据了，他们被迫在冰岛西部德兰加尔的险恶地带建立起一个新农场。在他的父亲去世之后，埃里克搬到了他的冰岛妻子家里的土地附近的豪卡达尔，这里是布雷迪峡湾中的一个小海湾。那里现在还有一个 10 世纪晚期到 11 世纪早期的长屋遗迹，它位于一个肥沃谷地的半山腰上，但这个遗迹是否真的是埃里克农场里的建筑则不确定，不过在它附近有一个用浮木重建的建筑，为游客提供了大风之中的休息处。

这块地要好一些，但是脾气暴躁的埃里克很快就卷入了另一场冲突中：他的奴隶意外地引起了一场滑坡，这毁坏了他一个邻居的屋子。在随后的争吵之中，埃里克的两个仆人被杀了，作为报复，他反过来杀死了他邻居的两个下人。[6] 埃里克不可避免地被迫离开了豪卡达尔，并且在冰岛西北海岸外的苏都雷伊岛上的特拉迪尔找到了避难所。不过，他实在是喜欢惹是生非，很快他在那里也卷入了新的纷争之中。

　　埃里克也许意识到自己无法在特拉迪尔长期定居，于是他将他的高椅木柱借给了冰岛本岛的一个农场主索尔基斯特·加姆里。当他要求归还时，索尔基斯特却拒绝了。口角再一次升级为争斗，索尔基斯特的两个手下被杀，邻居们也纷纷加入这场争斗以努力阻止进一步的流血，索尔斯尼斯的当地议会宣布埃里克为违法者，判处他"短期流放"（从冰岛放逐三年）。[7]

　　现在冰岛和挪威都不接受他，埃里克决定试试运气，去寻找西方的贡比约恩的岩岛群。虽然不清楚他第一次抵达了格陵兰岛的东部海岸的哪个地点，不过那里应该并没有能够吸引他的景色，只有冰冷的白雪覆盖的山脉，还有内陆荒芜的白色冰盖，几乎不可以定居，而且也许他很快就能得到赦免，可以返回冰岛。

　　不过埃里克并未退却，他和同伴们向南航行，终于绕过了法韦尔海角，随后他在附近被他称为赫瓦尔弗的地方（也许就是斯米尔苏普岛的一个海角[8]）转向北上。他花了一些时间来调查这一地区，这里就是后来北欧人在格陵兰岛的定居点的核心区域。他发现这些峡湾适合停泊船只，而且在内陆生长着大片郁郁葱葱的矮柳和杜松，和冰岛常年荒芜的土地相比，这里的景色对移民而言太过诱人。出于成功的维京殖民者自我标榜的天性，埃里克将他在第一个冬季定居的地方命名为"埃里克之岛"。在第二年的春天，北欧人回到了之前的峡湾，那里也同样以他们首领的名字命名为"埃里克峡湾"。埃里克在一个季节的时间里探索了邻近的峡湾，并且发现了一些早前的定居者的痕迹：房子的遗迹和船只的遗骸（这些也许是更早的多塞特文化的因纽特人在这一地区活动的证据[9]），埃里克将他的冬季营地驻扎在一个被他命名为"埃里克沙洲"的地方，他就像小孩一样在每个地方都留下自己的名字。
当适航季节在 984 年再次到来时，埃里克命令他的人北上，并且
他们通过了哈拉芬斯峡湾（今乌纳尔托普），直到浮冰阻碍了他们
前进之路。他转而南返，在埃里克之岛度过了他在格陵兰的第三
个冬季。[10]

在他为期三年的流放期结束之后，埃里克于 985 年的春天回
到了冰岛。他也许还带着一些保证能让家乡人感兴趣的珍贵货物：
熊皮、海豹皮、海象皮、海象牙。这些物品明显地展示了新土地
的富饶，还证明了埃里克为这块地方精心挑选的名字名副其实：
格罗恩兰（"绿色之地"，即格陵兰[11]）。当他招募人手去建设新的
殖民地时，他几乎没遇到什么麻烦。此外，正如埃里克在 15 年前
遇到的情况那样，冰岛最好的土地已经全被瓜分完了，这一次开
始全新的兰德恩德姆（Landnám，获得土地）的想法，正好满足
了大家的进取心，此行再次成为众人渴望的冒险，而不易被拒绝。

于是一个名副其实的大型舰队，舰队里有 25 艘船，在 986 年
的春天出发前往格陵兰，大多数水手来自冰岛西部，他们的船只
上满载着家庭奴隶和牛群，简而言之，就是他们试图在埃里克的
新土地上重复在冰岛的生活方式的所有必需品。不幸的是，并不
是所有人都成功了，只有 14 艘船抵达了格陵兰的海岸。其他的船
不是被风浪推回了冰岛，就是沉没了。导致船沉没的也许是北欧
人称之为"哈弗吉尔丁"（海墙）的自然现象，根据记录，这种现
象在冰岛和格陵兰之间的海域偶尔出现——数百码长的巨浪将沿
途的船只一扫而空，这可能是海底地震所引起的。

这种恐怖景象被埃里克舰队中的一名基督徒给记录了下来，
这个赫布里底群岛的维京人是其中一艘船的船长，他名为赫尔约

尔夫·巴尔达尔松（Herjolf Bárðarson），之后成为新殖民地的领导者之一。他写下的关于这次经历的一首名为《哈弗吉尔丁加德拉帕》（*Hafgerðingadrápa*）的诗中，他祈祷上帝在他面对"海上的粉碎者"时能让他安全通过。[12]13 世纪的王公们的指导手册 [13]《斯百库鲁姆·里格尔》（国王之镜）中的描述更详细地再现了这一现象："就好像是大海中的所有的风浪聚集在了三个水峰之中，形成了三股巨浪，大海中全是海墙，任何地方都看不到开口；它们比高山还高，就好像是高高悬起的悬崖。"不过这个关于海墙的记载的可信度被之前的章节稍微削弱了，前文讨论了在格陵兰水域发现的美人鱼：如果美人鱼抓到一条鱼并且将它扔进了船里，那么水手们命中注定要惨死；只有让美人鱼吃掉这条鱼，水手们的性命才能保全。和贡比约恩的岩岛群一样，哈弗吉尔丁也可能是一种海市蜃楼，是风暴来临前夕带来的气温变化引起的某种光学效应。[14] 相对乏味的是，也许让埃里克几乎损失了一半船队的灾难就是一场风暴，并不是其他任何怪异的自然现象。

前往格陵兰的航行从来都伴随着风险，而且在它的东海岸遭遇海难几乎就等于饿死或晒死。在 1169 年之前的某个时间，埃纳·索尔盖尔松一行艰难地走过了冰盖，并且在距离西部定居点只有一天路程的地方死去了，伴随他的还有一同出发的两个同伴。埃纳家族的命运一直不好，他的哥哥英吉蒙德是个牧师，并且于 1188 年在格陵兰东部遭遇海难，他的尸体 14 年后才在一个洞穴中被发现。据说，他的尸体并未腐烂，而且在他的身旁发现了一组蜡丸，这就解释了船员们的命运。有一个人名为"运尸人"洛丁，他让人毛骨悚然的维生手段就是在格陵兰东海岸的海滩、海湾和洞穴中寻找遭难的水手们的尸体，随后将尸骸熬煮，直到只剩骨头，这样他就能将这些骨头运回到定居点，以便妥善安葬。

最著名的一次海难发生在 1125 年，安比约恩·奥斯特玛德的两艘船在无人定居的海岸搁浅。[15] 4 年之后，西格尔德·尼雅尔松率领的狩猎队伍偶然发现了海难地点，他们发现幸存者们建立了一个大型营房。在营房里只有一个人，不过他已经精神错乱了，当他看到救援者时，他惊慌失措地逃走，并且在一个峡谷中摔死了。西格尔德的队伍收集了其他人的尸体，将他们的肉从骨头上煮下来。他们带着这些骨头和打捞到的所有货物（比如船上的珍贵的铁钉）回到了加尔达尔的主教驻地，将骨骼给了主教，让死者获得了体面的葬礼，不过他们自己保留了货物，因为根据格陵兰的法律，这是他们应得的。

不幸的是，安比约恩在挪威的亲族听说了这件事情，他的侄子奥苏尔在第二年前往格陵兰，和他一起的还有其他海难遇难者的亲属，他们试图要回这些货物。他们将案子报告给了加尔达尔主教阿尔纳尔德，不过主教对此不予理会，他们不得不在格陵兰过冬，等待在第二年春天的格陵兰岛的主要议会——加尔达尔庭 [16] 上解决这件事。阿尔纳尔德主教的最强大的支持者埃纳尔·索卡松极力反对这件事，他还拥有一大批庭人。埃纳尔强烈反对在这个案件中采用挪威法律，那样结果就是货物要被送回挪威。而且庭也驳回了奥苏尔的案件。在随后的吵架中，埃纳尔将奥苏尔打死。随后挪威商人和格陵兰人之间的签订协议的尝试未能成功，双方在加尔达尔的埃纳尔斯峡湾和埃里克斯峡湾之间的一小片土地上爆发了战斗，包括埃纳尔在内的许多人被杀。不过随后，在双方应该支付多少赔偿款的问题上，双方再起争执。最终挪威人逃出格陵兰，空手回到了挪威。总共有 11 个人死在这次关于海难货物的争执之中，显然这批货物价值不菲，值得双方为此一战。这也生动地证明了，无论解决争端的理论机制是什么样的，流血和暴力在维京时代的法律程序中很少缺席。

那些在 986 年完好无损地抵达了格陵兰的 14 艘船上的移民者，充分地利用了他们的首领在三年前初步探索的结果。埃里克将自己的农场建立在埃里克峡湾的顶部斜坡的布拉塔赫里德（意为"陡坡"），这里是现代的科西瓦苏克地区，是整个海岸上最适合放牧的土地。舰队的其他首领也占有了大片好地：赫尔约尔夫·巴尔达尔松定居在赫尔约尔夫斯峡湾，凯特尔·菲弗尔斯基获得了赫拉芬斯峡湾，他们的农场成了"伊斯特里比基德"（东部定居点，今卡科尔托克）的核心地区。一小群人沿着海岸向西行进了 375 英里左右，他们在那里建立起了"维斯特里比基德"（西部定居点，今努克附近）。随着越来越多的北欧人加入了这个新的殖民地，两个定居点的规模都越来越大。例如，托尔比约恩·维菲尔松在 982 年的红色埃里克在冰岛的法律纠纷中支持他，因此他获得斯托卡尼斯的一片土地作为回报，那里本是埃里克的土地的一部分。[17] 当时的史料显示，最终格陵兰岛的东部定居点有 190 个农场，而西部定居点有 90 个农场，此外，东西两个定居点之间有 20 个农场组成的小定居点，那里有时也被称为中部定居点，虽然它实际上是西部定居点的外围地区。

现代的考古活动表明，实际上在东部定居点有 500 个左右北欧人的聚落遗址，而在西部定居点则有 100 个左右，不过这些遗址并不都是同一个时期的。格陵兰岛的北欧人社群在人数最多时的人口规模一直都有大量的推测。20 世纪 60 年代的一个估算认为人口高达 37 333 人，[18] 不过现代的学界共识是在高峰时有

4000—5000 人，而在低谷时有 2000 人。[19] 格陵兰的人口比起冰岛人口，实在少得可怜，冰岛也许此时已经有 8 万人了。所以虽然格陵兰殖民地也许在正常情况下可以自给自足，不过在面对任何种类的人口上的冲击时，这样小规模的人口实在是太脆弱了。

就像他们在冰岛所做的那样，维京移民试图将北欧人的放牧生活方式完全移植到格陵兰。幸运的是，当时的海洋温度比现在的平均温度要高几度，这一时期被气象学家称为"中世纪暖期"。在这一时期，海冰的分布还不如现在这样靠南，格陵兰附近有更广阔的海域可以通航和捕鱼，更不用说当时的冬天要略微温暖一些，虽然在维京时代，当地的夏季白天的平均温度都很少超过 10摄氏度。相对温暖的环境促进了许多物种的生长，如阔叶的桦树——在较冷的气候下矮桦树则更为常见。在格陵兰岛附近海域，当时记录中的露脊鲸在范围比现代的纬度更高的地区活动。在中世纪暖期和其后的小冰期内，气候变化的幅度十分明显，因此维京人即使生活在一个相对温暖的阶段，也会遭遇寒潮。北欧人的殖民地存在了超过 4 个世纪，这证明他们的社会有足够适应力来维持。[20]

和埃里克在布拉塔赫里德的农场一样，维京人的农场一般位于峡湾内侧长满青草的斜坡上。最早的农场建筑是传统的长屋样式，大部分由草皮建造，因为在格陵兰，木材和冰岛一样稀缺。人们在 1932 年挖掘出一个遗迹，它也许就是埃里克最初的住所，遗迹中覆盖着草皮的厚石墙围住了一个 47 英尺长、15 英尺宽的区域。作为殖民地领导者的自家农场，这里有 4 个农舍和 2 个牛棚，与他的地位很相称。一般来说，格陵兰的北欧人农场中的牲畜以牛为主，兼有绵羊和山羊，这些羊在较冷的时候也可以在外放牧，这样就只需要较少的冬季饲料。[21] 有迹象表明他们也许还种植少量的谷物，不过谷物在格陵兰人的饮食中从来都不是主要的部分，相反北欧人主要以狩猎海豹和驯鹿来补充饮食。奇怪的是，这里距离渔业资源丰富的纽芬兰渔场比较近，但格陵兰的维京人遗迹中很少发现鱼骨，这证明北欧人忽视了这个丰富的营养来源。不过鱼骨很小，也容易被分解掉，因此在考古遗迹的地层中缺少鱼骨并不完全等于北欧人不吃鱼。在一些偏远的农场里，牧草过于贫乏，或者根本就没有牧草，狩猎一定是他们主要的食物来源。

随着格陵兰殖民地的进一步开拓，人们发现长屋在寒冷的冬季并不十分实用，而且一种新式的"通道式房屋"出现了，房间都被设置在内部通道的同一侧，这样布置能在取暖时比传统的只有一个大房间的北欧房屋消耗更少的燃料。人们在 1990 年发现了一个更为复杂的建筑物遗迹，当时两个来自努克的因纽特猎鹿人偶然在河边陡坡的底部发现了几根露出来的木棍。这原来是一个北欧时代建筑的遗存，考古学家将这里称为"沙下农场"（the Farm Beneath the Sand），[22] 因为在几个世纪中，由于河流活动，在遗迹上已经积累了足足有 5 英尺厚的泥沙沉积层。[23] 他们发现一个年代非常早（11 世纪中期）的长屋，有 39 英尺长、16 英尺宽，它在后来被一个有 8—10 个房间的朴实的通道式房屋替代。不过随着使用时间一直延续到 14 世纪早期，"沙下农场"也变得越来越复杂，最终它成了一个有约 30 个房间的迷宫般的建筑。

挖掘现场出土的文物表明，这些居民饲养的动物大多是绵羊和山羊，饲养这些牲畜似乎主要是为了它们的羊奶和羊毛，因为在垃圾堆中很少发现这些家畜的骨头。他们饮食中的肉类主要来自狩猎，主要是驯鹿、海豹和野兔。沙下农场所在的西部定居点距离理想中富饶的狩猎场——格陵兰岛的西北海岸的迪斯科湾附近的诺尔德斯图尔很近。在那里，北欧人还可以狩猎海象（来获得它的长牙和兽皮，它的皮可以鞣制为具有极佳韧性的柔软绳索）和独角鲸（它的角被当作独角兽的角卖给欧洲和中东的不知情买家）。这些产品构成了格陵兰岛和斯堪的纳维亚地区之间的贸易中特别有价值的一部分，而其他的产品，比如鱼类，不是确实没什么需求，就是可以从更方便的渠道获得。

这些北欧人也许每年只前往诺尔德斯图尔进行一次狩猎旅行，并且在冬季来临前就回到西部定居点。1823 年，一个当地的因纽特人在金吉托尔苏阿普岛上发现了一个石堆，石堆内部埋着一个小型的如尼石，这个岛屿在西部定居点以北超过 50 英里的地方。如尼铭文中记述道：三个北欧猎人，埃尔林·西格瓦特松、比雅尔尼·索尔达尔松和埃恩德里迪·奥德松，"在祈祷日之前的星期六"建造了这个石堆。这些如尼石可以被追溯到 1250—1300 年之间。[24] 而且在金吉托尔苏阿普岛上纪念祈祷日（4 月 25 日），又要在冬季到来之前抵达西部定居点（另一种可能是他们过的是小祈祷日，那一天一般在 5 月[25]），这是一件几乎不可能完成的事情，这些猎人肯定不得不在这个岛上过冬。

14 世纪有一份记录是关于 1266 年对诺尔德斯图尔的一次探险的，[26] 文中讲述了北欧人是怎样在他们往常的狩猎场更靠北的地方进行冒险，不过他们没有发现人类活动的迹象。随后，教会的当权者派出了另一艘船只，它向北航行了更远的距离，他们从克罗克斯弗约尔德谢德（在迪斯科湾的北部边缘）出发，并抵达了一个地区，船员们在那里发现了许多冰川和北极熊。虽然探险队并没有登陆，但是他们看到了一个被他们称为斯科莱林人的民族的活动迹象，而且在归途中，他们发现了这些人在斯尼杰菲尔德（雪山）活动的更多证据。"斯科莱林"在《格陵兰萨迦》和《红色埃里克萨迦》中也有出现，用来指代北美的土著民族。[27] 它的词源并不完全清楚，不过它也许和古北欧语中意为"坏蛋"的一个词有较大的关系。

斯科莱林人到底是什么民族？法罗群岛和冰岛的维京人定居点由于没有土著人而得到极大地促进。相反地，格陵兰岛上早就已经有人定居了，幸运的是，北欧人抵达的时间，在被称为多塞特文化的古因纽特文化消亡和因纽特人的苏勒文化在 1300 年左右东进来到这里的两个时间点之间。多塞特文化早在公元前 100 年就已经从北美地区传播到了格陵兰岛，并且用了两个世纪就抵达了东部海岸。作为海象和海豹的猎人，多塞特人并不使用弓箭，而是手持常有捕鱼用倒刺的重型狩猎长矛以及闭槽的鱼叉。随着气候在公元 500 年开始转冷，多塞特人不断后退，到 700—900 年，他们只占据了在迪斯科湾附近的有限地区以及格陵兰岛的最北端。如果维京人能遇见某些多塞特人，那么他们也许就是这一民族中的仅存者了。[28]

在格陵兰和北美地区继承多塞特文化的是在 1000 年左右于阿拉斯加北部出现的苏勒文化。[29] 苏勒人做了一些技术改进，这让他们在北极的严寒气候下兴旺发达起来。他们使用更长的鱼叉刺，这比多塞特人的短倒刺更适合狩猎大型的海洋哺乳动物；他们还使用皮划艇（kayak），这种小船是海上狩猎和运输中不可缺少的辅助工具。苏勒人还使用狗拉雪橇，并且发明了一种地下房屋的样式：它拥有下凹的通道和厚实的泥炭墙壁，而且以鲸鱼肋骨加固，阻止宝贵的热量从他们的房屋中流失。他们当时沿着哈德逊湾迁徙，随后来到格陵兰的西北部；他们也许经过梅尔维尔湾来到了乌佩纳维克和乌马纳普的附近。到 13 世纪，苏勒人也许已经向南来到了诺尔德斯图尔地区，因此 1266 年的探险队发现了他们的痕迹。

关于斯科莱林人，史料中更为直接的描述几乎没有，除了伊瓦尔·巴尔达尔松在 1368 年完成的《格陵兰概述》（*Description of Greenland*）。他在文章中写道："斯科莱林人已经拥有了西部定居点，那里……没有居民，无论是基督徒还是异教徒。"1379 年成书的《冰岛编年史》中提到了一次对定居点的攻击。无论苏勒文化的因纽特人在 13 世纪 60 年代迁移的去处是多么模糊不清，在一个世纪之后，他们明显已经抵达了维京人的定居点，并且规模庞大。

考古学家已经在格陵兰和北美地区的因纽特人生活的地方发现了一些北欧人的工艺品，这证明了两个社会之间的交流程度不低，而那些书面史料很少提到这一点。在迪斯科湾周围，人们发现了 23 件物品，其中有小刀、羊毛剪以及一个棋子。在更靠北的地区，比如梅尔维尔湾和苏勒，则发现了 32 件工艺品。因纽特人也许通过贸易网络来直接或间接地获得了这些东西，不过在西部定居点的苏勒人房屋中发现的 53 个物品被认为是在维京人于 15 世纪放弃这一地区后被苏勒人找到的。[30] 在因纽特人的房屋中发现的大多数北欧物品都是加工过的金属制品，这些东西对因纽特人来说很珍贵，因为他们没有铸铁技术，也不会使用陨铁来制造工具。有趣的是，这些被清理出来的铁片中有许多铃铛的碎片，它们不太可能是通过贸易获得的，我们也不清楚因纽特人是不是通过占领被遗弃的北欧人定居点来获得这些东西的，实际上他们花费心思来保留它们的原因也是未知的。

在加拿大的北极群岛以及北美大陆上，人们都在范围更远的地方发现了北欧人的物品，或是有受到北欧人影响的物品；它们也许是从格陵兰延伸至此的贸易线路的证据，或者是北欧人与北美地区有间接联系的证据。在加拿大埃尔斯米尔岛的东部，人们发现了超过 50 个源自北欧人的工艺品，其中有一个木匠刨子、锁子甲结成的金属团和船只的铆钉。此外，人们在岛屿的西北部发现了一个商人的天平的一部分。一些小雕像还有其他的雕刻品也许可以反映因纽特人对北欧人的印象，通过头部（如头饰和面部特征）和非因纽特人样式的服装（如带帽的披风）可以辨认出它们。讽刺的是，实际上我们仅有的几个关于维京时代的格陵兰人的图像都来自这个将被他们排挤掉的民族。

关于格陵兰的北欧人的遥远印象也在一系列因纽特民间故事中留存，丹麦地质学家汉斯·林克于 19 世纪晚期[31] 在当地收集了这些故事。一些故事提到了卡维顿莱特人（Kavdunlait），这也许就是古因纽特语中对北欧人的称呼。在一个故事中，这些卡维顿莱特人在卡科尔托克建立了营地，随后一个因纽特人划着皮划艇接近了那里。一个卡维顿莱特人通过用长矛攻击他来向他挑战，不过这个因纽特人拒绝应战。随后，卡维顿莱特人的首领安格尔托克[32] 介入了，他命令因纽特人去攻击那个北欧人，那个人被击倒而死。安格尔托克让这个因纽特人离开，说他只是做了那个卡维顿莱特人自己要求做的事情。不过在两年之后，还是这个因纽特人回到了这里，并且无缘无故地杀死了另一个卡维顿莱特人，两个族群之间爆发了冲突。作为报复，北欧人杀死了一群因纽特人，并且追杀幸存下来的两兄弟。在追击中，弟弟因为在冰上摔倒而被安格尔托克砍掉了胳膊。

在另一则故事中，因纽特人第一次遇到卡维顿莱特人时，同他们进行了一系列竞技比赛。一个卡维顿莱特人在比赛中挑战一个因纽特人，他们在小岛的岸边放置了一个覆盖有皮革的标靶。两个竞赛者比赛射箭，而射出的箭头的位置离靶心较远的人将会被丢下悬崖。卡维顿莱特人先动手，他的箭头离靶心很近，不过因纽特人的射术更准一些——他的箭头正中靶心。随后其余的卡维顿莱特人坚持按照规则，将他们的选手丢下了悬崖，而且他们向因纽特人保证不会复仇，声称此人技不如人还要赌命，活该如此。这些故事并不能和历史上任何可验证的事件对应到一起，也不知道具体日期，不过这些故事的确证明，在对过去的记忆中，因纽特人和维京人之间在最好的情况下也是竞争对手，而且他们有时也会直接兵刃相向。

格陵兰最初的 400 个左右的北欧人移民中也许大多数是异教徒，不过他们的信仰几乎没有留下痕迹。仅有的具体证据只有来自布莱塔赫里德和赫尔约尔夫斯尼斯的几块有索尔之锤图案的滑石。关于异教信仰的记忆则有一条关于墓葬的描述，第一批殖民者中的索尔科尔·法尔斯尔克被埋葬在他的赫瓦尔希雅尔峡湾的农场附近，关于他墓葬的描述提到他的灵魂"从此环绕在房子周围"。[33] 基督教信仰在很早就出现了，殖民舰队中就有《哈弗吉尔丁加德拉帕》的基督徒作者，《格陵兰萨迦》中也提到埃里克的儿子莱夫在最初殖民 14 年之后，即 1000 年左右，被送回到挪威，并且在停留期间接受了洗礼。

莱夫·埃里克松回到家乡格陵兰的路上出现了许多变故。据说他被吹离了航线，并且发现了新的土地——文兰（在北美地区）。[34]
当他设法回到布拉塔赫里德的时候，他说服他的母亲斯约德希尔
德接受了基督教，不过莱夫的父亲就没那么容易皈依基督教了。
当斯约德希尔德要求允许在布拉塔赫里德建立一个教堂时，埃里
克同意了，不过他有一个条件：要在距离农场"一段距离"的地
方来建造它，这样他就不会看到这所教堂了。可以推断，对于布
拉塔赫里德的族长来说，更让人心烦的是斯约德希尔德在皈依基
督教之后就顽固地拒绝和他同床。

在 1961 年之前，这个故事还只是个故事而已，当时在卡西亚
苏克（位于布拉塔赫里德的现代城镇）正在建造一个新学校，工
人们在挖掘地基时挖出了一些头骨。考古学家闻讯而来，并且发
现了一座约有 11.5 英尺长、6.5 英尺宽的小型教堂，它的周围有
一个墓地，其中的几个坟墓就是工人之前发现头骨的地方。这个
教堂主要由草皮块建造，它的西面的山墙则是由宝贵的木头和小
块石头组成的。教堂距离之前的主要农场大概有 300 码，这里很
有可能就是斯约德希尔德建的第一个教堂，更让人感兴趣的是，
墓地中一定有格陵兰的第一对欧洲夫妇——她和埃里克的坟墓。

在布拉塔赫里德的墓地中总共发现了 144 具遗骸，其中有 24
名儿童、65 名成年男性和 39 名妇女（另外有 16 具成年人的骨骸
无法分辨性别）。[35]儿童坟墓数量之少让人吃惊，因为中世纪的儿
童死亡率很高，这里青少年坟墓的比例应该更高才对，不过这也
许是因为他们对婴儿尸体的处理并不关心，夭折的孩子大多被埋
葬在农场附近，而不会特别地在教堂墓地中埋葬。男性的体形只
比 21 世纪的北欧人同族矮一点点，他们的平均身高是 5 英尺 7.5
英寸；而女性则明显矮得多，她们的平均身高是 5 英尺 1.5 英寸。

这些尸体也提供了一些让人感兴趣的北欧人社群的健康水平的数据。大多数人几乎没有蛀牙的痕迹，这表明他们的饮食是低糖的，而大多数成年人都罹患退行性关节炎，这种疾病让人相当痛苦，而且在极端情况下会致残。无法分辨大多数人的死亡原因，只有一个除外，他大概在30岁左右，左胸上插着一把重型铁匕首。他也许死于谋杀，不过在他被埋葬前为什么匕首没有被移除，反倒比他的死亡原因更让人感到好奇。

这个墓地中的另一个古怪的地方是在教堂的南方发现了一个大型坟墓，其中有数百个随意堆积的骨头，不过有13个头骨则被小心地摆为面向东方。同样我们永远都不会知道这些死者是谁，不过有个想法倒是挺诱人：他们就是那些在格陵兰东部发现的尸体，"运尸人"洛丁或其他的骨骸收集者将他们带回来进行基督教的葬礼。

这个教堂的规模很小，这明确地证明了这里就是布拉塔赫里德农场里的私人教堂，在格陵兰的基督教早期阶段几乎没有正式的教会阶级，这个教堂就是这一阶段的典型代表。在格陵兰发现的教堂大多数都很小，而且多在家庭农场的附近，当地的土地所有者对它进行管理。实际上这里显然缺少牧师，因此作为一种临时措施，尸体往往被埋葬在地里并且在胸部的位置插上一根木棍。这样的话，当一个牧师来到这里，他会拿开木棍并且将圣水倒入小洞里，当时的人认为这种做法足以替代在一个神圣的地方完成一全套基督徒的葬礼。

就像在斯堪的纳维亚地区，教会渴望在新皈依基督教的格陵兰维持秩序。这一计划中至关重要的一部分是在这里建立一个主教区，并且成为欧洲的大主教的管辖地。格陵兰的北欧人在第一个世纪中，主要是自行举行宗教活动，或者等待偶尔造访的流动主教或传教士主教。记录中的最早的主教是埃里克·格努普松，他的绰号是乌普斯（意为"鳕鱼"或"黑鳕"），[36] 据说他在 12 世纪的早期进行活动。对埃里克的记述极少，他似乎没有固定的教区或者权威的出处。根据《冰岛编年史》，他在 1121 年前往文兰传教，随后就从记录中消失了。[37]

埃里克主教大概没有回到格陵兰，因为在布拉塔赫里德的 1124 年的庭的记录中，索基·索里松表达了他的愿望："家乡不能再没有主教了。"一个代表团被正式地派往挪威国王西格尔德·约尔萨拉法尔（1103—1130 年在位）。代表团由索基的儿子埃纳尔·索卡松率领，并且随队带有一头活的北极熊，只有国王满足格陵兰人授任一名新主教的要求，这只动物才能被转交给国王。

格陵兰的第一个主教是阿尔纳尔德（Arnald），他最初很不情愿接受这个任命，因为担任这个职位需要他远离家庭和朋友，不过他最终还是同意了，并且在瑞典的隆德接受了任命。由于恶劣天气将他的船只困在港口中，他被迫在冰岛过冬，在 1126 年，这位新主教抵达了格陵兰岛。他将主教驻地选择在加尔达尔，那里是东部定居点的中心地带，而主教座堂所在的土地（今伊格利库）之前属于红色埃里克的女儿弗雷迪斯。主教座堂的遗迹在 1926 年被丹麦考古学家保罗·诺尔伦德发掘了出来，这个建筑颇为宏伟，它中间是一个 100 英尺长的长屋，还有一个面积为 1500 平方英尺的大型仪式厅，这个大厅为这个偏远的地方提供了不成比例的接待空间。[38] 这个十字形的教堂由精心雕刻的石头建成的地基在现在依旧存在，也许在这个宏伟教堂的东南部有一个钟楼，这可能是在格陵兰发现的唯一一个钟楼。

阿尔纳尔德主教在他的职位上做了24年，然后他辞职回家，在挪威的哈马尔担任主教。从那以后，一直到14世纪晚期的最后一个已知的固定主教，这个职位的任职者都是挪威人。不过主教的任期之间往往有不小的空缺期，这是因为格陵兰岛和挪威之间的距离较远，双方之间的通航很是罕见，消息的传递和主教的移动都要花上不少时间。阿尔纳尔德的继任者乔恩·克努特在1150年任职，在1187年去世，而他在1186年却还在冰岛，而且他在格陵兰并没有留下明显的痕迹。他的继任者英吉蒙德在格陵兰海域死于海难，[39] 因此下一个真正来履职的主教是乔恩·斯米里尔（雀鹰）·阿尔纳松，他在1189—1209年担任这一职位。[40]

也许就是在斯米里尔的任期内，加尔达尔教堂被扩建到最终的89英尺长。此外在1926年的挖掘中，在教堂圣坛下发现的主教的骨骼可能就是斯米里尔本人的，这是一个高个男人（5英尺7英寸高），在中年去世。他的一个手指上戴着金指环，在他身边有牧杖的残骸，牧杖的顶端有精心雕刻的海象牙，这明确地显示死者是个主教。不过死者也有可能是斯米里尔的某个继任者，如海尔格（死于1230年）、尼古拉斯（死于1240年），或者奥拉夫（死于1280或1281年）。[41]

尼古拉斯主教去世4年之后，奥拉夫才接任加尔达尔主教，而且他还花了一年时间才抵达格陵兰。他带来了挪威国王哈康·哈康松的让人惊恐的消息：格陵兰人必须接受挪威的统治。在此之前，哈康已经扼杀了设得兰群岛、奥克尼群岛和法罗群岛的政治独立，更重要的是，他一直试图将冰岛自由邦变为他的领土。[42] 因此他的野心扩大到想要获得格陵兰是不足为奇的。格陵兰人没有抗争的资本，因为他们依赖与挪威之间的贸易，而且如果不能同挪威王国进行合作的话，格陵兰的定居点很难生存下去。因此在冰岛自由邦灭亡的前一年，格陵兰岛在 1261 年派出代表团前往挪威，并且承诺他们将称臣纳贡，对挪威国王宣誓效忠。

在这一会见的基础上，格陵兰直到 1397 年都是挪威王国的领土。在那年，挪威和丹麦联合，成立了卡尔马联盟，它实际上变成了丹麦的领土。当挪威在 1814 年从丹麦独立之后，格陵兰依旧属于丹麦王国。它今天依旧在丹麦的统治下，即使它有越来越大的自治权。挪威王国获得了实际上的同格陵兰之间的贸易垄断权，它禁止未经批准的船只航行到那里（到 13 世纪末期，格陵兰的贸易成为卑尔根的挪威商人的独有特权），不过这并不意味着船只来往的频率显著地变频繁了。挪威国王和冰岛签订的协议中规定了每年都应该有船只航行到那里，不过实际上，在 15 世纪中至少有 4 年没有船只抵达冰岛，[43] 而前往格陵兰的船只就更少了。在整个 13 世纪，在史料中只有 13 次航行的记录。虽然这些船只仅仅会因为某种原因（如海难）才会被记录下来，普通航行的次数至少应该是这个数字的两到三倍。1369 年发生了一次海难，出事的是进行贸易的王室船只——格罗恩兰斯的诺尔商船。这次海难发生之后，挪威和格陵兰之间的海上联系就更为脆弱了。

我们拥有的史料偶尔才会提到格陵兰。1347 年，在马克兰（北美的海岸地区）采伐木材的一艘格陵兰的船来到了冰岛。[44]《冰岛编年史》中关于这一年的记载十分简单，它仅仅指出：一艘载有 18 名船员的船从格陵兰来到斯特劳姆峡湾，它之前曾航行到马克兰，不过之后在海上偏离了航线。无论如何，这段文字表明即使格陵兰和欧洲之间的联系越来越少，当地人也并没有向内收缩，而是继续开发北美东海岸的自然资源。

对 14 世纪中期的格陵兰的情况几乎唯一的描述出自伊瓦尔·巴尔达尔松，他大概在 1341 年 8 月份获得了卑尔根主教提供的许可证，并在某个时间点来到这里。在 1349—1368 年之间，在阿尔夫主教抵达格陵兰之前的空缺期中，他担任了主教辖区的代管者，而阿尔夫主教是已知的最后一个真正定居到格陵兰的主教。伊瓦尔在任的时候，他向北旅行，前往西部定居点。他的报告很简短，但是也很让人担忧，报告中提到维斯特里比基德已经不存在了。他写道："斯科莱林人已经据有了整个西部定居点，那里有马匹、山羊、奶牛、绵羊，它们都是野生的。在那里没有人，无论是基督徒还是异教徒。"伊瓦尔的记录补充说，他是被派去将斯科莱林人赶出殖民地的，不过他却发现那里已经没有活人了，于是他屠杀了动物并且返回了。

伊瓦尔的证言说明这次的放弃十分突然，因为定居点的动物都被留下自生自灭。在对西部定居点进行挖掘时，这件事得到了证实。人们在沙下农场的碎石堆中发现了一具完整的山羊骨架，很明显它是在农场被放弃了一段时间之后死去的。同时在邻近的另一个农场 45 里出土了一具猎狗的骨架，骨头上的切口证明它是被故意杀死的，这也许是为了吃它的肉，这是经济困难的一个显著标志，因为这种狗是有作用的，一般不会被拿来当食物。在桑德斯的首领农场中，人们在倒塌的屋顶下发现了 9 具猎狗的骨架，当这个社区被放弃的时候，这些狗也许同时被遗弃了。

在 14 世纪早期的西部定居点的垃圾堆中很少发现海象骨头，这证明也许对诺尔德斯图尔地区的定期探险已经停止，而对西部定居点的经济极为重要的同北欧的贸易也渐渐萎缩了。生存环境也许越来越艰苦，而一个寒冬就能永久地破坏定居点的生存能力。在伊瓦尔·巴尔达尔松写下报告的时候，西部定居点很有可能在这之前就已经被部分地放弃了，而且因纽特人对仅存的几个农场进行过攻击。

另一个不幸的迹象来自丹麦国王马格努斯·埃里克松的一封信，他在 1355 年任命波尔·克努德松率领一支远征队前往格陵兰岛来保护岛上的基督徒。这封信件来自一个年代很晚的抄本，而且并没有证据证明克努德松确实开始了他的任务，不过至少这个文件表明王室有一种担忧：格陵兰岛上情况并不乐观。

阿尔夫主教在 1368 年抵达格陵兰来他的教区工作的时候，他的教区已经缩小了，殖民地已经回到了只有东部定居点的最初的核心地区。他前往格陵兰的这次航行是王室的诺尔商船的最后一次官方的来往。这艘船安全地回到了挪威，但是在 1369 年再一次出发 [46] 时在卑尔根港外遭遇了海难。在这之后，替换的船只从未建成，不过，在 1374 年有一位挪威宫廷的官员出现在了格陵兰，他是怎么抵达那里的并不清楚。[47] 阿尔夫主教于 1378 年去世后，格陵兰完全失去了同欧洲的定期联系。有说法称，教皇继续任命名义上的加尔达尔主教，直到文森特·坎佩主教在 16 世纪 30 年代去世之后，这一行为才停止，而且这些主教中没有一位真正地拜访他们遥远的教区。

在试图解释格陵兰的维京人为什么会消亡的许多理论中，有一种说法认为是因纽特人和北欧人之间的冲突摧毁了仅剩的东部定居点，让它无以为继。有这两个族群之间战斗的记录，不过很难说清那是一个孤立事件还是代表了双方关系的全面破裂。《冰岛编年史》在 1379 年的记录描述道："斯科莱林人进攻格陵兰人，杀死了 18 个男人，还将 2 个男孩掳做奴隶。"《挪威史》中也有一段关于斯科莱林人的描述：如果一个人"用匕首刺伤他们，他们发白的伤口不会流血，不过如果他受到了致命伤，血液就会不停地流出来"。[48] 这个细节是纯粹出于臆想，不过这显示出北欧人对他们的因纽特邻居在某种程度上的无知和不信任。

实际上，因纽特人的生活方式决定了北欧人耕种的峡湾内的土地对他们而言几乎没有经济价值，他们更喜欢峡湾外空旷的海岸地区，因为那里有十分充足的鱼和海豹。双方之间可能一直存在怀疑和冲突，不过全面开战是不太可能的。因纽特人和北欧人之间的关系也有比较积极的时候，在比约恩·埃纳尔松·约尔萨拉法里（耶路撒冷旅行者）的故事中，在去圣地朝圣的归途中，他前往冰岛的船被吹离了航线，来到了格陵兰岛的海岸。他在停留的两年时间里，被挪威国王任命为地方的司法官，他曾救出过被困在东部海岸的礁石上的一对因纽特孩子，一男一女。被描述为"巨魔"的这两个人成了为他干活的仆人，那个女孩为他照料尚在襁褓中的儿子。当比约恩最终在 1387 年能够回家的时候，这对因纽特人心神不宁，跳入海中淹死了。

14 世纪晚期，格陵兰依旧与北欧世界的其他地方有联系。在 1389 年 5 月的卑尔根的一次法律诉讼中，提到来自格陵兰（和冰岛）的非法进口物进入了挪威。[49] 这证明即使在这个阶段，挪威国王依旧渴望对那里施加影响力，至少不让其他人从它日益松弛的君主权威中获利。不过这些联系并没有持续很久。

1408 年 9 月 16 日，格陵兰的赫瓦尔塞的教堂中举行了一场婚礼。这场婚礼的新人是西格里德·比约恩斯多迪尔和索尔斯泰因·奥拉夫松，新郎作为一位冰岛船长，曾像许多人经历过的那样，是因为偏离航线才在两年前抵达格陵兰的。婚礼的公告一直张贴了三周。这看上去只是一个普通的事件，不过这是我们的书面史料最后一次具体记录提到格陵兰岛。我们能知道这件事情，是因为这对夫妇和奥拉夫松的同伴回到了冰岛，并且在 1414 年和 1424 年通过宣誓来证明婚姻依旧是合法的；他们还做了关于一个名为科尔格里姆的人的证言，他由于勾引其他人的妻子于 1407年在赫瓦尔塞被判处了烧死的刑罚。此后我们只有考古学的证据，在 1408 年之后的某个时刻，最可能是在 15 世纪的后半叶，格陵兰的北欧人殖民地消失了。

　　赫瓦尔塞的婚礼并没有提到任何灾难的迹象，不过当下一批已知的欧洲旅行者在 1721 年来到西部定居点时，他们只发现了毁坏的建筑，没有居民存留的迹象。到底是什么让格陵兰的北欧人不断收缩，并且最终消失了？殖民地的失败被归咎于很多因素：诺尔德斯图尔的因纽特人南下带来的暴力冲突，气候的变化让北欧人的生活方式越来越难以为继，疾病，欧洲海盗的攻击，目的地未知的整体人口迁徙。

　　关于格陵兰维京人的最终阶段的书面史料几乎完全不存在，这意味着这个殖民地的完整结局也许永远都不会被人详细地了解，不过很有可能是多种因素的综合结果，让他们走向了末路，而不是一个单一的灾难性事件。让人困惑的是，之后的考古证据表明，他们当时还很繁荣，而非处于长期衰落中。在东部定居点的三个主要中心（赫瓦尔塞、赫尔约尔夫斯尼斯和加尔达尔）在 15 世纪早期都建造了大型的宴会厅，处于饥荒边缘或者害怕敌对的因纽特人随时会入侵的社群不太可能会这样做。

在对维京人殖民地为何失败的解释中，可能性非常高的一个是环境压力。1250 年之后的时期里，北大西洋的平均温度逐渐下降了大约 2℃，而且直到 15 世纪气温都不怎么稳定。[50] 凉爽的气候和严酷的冬季可能让原本边界上的土地变得不可利用，并且使放弃土地的社群处于饥荒的边缘，不过没有证据证明格陵兰在 1250 年以前就已经衰退得很严重了，何况同样经历了类似气候变化的冰岛并没有遭遇这样的人口灾难。

如果不该归咎于气候变化的话，那么一种蠕虫也许就是罪魁祸首。在西方定居点的许多地方的发掘中，都在 14 世纪的地层中发现过一种地夜蛾（Agrotis occulta）的幼虫。冬季只能待在室内的瘦弱的牛，会在春季被放出去找新鲜的饲草，这种幼虫往往在春天增殖，并且将地上的草叶啃食一空。[51] 也许这样的话会让孤立的农场中的生活变得艰难，但只有这一点恐怕也不太可能让定居点的整体生存能力下降太多。除此之外，殖民地的毁灭也许要归咎于移民的生活方式。维京人抵达格陵兰时，他们发现这块有些寒冷的处女地比他们之前的农场都要肥沃。不过正如过度放牧让冰岛失去了表层土并饱受侵蚀那样，对格陵兰的冰芯 [52] 中的花粉的分析证明，在红色埃里克于 986 年抵达的时候覆盖地表的植被逐渐被莎草科的草类植物取代。这让猪、牛、绵羊——格陵兰的维京人的饮食中的重要组成部分，不过并不是唯一的食物来源——缺少足够的食物。

很少有历史文献记录因纽特人和维京人之间的冲突，不过考古记录明确地显示了因纽特人从他们最初在格陵兰岛北部的立足点逐渐向南扩张。这两个文明的影响范围也许在 1150 年的诺尔德斯图尔地区第一次相互重叠，到 1300 年，因纽特人已经开始移居到西部定居点的边境上。[53] 在格陵兰北部的因纽特人定居点中发现的北欧工艺品表明，两个族群之间有某种程度的交流，不过维京人并没有从这个新来的族群那里学到关键的生存技术。他们从未用过因纽特人的皮划艇或者大型的"尤米安克"，这些兽皮做的船在缺少木材的格陵兰更容易制造，人可以坐着它四处航行，还能在沿海水域捕鱼。他们也没有学习如何使用鱼叉，这意味着他们在只能狩猎竖琴海豹，要么趁它们在港口附近的水域中栖息时拉网捕猎，要么等它们在冰面上休息时用棍棒打死。而通过冰上的呼吸孔呼吸的环斑海豹就只能用鱼叉杀死，它们就很少在北欧人的垃圾堆中出现，这表明维京人拒绝了一种十分宝贵的额外肉类来源，否则就会让恶劣的冬季中的生存状况完全不一样。[54]

赫尔约尔夫斯尼斯的教堂墓地位于格陵兰岛的最南端，这个地方一直裸露在狂风暴雨中，在丹麦考古学家在 20 世纪 20 年代注意到那里时，维京时代的坟墓早就被冲进大海里了。1921 年，保罗·诺尔伦德及时地进行了抢救性发掘，这次行动出土了一些文物，这些是我们对东部定居点最后阶段的十分重要的证据。1840 年，当地贸易站的所有者欧·基尔森就已经认为这个地方是具有考古价值的，他偶然发现水底有一块古代罩衣上的布，不过他对教堂墓地的进一步挖掘没有发现任何更让人感兴趣的东西。

诺尔伦德主持的发掘成果颇丰，他发现了几十具 14—15 世纪的格陵兰人的遗骸，因为这些尸体被埋在冻土里，他们在埋葬时穿的服装也被保存了下来。这其中包括 30 多件用四线斜纹布制成的礼服，其中的大多数腰部都很窄，有长袖和低领，这和 14 世纪的斯堪的纳维亚地区的服装风格很相似。其中一些死者的陪葬品还有他最好的帽子，大多数帽子的风格都属于典型的"长尾帽"

风格——在帽子的背面挂有一根长布条，让穿戴者看起来就像一个不自然的小丑。这些布条可以缠绕在穿戴者的脸部，作为对抗寒冷的额外手段，让人看上去特别奇怪。长尾帽在 14 世纪的欧洲北部是一种很时尚的帽子，它们在那里已经成为一种时髦。它们在格陵兰的出现，表明即使是在最遥远的北大西洋上的前哨站，北欧人也清楚斯堪的纳维亚的最新的时尚是什么，并且都想"赶时髦"。因此在 1357 年，斯考尔赫尔特的神父被迫颁布法令，禁止长尾帽的长尾超过一腕尺。[55]

一些服装上的物品明显可以追溯到 15 世纪。一件上衣的前面有纽扣孔，因此它一定晚于 1400 年，因为纽扣直到那个时候才得到普遍的使用。一个勃艮第风格的高帽子，形状很像烟囱管，它最初被认为是 15 世纪晚期的物品，这在学者中间引起了极大的轰动，因为这个时间有可能让东部定居点消亡的日期向后推迟。不过，现在一般认为它大概是 1450 年左右的物品，这就符合了公认的北欧人殖民地消失的时间。[56]

开始人们认为在赫尔约尔夫斯尼斯出土的遗骸是人口危机的证据。这些骨骼的保存状况非常差，对颅骨大小的测量显示，这些晚期的格陵兰北欧人的头骨比他们的祖先要小一些，因此他们在智力上有所退化，这可能是近亲繁殖或者饮食不足造成的。骨骼的身高也被认为要比他们 15 世纪的斯堪的纳维亚的表兄弟要矮很多，这一退化可以用格陵兰的气候恶化解释。不过后来的分析显示，赫尔约尔夫斯尼斯的骨骼的确比丹麦、挪威和冰岛的同族的骨骼要矮一些，但矮得不是很多。[57]

总的来说，赫尔约尔夫斯尼斯的证据表明这个社群运行基本上是正常的，它能用完整的基督教葬礼来埋葬死者，能够从欧洲获得最新的流行服装，并且没有营养不良和横扫人口的流行病的证据。他们普遍有磨损过度的牙齿和特有的关节炎，这和他们在加尔达尔的几个世纪前的祖先没有什么不同。

如果以上这些都不是格陵兰的维京人失败的原因，那让它毁灭的究竟是什么？一些证据表明，由于挪威和它的殖民地格陵兰岛之间的贸易在逐渐消失，所以其他的欧洲国家（至少有他们的商人）介入并且试图取代挪威人的地位。早在 1415 年，丹麦 – 挪威联盟的共主埃里克七世向英格兰的亨利五世抗议：英格兰船只在没有许可证的情况下航行到他统治的领土。这个问题一直没有得到解决，因为在 1432 年两国签订的条约中有一个条款，英格兰国王答应禁止这一贸易。[58] 英格兰的船员们进行的"贸易"其实和海盗行为没什么不同，虽然没有他们攻击格陵兰岛的记录（实际上这个时期根本就没有多少关于格陵兰岛的记录），但是 15 世纪 20 年代，英格兰海盗对冰岛的几次掠夺行动都被记录了下来；1423 年，挪威北部的芬马克也受到了攻击。对于人口稀少的格陵兰来说（在西部定居点消失之后，幸存的北欧人最多有 3000 人，也许只有 2000 人），即使这样的攻击只有一次，那也可能是毁灭性的。这些受害者几乎得不到任何援助，目标如此弱小，这也许会吸引海盗们再次回来掠夺。

这种情况的一个遥远的暗示也许可以从教皇尼古拉斯五世在 1448 年送给冰岛的斯考尔赫特主教的一封信中感受到，信中要求他派一个牧师去照料格陵兰的人口，因为"异教徒的进攻摧毁了大多数教堂，他们还将居民囚禁起来，在之后的 30 年里，那里已经没有主教了"。因这次暴行而被归罪的"异教徒"可以是因纽特人，这封信同样可以暗指英格兰或其他欧洲地区的海盗。在尼尔斯·埃格德（他是 1721 年移居到格陵兰的丹麦传教士汉斯·埃格德的儿子）收集的一则因纽特人的故事也许就证实了这一点，故事讲述了有 3 艘外国人的船只从西南方来到格陵兰，他们进攻并且掠夺了北欧人的定居点，杀死了那里的一些居民。北欧人俘获了一艘船，不过另外两艘船离开了。次年有一个规模更大的船队来到这里，屠杀了大量的北欧人，并且抓了一些俘虏当作奴隶，他们将定居点的所有的牛都带走了。据说大多数幸存的北欧人都乘船离开了，只有极少数人留下来。在第三年海盗再次到来时，当地的因纽特人和少数在他们那里避难的北欧人一起逃往内陆地区。当他们返回时，北欧人的农场已经被掠夺一空、损毁严重。因此他们回到了因纽特人那里，并且和他们通婚。[59]

　　如果这是真的话，也许正是海盗商人的一系列攻击破坏了东部定居点，让幸存者放弃了那里并移民到别处。不幸的是，能证明他们也许去过那里的零散证据并不存在。很明显，他们可能移民去北美大陆，不过自从莱夫·埃里克松在北美地区建立殖民地的尝试失败[60] 之后，把那里作为永久定居点的可能性对人数已经不多的北欧人来说更加渺茫。关于或多或少有组织性的迁移的想法是有道理的，因为考古活动几乎没有出土过贵重物品，特别是教堂中的宗教用品。比较突然的灾难，如流行病或因纽特人的攻击，不会让社群有时间将他们的贵重物品隐藏起来或转移到别的地方。

　　还有一种可能性，他们向更难以接近的地方进行了"内陆移民"；或者是幸存者和因纽特人混居在一起，并且随着时间流逝，被因纽特人同化了。从 16 世纪开始，有一种想法驱动许多探险队去探险，他们认为可能有北欧人幸存下来，他们在格陵兰或者加拿大的北极地区的难以接近的地方有隐藏的殖民地，他们试图找到想象中的定居点。北欧人和因纽特人之间通婚的假说对许多人而言同样具有吸引力。挪威探险家弗里德约夫·南森在 1888 年组织了第一次横跨格陵兰岛的冰封内陆的探险队，他就是这个"金发因纽特人"理论[61] 的著名支持者。20 世纪晚期发明的 DNA 检测技术让这一主张的科学检验成为可能，在 2002 年，两位冰岛人类学家吉斯利·帕尔森和阿格纳尔·赫尔加松从格陵兰和加拿大北部的 395 个因纽特人身上取样检测。他们并没有找到 DNA 标记的证据来证明他们有斯堪的纳维亚人血统，这和在英格兰北部、苏格兰和爱尔兰的相似研究形成了鲜明的对比。[62]

谈到殖民地消失的日期的话，赫瓦尔塞婚礼的证据表明，1408 年在格陵兰的维京人依旧是一个功能完善的社群；赫尔约尔夫斯尼斯的考古证据则证明，至少在 1425—1450 年之间的某个时间里它还是继续存在的。非正式的报告暗示它在 1418 年受到了某种程度上的攻击，而且在 1420 之后还遭受了进一步的攻击。不过，在那之后，就很少有什么决定性的证据。1484 年的卑尔根的一个孤立的文献中提到了一次斗殴：一群德意志人杀死了几个外国水手，是因为这些外国人吹嘘他们在格陵兰获得了珍贵物品，[63] 这激怒了他们。如果这份文献可信的话，那么到了 15 世纪 80 年代，依旧有一些人留在了格陵兰，他们还在向外进行贸易。

比较合理的推测是，东方定居点在 15 世纪 20 年代依旧存在，不过到 1450 年或者不久之后，那里已经被放弃了。不过好像格陵兰殖民地上什么问题都没有发生一样，挪威王国定期重申他们的权利，而罗马教皇定期为加尔达尔的名存实亡的教区任命主教。1492 年，教皇亚历山大六世提名一个本笃会的修道士马丁·克努德松为名义上的主教，在给他的任命信上详细地记录着许多关于格陵兰当地情况的可疑信息，信中提到，在过去的 80 年里并没有船只航行到那里（这是相当正确的），不过信中还补充到，在这段时间里一直没有牧师的殖民地中，许多居民沦为了异教徒，而那些保持了信仰的人，虽然没有圣器或者其他的基督教遗物，但还是拯救了一位死者（用弥撒期间放置圣餐杯的圣布）。[64]

克努德松从未前往格陵兰，不过他的继任者文森特·坎佩（在 1519 年任职）也许在某个时间这样做了。克里斯托弗·哥伦布在 15 世纪 90 年代的大发现已经在欧洲的宫廷中广为人知，而且丹麦王国克里斯蒂安四世似乎已经设计了一个方案：将之前（也许依旧存在）的格陵兰的北欧人殖民地作为丹麦向北美扩张的跳板。1520 年，丹麦任命苏林·诺尔比来组建一支探险队，不过这位不幸的海军司令并没有出航，他起兵叛乱以对抗克里斯蒂安四世，并且被迫逃亡到了哥特兰岛。

16 世纪中期的一系列关于前往格陵兰旅行的记录也许都是虚构的，不过其中有一则故事包含了一些让人着迷的细节。在这则故事中，乔恩·格罗恩莱恩德尔在 1540 年左右由于被吹离了航线，来到了格陵兰的海岸，他看到了石头房屋和晒鱼干的棚屋，当他走进其中一间屋子时，他遇到了一个面朝下的尸体。死者身穿海豹皮制成的衣服，而且在他身旁还有一把非常破旧的匕首。由于尸体还没有腐烂，这个人一定死了没多久。我们禁不住去想，或许这个故事就记录了最后一个格陵兰的维京人，这个人孤独地生活，省着使用他仅有的珍贵金属刀，最终在救援者（以乔恩·格罗恩莱恩德尔的形式）到来之前死去。

很不幸，格罗恩莱恩德尔的故事也许和贡比约恩的岩岛群或哈弗吉尔丁一样，纯属虚构。丹麦国王们继续对格陵兰探险的计划从未实施过。1568 年，腓特烈二世甚至给他想象中的格陵兰臣民写了一封信，他在信中承诺：从此以后王室船只将在每年有两次抵达那里，他还任命克里斯蒂安·奥尔堡为第一个船长。不过在格陵兰被遗弃的 170 年后，确实进行了第一次对那里的探索，这次探险由两位英格兰的探险家马丁·弗罗比舍和约翰·戴维斯完成，他们分别在 1578 和 1586 年出发，他们似乎都在格陵兰海岸之外的岛上登陆了。弗罗比舍甚至绑架了一个因纽特人，此人当时正在和他的妻儿一起划着皮划艇。[65]

丹麦国王依旧对找到在格陵兰长期失踪的臣民抱有希望，而且克里斯蒂安四世派出了三支探险队（1605 年、1606 年和 1607年）去寻找他们。第二支探险队的船在格陵兰的西海岸登陆了，他们在那里收集到了一些他们认为是银矿的石头，并且抓了 6 个不幸的因纽特人做俘虏，不过他们没有发现北欧人的定居点。由于最后一支探险队坚信红色埃里克定居在格陵兰的东部海岸，抱有这种想法的他们当然什么也没找到。

此后，丹麦对格陵兰的兴趣有所降温，直到 18 世纪早期，为了保证丹麦对这一地区的主权，丹麦人才再次进行大量的活动，并且最终找到了维京定居点的废墟。1721 年，传教士汉斯·埃格德在戈德塔阿布斯峡湾的伊格德鲁拉尼里特登陆，并且试图在那里建立一个传教站。为了寻找合适的地方来建传教站，埃格德对内陆进行了探险，这最终让他在 1723 年找到了西部定居点的遗迹，然后他又找到了东部定居点的废墟。在赫瓦尔塞的教堂遗迹让他十分着迷，而他依旧相信在某个难以接近的地方，一定有个社群幸存了下来。[66] 1786 年的罗维诺尔恩上尉、1822 年的英国人威廉·索科斯比、1828 年的丹麦海军，均为了找到消失无踪的维京人而进行了探险。1883—1885 年的最后一次探险调查了从东海岸到内陆冰盖的区域，才终于证明隐藏的维京殖民地的幽灵并不存在。[67]

对格陵兰维京人的寻找延续了近 4 个世纪，这几乎和这个殖民地的存在时间一样长。由于埃里克的后代并没有躲藏在埃尔斯米尔岛的某个难以接近的地方，他们的基因也没有淹没在因纽特人的基因库中，因此开始出现了关于他们消失原因的争论。无论殖民地是因为什么消失的，这样小规模的社群（2000—4000 人）只需要在一个世纪中每年净损耗（死亡数、移民数和在攻击中沦为奴隶的人数减去出生人数）有 10—20 人，总人口就会减半。

在那四个半世纪中，格陵兰的维京人成功地维持了一个社会，这个社会完全是他们在冰岛的社会的翻版，别无二致。这个自由共和国的详细历史也许会永远保持模糊。虽然那里的维京人十分孤立，他们的消亡笼罩着神秘的色彩，但格陵兰并不是北大西洋上最遥远的维京人殖民地。这个殊荣属于北美，维京人将那里命名为文兰（Vinland）。

第 6 章

寻找 "天堂" 文兰

1000—1350 年在北美的维京人

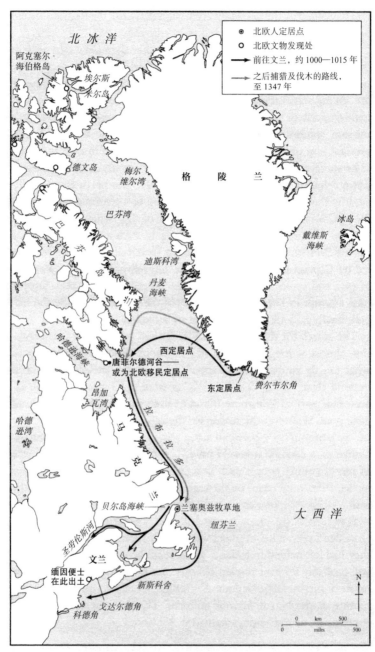

地图 9　维京人在北美的探索

在 1962 年之前没有哪个地区的维京人研究比维京人发现北美的故事更吸引人，这一研究的成果很多，但是它的证据基础却相当薄弱。这一问题的根源是两份相关的萨迦——《红色埃里克萨迦》和《格陵兰萨迦》[1]留下的足够清晰但有时互相矛盾的描述，它们讲述了一系列维京人前往北美航行的故事，还提到他们试图对那个大陆进行殖民。即使他们的探险故事十分激动人心，在这一年之前并没有关于维京人曾经到过那里的确凿的考古证据。

这两个萨迦被合称为《文兰萨迦》，它们记载很不一样，不过它们都表明，在 1000 年（也许是 1001 或 1002 年）的某个时候，格陵兰的维京人向西航行，并且来到一片新的海岸，他们探索了那里，并且在随后的几年里试图在那里定居。《埃里克萨迦》中只提到过两次航行，但更古老的（可以追溯到 1263 年之前[2]）《格陵兰萨迦》有关于六次探险航行的更复杂的记载。根据《格陵兰萨迦》，在 986 年[3]的不久之后，比雅尔尼·赫尔约尔夫松第一次看到了北美大陆，他和其他萨迦中的船长一样，被风吹离了航线；他当时正在从冰岛前往格陵兰，他的父亲已经加入了红色埃里克的新殖民地。[4]比雅尔尼在这之前正在从事对挪威的贸易，他完全不知道父亲已经移居到国外。他回来之后，他决定跟随他的父亲。不出所料，他对冰岛和格陵兰之间的准确航线一知半解，在一片辽阔的雾气中迷路了，当迷雾消失时，他发现自己正沿着未知的海岸线航行，那里有森林，时而错落着低矮的山丘。

出于小心，比雅尔尼决定不登陆，他向北航行了两天，直到沿岸的地形变得更加平坦。比雅尔尼的船员催促他登陆，来补给食物和木材，不过他拒绝了，并且继续航行了三天，直到船只来到一片满是山峰和冰川的苦寒之地。比雅尔尼在这里也没有登陆，他说这是一片毫无价值，也不值得去探索的土地。在四天的航行之后，他们在强风的帮助下来到了第四片土地，这里看起来很像比雅尔尼在冰岛听别人描述的格陵兰。他碰巧来到了格陵兰的赫尔约尔夫斯尼斯，这里正是他父亲的农场在的地方。据说他在这里度过了余生。

《格陵兰萨迦》中继续说，在多年之后，红色埃里克的儿子莱夫前来拜访比雅尔尼，并且为远航招募了 35 个水手，他想要找到比雅尔尼在 15 年前，或者更久以前看到的那片土地。最初，莱夫·埃里克松想要他的父亲来领导这次探险，不过埃里克在出航之前摔伤了腿，回到了他在布拉塔赫里德的农场。这或许是他为支持这次探险而使用的一个花招，以让他的儿子成为冒险的领导者。

在详细记下了比雅尔尼的描述之后，莱夫决定沿着比雅尔尼的路线寻找，因此他抵达的第一个地方正是前者最后看到的地方。正如比雅尔尼描述的那样，他到达的地方满是冰川、山脉和大块的石板，他将那里命名为"赫鲁兰"（石板之地）。随后，莱夫令船只向南航行，很快就来到了比雅尔尼见到的第二个平坦的森林地带，他在这里登陆，让这里成了欧洲人在美洲的第一个登陆地点。在短暂的停留之后，他们返回船上，并且从这个他称为"马克兰"(林木之地)的地方继续向南航行。这艘船在开始的两天时间里没有看到陆地,然后北欧人终于看到了新的海岸线,这里的环境十分诱人,土地肥沃,适合建立牧场,任何对新土地满怀热忱的维京人都会为此欢欣鼓舞。这里河流中满是鲑鱼,他们决定留下来,并且修筑了萨迦中称为"布迪尔"(棚屋)的建筑,这个词和冰岛一年一度的庭期间的首领追随者的居住建筑有关,这也显示他们修筑的只是一种临时的住所。⁵

莱夫和船员们在布迪尔中过了几个月,他们惊讶地发现这里在冬季是没有霜冻的,而且在白昼最短的时候,从早上到中午依旧可以看到太阳。⁶他们派出一支侦察小队去探索周边地区,而其中一个成员是个十分讨人厌的德意志人,他名为泰基尔,在半路走失了。当他终于回到驻地时,他十分兴奋,用他的母语颠三倒四地说话,这让他的维京伙伴们感到十分困惑。当他终于能够连贯地说话的时候,他重新用北欧语解释说,他发现了结着果的葡萄藤(vine)。据说莱夫根据这一发现将这个地区命名为"文兰"(葡萄之地)。⁷为了获得明显的直接证据,随后莱夫让他的水手花了相当多的时间收集了大量葡萄(或者葡萄干)以运回格陵兰。

《埃里克萨迦》中的故事从这里开始已经和《格陵兰萨迦》中的时间线不一样了,不过其中的许多细节还是相似的。批判性地看《格陵兰萨迦》,会发现其中的一些细节完全被《埃里克萨迦》抛弃了,因此它没有比雅尔尼·赫尔约尔夫松在莱夫之前看到了新土地的内容。根据《埃里克萨迦》,莱夫之前会见了挪威的奥拉夫·特里格瓦松,国王要求他让格陵兰人皈依基督教,而他在挪威回到格陵兰的航行中意外地漂流到了文兰的海岸。在莱夫返回格陵兰的路上,他发现了三处土地,不过在这个版本里,他没有给那些土地命名。此外，他还在航行中救下了一群遭遇海难的船员，这让他获得了"幸运者"的绰号。随后，他在家乡继续完成传播基督教的承诺。[8]

《埃里克萨迦》也完全没有提到第二次前往文兰的航行。这次的主角是索尔瓦尔德·埃里克松，他从他的哥哥莱夫那里借来了一艘船，并且和30个船员一起前去文兰。据说他们就在莱夫一行人于去年建好的棚屋里过冬，它们现在被称为"莱夫斯布迪尔"（莱夫的棚屋）。到春天，索尔瓦尔德派出一队人去探索西方。这队人第一次发现了人类居住的痕迹：一个维京人认为是用来让谷物干燥的容器。接下来的夏季里，挪威人找到了一个植被繁密的峡湾，一心想要定居的索尔瓦尔德认为这里很适合建立农场。不幸的是，维京人在这个地方第一次遇见了美洲的原住民，他们当时正在他们的皮船下休息。维京人于是偷袭了他们，杀死了所有人，但有一个人逃走了。在他带着援军返回的时候，换成是维京人正在睡觉。在接下来的遭遇战中，即使索尔瓦尔德下令在靠近船的一侧用树枝建立防御用的胸墙，他还是身中箭矢，生命垂危。《埃里克萨迦》记录道，杀死索尔瓦尔德的是一个"莫努普德人"（独脚人），而不是斯科莱林人（北欧人对当地土著的称呼），这似乎是直接从希罗多德的《历史》或者某些幻想的中世纪旅行故事中找到的一个词。[9]索尔瓦尔德灰心丧气的追随者将他们的首领埋葬在被称为"克洛萨尼斯"（十字头）的地方，随后启程返回家乡。

埃里克的另一个儿子索尔斯泰因计划再次前往文兰，不过他在冰岛感染了流行病，在出发前就死了。萨迦的作者以十分巴洛克式的笔触说，他死后的灵魂预言了他的遗孀古德里德的未来。

不久之后,这个寡妇就再婚了,嫁给了一个名为索尔芬·卡尔斯夫尼的冰岛富人。索尔芬前往文兰的航行是《埃里克萨迦》的中心部分,并且也在《格陵兰萨迦》中拥有不小的篇幅,而这两份史料的差异让那些试图对这些萨迦文本进行分析的历史学家十分困惑。

古德里德和他的新丈夫大概在 1010 年 [10] 的某个时间出航,并且在莱夫斯布迪尔安顿了下来。他们曾提出要购买那里,不过一直盯着商业机会的莱夫拒绝卖给他们。[11] 他们一行有 60 个男人、5 个女人,还带着一些牲畜,这明显是移民行动,而非探索性的远征。在开始的一段时间里,一切都很顺利,北欧人能够利用当地的渔场和猎场中丰富的资源,而且当食物不足的时候,一头须鲸的尸体偶然被冲到了沙滩上,鲸肉让他们幸存了下来。他们同斯科莱林人之间的第一次接触也很顺利(除了斯科莱林人开始被维京人的公牛的吼叫声吓得不行),北欧人用一些黄油换来了一堆值钱的毛皮,而那些斯科莱林人狼吞虎咽地吃下了那些黄油。[12]

不久之后,古德里德生下了一个男孩,她和卡尔斯夫尼给他取名叫斯诺里,他光荣地成为第一个有记录的出生在美洲的欧洲人后代。[13] 不过好景不长,斯科莱林人的胆子越来越大,他们中有一个人由于试图偷取维京人坚决不同意交易给他们的武器而被杀死了。他们不可避免要受到报复性的攻击,卡尔斯夫尼开始着手准备,于是驻扎在一个有湖泊和森林的地方,这让他们不会轻易地遭到侧翼的攻击。他们击败了斯科莱林人,而且还杀死了他们的酋长,不过卡尔斯夫尼意识到己方的人数太少,无法一直抵挡这样的攻击。由于冬季的海冰让他们无法回家,他们在过冬之后放弃了殖民地,回到格陵兰。

这并不是文兰的维京人的结局，至少在《格陵兰萨迦》中不是，因为还有最后一次且十分不幸的探险，这次是红色埃里克的女儿弗雷迪斯领导的。[14] 两个冰岛人芬博基和赫尔基也加入这次冒险中，最终演变成一场灾难。弗雷迪斯是萨迦传统中的意志坚定的女性，她挑起了一场争吵，并且设计杀死了两人。发生了这样的事情之后，幸存者们在第二年的春天回到格陵兰并不奇怪。他们还带回了满船的毛皮，并且都发誓永远不向外说这个秘密。不过，既然这个故事出现在了萨迦的记述中，那么至少有一个人将它说了出来。

《埃里克萨迦》完全忽视了弗雷迪斯的航行，转而将她作为英雄角色放在卡尔斯夫尼的探险中：她在战斗时手持长剑，并且裸露胸部，这将斯科莱林人吓跑了。相反地，它将文兰的众多光荣事迹尽可能地放到了卡尔斯夫尼的身上，将赫鲁兰、马克兰和文兰的命名归功于他。在关于他的最初的探险的描述中，还增加了一些地名，让历史学家和考古学家在寻找北欧人的文兰的位置时产生了混乱：在经过了马克兰（这里的描绘和《格陵兰萨迦》中的一样）之后，他们来到了一个有漫长沙滩的海岸线，他们称呼那里为"福尔杜斯特兰迪尔"（"奇迹沙滩"，这是对它们的惊人长度的称呼）。两个跑得快的苏格兰人，名为哈吉和赫克加，被派出去进行探索，文中说正是他们发现了葡萄和萨迦中说的"自然播种的谷物"。

在这个版本中，卡尔斯夫尼最初定居在一个他称作斯特劳姆的峡湾的内部，在那里过冬的时候，这群人饱受了缺少食物的折磨。接下来的春天，除了猎手索尔哈尔的一船人，维京人向南航行，寻找更适合殖民的地点。在几天的航行之后，他们发现了一个地方，并且将其命名为霍普，在那里有一条从内陆湖流向大海的河流，而且土地上长满了苏格兰人之前发现的自然播种的谷物和葡萄，这里还有丰富的鱼类和猎物。这一切听上去太完美了，这段描述和 7 世纪的西班牙的百科全书编纂者伊西多尔在他的《词源学》（Etymologiae）一书中，关于传说中的"因苏莱·弗尔图纳塔鲁姆"（有福的群岛）的描述很相似，也许是萨迦作者为了省事，借用了其中描述地理情况的片段，放在了自己的作品中。[15]

在前往霍普的路上，维京人遭遇了一群划着 9 艘皮艇的斯科莱林人，后者手持形状奇特的棍棒，挥舞棍棒时能发出咯咯嘎嘎的声音。两群人在这时并没有进行接触。不过在下一个春天，人数更多的斯科莱林人挥舞着棍棒回到了这里。萨迦中记述他们的动作像是"太阳升起"，他们的动作十分精妙。他们同维京人进行贸易，希望用毛皮来交换同样长度的红布（不同于《格陵兰萨迦》中的黄油）。由于特别害怕卡尔斯夫尼的公牛的吼叫声，斯科莱林人逃走了，并且在三周之后回到了这里，不过这次他们将棍棒以"太阳升起的反方向"来挥舞，这大概是一种生气或敌对的标志。在艰苦的战斗中，维京人死了两个人，而斯科莱林人的死伤不计其数，最终卡尔斯夫尼一方获得了胜利。在战斗期间，古德里德赤裸着上身来鼓舞士气。随后维京人从霍普往北撤退到了斯特劳姆峡湾。他们之前在那里留了近 100 人，[16] 这也许意味着卡尔斯夫尼向南前往霍普的探险队里只有 40 人，在这之前还有 9 个人和猎手索尔哈尔一起离开了。此外，由于此时的格陵兰殖民地的规模还很小，从人口统计学上来讲，维京人前往文兰的航行是冒着很大风险的。就像《格陵兰萨迦》说的那样，卡尔斯夫尼也意识到怀有敌意的斯科莱林人实在太多,让移民到文兰变得不可能实现,因此他决定回到格陵兰。不过离开的日期推迟到了第二年的春天,而且整个过程也并不顺利,比雅尔尼·格里姆尔夫松率领的一艘船由于虫蛀在出航不久之后就沉没了。在返程途中,卡尔斯夫尼的船队在马克兰救起了两个斯科莱林男孩,维京人将他们带回到格陵兰,并且让他们接受了洗礼。[17]

　　总而言之,即使关于北美地区的维京人定居点有丰富的萨迦传说,此前一直没有出土过具体的证据。丹麦古文物研究者卡尔·克里斯蒂安·拉芬是皇家北欧文物学会(Royal Society of Northern Antiquaries)的第一任秘书长,他的《美洲文物》(*Antiquitates Americance*)简要地收集了所有已知的关于文兰的考古资料和文献史料,这本书也激发了人们对寻找文兰的工艺品的兴趣,因为之前没有实际找到维京人生活过的地点。[18]拉芬认为萨迦中的文兰位于马萨诸塞州和罗得岛州之间的海岸线上。在《美洲文物》最后一卷出版的前一年,在哥本哈根的克里斯蒂安堡王宫里举行了一个展览会,它向丹麦公众展示了一系列在格陵兰和文兰出土的文物,其中就包括13年前发现的金吉托尔苏阿普如尼石。[19]

　　而在美国,对维京人文物的渴求是永无止境的,以至于几乎任何看起来不是美洲原住民创造的古代遗迹,都被打上了北欧人活动证据的标签。这就包括戴顿岩,这块40吨重的巨型砂岩位于马萨诸塞州的陶顿河附近的伯克利,岩石表面上画有岩画,这被认为是腓尼基人或(据拉芬所说的)维京人探险的证据。不过这些最终都被证明是美洲原住民的作品。

　　好奇心强的诗人亨利·沃兹沃思·朗费罗也为此做出了相当

的贡献，他在 1853—1856 年 [20] 在欧洲进行了一次大规模的求学旅行，他前往伦敦、斯德哥尔摩，并且在 1835 年 9 月最终来到了哥本哈根。他给众多丹麦的杰出学者送去了信件，其中就有拉芬，而且他们还进行了会面。朗费罗描述他是"一个古代冰岛文献的历史学家和出版家，他对图书馆中的古代手抄本进行翻译……他看人的时候常常瞪大眼睛，和见了鬼的人一样。实际上他是一个十分友善开朗的人，并且给我讲了关于冰岛语的知识"。[21]

朗费罗充分利用了他这次学习的关于冰岛萨迦和冰岛语的知识，他之后写下了几首以北欧人为主题的诗歌。当年这些诗歌中最为著名的是《铠甲中的骷髅》(The Skeleton in Armor)，这首诗的灵感来自 1832 年在马萨诸塞州的福尔河附近发现的一具尸体，尸体在埋葬时身穿一件粗糙的锁子甲，铠甲上还有一块黄铜胸板。尸体的身份一时众说纷纭，有些人认为他也许是一个古代的埃及旅行者，或者是腓尼基旅行者。不过朗费罗坚定地认为挖出来的是一个真正的维京战士。他将这一观点用诗歌表达了出来：

> 我是个老维京人！
> 我的功绩不可胜计，
> 那些诗篇却不再传唱，
> 萨迦汝等也不曾学习！

1843 年在福尔河博物馆的一场火灾中，和这首诗有关的那具骨骼和大多数文物都被烧毁了。不过，在对火灾中幸存下来的和骨骼一起出土的金属管的分析显示，它们的材质是黄铜，而且这类金属管在马萨诸塞州的其他墓葬中也有发现，它们绝对是美洲原住民的作品。[22]

比起福尔河骷髅，无论是在物质上保存得更久，还是真正能满足那些找到货真价实的美洲的维京人文物的渴望的发现，是罗得岛的纽波特的一个圆形塔楼，它和"铠甲中的骷髅"一样让人浮想联翩。拉芬为它写道："我相信所有熟悉古代北欧建筑物的人都会同意这一点，这个建筑的建造时间无疑早于 12 世纪。"[23]

由于这个塔楼有过改建，这让它的确切建造日期更难追溯。文件中第一次提到它是在 1665 年，因此它显然是在 17 世纪或者更早以前建成的。它大概有 28 英尺高，由干燥的石头建造，并且在地基上有 8 根粗短的支柱。它的内部最初有两个房间，不过上层房间的屋顶早就崩塌了。本尼迪克特·阿诺德是罗得岛的早期殖民地的总督，他在 1678 年去世，他在遗嘱中将这个建筑称为他的"石制风车磨坊"。那些不认同这个建筑源自北欧人的人于是利用这句话来说明是总督建造的这座建筑。[24] 也有人说在沃里克郡的切斯特顿有一个设计相同的磨坊，据说阿诺德就是以它为样板建造的。不过这座建筑在 1700 年之前是否真的是被用作磨坊（而非天文台）仍不明确，因此它也不是切斯特顿假说的确凿证据。[25]

纽波特的塔楼设计上的各个元素和它是早期殖民地的磨坊的理论并不完全吻合。它的墙壁有近 3 英尺厚，而且估计建造它需要使用 450 吨花岗岩，塔楼里的木材来自 4 棵 60 英尺高的树，这个工程量需要 16 个人为建造它而工作一整年。[26] 当然，说它属于维京人的假说也回避了一些问题：根据格陵兰岛的人口，文兰殖民地的规模很小，人数从未超过几百，怎么可能会花费这么大的人力物力来建造一座磨坊（或塔楼）？更何况他们在美洲没有留下其他的石制建筑，在格陵兰也没有类似的建筑。[27]

在塔楼周边挖掘出了其他 17 世纪的建筑，而且对塔楼的砂浆的放射性碳测年将日期追溯到了 1635—1698 年之间，[28] 这些发现足以支持本尼迪克特·阿诺德假说。于是有些人试图将意大利探险家乔瓦尼·达·韦拉扎诺绘制的地图作为证据，来证明纽波特的这个石制建筑在他于 1524 年的航行时就已经存在了。不过他的地图上的"诺曼别墅"位于长岛附近，根本不在罗得岛北部；还有它也许标注的是某种定居点，不过具体指的是什么并不清楚。此外，如果达·韦拉扎诺发现的是一个让人印象深刻的类似于塔楼的石制建筑，那么他在地图上只留下了含糊其词的标识的做法似乎有些奇怪，此外地图上的位置与它真正坐落的地点距离超过100 英里。

纽波特塔楼假说经久不息，除了维京人，关于它的建造者有各种推论：中世纪早期的爱尔兰修道士、14 世纪的一对威尼斯兄弟、[29] 16 世纪建造它当灯塔的水手、奥克尼伯爵亨利·辛克莱（18 世纪的古文物研究者想象出来的一位统治着大西洋上的一个岛国的人），以及 1421 年的明朝"三宝太监"郑和率领的舰队。[30]

由于最开始萨迦并没有被翻译成英语，美国对维京人遗迹的态度比较冷淡。第一个有记录的翻译是 1782 年苏格兰人詹姆斯·约翰斯通翻译的《哈康萨迦》的片段。《文兰萨迦》开始并没有大范围流传（即使是古北欧语的），直到拉芬的《美洲文物》出版后才广为人知。随后，在 1841 年出版的诺斯·勒德洛·比米什的《北欧人发现了美洲》让英语世界注意到了这个问题，这本书在很大程度上借鉴了拉芬的工作。19 世纪，移民到美国和加拿大 [31] 的斯堪的纳维亚人的人数不断增加，而且随着他们人数的上升，他们对克里斯托弗·哥伦布为欧洲人发现了美洲而受到过多赞誉颇有微词。1874 年，威斯康星大学的拉斯马斯·安德森教授受到这种情绪感染，进行了有关美国的北欧先民的研究，他出版了《美洲不是哥伦布发现的》。

1892 年，芝加哥政府计划在哥伦布登陆新大陆的 400 周年纪念日举办纪念活动，斯堪的纳维亚人对普遍认为哥伦布是首位发现者的不满情绪高涨起来。挪威的公众筹集了资金，建造了一个和科克斯塔德维京船一模一样的复制品，试图让它在芝加哥的哥伦布博览会[32]上亮相。这艘"维京"船只在 11 个船员的驾驶下，于 1893 年 4 月 29 日从卑尔根出航，沿途经过纽约、伊利运河和五大湖，花了 27 天抵达了芝加哥。这次航行作为维京船只的适航性宣传的话，效果无疑很棒，正像这个项目的参与者期望的那样，它的确从博览会的主题"哥伦布"那里吸引到了不少目光。[33]

由于对北欧人抵达过美洲这件事的兴趣达到了空前的水平，接下来的 10 年里，在美国突然出现了大量的"出土文物"，这并不让人意外。最为确凿的一个"出土文物"是瑞典移民奥拉夫·奥赫曼在明尼苏达州的肯辛顿附近的自家农场中挖掘出来的如尼石，根据奥赫曼的说法——他还时不时修改这个故事——这个 30 英寸长、16 英寸宽的石头是在一棵白杨树的根部挖出来的，在他于 1898 年把这个石板挖掘出来后不久，奥赫曼的小儿子注意到了上面的怪异雕刻，随后这个农场主意识到那是如尼文。于是长达一个世纪的承认和不承认的争讼就此开始。该如尼石在当地银行的窗口进行了短暂的展出之后，铭文的副本被送到了明尼苏达大学的语言学家 O. J. 布雷达教授手里，然后又在 1899 年送给了另一位语言学家——西北大学的乔治·柯姆教授，两位教授都认为这是个骗局。包括克里斯蒂安尼亚（奥斯陆）大学的古斯塔夫·斯托姆教授和索弗斯·布格教授[34]在内的其他知名学者也宣称这个如尼石是一场骗局。

不过，还是有人相信这块石头的价值，其中最热心的支持者当数挪威裔美国作家赫雅尔马尔·霍兰德，他在 1912 年第一次出版了这个如尼铭文的译文。他的翻译如下："我们一行有 8 个瑞典人[35]和 22 个挪威人，我们从文兰出发，向西探险。我们在这个石头以北一天路程的地方的两个隐蔽处设置了陷阱。有一天，我们中有一些人去捕鱼，在回到营地时，却发现死了 10 个同伴，鲜血流了一地。愿圣母玛利亚从邪恶中拯救我们！我们在距离这个岛屿 14 天路程的滨海地带留下了 10 个人来看管船只。1362 年立。"[36]

霍兰德试图将这块石头和丹麦的马格努斯国王在 1355 年授权波尔·克努德松的探险行动联系到一起，试图证明肯辛顿的如尼石记载了这次探险的范围。即使不考虑没有独立证据能证明克努德松的确有过出航探险，[37]这块如尼石的可信度还因为一些问题而大打折扣。第一个就是它的发现地点距离兰塞奥兹牧草地——目前唯一可信的维京人遗址——有好几周的路程。沿着雷德河顺流而下进入温尼伯湖就需要花费至少两周的时间，随后他们还要在陆地上长途跋涉才能到达肯辛顿。同时为了这么一点收获，他们还要穿过一片众多原住民部落占据的土地。虽然没有证据不意味着在未来不会有所发现，但是目前在这样的南方内陆地区没有任何北欧人活动的考古证据。

更具说服力的是语言学的资料。这个如尼石上的铭文是在维京世界发现的所有铭文中最长的一个。为了雕刻这样的一块石头要花费相当多的时间，一支小队从避风港出发，在充满敌人的土地上探索了"许多天"，他们应该不会去沉迷于这项工作。这样比较起来更明显：11 世纪的维京人在奥克尼的梅肖韦古墓中胡乱涂画的铭文都很简短，他们当时并没有受到暴力的威胁，而是在猛烈的风暴中将那里当作庇护所。[38]

肯辛顿如尼石的语言和字形也表明，它不是伪造的就是语言学的特例。铭文中有一种元音变音的 o，这种现象直到 16 世纪才在瑞典语中出现，而且铭文中的 j 和 n 的样式早在 1362 年的几个世纪前 [39] 就已经没人使用了。文本中也有各种时代错误，例如用"dags"称呼"一天"的旅程，而不是古北欧语中的拼写"daghs faerdh"。更能说明问题的是，这些反常的如尼文风格和 19 世纪瑞典中部的达拉纳省使用的类型有联系，住在肯辛顿附近的奥赫曼有一些同伴恰恰就出生在这个地区。奥赫曼自己也承认在学校学习过如尼文，而且他也有一本讨论如尼文字母表的瑞典历史书。[40] 奥赫曼的交际圈中也许有一些人就有足够伪造如尼石的知识。

因此，虽然这个如尼石的造假手段很老到，但肯定是个假货，在斯堪的纳维亚裔美国人将自己视作是莱夫·埃里克松的继承者的意识不断高涨的年代，它满足了他们对维京文物 [41] 的需求。即使这样，它还是有它的坚定捍卫者：从 1948 年 2 月到 1949 年 2 月，肯辛顿如尼石成了华盛顿的史密森尼学会的一次展览会上的重头展品。现在它在明尼苏达州的亚历山大的如尼石博物馆中是获奖展品。此外，以奥赫曼原本的农场为中心的"肯辛顿如尼石公园"中有这块石头的一个放大复制品。

随着时间推移，关于肯辛顿如尼石真假的正反两方的新证据不断出现，例如在 2005 年，支持者宣称这块石头上的其他如尼文风格（比如加附点的 r）是 14 世纪头十年的哥特兰书写的特点。[42]
不过，围绕这块石头的争辩在激烈程度上远远比不上围绕所有的
维京"古文物"中最著名的《文兰地图》的争辩。这个地图在
1957 年第一次公开出现，康涅狄格州的纽黑文的一个古书商人把
一份 15 世纪的地图拿给耶鲁大学图书馆的中世纪与文艺复兴文
献馆的馆长托马斯·马斯顿、他的同事——图书馆中地图馆的馆
长亚历山大·维克多去看。这个当时的世界地图和《鞑靼记述》
（作者未知的关于意大利方济各会的修士乔凡尼·德·卡皮尼在
1245—1247 年出使蒙古统治者窝阔台大汗的记录）装订在一起，
图中描绘了格陵兰以及标注为"文兰"的北美东海岸。

　　如果它是真的，那么这将会是一个令人惊讶的发现。已知北
美最早在地图上出现是热那亚的制图师在 1503 年左右绘制的《卡
尼里奥地图》。第一个标注有"文兰"（或文兰迪亚）的地图直
到 16 世纪晚期才出现，例如 1570 年的《斯特凡松地图》上标注
有"文兰迪亚海岬"和"斯科莱林人的土地"。一些 15 世纪的大
西洋地图上标注有各种神话中的岛屿，例如"安迪利亚"（1424
年的一张威尼斯海图上出现了这个地名）和"巴西岛"（Isle of
Brazil）。[43] 不过，没有证据证明它们中的任何一个有提到北美。
它们中也许有一些对格陵兰的了解，在 1480 年左右的一张加泰罗
尼亚语的海图上出现了"伊哈·维尔达"（Ilha Verda，字面意思
就是绿色土地）。

　　虽然耶鲁的馆长们看到的这张地图已经包括了整个世界（至
少是 15 世纪的制图师应该已经知道的那部分世界），他们的主
要兴趣还是集中在大西洋中部的一个岛屿的名称上，它被标注为
"文兰岛"。因此，这张地图很快就获得了"文兰地图"的别名，

从那以后人们一直这么称呼它。这个地图还有一些注释，它们似乎证明，制作地图的信息来自《文兰萨迦》中详细记述的那几次前往美洲的航行。一段注释如下：

> 在上帝的旨意下，比雅尔尼和莱夫·埃里克松从格陵兰岛出发，在浮冰的环绕中向南航行，前往西方大海中的遥远区域；经过漫长的航行，他们发现了一块新的陆地，这里非常肥沃，甚至还生长着葡萄藤，他们将这个岛屿命名为文兰。埃里克，罗马教廷的使节、格陵兰以及附近诸地的主教，以全能的上帝的名义，在有福的帕斯加尔教皇在世的最后一年来到这块富饶的土地上，并且逗留了很久。他们度过了夏季和冬季，然后返回了东北方向的格陵兰。[44]

除了提到了萨迦中发现文兰的人，这张地图的注释还提到了埃里克·格努普松·乌普斯主教，《冰岛编年史》中记述了他在1121年前往文兰的事。[45] 文兰地图的注释中提到的日期（帕斯加尔教皇统治的最后一年是1117年）和冰岛记录中给出的日期之间存在差别，但是和地图真实性的问题相比是次要的。它的出处从一开始就充满了谜团，古书商人劳伦斯·威腾在巴塞罗那从艺术品商人恩佐·费拉乔里·德·里手中购得此图，艺术品商人则坚持声称它来自一个他不会透露身份的"私人收藏者"。[46] 此外，手抄本中有一些书蠹啃出来的孔洞，而《文兰地图》和《鞑靼记述》中的孔洞对不上。这谜团似乎因1958年4月另一本中世纪手抄本的偶然出现而得到了解决，这份手抄本是博韦的文森特创作的《历史之镜》(*Speculum Historiale*)的残卷。这份手抄本中也有孔洞，它与《文兰地图》以及《鞑靼记述》的孔洞相吻合，因此人们推测它们曾经被装订在一起。

维克托买下了地图，耶鲁大学在初步的检查中认为它是真实的，而且在 1965 年[47] 出版了一本面向公众的书，详细地说明了这些发现，不过对它的怀疑尚未消除。1967 年在大英博物馆对地图进行检查的时候，发现了字迹中有些地方很反常，马斯顿自信地宣称《历史之镜》和《鞑靼记述》的手抄本中的字迹完全相同，而且字体用的是 1415—1460 年在德意志、法兰西和低地国家的典型的"巴斯塔德文书体"。[48] 对《文兰地图》的墨迹进行了更为认真的分析，这显示它的墨水的成分和另外两份文献的并不相同，实际上中世纪欧洲的绝大多数手抄本中用的墨水里都有铁的成分，但地图所用的墨水里却没有。

1974 年，地图被送到芝加哥的迈克隆研究所去进行更详细的鉴定。这次发现手抄本中使用的墨水里含有一种锐钛（一种二氧化钛）的晶体，这种晶体直到 20 世纪才出现。沃尔特·迈克隆认为这种锐钛也许和在 1916 年获得专利的那种锐钛是一种，常用于涂料行业中，因此他认定这份地图是在 1920 年左右画出来的。在伦敦大学学院进行的进一步分析中，研究者使用先进的光谱技术，来证明锐钛在地图的墨水中存在，而在另外两份手抄本的墨水中不存在。[49]

这个地图的制图法也表明它很有可能是伪造的。它将格陵兰绘成一座岛屿，实际上直到 20 世纪还没有人能确信这一点。即使是在这份地图出现的 1965 年，还没有人真正绕着格陵兰岛环游过。[50] 此外还有一些迹象，比如《文兰地图》和《卡尼里奥地图》中的格陵兰的位置一样，说明《文兰地图》的制图者绘图时将 16

世纪的葡萄牙地图当作了模板。[51]

至于作伪者是谁，拥有足够必要的技能知识来伪造地图的嫌疑人一定不多，一个主要的嫌疑人就是奥地利的耶稣会牧师约瑟夫·费舍尔，他在 1902 年写过一篇介绍的文章，来说明一本关于北欧人的考古发现的书。在研究施瓦本的沃尔费格城堡的档案时，他找到了可以追溯到 1507 年的《瓦尔德塞穆勒地图》，而且这幅地图上首次出现了"美洲"的名称。伪造者为何要制造这样的极具欺骗性的假货也无人知晓，不过他制作《文兰地图》也许仅仅是为了让《文兰萨迦》有实际证据——比起肯辛顿如尼石来说更为可信的尝试。

不是所有在兰塞奥兹牧草地的考古发现之前的"维京文物"都是假货。1957 年，两位考古学家在缅因州中部纳斯凯格点的戈达德农场中挖掘出了货真价实的文物。戈达德是美洲原住民的遗迹，他们留下来了许多东西，在那里的垃圾堆里埋着一枚银币，这枚银币被证明是最重要的考古发现。最初没有人认识到它的重要性，而且它被错误地认为是一枚 1100—1135 年的英格兰钱币。直到 1978 年，一位英国的钱币专家才认识到这枚银币根本就不是英国的，挪威国家博物馆的钱币馆的馆长科尔比约恩·思凯勒查明这是一枚于 1065—1080 年铸造的北欧便士。对这个定居点的模式的分析表明，美洲原住民在 900—1500 年期间定居在这里，随后他们放弃了这里。至关重要的是，这枚银币一定是在下一批欧洲人于 16 世纪到达这个地区之前就被放置在了那里。戈达德遗址是向北延伸到拉布拉多地区的一系列贸易网的一个枢纽，显然一些货物来自相当远的地方。在戈达德出土的一组特别的 30 个石器工具和数以百计的薄石片是由拉玛燧石打造的，而这种燧石只能在拉布拉多的北部找到。人们在这里还出土了来自多塞特文化的平滑的翡翠匕首和刮刀，证明这个定居点和拉布拉多进行（即使不是直接的）贸易。这枚银币来到缅因州的确切方式以及将它运到这里花了多长时间已经不可能知道了，不过它们的确可以在某种程度上证明，在 1065 年，在萨迦中的航行最有可能发生的时间的半个世纪以后，依然有北欧人留在了北美，他们中有一员将这枚便士用掉或者丢掉了。

　　萨迦里几乎每一条和文兰有关的信息都被人分析了许多次，他们试图对马克兰和赫鲁兰的位置进行推理，进而找到难找的文兰的位置，这一行为导致了许多狂热（且无果而终）的推测，直到 1961 年才发现第一个真正的维京时代的遗址。大多数想确定文兰位置的人都会尝试利用《文兰萨迦》中附带的描述，来试图缩小文中提到的各个地方的范围。《格陵兰萨迦》中说在白昼最短的时候，太阳在早上和下午之间是可见的，这被理解成太阳在上午 9 点升起，在下午 3 点还没有落下，这表明地点的纬度范围是北纬 40—50 度，文兰的位置可能在新泽西州到圣劳伦斯湾之间的任何地方。[52] 萨迦中提到的葡萄和自然生长的谷物也为学术上的推测提供了沃土：野葡萄只生长在新斯科舍省的南部以南的地方，如果自然生长的谷物指的是一种野生黑麦，那么这两条线索表明的大概是同一地区。[53] 相反的是，萨迦中记录了莱夫的探险队在文兰发现了鲑鱼，这证明此地区在缅因州以北。

　　萨迦中用过"斯科莱林人"这个词，人们也利用这条记载来缩小维京人登陆的地域范围，也用它来猜测维京人遇到的是什么民族。斯科莱林人最初出现在于 1158 年去世的博学者阿里的《冰岛人之书》中。在他讨论格陵兰的殖民活动时，提到了"生活在那里的和定居在文兰的是同一个民族，格陵兰人将他们称为斯科莱林人"。几十年后的1170—1175年，《挪威史》的作者提到了"被称为斯科莱林人的矮人"，文中说，他们生活的地方"离格陵兰人很远"，而且他们在受伤时不会流血。[54]

起初人们合理地推测，北欧人在北美遇到的原住民是多塞特人或苏勒因纽特人。苏勒人在12世纪中期似乎还没有向南迁徙到格陵兰的西部定居点，不过北欧人也许是在格陵兰北部的诺尔德斯图尔狩猎场和他们相遇的，也有可能他们遇见的是一些这之前的多塞特文化的残存者。[55]

多塞特人直到1300年还生活在拉布拉多北部（这里也可能就是赫鲁兰），他们可能在这里和北欧人相遇。在莱夫·埃里克松的时代，在更靠南的纽芬兰也有多塞特文化的因纽特人，他们会在那里捕猎竖琴海豹。[56]不过，萨迦对斯科莱林人的描述中体现的元素和我们现在知道的因纽特文化或多塞特文化并不相符。索尔芬·卡尔斯夫尼一行找到的干燥谷物的容器，和一些北美原住民的祖先的器物在特征上更加相似，比如比沃苏克人和密克马克人，而非因纽特人。同样地，另一个萨迦中提到卡尔斯夫尼的探险队找到了9个睡在3艘小船下的人，这种船只并不像是因纽特人的皮划艇，因为它们太小了，无法像文中说的一样提供隐蔽处。[57]

伪造了《文兰地图》、肯辛顿如尼石和许多其他假文物的伪造者们追求的真正证据找到了：挪威作家赫尔基·英格斯塔德宣称他在纽芬兰的兰塞奥兹牧草地（L'Anes aux Meadows）上已经找到了维京人的定居点。英格斯塔德开始受到了异口同声的质疑，这在某种程度上是因为许多学者都将文兰标注在更靠南的其他地方，克里斯蒂安·拉芬认为是在科德角，而古斯塔夫·斯托姆在 1887 年更青睐新斯科舍。

英格斯塔德的遗址所在的兰塞奥兹牧草地位于纽芬兰的最北部，旁边是贝尔岛海峡，正对着拉布拉多地区。丹麦考古学家约尔延·梅德加德于 1956 年在附近的皮斯托利特湾进行了一系列试探性挖掘，什么也没有发现。不过当赫尔基·英格斯塔德在 1960 年来寻找莱夫的棚屋可能坐落的位置而来到纽芬兰的时候，一个名为乔治·德克尔的当地人将他带到伊帕维斯湾，在这里黑鸭溪的溪水泛着泡沫，流过一处长满矮柳和草的平原。德克尔让他看海湾的顶部附近的一个长满草的平台，在那里有一些覆盖着欧石楠的小土堆。

英格斯塔德认为这里可能就是他一直探求的文兰的北欧人定居点的遗迹，在 1961 年，他和他的妻子安妮·斯泰恩·英格斯塔德对那里进行了发掘。英格斯塔德夫妇在 7 个夏季里都在兰塞奥兹牧草地不断挖掘，他们获得了十分惊人的成果，和之前的那个满是失望和赝品的世纪形成了鲜明的对比。1972 年，加拿大公园管理局还资助他们以进行进一步的发掘。这两次行动中共发掘出了 8 或 9 个维京时代的建筑。遗迹透露出，之前有多塞特文化的因纽特人在这里生活；之后的几个世纪里，美洲原住民部落在这里定居。[58] 不过在维京人的时代，在附近似乎已经不再有原住民生活了，这让此处十分适合定居，也证明了萨迦中记录的维京人和斯科莱林人之间的血腥冲突。两所最大的建筑物——"房屋 A"（79 英尺长、15 英尺宽，在小溪附近）和"房屋 F"（65 英尺长、49 英尺宽，有 6 个房间，位于平台的最东部）都是比较大的建筑物，这证明此处并非几个路过的北欧人的临时住所。

兰塞奥兹牧草地确实是维京人的遗迹，最具决定性的证据是英格斯塔德夫妇发现的约 125 件文物——其中约有 100 件是铁钉或铁钉的碎片，除了格陵兰的陨铁，原住民没有能力获得这种金属，而宝贵的陨铁是不会被打成钉子的。加拿大公园管理局在发掘活动中发现了另外 650 件物品，其中许多就在环绕房屋的沼泽地中，它们大部分是定居点的居民做木工活时留下的木头碎片。不过最引人注目的是"房屋 J"中的遗存，它是一个单间的建筑，遗存中有沼铁矿和矿渣的残余物，表明有人曾经在这里冶炼过铁矿；在它附近有一个炭窑的遗迹，则进一步证明了这所房屋曾经是铁匠铺。遗址中的其他小型房屋似乎是居住用的，人们在其中发现了铁制铆钉、木制容器的零件、石制灯具、维京时代的环头铜针，以及皂石做的纺轮。

兰塞奥兹牧草地的遗址代表了哪种定居点？人们难免希望将其直接等同于莱夫斯布迪尔，这就能干净利落地解决维京人的文兰在哪里的问题。不过，这个地点无法回答《格陵兰萨迦》中认为应该位于这里的霍普和斯特拉姆峡湾在哪里的重要问题。两个最大的建筑物都在房屋的一端有一间私人卧室，这暗示了定居点中有人有着精英的地位，全体船员和他们的船长也许就居住在这里。纺轮的发现表明在这个定居点中有纺织活动，这种活动是妇女所独占的，这意味着无论是哪群人在兰塞奥兹牧草地生活，都有可能将他们的家庭一同带来了。

这些都显示了这是一次殖民活动，不过遗址的其他方面表明了这里是比较暂时的居住地。房屋都没有任何维修的痕迹，虽然有些房屋最后毁于火灾。草皮建筑物的屋顶一般至少 20 年就需要维护一次，而兰塞奥兹牧草地的房屋没有经历过这一修补工作，这意味着他们居住时间最长也在 20 年左右。兰塞奥兹牧草地的定居点持续时间不长的进一步证据是那里没有任何长期定居情况下一定会有的公墓，而且遗址的垃圾堆规模较小。

在这个遗址中发现的铁渣和沼铁矿的总量只有 6—7 磅，如果有连续几个季度的大规模量产的话，很明显不会只有这么少，不过这个量差不多就是修复一艘船所需要冶炼的量。出土的大量铁钉和铁铆钉几乎可以肯定来自一艘船只，这也足以支持这个理论。一些铁钉上甚至有裂痕，这表明人们曾经用凿子将它们从本来钉着的物体（大概就是船只的木材）上拔了下来。[59] 此外，即使在兰塞奥兹牧草地有一些妇女，在遗迹里也没有发现任何牛棚或谷仓。如果北欧人带着家眷来到纽芬兰，那么他们似乎并没有将牲畜也带到这里。

让人着迷的是，在这个遗址中还发现了三个灰胡桃的残余物，这种果实的生长范围的最北方在新不伦瑞克省的圣劳伦斯河流域，野生葡萄也生长在差不多同样的范围内，这暗示了兰塞奥兹牧草地的维京人一定向南进行过航行。对遗址中的木头最初进行的放射性碳年代测定的日期大概在 10 世纪，由于一些木材一定是浮木，或者是在几十年前就被砍倒并且存放在纽芬兰的，这和从萨迦推测出的对文兰的航行在 1000—1020 年之间的看法不完全一致。随后的放射性碳年代测定将时间精确到了 980—1020 年，[60] 和萨迦所说的几乎完全一样。

兰塞奥兹牧草地似乎更有可能是前往文兰的其他地方的补给站或者必经之地，而不是殖民的目的地。格陵兰附近的海冰情况决定了在仲夏之后几乎不可能出航，因此为了防止出现船只搁浅，从文兰出发的回程航行只能在 10 月之前完成。从格陵兰要航行两周的时间才能登陆兰塞奥兹牧草地，显然将这里作为一个探索文兰其他地方的安全基地十分明智。这难道意味着在北美东海岸还有未发现的更大的维京遗迹？在兰塞奥兹牧草地的建筑物中能容纳的人口估计有 70 人，[61] 由于格陵兰殖民地的总人口也只有 400—500 人，[62] 如果有第二个这样重要的定居点的话，那么格陵兰就要出动三分之一的居民去文兰殖民了，这似乎不太可能。不过另一个可能的小型中继站被发现了。2012 年 10 月，加拿大的考古学家帕特里西亚·萨瑟兰宣称在巴芬岛的东南海岸上的唐菲尔德河流域的考古发掘中出土了磨刀石和青铜碎片，在里面还嵌着熔化的铁。当地的原住民不会冶炼这两种金属，不过格陵兰的北欧人能够生产它们。在唐菲尔德还发现了和当时的格陵兰的纺织物类似的纱线的碎片，可以说明在巴芬岛出土的建筑物也许是一个永久的维京贸易站。如果是这样的话，那么，也许可以认为唐菲尔德流域有北美的第二个维京人定居点，不过，究竟有多少维京人生活在那里，他们生活的时候是什么时代，他们在那里进行的是长期贸易还是季节贸易，这些都是未知的。

一些迹象则至少表明，兰塞奥兹牧草地的一些居民也许来自冰岛。考古学家发现了由来自冰岛西部的碧玉构成的 5 个点火器（像燧石一样打出火花来点火的工具），4 个同样的工具是用格陵兰的碧玉做的，还有一件工具中的矿石来自东南方向有 150 英里之遥的纽芬兰的中部（它暗示了我们差点不会知晓的一系列前往内陆的探险）。不过，即使有一艘或两艘船只的船员来自冰岛，也依旧无法改变一个事实：文兰的地位依赖格陵兰，否则在 11 世纪早期不会有足够的人力来维持这些定居点。

萨迦中出现的三个不同的地名（莱夫布迪尔、斯特劳姆峡湾和霍普)的确造成了混乱,而且这些地名提醒我们文兰的确是一个地区,而不是任何特定的地点。《格陵兰萨迦》中的斯特劳姆峡湾和《埃里克萨迦》中的莱夫布迪尔是否是一个地方是不明的,随着对霍普的位置的探索,这一问题已经在许多重要的研究中被反复讨论过了。斯特劳姆峡湾可能在的地方包括兰塞奥兹牧草地本身和纽芬兰南部的阿瓦隆半岛;研究者们将霍普定位在位于兰塞奥兹牧草地以南 120 英里的遥远的格罗斯莫恩半岛的圣保罗湾,以及哈德逊河。[63]

至于美洲的维京人殖民地在什么时候消亡的,是以什么方式消亡的,这一图景则相对清晰。萨迦和兰塞奥兹牧草地可以证明,从莱夫在文兰的第一次登陆到最后一次探险航行之间的时间是 20 年左右,而且随后就没有过大规模的探险行动。这并不意味着在 1020 年之后就再也没有维京人拜访过文兰(或赫鲁兰、马克兰),书面史料和考古挖掘都能证明他们依旧有所活动。对格陵兰北欧遗迹的被掩埋船只残存木材的分析表明,10 个样本中的 6 个是落叶松,这种植物不生长在格陵兰,却是北美的原生物种。[64] 此外,在格陵兰的西部定居点的沙下农场 [65] 里的棕熊皮和黑熊皮上,找到了北美野牛的毛发和纤维的碎片,这也只能是来自北美的。缅因的便士也是维京人和当地贸易者之间的联系至少持续到 11 世纪中期的证据,不过更合理的想法是,它是从亚北极区的埃尔斯米尔岛一路经过多次贸易才来到那里的,而非来自在文兰进行的直接贸易。

在文献史料中,我们只有一份隐晦的史料提到埃里克·格努普松主教在 1121 年前往了文兰,在之后还有一艘格陵兰船只在到达过斯特劳姆峡湾的外围地区后于 1347 年抵达了冰岛。这艘格陵兰的船并不大，《冰岛编年史》的作者特别强调说，即使是冰岛最小的船只也比那个大，不过根据记载，在它被吹离航线的时候，这艘船正在前往马克兰。这次探险的目的并没有被记录下来，可以合理地推测它是去寻找木材的。根据《文兰萨迦》，马克兰有丰富的木材，如果没有这个资源，那么格陵兰的北欧人将不得不去依赖浮木。无疑，还有其他从格陵兰到北美的航行未被记录下来，如果这艘船最后没有到冰岛的话，我们就不可能注意到1347年的这次探险活动。一些航行活动也许在之后还在继续。不过这样想的话十分有趣：在维京人第一次登陆北美的350年之后，哥伦布"发现"美洲的150年之前，一群登陆的维京人有可能依旧在通过一种单调的活动——砍伐树木来获得木材。

第 7 章

极东之地

800—1040 年的罗斯地区的维京人

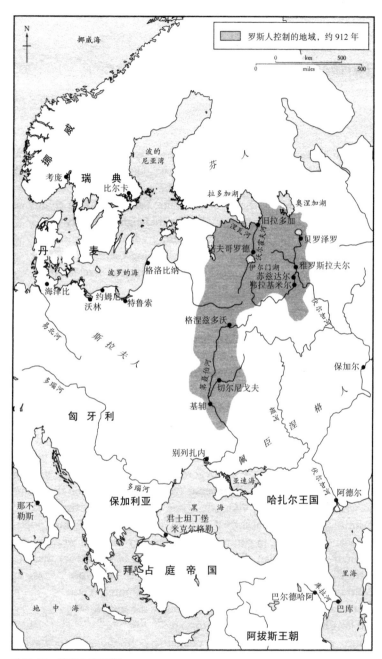

N

挪威海

波的
尼亚湾

芬　　人

拉多加湖

奥涅加湖

考庞
瑞　典
比尔卡

旧拉多加

贝罗泽罗

涅瓦河
诺夫哥罗德
沃尔霍夫河

雅罗斯拉夫尔

丹
伊　尔门湖
苏兹达尔

波罗的海
格洛比纳
弗拉基米尔

麦
海泽比
约姆尼
沃林
特鲁索

格涅兹多沃

斯　拉　夫　人

保加尔

多北河

第
聂
伯
河

多瑙河

切尔尼戈夫

基辅

保
加
尔
人

顿
河

伏
尔
加
河

匈　牙　利

别列扎内

佩
臣
臣
涅
格

多瑙河

保加利亚

亚速海

哈扎尔王国

阿德尔

那不
勒斯

黑　海

君士坦丁堡
（米克尔格勒）

里海

拜　占　庭　帝　国

伏
尔
加
河

地中海

巴尔德哈阿

巴库

阿拔斯王朝

罗斯人控制的地域，约912年

km   500

miles   500

地图 10　维京人在罗斯

瑞典的海盗和商人无法像丹麦和挪威的同族那样轻易地进入西部的海洋，他们转而前往东方。早在 7 世纪中期，他们就开始在波罗的海的沿岸进行殖民，例如在 650 年左右，他们在拉脱维亚的格洛比纳建立殖民地。[1] 到 8 世纪中期，他们已经深入罗斯地区的内部，逐渐控制了第聂伯河沿线的贸易，并且建立了一系列定居点（或者殖民那些已经有人居住的地方），这些地点最终融入罗斯国家中，成为罗斯国家的核心地区。

关于斯堪的纳维亚人在波罗的海的东海岸涉足政治的记忆十分久远：据说 7 世纪左右的瑞典国王英格瓦尔多次蹂躏过爱沙尼亚人的土地，并且在一次这样的战役中战死；而且据说英格林王朝的最后一位国王伊瓦尔·韦德法德米（Vidfadmi，远行者）统治的疆域包括瑞典、丹麦、萨克森和波罗的海的大部分地区。[2] 不过，直到 9 世纪中期，这些半是传说的记载上的迷雾渐渐散去，在罗斯的维京人才能被纳入历史学的框架中来。即使是这样，研究者还是持对立的观点不停争论，对维京人建立以基辅、诺夫哥罗德和其他一系列贸易城镇为基础的公国的过程困惑不已。这些争论的核心是维京人融入斯拉夫人中的程度：是前来的维京人采用了业已存在的斯拉夫人的习俗，并被他们（或者芬人）同化了呢，还是说他们建立的邦国基本上依旧保持着斯堪的纳维亚的形态呢？支持这些定居点主要是斯拉夫人的这一派被称为"反北方人派"，相对地，"北方人派"主张罗斯诸国的原型拥有纯粹的维京血统。[3]毫不意外的是，反北方人派的理论长期以来统治着俄罗斯的历史学界，特别是在苏联时代。它几乎已经成了牢固的正统观念。相应地，斯堪的纳维亚的历史学家则倾向于突出维京人在这一地区的国家建立和发展中的角色。和以往一样，真相几乎就介于这两个观点之间——维京人到达的并不是一片荒无人烟的土地，他们开发的地方也不纯粹是维京人的，我们必须重视维京人在罗斯地区的定居的时候，斯拉夫人所起到的作用。

维京人在波罗的海东部建立了格罗宾、阿普拉和埃尔宾（位于格但斯克湾）等基地，并且向南进入罗斯地区，此过程的准确时间是不为人知的。[4]不过在文献中，他们在9世纪30年代一定已经设法沿着第聂伯河进入黑海，来到了君士坦丁堡。法兰克王国的《圣贝尔坦年代记》中记述了一个关于拜占庭皇帝塞奥菲罗斯派遣的外交使团的故事，他们在839年抵达了遥远的英格海姆——法兰克王国的统治者虔诚者路易的宫廷。据说，希腊使节们还带着一群"被称为罗斯人"的人，他们是来觐见拜占庭皇帝的代表，不过，由于他们来时的路被敌对的部落封锁了，他们无法原路返回，只好往西前往法兰克王国。路易审问了这些人，并且发现他们属于瑞典人的国家（索诺尼斯），他们的统治者称作可汗。路易怀疑这些人是间谍，并且将他们留在了宫廷里，直到他对他们的善意感到满意。编年史中没有提到接下来发生了什么，但法兰克国王大概最终放他们回了。[5]

这一记载的关键是在这里第一次出现了"罗斯人"（Rhos）或"鲁斯人"（Rus）这一名称，罗斯地区的斯堪的纳维亚人随后以这个名词而为人所知，并且罗斯国家最终也因此得名。这个名词的来源未知，不过它也许源自芬人对瑞典人的称呼"罗特斯人"（Ruotsi），[6] 或者来自古北欧语中意为"划桨手"的"roþer"。其他奇特的解释还包括意大利的历史学家克雷莫纳的柳特普兰德的理论（他认为这个词源自希腊语的"红色"，指的是北欧人的红润肤色）；还有人认为它来自生活在高加索地区的名叫"鲁克赫斯－阿斯"的阿兰人部落。[7] 北欧人的另一个广为人知的称呼是瓦兰吉人（Varangian），这个名词也指的是斯堪的纳维亚的雇佣兵，尤其是为拜占庭皇帝[8]效力的雇佣兵；这个名词可能来自古北欧语的"威德尔"（誓约者），它也许指代发誓要相互支持的一群战士或商人。[9]

关于维京人来到罗斯地区的书面史料是很有问题的，因为这依赖对 1116 年成书的《往年纪事》（*Povest' Vremennykh Let*）[10] 的理解。这本书的记载在 852 年第一次提到罗斯人，当时"罗斯人进攻了沙皇格勒（君士坦丁堡）"。随后，它在 859 年提到了另一个名词："来自海外的瓦兰吉人向楚德人、斯拉夫人、麦里亚人、维西人和所有的克里维奇人征收贡物。"在 860—862 年，编年史进一步记录道：

> 进贡者将瓦兰吉人逐出海外，不再向他们纳贡，开始管理自己的政务。然而，他们没有一部法典，这个氏族开始反对那个氏族，他们内讧不已，相互攻伐。于是他们彼此商议："咱们还是给自己物色一位能秉公办事，管理我们的王公吧。"他们就去找海外的瓦兰吉人，找罗斯人……楚德人、斯拉夫人、克里维奇人和维西人对罗斯人说："我们那里土

地辽阔富庶，可就是没有秩序，你们来治理和统管我们吧。"
于是，他们选出了三位兄弟带领他们的氏族以及所有的罗斯
人来到斯拉夫人的地方。长兄留里克坐镇诺夫哥罗德，二哥
西涅乌斯坐镇别洛奥泽区，三弟特鲁沃坐镇伊兹鲍尔斯克。
由于有那些瓦兰吉人，诺夫哥罗德被称为罗斯国家。[11]

　　即使这个故事中的细节靠不住，但是这个记述也许代表了一
种记忆：维京人为了向周边的部落收取贡品而占据了之前斯拉夫
人在基辅建立的中心。维京人进入的这个地区并不仅仅只有斯拉
夫各部落参与群雄逐鹿。这一地区还有组织程度更高的国家。源
于突厥的哈扎尔人的国家位于伏尔加河、高加索北部和亚速海之
间，他们在 7 世纪稳步地向西扩张领土。他们建立的哈扎尔王国
是罗马人征服了巴勒斯坦之后、以色列国在 1948 年建国之前的这
段时间中唯一一个信奉犹太教的国家。他们在 722—737 年和阿拉
伯人进行了艰苦的战争之后，最后同定都于巴格达的阿拔斯王朝
签订了协议，这允许它从里海附近的基地往西、往北去向罗斯地
区的森林地带进行扩张。在这个过程中，哈扎尔人同化或征服了
一系列芬人和斯拉夫人的部落，并且向他们征收贡品，主要是毛
皮和蜂蜡。他们也统治着另一个突厥民族伏尔加保加尔人（Volga
Bulgar），保加尔人在 675 年左右定居在伏尔加河流域，而且他们
的首都保加尔（今俄罗斯喀山的附近）是重要的贸易中转站。从
北方来的斯堪的纳维亚人也许扰乱了这个系统，这在《往年纪事》
中有所记载。
　　罗斯地区最早的斯堪的纳维亚移民的更具体的证据来自俄罗
斯北部，那里有一系列定居点，例如斯塔拉亚·拉多加（旧拉多

加），它就是当地的斯拉夫人于 750 年在圣彼得堡东北的沃尔霍夫河左岸建立起来的。这里如同引水渠一般将东方的贸易汇聚到这里，还收集了从西方的斯拉夫人部落和芬人部落那里征收到的贡品、大量的伊斯兰银币（往往被称为迪拉姆）。这里出土的最早的钱币罐可以追溯到 8 世纪 80 年代。[12] 繁荣的经济让斯塔拉亚·拉多加的定居点在 9 世纪 30 年代有很可观的发展，人们在北部建筑了新的房屋，金属、鹿角和琥珀等产品的加工业也在当地得到了发展。和他们在西欧的同族不同，来到拉多加的维京人既不抢劫当地修道院，也不掠夺邻近的繁荣城镇，原因很简单，因为这里没有足够吸引他们的目标。他们的殖民活动的主要目的是利用当地的贸易网络，这样他们作为贡品收集来的毛皮就能卖到保加尔城，或者更南方的哈扎尔王国的首都阿德尔（Itil）。

最初，这些也许主要来自瑞典的北方商人仅仅是去拜访那里，不过他们最终留了下来，而斯塔拉亚·拉多加变成了北欧人为主的定居点，他们称之为阿尔代久堡（Aldeigjuborg）。他们在郊外建立了一个斯堪的纳维亚风格的墓地。那里散布着数以百计的坟墓，这是商人们的确存在的确凿证据。商人们的贸易路线先是沿着涅瓦河而上来到拉多加湖，然后再前往沃尔霍夫河的汇流点。在稍后时代的考古地层中有斯拉夫风格的单间小屋，这意味着到 10 世纪时斯塔拉亚·拉多加的维京人已经被同化了，至少他们已经采用了许多当地斯拉夫人的习惯。

罗斯的维京人认为有必要沿着河流进一步控制贸易，并且在伊尔门湖的留里克沃·戈罗季谢建立了新的据点。戈罗季谢的腹地比拉多加的要更肥沃，能供养更多人口，因此转而成为斯堪的纳维亚人进一步扩张的出发点。北欧人向东建立更多定居点，例如在别洛焦尔斯克湖建立了同名的定居点。以这些定居点为基地，维京人兼用武力和金钱来统治当地部落，和当地首领建立联盟以获得毛皮和其他商品。最终，他们向南推进到第聂伯河，并且到达了基辅。900 年之后不久，他们在格涅兹多沃（在斯摩棱斯克以西 8 英里）建立基地，他们从这里可以控制东南方的哈扎尔王国到波罗的海南岸之间的贸易路线。[13] 可以从他们墓地中看出这个定居点的重要性：这里的大规模墓地中有超过 3000 座坟墓。即使这里的人口比例中真正的北欧人很少，不过出土的大量斯堪的纳维亚工艺品足以证明这个地点是罗斯人在第聂伯河中游地区重要的权力中心。[14]

我们有幸拥有一些阿拉伯人对罗斯人的描述，特别是 10 世纪早期[15] 的波斯地理学家伊本·鲁斯塔（Ibn Rusteh）。他记述道：

> 罗斯人居住在一个沼泽环绕的半岛上。他们生活的半岛大概花三天的时间可以走完，半岛上覆盖着森林和浓密的灌木。这里环境很不健康，而且地上满是湿滑的泥土。他们的首领的头衔是"罗斯可汗"。他们同斯拉夫人打仗，他们俘虏斯拉夫人后，会将其贩卖给哈扎尔人和保加尔人。他们并不耕地，而是以在斯拉夫人的土地上抢劫来的东西为生。在一个孩子出生的时候，他的父亲会拔出自己的剑，把出鞘的剑放在孩子身前，说："我不会留给你任何遗产，除非你用剑获取属于你自己的财富，否则你将一无所有。"他们没有村庄，没有庄园，也没有耕地；他们唯一能做的就是用貂皮、松鼠皮和其他动物的毛皮同别人进行贸易……他们的衣服总是干净的，而且男人会佩戴金臂环来装饰自己。他们对待自己的

奴隶很好。他们去贸易的时候会穿华丽的衣服……[16]

关于罗斯人的另一个记载来自伊本·法德兰，他参加了921—922 年的阿拔斯王朝哈里发穆克塔迪尔派去拜访伏尔加保加尔人的可汗的使团。[17]伊本·法德兰作为大使的秘书一路同行，并且提供了关于罗斯人的生动描述。他在阿德尔河（即伏尔加河）见到了罗斯人的营地，他很欣赏他们的健壮体质，他写道，他们"像棕榈树一样高大结实，每人都是金发碧眼，面色红润"，而且他们都"随身带着一把斧子、一柄剑和一把小刀……他们从不让武器离身。他们的剑很宽很重，开有血槽，是法兰克式的"。[18]伊本·法德兰描述了罗斯人是怎样在他们的船只附近向插在地里的木制偶像祈祷的，以及他们是怎样在停泊地附近建筑木屋的。他们的奴隶女孩和妻妾佩戴着黄金项环和彩色玻璃珠做的项链。不过当他见到维京人的卫生习惯时却心生厌恶，因为他注意到了维京人的恶心行为，即他们都用同一个盆来洗脸和洗发。他总结说，这种不洁让他们好像"野驴"。

伊本·法德兰遇到的罗斯人距离他们的核心领土不是很远，在他们相遇的 10 世纪 20 年代，他们似乎已经在罗斯地区的西部稳定地居住了。《往年纪事》中记载了这一变化，即使记载很简略，也可能包含有真相的核心。在瓦兰吉人到达罗斯地区的两年时间内，西涅乌斯和特鲁沃都去世了，而以诺夫哥罗德为基地的长兄留里克接管了他们的领土。[19]不久之后，一群维京人认为他们在那里没法发财，他们在第聂伯河顺流而下，最终看到了"山上的一座小城市，他们立刻攻占了那里"。他们占领的就是基辅，这里极有可能已经有一个斯拉夫人的定居点，不过对它的占领并没有满足维京人对掠夺的渴望，阿斯科尔德和迪尔率领一支部队继续向南，前往君士坦丁堡。[20]

860 年 6 月 8 日，罗斯人到达了拜占庭帝国的首都君士坦丁堡，他们把那里称为"米克尔格勒"（Miklegard，伟大之城）。这些新蛮族的意外出现让恐慌在希腊人中蔓延。拜占庭皇帝米哈伊尔三世由于和阿拉伯人作战而不在首都，他将城防交给了君士坦丁堡牧首弗提乌斯。牧首本人悲叹道："为什么这个可怕的闪电会从遥远的北方落到我们头上？"[21] 他描述罗斯人从平静的海面上向君士坦丁堡航行，他们高举的宝剑"好像预示着死亡"。弗提乌斯在为了稳定市民的紧张情绪而进行的两次讲道会中（也许会上的内容会适得其反），将罗斯人的出现和圣经中的预言联系到了一起，他提到《耶利米书》中以色列人得到过警告："看哪，有一种民，从北方而来……性情残忍，不施怜悯。他们的声音像海浪匉訇。"他们传说罗斯是"一个鲜为人知的国家、一个没有记载的国家、一个斯拉夫人的国家"。这让他们出现在城墙外的消息有极大的冲击力。

最终，这次攻击没有得到什么记述，只有牧首的一段画面感十足的描述："到处都是死尸，河流被鲜血染红，甚至一些喷泉和蓄水池都不能被分辨出来，因为已经在它们的里面堆满了层层叠叠的尸体。"[22] 弗提乌斯认为城市之所以能从维京人的攻击下幸存，都是因为沿着城墙吟唱圣歌的队列让上帝介入其中：市民的队伍高举着圣母玛利亚的圣袍，这件希玛顿长袍的神力掀起了一场狂风暴雨，驱散了入侵者的舰队。无论阿斯科尔德和迪尔的远征军是真的遭遇了一场风暴，还是说他们由于其他原因没有继续他们的掠夺行动，他们都没有统治太长时间。根据《往年纪事》，他们被留里克的一个亲属奥列格（Oleg）杀死了，他随后在基辅建立起自己的统治。

根据伊斯兰的迪拉姆银币的流入量来推断，维京人在东方的贸易在对君士坦丁堡的攻击之后，即 9 世纪 60—80 年代之间显著增加，财富增加的预期也许促使罗斯人去巩固他们对贸易路线的控制力。在 9 世纪晚期的短暂下降之后，商业贸易再次增加，因为中亚的萨曼王朝正在为建立一个新帝国而奋斗，他们铸造了大量的迪拉姆银币。[23] 前往罗斯人控制地区的贸易路线向北移动，不再经过伏尔加河上的阿德尔，而是要先经过萨曼王朝控制下的河中地区，然后再前往伏尔加保加尔人的草原。银币的流入让罗斯地区的维京人定居点繁荣起来，不过许多银币最终到达了斯堪的纳维亚地区，在哥特兰岛找到的大量的钱币窖藏之中，有很大一部分都是它们。

由于《往年纪事》过于偏向留里克家族的王朝史，我们很难知道奥列格的追随者们在效忠于哈扎尔人（或保加尔人）的时候有多大的独立性，也很难知道比文献记载更多的大量独立的维京人群体让政治状况变得多么复杂。《往年纪事》中记录了奥列格对基辅周边的斯拉夫人部落进行的一系列战役：根据记载，在 883 年，他进攻了德列夫利安人，并且从他们那里征收了大量的黑貂皮。而在接下来的两年里，他的军队还攻击了谢维里安人和拉迪米奇人，拉迪米奇人之前向哈扎尔人进贡。

维京人已经在第聂伯河中游建立了政权，他们随后向南进攻。据说在 907 年，奥列格领导了对君士坦丁堡的第二次攻击（虽然这次掠夺行动是否确有其事是有争议的）。[24] 他率领一支有 200 艘船的舰队，沿着他之前的阿斯科尔德和迪尔的同一条路线行进。

不过，当奥列格抵达君士坦丁堡的时候，他看到这个城市的天然港口金角湾已经被一条锁链封锁住了。[25] 罗斯人的王公并没有因此撤退，而是在他的船上安装轮子，从陆路将船推过去以绕过障碍物，他们因此得以进入金角湾（1453 年，奥斯曼帝国的土耳其人也使用了这个战术）。希腊人意识到情况危急，他们承诺向奥列格支付贡金来换取他的撤退，在此之前他们用有毒的食物和美酒来暗杀他的企图并未成功。还是异教徒的北欧人以他们的佩伦神发誓不再继续进攻，在为船只更换了全新的丝绸船帆之后，他们满载着黄金离开了。

即使奥列格在 907 年的进攻并无其事，我们也有理由相信维京人的攻击让拜占庭人感到有必要去防备他们。利奥六世的《战术》是 9 世纪 90 年代的一本军事手册，书中列举了拜占庭帝国海军对抗各种敌人时使用的战术，其中就提到了 "北方斯基泰人"，他们在攻击中操纵小而迅捷的船只，这说的很有可能就是罗斯人。[26] 无论如何，907 年的协议中规定了罗斯人不被允许待在君士坦丁堡城内，911 年的一份进一步的条约补充了北欧人在什么情况下可以经商的细则。有趣的是，911 年的罗斯使节的名单如下：卡尔、英格雅尔德、法尔鲁尔夫贝尔蒙德、赫罗拉夫、贡纳尔、哈罗德、卡尔尼、弗里斯莱夫、霍拉尔、安冈提尔、索罗安德、莱图尔夫、法斯特和斯泰因维斯。即使这些人名在真正的条约中都被翻译为希腊语，这些名字都是斯堪的纳维亚人的名字，这表明在 10 世纪早期，斯拉夫人对基辅的维京精英的影响力还是比较微弱的。

911 年条约中的条款涉及罗斯人领土中被关押的基督徒俘虏的赎金、将逃走的奴隶送回的义务，以及罗斯人在拜占庭帝国境内犯罪时的处理程序。条约规定：如果是北欧人内部的罪行，那么将把他交给罗斯人来解决；不过，如果他们的罪行牵扯到了其他人，那么就要根据拜占庭帝国的法律来审判他们。罗斯人被允许在君士坦丁堡停留 6 个月（这个特权之前只有叙利亚人有），并且免除了一切关税。

奥列格在 914 年去世。曾有个预言说，他会因为他心爱的坐骑而死亡。因此，奥列格将这只动物送走了，但是他下令依旧要细心地照顾它。在四年之后，奥列格想起了那匹马，并且前去拜访饲养它的马厩。到达后他得知马已经死了，便下令将它的头骨带到他的面前，他用脚去踩它，不过他这么做的时候，一条毒蛇从被踩碎的骨头中蹿了出来，还咬了他。因此，他蔑视神谕的这一行为为他带来了死亡。无论实际情况如何，他终归是去世了，[27]奥列格的儿子伊戈尔（Igor）继承了王位，不过在《往年纪事》的年表中，这两个人之间相差了几十年的时间，让人不免心生疑窦。

941 年，伊戈尔率领一支大规模的舰队（《往年纪事》中以十分夸张的口吻宣称他召集了一万艘船，[28] 实际上也许没有那么多）重新进攻拜占庭帝国，他对黑海沿岸进行了一系列掠夺。这一次，拜占庭人以希腊火反击，它是在 7 世纪晚期为了应对入侵的阿拉伯舰队而发明的一种秘密武器。希腊火的准确配方一直不为人知，[29] 它大概包含了某种石油和硝石，也许是一种类似凝固汽油的凝胶状的物质。它最初是存储在陶罐中的，人像扔手榴弹一样将它投掷出去，或者用抛石机将它投掷出去。最终，拜占庭人学会了用管子来喷射它，就像用火焰喷射器。无论希腊火的成分是什么，它显然对敌人的船只都是毁灭性的，即使在水中也会继续燃烧。据说在受到攻击后，惊恐的罗斯人纷纷跳入海中，情愿被淹死而不是被活活烧死。据说，他们中有一些即使在水中依旧在燃烧，而那些穿着重型盔甲的人则径直沉入水底。被惩罚的伊戈尔和他残余的舰队撤退了，一份史料说，整个大规模舰队中只有 10 艘船逃了回来。[30] 即使这样，伊戈尔在 944 年率领另一支舰队再次进攻，他得到了斯拉夫人和佩臣涅格人（是一个曾在 941 年进攻罗斯人的游牧民族，但是他们现在结盟了）的增援。拜占庭皇帝"生于紫室者"君士坦丁七世知道这支"无敌舰队"正在逼近，他用大批黄金和丝绸作为礼物来收买伊戈尔，但是佩臣涅格人依旧造成了很大的损失，因为他们在回到基辅的路上在巴尔干半岛大肆掠夺。

双方在 944 年签订了不侵犯拜占庭帝国的条约，这个条约比 911 年的条约对罗斯人相对不利：他们现在需要先出示证书来说明他们带来了多少船只，然后才能被允许进行贸易；而且他们购买的丝绸其价值不能超过 50 个贝占特。[31] 罗斯人也不再被允许在第聂伯河河口过冬，以避免那里成为大型战船组成的舰队的基地，考虑到维京人在欧洲其他地方有从过冬转为征服和定居的进程，这是个明智的预防措施。和 911 年的条约相比的另一个明显变化是签署这一条约的罗斯人不全是斯堪的纳维亚的人名了——基辅的精英阶层正在渐渐地斯拉夫化。

为什么要规定罗斯人不能在第聂伯河河口过冬？君士坦丁七世本人将这样做的理由记述了下来。他在 944 年签订条约前不久写下了《论帝国管理》（De Administrando Imperio），它是一本为未来皇帝而写的指导手册，其中有关于罗斯人的贸易船队的论述。

君士坦丁七世解释道，罗斯人的舰队每个冬天在春季解冻期之前在基辅集结，直到河流完全可通航的 6 月，他们一直都在建造新的船只，皇帝描述他们将树干挖空来造船。这个舰队会在指定的某一天在维塔切夫 [32] 集结，随后一同沿着第聂伯河顺流而下。沿途有两处危险地带，第一个是一处 45 英里长的湍急河段（位于今乌克兰的第聂伯罗彼得罗夫斯克和扎波罗热之间），这里只在水位最高的 6 月可通航，即使是在那时，船只也不得不卸下货物，让奴隶们从陆路搬运，而罗斯人则小心地把船用杆子从危险的暗礁边撑开。在某些地点，甚至这样做也不行，只能把船只搬运到陆地上，从陆路一路运输到更平稳的河段。君士坦丁七世皇帝记录下了斯堪的纳维亚人为这些急流取的生动的名字，例如"饮酒者"（Essupi）、"呼号者"（Gelandri）、"狂暴者"（Alfor，或意为"不可通过者"）、"大笑者"（Leanti）。

如果说河流还不够危险，河流附近的游牧部落也同样是个威胁，他们能在罗斯人搬运船只的最脆弱的时候去进攻他们。佩臣涅格人在 972 年就这样做了，他们杀死了伊戈尔的继承人斯威亚托斯拉夫（Svyatoslav）。最终，如果罗斯人安全地通过了急流和游牧民，这支舰队就会到达格雷戈里岛。[33] 维京人会在这里的一棵巨型橡树的树荫下举行献祭仪式，以答谢这一路的平安，随后他们将前往埃斯里欧斯岛（敖德萨附近的黑海中的别列扎内），他们会在那里休息几天，然后沿着黑海海岸径直前往君士坦丁堡。

伊戈尔对君士坦丁堡的野心暂时被挫败了，他将注意力转向东方，即哈扎尔人和保加尔人的统治地区，还有遥远的东方和南方的阿拉伯人的控制区域。在罗斯人的控制下，这里的贸易安全可以保证，可能这些地方和用暴力胁迫签订条约的拜占庭一样有

利可图。早在 912 年，[34] 一支维京远征军就洗劫了里海地区，哈
扎尔人同他们签订了精明的协议，以让他们自由地通过为条件来
换取战利品的分成。阿拉伯作家马苏迪描述了这支维京人的掠夺
舰队，他们有约 500 艘船（每艘船上有 100 人的话，那就是 5 万
个战士，这不太可能），他们沿着顿河进入伏尔加河，随后进入里
海。由于在这之前，这一海域里从未出现过战船，罗斯人利用这
一点出其不意地发动进攻，他们可以不受阻碍地进攻巴库（位于
今阿塞拜疆），并且最终到达了有三天航程的伊朗西北部的阿尔达
比勒。

　　几个月之后，满载而归的维京人经过哈扎尔人的土地班师，
并且如约缴纳了协议中规定份额的战利品。哈扎尔人的可汗并没
有背叛他们的意图，不过他的许多穆斯林臣民因为维京人攻击了
他们的穆斯林弟兄而怒火中烧，他们组建了一支 15 万人的大军猛
攻北欧人。战斗持续了 3 天，近 3 万维京人在这次灾难中战死，
只有约 5000 人逃回到船上，他们进入顿河，来到相对安全的保加
尔人的地盘。[35]

　　943—944 年，维京人军队回到了里海，这次的远征军是伊戈
尔派出的。他们沿着高加索的库拉河逆流而上，击败了巴尔德哈
阿的统治者征召的军队。罗斯人在攻占了那个城镇之后，大肆屠
杀它的市民，不过许多掠夺者随后在一场瘟疫中死去，这让阿塞
拜疆的统治者马祖班·伊本·穆罕默德可以更容易地围攻维京人。
他将入侵者赶出城，将他们包围歼灭。幸存者躲进了巴尔德哈阿
的城堡，随后在晚上溜走，他们只带走了很少的战利品。

　　伊戈尔本人当然没有参加这次灾难性的掠夺行动，他不久
之后在 945 年战死。在对德列夫利安人进行索贡巡行时，伊戈

尔亲自前去强行征税，德列夫利安人拒绝支付更多税金，并随后攻击了伊戈尔的部队，伊戈尔因此战死。继承基辅大公之位的是他的儿子斯威亚托斯拉夫，这是第一个采用斯拉夫名字的基辅大公。此时罗斯人诸公国在文化上也越来越斯拉夫化。不过斯威亚托斯拉夫在伏尔加河、多瑙河四处征服，并且进攻过拜占庭帝国，他还是很有英雄般的维京时代的风范的。助祭利奥（Leo the Deacon）记述了斯威亚托斯拉夫和拜占庭皇帝约翰一世·齐米斯西斯在 971 年在多瑙河上的会面，他描绘的斯威亚托斯拉夫的相貌和 9 世纪的那些维京人首领并无差别：

> 他是中等身材，并不比平均水平高，也不太矮；他眉毛浓厚，有灰色的眼睛和一个短翘鼻；他的胡须修理得很干净，不过在上嘴唇留着长且浓密的胡须；他留着光头，只有一绺头发垂在头的一侧，这是他高贵血统的标志；他脖子短粗，胸膛宽阔，身体的其他部分协调匀称；他面相凶狠，杀气腾腾；他的一个耳朵上戴着金耳环，上面装饰有两颗珍珠，珍珠之间有一块红宝石；他身着白衣，除了十分干净外，和他的同伴们的穿着没有什么不同。[36]

斯威亚托斯拉夫的军队攻击的第一个目标是哈扎尔王国。大概在 10 世纪 60 年代[37]的某个时间，罗斯人发动了攻击，并且很快攻占了一个被称为"白塔"（Biela Viezha）的城镇，那里也许就是哈扎尔王国的首都阿德尔。一个同时代的史料（约 965 年）中讲述到城镇的果园遭到烧毁，而且入侵者将一切夷为废墟。哈扎尔王国就此崩溃了，而且再也未能恢复过来。哈扎尔王国本是高加索地区的一个有用的缓冲国，它的消失为之后游牧民的入侵打开了道路，而罗斯人对这一后果应该感到后悔。到 11 世纪，阿德尔的遗址上还满是废墟。

斯威亚托斯拉夫仍然雄心勃勃地想要扩张，他随后对多瑙河的保加尔人开战。拜占庭皇帝尼基弗鲁斯二世·福卡斯（963—969 年在位）打好了如意算盘：无论这两方谁获得胜利，它们作为拜占庭帝国的两个潜在的敌人都会在这次战争中被削弱。尼基弗鲁斯鼓动斯威亚托斯拉夫去开战，并且给了他 1500 磅黄金。由于保加利亚沙皇西美昂大帝早已去世，而他的继任者彼得一世并不那么好战，入侵行动进展顺利。入侵军队在保加利亚横冲直撞，将保加尔人包围在德里斯特拉，并洗劫了几个主要定居点，罗斯军队最终在多瑙河的某个河湾附近（也许是迪诺基提亚的古罗马晚期的堡垒）停下了脚步。

斯威亚托斯拉夫在那里收到一个不幸的消息：他的母亲奥尔加已经病重。基辅大公匆忙地踏上归途，将大部队和他的舰队留在了后方，即使在归途中遭到了佩臣涅格人的攻击，他还是在 969 年赶回基辅，见到了母亲的最后一面。当他在同年返回保加利亚的时候，他发现罗斯人的战斗成果已经被保加利亚的新沙皇鲍里斯二世夺去大半，他的亲拜占庭立场让斯威亚托斯拉夫对希腊人而言不再是适当的盟友。罗斯人现在面对的保加尔人比以前抵抗得更加顽强，不过新的拜占庭皇帝约翰一世·齐米斯西斯（他将尼基弗鲁斯二世·福卡斯杀死在卧室）提议：如果他们离开保加利亚，他将继续向斯威亚托斯拉夫提供贡金。斯威亚托斯拉夫出人意料地没有接受这一条款，两个统治者之间的交流中满是恐吓：基辅大公要求他的拜占庭对手留在亚洲，因为只有拜占庭帝国交出在欧洲的全部领土，罗斯人才会回到基辅；约翰一世尖锐地反驳说斯威亚托斯拉夫最好小心一点，免得他落得和他父亲在 941 年进攻拜占庭帝国的舰队同样的下场。[38]

拜占庭帝国对罗斯人的反攻受挫了，因为率领拜占庭军队的将领巴尔达斯·福卡斯起兵叛乱，并且前去小亚细亚的卡帕多西亚去召集支持者。皇帝只好亲自指挥这场战役，他几乎完全摧毁了驻守在佩列雅斯拉夫利的罗斯军队，只有少数人成功突围。维京人随后遭受进一步的失败，许多领头的战士被杀。7 月 9 日双方进行了决战，在激战时，拜占庭一方获得了来自神力的帮助（像他们经常相信的一样），有一位骑着白马的神秘人在战斗的关键时刻率领军队进行一次决定性的冲锋。斯威亚托斯拉夫承认战败，他在多瑙河的一个岛屿上同拜占庭皇帝签订了条约。[39]

斯威亚托斯拉夫回到基辅时，由于被希腊人击败，他的地位是否会因此变弱将永远不会有人知道了。在他和手下的残兵败将从多瑙河返回途中的某个地点，也许他当时正在试图渡过一个急流，早就等在那里的佩臣涅格人的大军攻击了他的部队，许多维京人被杀，基辅大公斯威亚托斯拉夫也在此列，他的头盖骨被挖空并且嵌上黄金，获胜的佩臣涅格可汗将它用作酒杯。这是游牧民族的一个残忍的习俗，之前被保加利亚可汗克鲁姆在 811 年击败的拜占庭皇帝尼基弗鲁斯一世也得到了相同的结局，唯一的不同是，当时是使用白银而非黄金来制作这个可怕的酒杯的外壳。

紧接着死去的是斯威亚托斯拉夫的儿子们。他的儿子雅罗波尔克（Yaropolk）、奥列格、弗拉基米尔（Vladimir）之间爆发了一场惨烈的内战，雅罗波尔克杀死了奥列格，不过在 978 年，他又被弗拉基米尔在一次讲和的会议上用诡计杀死了。在大批瑞典雇佣兵以及从雅罗波尔克一方叛逃的斯拉夫将领布鲁德的帮助下，弗拉基米尔赢得了王位。[40] 弗拉基米尔当权之后，他进攻了包括拉迪米奇人在内的一些附近的部落，试图扩大基辅的核心领土。他在领土的南部建立了一系列要塞，把它们当作对抗佩臣涅格人的据点，并且派出了一支舰队去对抗伏尔加保加尔人。

弗拉基米尔是一个异教徒（虽然弗拉基米尔的母亲奥尔加是个基督徒，但是在罗斯的要员中几乎没有人跟随她皈依）。据说他曾经短暂地想要皈依伊斯兰教。《往年纪事》中讲述了弗拉基米尔是怎样根据几个主要宗教的代表人对他们国家的信仰方式的报告来做出选择的。来自伏尔加保加尔人（伊斯兰教）、哈扎尔人（犹太教）、德意志（天主教）、君士坦丁堡（东正教）的使节陆续前来，弗拉基米尔也派出了他自己的使者去确认他的想法。这些贵族回国后报告说：

> 我们到过保加尔人那里，观看了他们如何在他们的寺庙，即清真寺里祈祷，他们不系腰带站在那里，膜拜后坐下，像走了魂似的，东张西望；他们并不快乐，他们只有忧伤和一股极其难闻的臭味。于是我们来到德意志人那里，在他们的教堂里参观了各种礼拜仪式，但没有见到任何美妙动人之处。于是我们来到希腊，希腊人把我们领到他们礼拜上帝的宏伟建筑前，当时我们不知道是身处天堂还是在人间：因为在人间从没见过这样的奇观，如此美妙的场所，我们真不知道如何形容这一切。我们只知道上帝在那里栖身于人群之中，他们的宗教仪式也比其他所有国家都好。我们无法忘记那种美妙的景色。[41]

弗拉基米尔已经在对话中暗示了他最终的决定。他已经知道穆斯林坚持忌食猪肉，亦不得饮酒，这让他十分不满，他说道："罗斯人以饮酒为乐，没有酒还不如让我们去死。"同样地，对于德意志的天主教，弗拉基米尔反感他们的斋戒宣传。他拒绝哈扎尔人的理由是，犹太人被人赶出了他们的圣地，所以上帝必定对他们不悦。于是剩下的选项只有东正教了。无论弗拉基米尔是否被拜占庭帝国教仪中的壮丽的美感和神秘感所吸引，在拜占庭帝国的控制范围内成为一个合格的基督徒统治者都能获得十分实在的外交优势，因此在 988 年，他同意皈依来自君士坦丁堡的东正教。作为交换，他还请求迎娶拜占庭皇帝巴西尔二世的妹妹安娜。有传闻说安娜并不想去遥远的基辅结婚，这并非空穴来风，因为弗拉基米尔进攻了克里米亚半岛上拜占庭人控制的科尔松，这可不像是未来的妹夫应该做的。据说有一个城内的叛徒射出一支箭，箭上附有留言，告诉弗拉基米尔如何切断城镇的水源，于是罗斯人征服了城市。由于控制了科尔松，联姻的谈判进行得十分顺利。弗拉基米尔的婚礼和洗礼仪式很快就在基辅举行了。作为一种皈依的象征，弗拉基米尔将旧宗教的异教神像推倒，将最重要的神像——雷神佩伦像，它的主体是木头，头部是白银的，胡子是黄金的——绑在马的尾巴上，并且从鲍里切夫山一路拖拽到山脚下的小溪边。在那里，为了重现献祭人类的可怕仪式，他下令让 12 个人用棍棒去击打那个败亡神祇的神像。

此时基辅罗斯公国已经基本上完成了从维京人的边远基地到斯拉夫人的王国的转变过程。斯堪的纳维亚战士长久以来在罗斯人的土地上很受欢迎，维京人称呼那里为"加尔达里基"（要塞之国），他们现在对弗拉基米尔而言是某种麻烦。他之前雇佣他们来是为他自己争权夺势的，不过他并不想要这些未受雇佣的战士组成的不稳定的战团祸乱一方。现在他已经坐稳了王位，也获得了外交的名望，他开始着手解决这个问题。他将大量瓦兰吉人（这些雇佣兵以这个名称而闻名）送给巴西尔二世以镇压巴尔达斯·福卡斯的叛乱，[42] 在解决问题的同时又能讨好皇帝，一举两得。这支部队也许有 6000 人之多，是瓦兰吉卫队的前身，在接下来的两个世纪里，他们组成了拜占庭帝国皇家卫队的核心。[43]

弗拉基米尔在 1015 年去世，另一场残酷的内斗随之而来。在他的子嗣中，斯维亚托波尔克（Svyatopolk）由于在决战中战败而发疯了。获胜的雅罗斯拉夫（Yaroslav）则被迫不情愿地和统治着切尔尼戈夫的仅存的弟弟姆斯季斯拉夫（Mstislav）将公国一分为二。雅罗斯拉夫以诺夫哥罗德为基地，他在自己统治的土地上并不十分出名，不过因为他同祖先的家乡保持着联系，在那里却十分出名，因此他在萨迦中获得了更多的歌颂。据说，他至少有 6 次从海外招募"瓦兰吉人"来强化他的军队。[44] 他迎娶了瑞典的奥洛夫·斯考特考农格的女儿英吉格尔德。他为在 1028 年遭到挪威驱逐的奥拉夫·哈拉尔德松提供庇护，在奥拉夫于 1030 年的斯蒂克莱斯塔德战役中战败身死后，也庇护了他的两个儿子马格努斯·奥拉夫松、哈拉尔德·哈尔德拉达。雅罗斯拉夫将女儿伊丽莎白嫁给哈尔德拉达，他通过这次婚姻进一步加强了同斯堪的纳维亚地区的联系（虽然这样说有点多愁善感，他的其他几个女儿分别嫁给了匈牙利国王安德烈一世和法兰西国王亨利一世）。通过在 1037 年在基辅建筑罗斯地区的第一个大教堂——圣索菲亚教堂，他进一步地提高了他作为基督教君主而非维京冒险家的地位。与此同时，他和北方的楚德人作战，并且将基辅公国的边境线向西推进，这让他成了诸位罗斯大公中最有权力的一位。

雅罗斯拉夫一生中最严重的失策是在 1043 年对君士坦丁堡进行了一次判断失误的攻击，最后造成基辅舰队全军覆没，他本人的威望也严重受损。在那之前，罗斯地区的维京人进行了最后一次狂欢，远游者英格瓦尔率领旧式的远征军在 1040 年出航。这一次他们对里海周边的穆斯林进行了一次大规模掠夺，而且这次行动被记在一系列 25 个如尼石（全部在瑞典）上，它们是为纪念那些在远征中战死的人而竖立的。格利普霍姆的一块如尼石上记述道："托拉为他的儿子哈拉尔德和英格瓦尔的弟弟竖立这块石头。他们为了黄金大胆地远航。在东方，他们为雄鹰献上食物。他们死在南方，死在塞尔克兰（塞尔克兰是指代穆斯林控制的土地的通用的古北欧语词汇）。"另一个简洁得多的铭文上仅仅记录了死者的名字和他们旅行到的土地："欧米卡，乌尔费尔，希腊，耶路撒冷，冰岛，塞尔克兰。"

除了如尼石，唯一有关英格瓦尔远征的真实史料是《英格瓦尔萨迦》，文中提到了远征军的首领如何初步赢得了战士的声名，但瑞典的奥洛夫并没有奖赏他任何土地。在请求被拒绝之后，英格瓦尔前往雅罗斯拉夫的宫廷，并且被派去探索加尔达里基以东的土地，他沿着大河（也许是伏尔加河）顺流而下。他一路上的冒险经历有一些是完全不可信的（遇到飞行中的龙，从巨人那里获得一个大银锅）；一些是勉强可信的，例如，他在一个美丽的女王斯尔吉斯弗的宫廷中逗留；以及一些貌似真实的，例如他遇见了一支装备有希腊火的舰队（不过随后萨迦的内容再一次变得荒诞不经，比如英格瓦尔杀死了一个巨人，将他的大脚砍下，将脚作为诱饵来让龙离开巢穴，维京人随后掠夺了巢穴）。最终，英格瓦尔找到了一处闹鬼的大厅，早已死去的瑞典国王哈拉尔德的旗帜就藏在那里。当他拿起这个旗帜，诅咒就落到他的身上，他和他的许多手下在归途中死于疾病。[45]

在这一时期，其他变化也彻底地改造了罗斯地区的维京人。从伊斯兰地区进口的迪拉姆的流入从 10 世纪 60 年代开始减少，并且在 11 世纪 30 年代基本停止（因为出土了大量迪拉姆的哥特兰岛几乎没有这之后的钱币窖藏）。阿拉伯钱币被盎格鲁 - 撒克逊钱币和德意志钱币取代了，许多德意志的钱币由哈茨山的白银铸造，那里的银币产量正在增加。更为重要的是，维京人雇佣兵停止前往罗斯地区，传统家族联系和共有文化的联系也消失了。基辅的统治者逐渐成为斯拉夫文化的一分子，斯拉夫文化向南方的君士坦丁堡获取灵感，与北方的斯堪的纳维亚渐行渐远。到 11 世纪中期，可以认为罗斯地区的维京时代已经结束了。

第 8 章

英格兰和斯堪的纳维亚的新帝国

950—1050 年

地图 11　11 世纪的新帝国

954 年，血斧埃里克被逐出约克，这似乎标志着维京人对不列颠的威胁宣告终结。阿尔弗雷德大王的后裔已经将英格兰统一在威塞克斯王朝之下，而且英格兰最后一个独立的斯堪的纳维亚人定居点已经陷落。埃德加（959—975 年在位）统治期间的主要活动是对教会和币制的一系列改革，和他的祖先们相比，他的统治是如此的平静，他为此获得了"和平者"的绰号。不过在他死后，阴影笼罩在这片土地上，他的两个皇后所生的一对异母兄弟——爱德华和埃塞尔雷德为王位而内斗。爱德华获得了改革派的坎特伯雷大主教邓斯坦的支持，并且最初成功地登基了。不过，三年之后，爱德华在拜访埃塞尔雷德和其母艾尔夫斯莉思居住的科夫堡时，他在不可告人的情况下被谋杀了。《盎格鲁-撒克逊编年史》中记述道："自从英格兰人来到不列颠后没有发生过比这更坏的事。"[1]

许多人认为艾尔夫斯莉思要为此负责，[2]认为就是她为了将自己的儿子送上王位，设计谋杀了国王。不过这份洗不掉的嫌疑并没有阻止埃塞尔雷德继承王位。新国王只有 11 或 12 岁，弑君的污点预示着他的统治并不会一帆风顺。不过，在他的母亲、顾问大臣温切斯特主教埃塞尔沃尔德和麦西亚郡长艾尔夫希尔的监护下，人们还是期望他的统治如同他的父亲那样长久，国家能够和平与繁荣。

　　埃塞尔雷德的统治的确很长，不过他的统治却是十足的灾难，他因为没能阻止最终吞噬了英格兰的大灾难，而获得了一个绰号"恩莱德"（Unraed，这并非普遍认为的"无准备"，而是"无计划"）。³ 埃塞尔雷德在 979 年 5 月在泰晤士河畔的金斯敦举行加冕仪式，在这一年里，维京人数十年来第一次前来掠夺，他们洗劫了南安普顿，蹂躏了萨尼特岛，而且北欧人的战团还将切斯特附近毁坏一空。无论这些掠夺者前来是因为认识到新国王尚且年幼而且用了手段才能继位，还是像萨迦中暗示的那样，是由于丹麦国王蓝牙哈拉尔德这样的斯堪的纳维亚统治者的权力越来越强大才被赶至英格兰的，很难确定原因是这两者中的哪一个。

　　这些在初期前来的人是自由掠夺者，尽管他们造成了一些破坏，不过还并不足以威胁到英格兰的稳定。981 年，康沃尔遭到攻击；第二年，多塞特的波特兰也遭到攻击。在接下来的 10 年里，更多掠夺行动不时出现，而且埃塞尔雷德的宫廷和诺曼底公爵理查之间的关系也日益紧张，前者怀疑后者在他的港口里停泊有维京舰队。⁴ 在罗马教皇使者特雷维主教利奥的斡旋下，威塞克斯和诺曼底在 991 年签订了和平协议，其中包括一个条款：双方都承诺不为对方的（未指明对象）敌人提供庇护。

　　议和也许带来了些希望，但它并没有带来和平。仅仅在 6 个月之后，就有一支大概有 93 艘战船的大型舰队来到英格兰的东海岸，掠夺了肯特的桑德威奇，然后进攻伊普斯威奇，最后在威塞克斯的马尔顿登陆。这次的攻击者不再是小规模的自由海盗，领头的是一个有贵族血统的人，即奥斯陆峡湾附近的维肯的统治者的儿子奥拉夫·特里格瓦松，后来的萨迦宣称他是金发哈拉尔德的玄孙。[5]

马尔顿当时在埃塞克斯是仅次于科尔切斯特的第二大城镇。[6]此时，维京人本来可以轻松地沿着还在涨潮的布莱克沃特河顺流而上，不过他们却在下游 1 英里的诺西岛上扎营。[7]这个岛和大陆之间的唯一联系是一个罗马时代就存在的潮汐堤道，这条堤道只有在低潮时才露出水面。这让英格兰人不可能对维京人的营地发动突然袭击，同样地，这也让维京人在面对攻击时进行突击或者机动的能力受到阻碍。

东盎格利亚的贝莱特诺特（Byrhtnoth）是埃塞尔雷德手下最有经验的郡长（盎格鲁－撒克逊人的英格兰最高级的地方官员），他从 956 年开始担任这一职位，他很快就率领当地民兵去对抗北欧人。由于时间紧迫，他仅仅征召了埃塞克斯的民兵，这意味着他手下只有 500—600 人，而奥拉夫的军队大概是他们的 5 倍。[8]关于战役的过程，《盎格鲁－撒克逊编年史》中的记载十分简洁，而且错误地将日期放在 993 年而非 991 年，《马尔顿之战》的古英语诗歌则描绘得更为详细。[9]在诗中，贝莱特诺特让他的人手沿着河流列阵，下令让他们组成盾墙，而他则骑马往来军阵各处，检查队列。

维京人看到盎格鲁－撒克逊人的军队正在接近，他们派出一位使者向贝莱特诺特要求贡金，来换取他们和平离开。可想而知，郡长对这种敲诈勒索不予理会。他的敌人被封锁在岛屿上，他们到达马尔顿的唯一一条道路是狭窄的堤道，不过他们在堤道上很容易被拦截住。贝莱特诺特则可以以逸待劳，等待更多增援部队到来。他将部队在堤道一头的浅滩上布阵，等待维京人的下一步行动。

奥拉夫对英格兰人射出了箭雨，试图在作战之前削弱敌人的队列。不过此时潮汐正在退去，这让贝莱特诺特认识到维京人有可能会强行通过堤道。在高潮时，水深大概有 6 英尺，而且因此只有在退潮时才可能从那里通过。贝莱特诺特下令让三个冠军战士将通道（堤道只有 6 英尺宽，而且两侧依旧被淹没，不能通行）封锁住，沃尔夫斯坦、马库斯、艾尔夫希尔三人"只要他们还能手握武器"便英勇拼杀，[10] 似乎他们已经将维京人的第一波攻击挫败了。

维京人和贝莱特诺特现在进入了新一轮的讨价还价，北欧人要求让他们通过堤道，这样双方才能公平地战斗。据说郡长"出于骄傲"[11] 而同意了，允许维京人来到大陆上。他到底为什么这样做一直饱受争议：从字面上来看，或许他真的以为能以少胜多，击败维京人；或者从意图上来看，他想要将奥拉夫的军队束缚在这里，免得斯堪的纳维亚人坐船离开去攻击没什么防御工事的城镇。

无论这样做的原因是什么，贝莱特诺特的冒险举动的结果是灾难性的。维京人成群结队地通过了堤道。《马尔顿之战》对战斗的实际场面的描绘是比较不准确的，诗中将维京人称为狼群——这些"战争野兽"以死者的尸体为食。英格兰人组成了盾墙，不过他们渐渐被压制了。在战斗的最高潮，贝莱特诺特被击中了手臂。他折断了刺穿他盔甲的长矛，但是由于这个致命伤，他还是倒地死去了。就在这时，奥达之子戈德里克骑上了贝莱特诺特的马，催马逃离了战场。看到指挥官已经放弃，许多英格兰人也紧跟着逃跑了，而那些坚守阵地的人则被逐一杀死。

维京人将贝莱特诺特的尸体斩首，并且将头颅带走了，伊利修道院的修道士们收殓了尸体，将他埋葬在教堂里，在他头的位置用了一个蜡球作为代替。[12] 即使《马尔顿之战》更多是文学上的描绘，而没有真实地反映这场战斗，[13] 埃塞尔雷德的军队的确遭遇了惨败，而且这一仗的政治影响十分深远。《盎格鲁－撒克逊编年史》中记录道，在这一年的晚些时候，北欧人获得了一万镑的贡金，那是他们第一次得到数额如此高昂的贡金，"因为他们已经令沿海地区大为震怖"。

可以预见的是，对未来的维京人掠夺行动而言，这将是接下来 20 年里的一个标准模式，这些贡金并未如预期的那样让他们离去，反倒在诱惑他们前来。992 年，英格兰人集合了一支舰队去拦截新一批维京人军队，由于东盎格利亚的郡长艾尔夫里克的公开背叛，他们被击败了。[14] 随后在 994 年，一个十分危险的重要人物加入维京人对不列颠的新一轮攻击中。八字胡斯韦恩在 987 年的一次叛乱之后，取代了他的父亲蓝牙哈拉尔德，登基为丹麦国王。[15] 他最初专注于巩固他在丹麦的权威，在 994 年，他加入了挪威的奥拉夫·特里格瓦松的队伍，一同进攻伦敦。他们未能攻占城市，随后便蹂躏了南部的海岸，埃塞尔雷德被迫允许维京人在英格兰过冬，并且支付了 16 000 镑银币让他们停止进一步的掠夺。这次休战的一个积极作用是奥拉夫同意接受基督教的洗礼，并且答应永远离开英格兰。他对这一承诺的坚持让人十分意外，丹麦人和挪威人之间不稳固的联盟因此毁于一旦。从埃塞尔雷德的角度来看，奥拉夫的离开带来了一个不错的后果：斯韦恩不得不回到斯堪的纳维亚，来防止奥拉夫入侵丹麦。

在接下来的 5 年里，埃塞尔雷德获得了喘息之机，直到斯韦恩在 1000 年 [16] 的斯沃尔德战役中击败了对手，丹麦国王才将注意力再次转向到英格兰。在此期间依旧有一些维京人进行掠夺，特别是在 997 年，一支军队抵达英格兰，在接下来的两年时间里大肆掠夺了南部沿海，直到他们在 1000 年撤退到诺曼底。不过，这些都不像 10 世纪 90 年代早期的那几次入侵一样具有威胁性。埃塞尔雷德对诺曼底公爵理查二世为那支维京舰队提供停泊的地点十分不满，这让双方开始谈判，最终国王和公爵的妹妹埃玛结婚，北欧人被驱逐。[17]

1001 年，也许就是那支被赶出诺曼港口的维京军队进攻了德文和萨默塞特。他们随后在怀特岛过冬。这些掠夺者最终达成了协议，勒索了 24 000 镑的贡金。和平的代价越来越高，而且用贡金买来的喘息时间越来越短。埃塞尔雷德十分沮丧，他支付给丹麦人的赎金未能带来预期的效果，他还害怕入侵者会很快返回，试图攻占土地并定居。为此他决心采取更多行动。1002 年的夏末，他下令杀死"在英格兰的所有丹麦人"。在 11 月 13 日的圣布里斯节，大屠杀爆发了。沃林福德的约翰在 13 世纪写道："他们不分年龄和性别，将人一律杀死，那些和丹麦人通婚的本国妇女也未能幸免……孩子们被扔到石头或柱子上面。"

圣布里斯大屠杀为入侵不列颠的维京人留下了十分骇人的遗物。不少"丹麦人人皮"保存在之前的丹麦法区的众多教堂中，据说它们都是从那些大屠杀的受害者身上剥下的人皮。它们中的大多数几乎都能肯定是动物毛皮，关于它们还有关于灰熊的传说，不过有证据显示，威塞克斯的萨弗伦沃尔登附近的哈德斯托克教堂的大门上覆盖的人皮也许就是真正的人皮（不过这个人皮是否属于在埃塞尔雷德的命令下被杀死的丹麦人是无法确定的）。[18] 2008 年，在牛津大学圣约翰学院的地下的一次大规模发掘中，人们在

一个新石器时代的水沟中找到了维京时代的 37 个成年人（16—25
岁为主）的骨骼，这是一个让人兴奋的发现。这些骨头上的烧焦
迹象证明他们也许就是圣布里斯大屠杀的受害者。这一场景和在
1004 年的一个王室特许状上的记载相吻合，其中记录了牛津的丹
麦人的下场，据说他们"像谷物中的鸟蛤壳"一样容易分辨，他
们前往圣弗朗西斯教堂避难，当地人无法进入教堂砍杀他们，于
是放火将建筑物焚为灰烬。随后的分析已经证明，虽然受害者的
确是斯堪的纳维亚人，但他们也许是早在屠杀发生的数十年之前
就已经死去的战士，他们也许是在被俘虏之后遭到处决的。[19] 他
们也许是一次大屠杀的受害者，不过并不是 1002 年埃塞尔雷德下
令的那次大屠杀。

　　和丹麦金（gafol，支付给维京人的贡金）一样，对在英格兰
的丹麦人的冷血杀戮取得的效果，恰恰和埃塞尔雷德计划的相反。
在接下来的一年，八字胡斯韦恩亲自率领维京军队席卷了埃克塞
特，他自称是为了死亡的同胞来进行报复性的远征。[20] 他先前往
诺曼底，和理查二世达成了协议，公爵同意接受受伤的丹麦人来
换取战利品的分成。《盎格鲁－撒克逊编年史》中对斯韦恩入侵时
英格兰人的抵抗保持比较悲观的态度，它将他们的损失归咎于缺
少组织和背叛（1003 年，汉普郡的郡长艾尔夫里克再一次被指控
有叛国罪，因为他在关键时刻假装生病，这使得英格兰民兵在丹
麦军队面前获得了灾难性的败绩）。[21]

　　到 1007 年，艾尔夫里克不再是英格兰最重要的贵族，其地位
被人取代，埃德里克·斯特雷奥纳在那一年成为麦西亚郡长。如
果有名单列出要为埃塞尔雷德统治期间的各种灾难负责的人，这
个人的位置一定十分靠前。埃德里克被描述成一个有着可疑过去

的人，他是 1006 年的谋杀诺森布里亚的郡长艾尔夫赫尔姆事件的同谋。[22] 就在埃塞尔雷德任命他之前的不久，国王下令向丹麦人支付目前为止最大的一笔贡金（36 000 镑），这支以怀特岛为基地的丹麦军队之前已经将汉普郡和伯克郡的大片土地付之一炬。

埃塞尔雷德试图利用丹麦人活动的间隙将米德兰（英格兰中部）重新划分为郡，并且进行征兵制度改革。改革后每 310 海德（土地面积单位，约合 60—120 英亩）的土地要为国防提供一艘船，而每 8 海德的土地要提供一个头盔和一件锁子甲。[23] 他还加固了一些在布尔赫（大概包括韦勒姆、马姆斯伯里和沃灵福德）的防御工事。此外，他还铸造了一批"头盔"银币，上面描绘了戴着头盔而不是传统上的王冠的埃塞尔雷德，他通过这种方式来重整军队的风气。从 1002 年开始担任约克大主教的伍尔夫斯坦在这个计划中为他提供了帮助，大主教同时也是教会改革的积极推动者，他帮助国王起草全部王室法令。[24]

最终，埃塞尔雷德的改革都没有奏效。1009 年 8 月 1 日，一支新的维京大军到达了英格兰，他们的首领是丹麦人高大者索尔凯尔，他据说是为他哥哥（这一年之前的掠夺者的首领）之死而来报仇的。[25] 埃塞尔雷德对此最初的反应并不是支付贡金，也不是在斯堪的纳维亚人站稳脚跟以前用军事进攻来阻止他们，更不是再次屠杀丹麦人。相反，他在伍尔夫斯坦的影响下，下令进行全国性的祈祷。根据法律规定，要在 1009 年的巴斯举行一场大规模的活动，其内容包括斋戒、祈祷和苦行。在为期三天的全国斋戒期间，到处都是游行队伍，每个牧师每天要进行 20 次弥撒，据说修道院进行了特别的弥撒来"对抗异教徒"。

几乎可以肯定《对英格兰人的布道书》（*Sermo Lupi ad Anglos*）

的作者是伍尔夫斯坦，文中包含了能唤起人共鸣的指责，声讨盎格鲁－撒克逊人的道德败坏，他认为，上帝是以斯堪的纳维亚入侵者的形式，来审判他们的道德败坏。伍尔夫斯坦用之前的盎格鲁－撒克逊作家（例如比德）使用过的华丽辞藻，叙述说正是 5 个世纪以前的不列颠人有同样的罪恶，上帝才允许埃塞尔斯坦的祖先将他们击败。[26]

上帝并未被他们的虔诚所打动，更没有毁灭他们的敌人。在 1009 年的圣诞节，索尔凯尔的军队洗劫了牛津，随后在肯特过冬。1010 年 5 月，他们遭遇了郡长伍尔夫基特尔率领的英格兰军队。在激战之后，英格兰人大败，并且损失了一些贵族。随着东盎格利亚被征服，前往东米德兰的道路已经敞开，未来的挪威国王奥拉夫·哈拉尔德松也加入了索尔凯尔，并且一起进攻了伦敦。据说他们将伦敦桥摧毁了，童谣《伦敦桥要倒了》就是纪念的这件事情。[27]

1011 年，托尔凯尔已经蹂躏了东盎格利亚、米德兰和威塞克斯的大部分地区。绝望的埃塞尔雷德不顾一切地试图求和，他想要和往常一样，用大笔贡金来收买入侵者。索尔凯尔的军队围攻坎特伯雷，并且在 9 月末将其攻陷，维京人抓获了一批极有价值的俘虏，其中就有坎特伯雷大主教艾尔夫赫亚。最终在 1012 年的复活节，埃德里克·斯特雷奥纳率领英格兰代表团前来进行和平谈判。他承诺的金额是惊人的 48 000 镑，这是到目前为止维京人获得的最大一笔贡金。不过这还不够，索尔凯尔一方还要求为大主教的自由而支付单独的赎金。艾尔夫赫亚拒绝支付这笔追加的贡金，出于失去了一大笔额外的赎金的愤怒，一群喝醉的维京人开始用牛骨头打他，最后一个人用斧头击碎了他的头盖骨。这是致命的一击，因此在维京人喧闹的盛宴上的悲惨一幕中，英格兰的首席教士去世了。

艾尔夫赫亚的尸体被带到伦敦，很快就作为殉教者受到崇拜。这件事更直接的重要后果是在英格兰四处为祸的索尔凯尔和他的45艘船一同叛变到了埃塞尔雷德一方，现在埃塞尔雷德也许感到自己已经安全了。然而在第二年的7月，斯韦恩再次航行到英格兰，这次他的儿子克努特也陪在一旁。这支舰队规模巨大且装饰极为雄伟。《诺曼底埃玛王后颂》（Encomium Emmae Reginae）记述道："在船的一侧可以看到金子铸造的狮子，在另一侧，桅杆顶部有鸟儿被风吹得在天上飞行，还有各种各样的龙头，它们从鼻孔里向外喷火。在这里，用金银铸造的人像闪闪发光、栩栩如生。"28

斯韦恩登陆之后，他迅速沿着特伦托河来到林肯郡的盖恩斯伯勒。诺森布里亚和五大区，也就是过去的丹麦法区的大部，都投降了斯韦恩。英格兰北部几乎没有做出抵抗，投降也很快，很难相信这一切没有经过事先的安排。埃塞尔雷德和他的第一次婚姻带来的儿子们（主要是埃塞尔斯坦王子29）之间的关系十分紧张，后者害怕同父异母的兄弟——埃塞尔雷德的第二任妻子埃玛的儿子们会将他们赶出国门，这一情况也削弱了英格兰人的抵抗决心。斯韦恩的大军向南移动，不久之后，牛津和温切斯特也臣服于他。埃塞尔雷德和索尔凯尔将他们的基地放在伦敦，只有那里还在进行抵抗。

斯韦恩于是绕过了伦敦前往巴斯，他在那里接受了西威塞克斯郡长的儿子埃塞尔默的投降，这次投降很重要。伦敦人认识到他们现在是在为埃塞尔雷德国王孤身作战，他们放弃了希望，并且投降了。与此同时，埃玛王后和她的儿子——阿尔弗雷德和爱德华——已经逃到了她的哥哥理查在诺曼底的宫廷。埃塞尔雷德耽搁了一段时间，他在驻扎于格林尼治的托尔凯尔的军队中避难，随后便转移到了怀特岛；在 1013 年的圣诞节之后不久，他偷偷渡过海峡和他的妻儿团聚。在这之后，对丹麦人的抵抗完全消失，而且斯韦恩宣称自己是英格兰国王。为了巩固他的地位，他让儿子克努特迎娶诺森布里亚郡长艾尔夫赫尔姆的女儿艾尔夫基弗，从而巩固丹麦王室和盎格鲁 – 撒克逊贵族之间的政治联盟。

丹麦人似乎终于要完成他们几个世纪里的征服英格兰的夙愿，讽刺的是，这一过程中却没有什么战斗。不过，由于八字胡斯韦恩在 1014 年 2 月 2 日突然意外死亡，丹麦人所有的计划随即陷入一片混乱。[30] 由于克努特对丹麦王位的要求可能会遭到他的哥哥哈拉尔德的反对，他的地位并不稳固，英格兰的贵族们随即转变了立场，要求埃塞尔雷德回国。

出于对之前错误政策的忏悔，埃塞尔雷德被迫同意做一个"比之前更公正的封君"，并且要"对他们一致痛恨的所有事情进行改革"。[31] 他宣称自己自然会接受"所有丹麦国王都要永久地被放逐出英格兰"的承诺，但是丹麦舰队依旧是个问题，不但他们效忠于克努特国王，而且效忠埃塞尔斯坦王子的部队依旧和他们结盟。反对埃塞尔雷德的这一联盟实力依然很强，不过在克努特回到丹麦之前，他在桑德威奇短暂地停留，在那里割掉了一批人质的耳鼻，并且把他们丢弃在此处。

埃塞尔雷德的第二次短暂统治并不比他的第一次统治时期更加平稳。埃塞尔雷德对那些支持过克努特的人进行了必要的清算，例如谋杀了西格菲尔斯和莫尔卡（这两个重要的贵族一直忠于丹麦国王）。随后，他在 1015 年夏季生了重病。不幸的是，国王的罹患疾病和克努特的回归恰好同时发生，克努特并不想和他的哥哥哈拉尔德为丹麦的王位而进行惨烈的内战，他想来获得英格兰的王位。

情况不只这么简单，埃塞尔雷德的二儿子刚勇者埃德蒙还率领着一支生力军，贪婪者埃德里克也征召了一支新军队，这让情况更加复杂了。理论上来说，埃德蒙的绰号就来自他极为勇敢的威名，他敢于公开反抗他的父亲。不过，埃德里克本来应该是埃塞尔雷德一方最忠诚的人，最终却带着宝贵的 40 艘船叛变到了克努特一方。当埃塞尔雷德似乎在秋季恢复了健康时，情况更为混乱，已经公开反对国王的埃德蒙正处于十分尴尬的境况。他成功地劝说他的父亲加入他的一方，不过埃塞尔雷德的顾问又说服了体弱的国王：埃德蒙实际上正在谋划废黜他。因此国王又回到了伦敦。

英格兰三方相斗的困局终于在 1016 年结束，首先是埃塞尔雷德在当年 4 月去世了。克努特在丹麦法区的地位已经相当稳固，并且在国王去世之前，他正准备进攻伦敦。贤人议会（witangemot，即王室议会）[32] 选择承认埃德蒙为英格兰国王，而丹麦舰队终于在 5 月初抵达伦敦，并且开始围城。[33] 据说克努特要求高达 6 万镑的巨额赎金来让埃玛王后安全离开，她与她的两个儿子正在城中组织防御。不过埃德蒙已经偷偷溜出城，来到西国地区（英国西南部各郡），他在那里征召了一支军队，并且同克努特派来拦截他的丹麦军队打了几仗，成功地将伦敦解围。

为了重组军队，克努特前往北方的埃塞克斯和麦西亚，随后再次南下，将埃德蒙赶回肯特。在这时，贪婪者埃德里克暴露了

不忠小人的本性，再一次叛变，并且加入埃德蒙一方。这支英格
兰人的联军转而追击克努特，并且在埃塞克斯的一座"叫作阿散
顿（或阿兴登）的小山"[34]旁追上了他。随后的战役对英格兰人而
言是场灾难。根据《盎格鲁－撒克逊编年史》的记载，狡诈的埃
德里克从战场上逃跑了，而且他的逃跑让全军开始溃败。战死的
人包括汉普郡的郡长艾尔夫里克、东盎格利亚的伍尔夫基特尔、
多切斯特主教埃德诺斯、拉姆西修道院的院长伍尔夫西格，还有
不少贵族阵亡了。埃德蒙活了下来，不过他想要完全控制英格兰
并成为无可置疑的国王的企图破灭了，他被迫在阿尔尼和克努特
达成了协议：他控制的领土不能超过威塞克斯，而且被迫承认他
的丹麦对手是英格兰北部、麦西亚和东盎格利亚的君主。这种极
不安稳的安排注定不可能长期维持，两个违心的统治者之间不可
能不爆发新的冲突。事实上，埃德蒙在阿兴登山战役中的伤口一
直没有痊愈，他在 1016 年 11 月 30 日去世。在三年的混乱期之后，
克努特现在终于成为无人能敌的英格兰国王。

　　1013—1016 年之间错综复杂的政治局势揭示了盎格鲁－撒克
逊人的弱点。由于在数十年的时间里，它在和丹麦人的作战中都
未能获胜，整个国家已经分裂，而且贵族中已经有了党派之争的
倾向。不过，它同样证明了盎格鲁－撒克逊人具有潜在的实力，
丹麦人之所以能战胜英格兰人，是由于盎格鲁－撒克逊王室迅速
凋零（埃塞尔斯坦、埃塞尔雷德和埃德蒙相继在继位之后不久去
世）的罕见情况。即使在此时，克努特的地位还是模糊不清的，
他只是在 1017 年被"推选"为国王。[35]他几乎没有对当地的英格
兰贵族做出让步，还将斯堪的纳维亚人派到各地担任雅尔：索尔
凯尔（东盎格利亚）、他的姐夫埃里克（诺森布里亚）。反复无常

的贪婪者埃德里克被任命为麦西亚的郡长，不过那是在克努特确信他不会面对大规模的叛乱之前。1017 年的圣诞节，新国王谋杀了这个不可信赖的盟友，他已经见识到这个麦西亚郡长支持一个又一个的英格兰王位的宣称者，他以一种血腥的方式结束了他朝秦暮楚的一生。

克努特迎娶了埃塞尔雷德的遗孀埃玛，这让他与威塞克斯王室之间产生了一种联系，这进一步巩固了他的地位。由于埃玛是诺曼底公爵理查的妹妹，这场政治联姻也巩固了他和诺曼底之间的关系。他为此抛弃了还在世的发妻艾尔夫基弗，发妻和他育有两个儿子，斯韦恩和哈拉尔德。[36] 1018 年，他还征收了一笔重税，作为那些和他从丹麦来到这里的战士们的遣散费，总额为 82 000 镑银币。这次税收的额度甚至超过了之前支付给维京人军队的最大一笔丹麦金，讽刺的是，之前的那几次埃塞尔雷德的丹麦金是为了阻止维京人抢劫的。[37]

继承了斯韦恩的丹麦王位的哈拉尔德在 1018 年末或 1019 年初去世，克努特匆忙率领一支小规模的军队去争夺王位。在英格兰，他只留下了 40 艘船，足以提供安全保障；不过结果证明，这无法阻止阴谋诡计。关于密谋的消息促使他在 1020 年匆忙地横跨北海回到英格兰，然后他处死了埃塞尔雷德的一个儿子埃德威格。[38] 英格兰王位的其他的潜在竞争者，即刚勇者埃德蒙的儿子们，此时年纪尚小，不足以威胁他。他们在瑞典待了一段时间之后，无论怎样，都被送到遥远的匈牙利。埃塞尔雷德和埃玛的儿子爱德华和阿尔弗雷德依然年幼，无法被认真地视为克努特的竞争者，不过对于英格兰的亲丹麦派系而言，他们在诺曼底的存在实在太近了，难免令他们不安。

在克努特的统治期间，高级官员的主要任职者仍然是斯堪的纳维亚人。高大者索尔凯尔在斯韦恩和克努特的丹麦征服英格兰的过程中扮演了十分关键的角色，他作为臣民，却被证明过于强大而引人担忧。索尔凯尔在 1023 年被召回丹麦，他几乎让国王在那里的统治陷入动荡，国王迅速与他妥协，让他回到了英格兰。不过在 1020 年之后，克努特在英格兰的统治是十分稳定的，他和约克大主教伍尔夫斯坦之间结成权宜之计的联盟，为他的统治提供支持，大主教保证了教会和剩下的盎格鲁－撒克逊贵族站在他的一方。

在 11 世纪 20 年代的大部分时间里，克努特专注于他和挪威的奥拉夫·哈拉尔德松（Olaf Haraldsson）之间的战斗，特别是克努特在 1025 年的圣河之战中战败之后。由于奥拉夫在 1030 年的斯蒂克莱斯塔德战役中战死，克努特才回到英格兰。[39] 克努特直接统治英格兰的最后一段时期里，有一些当地的盎格鲁－撒克逊人崭露头角，他们及其家族将在未来的 30 年里控制英格兰的政治：利奥弗里克从 1032 年左右担任麦西亚的郡长，苏塞克斯当地贵族戈德温（Godwine）则自 11 世纪 30 年代起在政坛上小有名气。[40]

克努特在 1035 年由于自然原因去世，这时英格兰的丹麦王国才统治了 20 年时间，不过留给它的时间只剩下 7 年了。克努特长期在丹麦统治英格兰（他还在 1027 年前往罗马朝圣），这意味着英格兰从未被真正地纳入辽阔的斯堪的纳维亚帝国中，而且英格兰人在其统治体系中（特别是教会体系之中）占了绝对多数。克努特的去世同样引起了一场继承权危机，他的三个儿子待在他帝国的三个部分：斯韦恩和其母艾尔夫基弗在 1030 年被派去统治挪威；他和埃玛的孩子哈撒克努特在丹麦已经是共治国王；他和艾尔夫基弗的小儿子兔子腿哈罗德则留在了英格兰。在这之前，哈罗德还没有被任命为伯爵或其他高级职位，克努特也许是为了让他的帝国在哈撒克努特的统治下保持一个整体。不过，随着克努特的去世，斯韦恩被挪威人赶走，挪威人随后对丹麦发动进攻，让哈撒克努特无暇他顾，无法前往英格兰去保卫他的王位。

即使哈撒克努特有威塞克斯伯爵戈德温的有力支持，但是埃玛王后和麦西亚伯爵利奥弗里克都想要阻止威塞克斯伯爵的崛起，因此建立了对抗性的联盟，双方妥协的结果是，哈罗德被承认为泰晤士河以北地区的国王；埃玛王后则成为南方地区的摄政，不过她处于戈德温的监视之下。这似乎不幸地重现了英格兰在1016年的短暂分裂。这也提醒了我们，即使英格兰在后世的历史中被视作统一的国家，在11世纪中期，这种统一却并没有任何的保证。随后，在1036年，埃玛决定为获得全国的统治权而进行一场豪赌，她将仍然在诺曼底过着流亡生活的她与埃塞尔雷德的儿子们接回英格兰。

由于爱德华和阿尔弗雷德的保护者诺曼底公爵已经于1035年6月在朝圣之旅的归途中去世，他们的地位已经大不如前。他们在名义上得到了新统治者的关心：威廉此时刚到7或8岁，而他的支持者们正忙着保卫这个年幼公爵的继承权。爱德华和阿尔弗雷德毫不犹豫地离开了庇护他们的诺曼底，驻扎在温切斯特的克努特的国王侍卫支持他们的母亲，这无疑让他们获得了勇气。爱德华航行到了南安普顿，然而他在那里并没有获得什么支持，于是他返回了法国。阿尔弗雷德的登陆地点要再往东一点，他试图前往埃玛的宫廷，不久就被戈德温伯爵的手下抓住。他的许多随从当时就被杀害了，阿尔弗雷德被刺瞎了双眼。由于伤口受到了感染，他于 1037 年 2 月在伊利去世。

戈德温现在全心全意地支持哈罗德。埃玛王后逃到了佛兰德斯伯爵鲍德温五世的宫廷中，那里比她年幼的侄子威廉统治下的混乱的诺曼底更安全。作为国王的哈罗德在剩下的三年里过得比较平静。[41] 1040 年，一场风暴正在若隐若现，哈撒克努特终于同挪威人讲和，并且聚集了一支超过 60 艘船的大型舰队，前来抢夺英格兰的王位。由于哈罗德在同年的 3 月 18 日在牛津去世，这次内战得以避免，随后王室议会派出使节来将王位献给他的弟弟。哈撒克努特已经在布鲁日同他的母亲埃玛见过面，并且在那里聚集他的军队。

哈撒克努特并不讨他的新的英格兰臣民的喜欢。实际上，他的第一个举动就是征收了一大笔 21 000 镑的丹麦金来支付他舰队的一半酬劳，如果预期中的战争能开始的话，这些船员就能获得大笔战利品，此时机会已经不复存在了。他也将他哥哥的尸体掘出坟墓并且肆意侮辱，他还默许凶手去杀害已经得到了人身安全保证的班堡伯爵埃德伍尔夫。不出意外的是，他随后将诺森布里亚封给了杀死埃德伍尔夫的凶手丹麦人西瓦尔德。不过他的确允许爱德华从诺曼底安全地回国。哈撒克努特的这个决定的动机并不清楚，他也许是觉得爱德华作为英格兰王位的重要的竞争者，最好可以加以严密监视。以戈德温伯爵为主的许多其他英格兰贵族和哈罗德的统治有密切关系，因此不能被视作可以信任的合作者。

丹麦国王和英格兰王子是否能够在更长时间里和谐共处，已经无从检验了，因为哈撒克努特在参加了伦敦的兰贝斯区的一场婚礼之后在 1042 年 6 月突然死亡了。他那时只有 23 或 24 岁，他突发疾病的情况被记录了下来："他正站着饮酒，却突然倒地，骇人地抽搐着，近旁的人按住了他，他却什么话也说不出来。他死于 6 月 8 日。"[42]

　　斯韦恩和哈罗德早已去世，哈撒克努特是克努特的最后一个去世的儿子。因此，英格兰王位仅剩下了唯一的一名宣称者，爱德华。不过他已经 37 岁了，未婚，而且没有子嗣。因此已经有人担忧他是否还会生下合适的继承人。由于没有丹麦方面的候选人，贵族们团结在爱德华的周围，1043 年 4 月 3 日，爱德华在温切斯特登基为王。也许是他们之间的协议的一部分，爱德华在 1045 年 1 月迎娶了戈德温的女儿伊迪丝，威塞克斯伯爵从而跻身为统治家族的一员，他的地位得到了巩固。政治上唯一的不确定性来自挪威国王马格努斯，他宣称有权继承英格兰王位。挪威国王坚持的理由是哈撒克努特和他达成了一个协议：无论两个君主哪个先行去世，他的土地应该由幸存者继承。在这个协议签订的时候，英格兰国王是哈罗德，而非哈撒克努特，因此即使这个协议的确存在，它的有效性也十分可疑。马格努斯并没有选择派出舰队去对英格兰施加压力。不过，他对继承权的宣称让阴云长期笼罩着英格兰，而且他的继承者哈拉尔德·哈尔德拉达作为挪威国王，将把它作为他在 1066 年入侵英格兰的合法借口。[43]

　　相对而言，我们只知道很少八字胡斯韦恩在丹麦本土的统治情况，他在统治期间专注于在英格兰的冒险远征，并且尽力维持丹麦在挪威的影响力，以阻止奥拉夫·特里格瓦松控制挪威。不过《诺曼底埃玛王后颂》中称赞他和平地统治整个国家。1018 年，克努特从他去世的哥哥哈罗德那里继承了丹麦王位，不过，丹麦国王的精力还是经常要放在英格兰，他没有很多时间去照料斯堪的纳维亚的祖先基业。他曾经被奥拉夫·哈拉尔德松暂时击败，不过到 1028 年，他已完全控制了挪威，重建了他父亲的帝国。在其他地方，他的影响力甚至延伸到了苏格兰，在 1031 年，他接受了苏格兰国王马尔科姆二世和其他两个统治者（其中一个也许就是默里的统治者大首领麦克白，他随后在莎士比亚的同名戏剧中永垂不朽）的效忠。在爱尔兰海，克努特的舰队也许在 1030 年掠夺了威尔士的北部，以支援那里的一个都柏林爱尔兰人的前哨基地。[44] 这两个新情况证明，随着斯堪的纳维亚和英格兰的核心领地逐渐稳定，克努特正在试图将他的控制力向外延伸。

克努特的北海帝国对丹麦的积极影响包括他采用了一种以盎格鲁－撒克逊钱币为模板的新钱币，还有他为了使丹麦教会从德意志的汉堡－不来梅教区中独立，而将许多英格兰牧师带到国内。这使得丹麦同德意志的大主教们的关系在 1022 年下降到冰点。在这一年，恩旺大主教在罗斯基勒主教格尔布兰德从英格兰回国的途中挟持了他，并且强迫他发誓服从汉堡－不来梅教会的管辖。

1027 年，克努特前往罗马进行朝圣，这样做也许并非出于虔诚之心，而是出于一种期望：他是一个基督教国家的君主，他想被其他欧洲国家接纳为一路人。这一行动在斯堪的纳维亚地区的影响几乎是灾难性的，挪威国王奥拉夫·哈拉尔德松和瑞典国王阿农德·雅各布结盟来推翻他，他自己的妹夫伍尔夫也参与其中，伍尔夫此时是克努特的儿子哈撒克努特在丹麦的摄政者。克努特从朝圣中归来之后，他相对轻松地扑灭了伍尔夫的叛变，于是他在 1028 年再次前往罗马，不过，在他接下来的统治期间里，他专心于维护他对挪威的统治权。他在 1035 年去世时，将哈撒克努特留下来控制丹麦。克努特也许原本打算让他也继承英格兰国王，不过挪威的马格努斯的攻击迫使哈撒克努特留在丹麦，并且默许他的同父异母的哥哥兔子腿哈罗德获得英格兰王位。

在哈撒克努特去世之后，丹麦经历了一段短暂的挪威统治时期，丹麦人选择了挪威的马格努特做他们的国王。到 1047 年，哈撒克努特的堂弟斯韦恩·埃斯特里德松 45 被承认为丹麦的统治者。哈拉尔德·哈尔德拉达统治下的挪威持续威胁着丹麦，也扼杀了丹麦人的野心，让他们无力扩张，也无力巩固本土。1064 年，两个国家签订了和平协议，终结了断断续续的、近半个世纪的战争，这对两位国王而言都是一种解脱。

挪威在 10 世纪中期到晚期一直处于丹麦国王的阴影之中，它终于在奥拉夫·特里格瓦松（Olaf Tryggvason）的统治下再次成为一个完全独立的国家。他的父亲是维肯东部的统治者特里格瓦·奥拉夫松，而丹麦国王蓝牙哈拉尔德在 10 世纪 70 年代将他废黜。46 奥拉夫·特里格瓦松生于 10 世纪 60 年代，在这之前，血斧埃里克的儿子灰袍哈拉尔德杀死了他的父亲，而他的母亲阿斯特里德逃走了。他自称是金发哈拉尔德的后代，源于金发哈拉尔德和一个叫作斯内弗利斯的萨米女孩生的孩子。不过这个说法肯定是后来为了证明他继承挪威王位的合法性而编造的，听起来十分可疑。47 母亲和孩子在瑞典躲藏了三年，因为灰袍哈拉尔德的人拼命地想要除掉这两个对他有威胁的人。最终，阿斯特里德从瑞典逃到了罗斯地区，想要前往诺夫哥罗德，去找弗拉基米尔的宫廷，她的哥哥西格尔德正在那里效力。不过这两人在旅途中被爱沙尼亚的维京人攻击，并且被掳为奴隶。他们被分开出售，一个富有的挪威人将阿斯特里德释放，不过奥拉夫仍然是奴隶。6年之后，西格尔德意外地在诺夫哥罗德的奴隶市场遇到了这个男孩，并且询问这个英俊的年轻人来自什么家庭。奥拉夫的回答让西格尔德意识到，他找到了自己失踪已久的外甥。西格尔德将奥拉夫从他工作的农场中买走，将他带回诺夫哥罗德的宫廷，他在那里长大成人。

在 18 岁那年，奥拉夫开始了一个维京人的传统生涯，他加入了掠夺远征，有一次洗劫了博恩霍尔姆岛；他还和文德兰的博列斯拉夫国王的女儿盖尔有过短暂的婚姻，他之前在那一地区四处蹂躏。随后，他将注意力转向不列颠诸岛，大概参加过 991 年的马尔顿战役，之后他加入了八字胡斯韦恩的军队。这一联军在 994 年进攻伦敦城时遭遇失败，奥拉夫接受了威塞克斯的埃塞尔雷德二世为他主持的洗礼，而且得到了一笔额外的补偿：22 000 镑银币的丹麦金。[48] 作为协议的一部分，奥拉夫同意再也不进攻英格兰，并且如果他在海外遇到英格兰人的船只，就会让它们平安地离开。奥拉夫此时已经有一支经验丰富的维京人军队，还有足以支付军队佣金的大笔财富和刚获得的基督教王子的地位，奥拉夫决定进行一次并不违背他同埃塞尔雷德的协议条款的冒险行动——他试图获得挪威的王位。他也许听说过统治挪威的赫拉迪尔家族的哈康·西居尔松的地位已经大不如前，此人自 10 世纪 70 年代起作为丹麦的附庸而统治，在 985 年之后多少获取了一些独立的地位。[49]

在挪威北部的特隆德拉格，这个新来者开始就获得了不少支持，这大概因为是那个地区有独立心的人都不满哈康的统治，而

且当奥拉夫还在英格兰的时候就和这个地区的人取得了联系。奥
拉夫在哈当厄峡湾南部的莫斯特登陆,并且很快率军北上。巧合
的是,他甫一回到挪威,哈康就被人杀了,他自己的奴隶卡尔克
割开了他的喉咙。[50] 丹麦人也许会利用这一混乱情况的机会来扼
杀挪威的独立,特隆德拉格人十分担忧这种可能性,于是奥拉夫
在特隆赫姆的庭上正式称王。在这一支持下,他随后开始征服挪
威的其他地方。

他随后获得了韦斯特兰的首领们的效忠,他们在 996 年的
古拉庭上承认他是他们的国王,作为交换,当地的统治者埃尔
林·斯科雅尔格松拥有相当程度的自主权,不过他们还同意接受
洗礼。[51] 奥拉夫征服挪威的确切过程、他实际上进行的基督教传
教过程,由于一些史料并不一致而让人困惑。不来梅的亚当谴责
挪威国王,因为后者试图建立独立自主的挪威教会,他宣称,"一
些人认为奥拉夫已经是一个基督徒,一些人则认为他已经放弃基
督教;不过,可以肯定的是,他善于占卜,他观察许多东西,并
且将他所有的希望都放在对鸟的观察上……实际上,就像他们说
的那样,他也有魔法的能力,而且他王室的伙伴都是魔法师,他
们在那片土地上横行为害,那片土地上的人也被他们错误的行为
蒙骗,最终将走向灭亡"。[52] 相反的是,冰岛的史料将他视作圣徒,
他们称颂奥拉夫的圣洁性,并传扬他在挪威成功地传播了基督教
的功绩。

有传闻说奥拉夫·特里格瓦松摧毁了特隆德拉格的异教神庙,
这也许是他的继任者奥拉夫·哈拉尔德松的行动,不过他已经将
那里作为基地,并且在尼德河河口附近建立了一个小型城镇,将
它当作王国的新首都。无疑,他希望远离之前的雅尔们在赫拉迪

尔的基地，这个新城市被称为尼达罗斯，后来又被称为特隆赫姆。特隆德拉格的居民并没有发自内心地喜爱这座新城，而且他还对挪威的内陆地区比较忽视，到了 1000 年，他对整个国家的控制正在减弱。他的敌人们——八字胡斯韦恩、瑞典的奥洛夫·斯考特考农格和前任哈拉迪尔的雅尔埃里克·哈康松也已经为达到共同的目标而联合到了一起，如果奥拉夫倒台的话，这三个人都能获利不少，于是他们集结军队来对抗他。奥拉夫最重要的盟友是他的妹夫埃尔林，埃尔林的关系网络延伸到了特隆德拉格，他的妹妹嫁给了挪威北部最有影响力的家族之一的特隆德尼斯的西格尔德。

1000 年，当奥拉夫前往文德兰的时候，灾难接踵而至。他已经同丹麦公开宣战，他宣称八字胡斯韦恩应该把西兰岛作为他姐姐蒂拉的嫁妆割让给他。[53] 由于形势没有进展，他试图前往文德人的宫廷，来同他们建立一个联盟，以对丹麦的东部进行威胁，来减少斯韦恩对挪威的日益增长的压力。在奥拉夫前往那里的路上，他在吕根岛附近的斯沃尔德（Svold，今波美拉尼亚的斯特拉松德）落入了陷阱，斯韦恩和奥洛夫·斯考特考农格正在那里严阵以待。

奥拉夫·特里格瓦松的旗舰——宏伟的长蛇号 [54] 肯定会给他的敌人造成极大的压力，他们之前就被属于埃尔林·斯科雅尔格松的较小的战船吓到了。这场战役一旦开打就将是一场苦战，而奥拉夫的舰队逐渐被击败，在最后，为了不让丹麦国王俘虏自己，他全副武装地跳入了海中。即使斯诺里·斯图尔鲁松记述道许多人相信他被一艘路过的文德船救起来了，还有许多人发誓说在圣地遇到了他，斯诺里还是总结说，"奥拉夫国王再也没有回到他的挪威王国"。

即使奥拉夫很快成了国家圣人，他对整个挪威的统治只持续了不到 5 年。不过，他已经成功地将挪威从丹麦独立出来。而且在英格兰领洗的他建立了同英格兰（而非德意志）教会的联系，这极大地促进了挪威教会的成立。

奥拉夫去世之后，挪威被瓜分了：瑞典人获得了约特兰的沿海地区，八字胡斯韦恩直接控制了维肯，而其他的挪威领土被赫拉迪尔的雅尔埃里克·哈康松（他是八字胡斯韦恩的女婿，实际上是丹麦的傀儡）以及他的哥哥斯韦恩雅尔一分为二。与此同时，在西部，奥拉夫·特里格瓦松的旧部由埃尔林继续统治，直到埃里克雅尔将他的大部分土地没收，不过他从未将埃尔林赶出其控制下的罗加兰。

让挪威再次统一的人是另一位奥拉夫，他对基督教的支持标志着它真正地成为挪威的国教，而且他的不幸死亡让他获得了第一个挪威的王室圣人的地位。在传统上他的出生日期是 995 年，不过作为奥拉夫一世在许多精神方面的继承人，奥拉夫二世和奥拉夫·特里格瓦松的战死之间的巧合也许是为了选择性地模糊实际情况，来塑造想要的叙事。阿里·索尔吉尔松在《冰岛人之书》中将他称为金发哈拉尔德的五世孙，不过这肯定是试图赋予他继承王位的合法性才如此记载，而非他真正具有这一血统。[55] 斯诺里·斯图尔鲁松将他的身世写得相对平凡，写到他的父亲哈拉尔德·格里恩斯克是统治着维肯附近的一块领土的小国王。[56] 他的母亲阿斯塔在格里恩斯克去世之后再婚，而她和第二任丈夫生下的儿子就是哈拉尔德·哈尔德拉达，这个同母异父的兄弟将给奥拉夫·哈拉尔德松造成许多麻烦。

　　奥拉夫的年轻时代几乎不为人知，不过斯诺里·斯图尔鲁松在《圣奥拉夫萨迦》中形容他的早期职业生涯同传统的波罗的海的维京人的生活没什么大区别，他在丹麦、瑞典、哥特兰和爱沙尼亚的沿海地带进行掠夺，并且回到诺夫哥罗德过冬。[57] 如果传统说法中他的出生日期可信的话，在他 15 岁的时候，他效力于高大者索尔凯尔的军队，这支军队在 1009—1011 年之间蹂躏了英格兰南部，并且残忍地杀死了大主教艾尔夫赫亚。当索尔凯尔在 1012 年和埃塞尔雷德结盟时，奥拉夫从威塞克斯国王收买维京军队 48 000 镑丹麦金中获得了他自己的一份。他率领他的追随者南下，在西班牙进行抢劫，然后在 1013 年前往诺曼底。他在那里获得了理查公爵的款待，他还同意皈依基督教。奥拉夫也在那里遇见了流亡的英格兰国王埃塞尔雷德二世，并且在八字胡斯韦恩去世之后的 1014 年 2 月和他一同回到英格兰。他最初为埃塞尔雷德重新夺回了英格兰的大片土地，[58] 但是克努特在第二年回到英格兰，而威塞克斯王室那时又颓败衰朽，这让奥拉夫开始重新思考他的地位，特别是由于一些挪威的主要首领（例如雅尔埃里克·哈康松）同丹麦国王一同前往英格兰了，让挪威出现了权力真空。[59]

　　奥拉夫率领两艘商船航行到挪威，同行的只有 250 多人。他计划凭借这样小规模的军队来开始他的冒险，同时他还期望能在奥斯陆峡湾附近他祖先的领土上获得支持。同样奥拉夫一定很担心埃尔林·斯科雅尔格松的反对，他是唯一一个还留在挪威的潜在对手。奥拉夫在挪威西海岸位于松恩的塞尔雅登陆，并且击败了哈康·埃里克松率领的小股部队，此时的哈康已经继承了乃父的土地，斯诺里将哈康的战败归因于年轻的雅尔在那时只有 15

岁。奥拉夫迅速北上，并且征服了尼达罗斯，然而不久之后斯韦恩雅尔率领的当地军队将他赶了出去。

奥拉夫逃脱了特隆德拉格人的抓捕，双方舰队于 1016 年 3 月又在奥斯陆峡湾的尼斯雅尔遭遇了。特隆德拉格的全部主要首领都和斯韦恩在一起，奥拉夫一方也许装备更好，而且斯韦恩雅尔同他的部下之间出现了争吵，这让他的指挥出现了脱节，最终，他和大部分追随者都撤出了战场。随着克努特于 1016 年在英格兰获得了最终的胜利，斯韦恩的哥哥埃里克雅尔有可能返回挪威，奥拉夫正在匆忙地征服他仅剩的几个挪威对手，特别是在古拉庭被剥夺了大部分权力的埃尔林·斯科雅尔格松。

随着丹麦国王克努特的干预，奥拉夫的内部敌人逐渐壮大。克努特国王憎恨奥拉夫在 1019 年和瑞典的奥洛夫·斯考特考农格建立的联盟，而且他也不满于奥拉夫拒绝承认丹麦的霸权。1022 年的春季，奥拉夫将埃尔林·斯科雅尔格松召唤到滕斯伯格，质问他为什么试图在古拉庭上重建自己地位。两人之间的矛盾在 1024 年的韦斯特兰的叛乱中达到顶点，在叛乱之后，埃尔林成功地阻止了对一个叛乱者的处决，这极大地打击了奥拉夫的声望。

1024 年的春天，奥拉夫和他最强大的挪威封臣之间的裂痕已经无法弥补，埃尔林去寻求克努特的帮助，克努特则十分乐意援助任何会削弱奥拉夫日益强大的权力的人。埃尔林的两个儿子——阿斯拉克和斯科雅尔格拜访了英格兰，并且从克努特那里获得了援助的承诺。最终，在 1026 年的夏季，奥拉夫和瑞典的阿农德·雅各布（他在 1022 年继承了奥洛夫·斯考特考农格的王位）之间的联盟激怒了克努特，克努特亲自率领一支大规模舰队前往挪威。瑞典人和挪威人之前分别在西兰岛和斯科纳地区大肆劫掠，不过他们在面对克努特集结的超级大军时，选择向北撤退到斯科纳的赫尔加阿（圣河）的河口。战役的具体细节是模糊不清的：雅尔伍尔夫是之前克努特留在丹麦的摄政者，有材料认为他为奥拉夫而战，又有材料认为他为克努特而战。不过很明显的是，克努特获得了胜利。阿农德·雅各布很快撤退，回到了瑞典。克努特将（也许）不忠的伍尔夫在罗斯基勒杀死。奥拉夫在挪威的支持者逐渐散去。支持奥拉夫的吟游诗人西格赫瓦特·索尔达尔松抱怨称，克努特的大量财富让他得以在挪威收买那些立场不坚定的人，于是在诗歌中悲叹道："国王的敌人们四处奔走，慷慨地送出钱财；他许诺大量的金银，只为获取国王无价的首级。"[60]

　　奥拉夫并不是一个会轻易放弃的人。克努特在回到丹麦之前一直没有抓到他，于是他重整旗鼓，再次出来面对他的主要对手埃尔林。1028 年 12 月 1 日，双方的舰队在索拉交战。在埃尔林率领的舰队中，除了他的旗舰能容纳 240 人之外，其他的船大多只是渔船或者小舟，他很快就被包围并受到了俘虏。奥拉夫承诺会将四分之一的国土给予埃尔林，不过在一时冲动下，他的一个追随者，阿斯拉克·菲特雅斯卡里，用斧头将这个被俘首领的脑袋劈成两半。惊愕的奥拉夫转向阿斯拉克，并且说道："这一斧，已将挪威从我的手中砍落。"

　　他的话一语成谶。由于埃尔林被杀，奥拉夫的支持者随之逐渐减少，随着罗加兰、霍达兰和阿格德尔的人们团结到死去的埃尔林的儿子那里，他许多曾经的支持者也转变态度，最好的也只能保持中立。奥拉夫很快认识到他的事业已经前途渺茫，于是他途经瑞典逃到了基辅的雅罗斯拉夫那里。[61]不过，不久之后，奥拉夫就得知了一个好消息，雅尔哈康·埃里克松在苏格兰的彭特兰海峡的海难中溺亡。与此同时，阿农德·雅各布一直对克努特的霸权十分不满，因此他很乐意提供 400 名瑞典的维京人，以帮助奥拉夫重获王位。

奥拉夫还在罗斯地区招募了 240 名战士，他在夏季进入挪威北部，他在那里遇到了他年轻的同母异父的弟弟哈拉尔德。奥拉夫的回归遭受了近乎所有特隆德拉格人的敌对，当地农场主的大军和来自哈罗格兰（甚至更北方）的人们组成了联军。在南方的罗加兰、霍达兰和松恩也在征兵，这让总兵力超过了 14 000 人，据说这是挪威有史以来规模最大的军队，反观奥拉夫，他能招募到的人数只有这个数字的四分之一。

1030 年 7 月 29 日（或 8 月 31 日[62]），决战在斯蒂克莱斯塔德爆发了，结局几乎已经是注定的了：奥拉夫的军队大败，他本人被杀。一个值得注意的幸存者是哈拉尔德·哈尔德拉达，他逃离了战场，并且最终抵达了罗斯地区。获胜的克努特则违背了他之前给予挪威自由的承诺，他将挪威封给了他的儿子斯韦恩和斯韦恩的英格兰母亲艾尔夫基弗。

在奥拉夫的事迹中，除了他耗费了许多心力同埃尔林的对抗，以及克努特不断试图将他贬为附庸的国王或将他废黜之外，他最为人所知的是他将基督教带到了挪威。在奥拉夫·特里格瓦松和好人哈康的短暂统治中的鼓励下，这种新宗教似乎已经在挪威西部有了一定程度的传播。挪威西部和英格兰之间相距不远，这也加速了这一过程，在 10 世纪晚期斯堪的纳维亚军队进攻英格兰时，许多斯堪的纳维亚军人都接触了基督教，而埃尔林·斯科雅尔格松至少在 10 世纪 90 年代中期就已经是一个基督徒了。

不过，奥拉夫采用了更直接的手段来传播基督教，这和他减少当地首领的权力并且将权力集中于国王的尝试是一致的。不来梅的亚当描述了奥拉夫是怎样将坚持异教信仰的女人当作女巫烧死的，而且他还在 1024 年在莫斯特举行的庭上宣布，基督教从今往后将是所有挪威人的宗教。一个名为格里姆凯尔的英格兰主教全力支持他进行这些活动，这也显示挪威国王想要从德意志的教会管辖权中取得独立。可以追溯到 1250 年的《古拉庭法》规定，基督教的斋日和斋戒日必须得到遵守，因为这是"圣奥拉夫、格里姆凯尔和莫斯特庭"的规定。这表明基督教教会和基督教君主现在携手合作，一方想要消灭异教的残余，另一方想要借助基督教的君权神授来增加君权，双方都希望减少传统的首领在世俗或宗教中的地位。

在格里姆凯尔主教的指引下，奥拉夫死后的圣人名声日益彰显，主教从战场上找到他的尸体，将他埋葬在国王在 20 年前在尼达罗斯建造的圣克莱蒙特教堂里。在这里，一系列奇迹被归因于"圣人"奥拉夫，这无疑让斯韦恩和他的母亲十分苦恼，他们的统治也越来越不受欢迎。新的一系列苛捐杂税——例如，禁止任何人在没有王室颁发的许可证的情况下离开挪威，以及下令让每个家庭为王室提供圣诞"礼物"（一定量的麦芽酒、一只大火腿、些许黄油）——加剧了挪威人对外国统治者的不满情绪。格里姆凯尔在一些年之后将奥拉夫的坟墓打开，发现他的尸体没有腐烂，这在中世纪是认定死者为圣人的明确标志。到 1040 年，斯蒂克莱斯塔德战役的仅仅 10 年之后，对奥拉夫的狂热崇拜似乎已经被建立起来了。曾当过王室吟游诗人的西格赫瓦特讲述说，有一个盲人在用水清洗不久前战死的国王的尸体时，由于水溅到了脸上，而复见光明。在 11 世纪中期的北方世界，奉献给圣奥拉夫的教堂遍布爱尔兰、苏格兰和英格兰，约克就有一所。

奥拉夫在 1030 年回到挪威去面对自己的最终的命运时，将他的儿子马格努斯留在了基辅。由于父亲死后被封为圣人，斯韦恩的摄政统治也完全不得人心，马格努斯在 1035 年回国，意图夺取挪威王位。克努特在不久之前去世，让斯韦恩失去了父亲的强大保护，他只好逃到他的哥哥丹麦国王哈撒克努特的宫廷中。他的哥哥并不想放弃丹麦对挪威的霸权，于是在 1035 年之后的一段时期内，双方剑拔弩张，集结舰队。最终在 1040 年，双方在戈塔河上签订协议来结束敌对行动，并且双方都同意如果一方死后没有男性继承人，那幸存者将会继承两个国家。这一协议在 1042 年生效，哈撒克努特死后无子，马格努斯正当地被选为丹麦国王，他为了让斯韦恩·埃斯特里德松（其父是克努特在圣河战役之后杀死的伍尔夫雅尔）的反对态度转为中立，任命他为丹麦的摄政者。当斯韦恩过于独立时，就将他逐出国门。

1045 年，挪威和丹麦都已经稳定，而且马格努斯率领军队在 1043 年大败文德人，马格努斯有可能将他的注意力转向英格兰，因为根据他和哈撒克努特的协议，那里也应该让他继承。1045 年，英格兰国王忏悔者爱德华在肯特海岸的桑德威奇驻扎了一支舰队，以防备可能攻来的丹麦－挪威舰队。不过马格努斯并没有派出远征军，不久之后，他就被迫和他的叔叔哈拉尔德·哈尔德拉达争夺王位，英格兰遭受进攻的时间被延后了 21 年。

瑞典的统一王国的出现远远落后于她的君主中央集权的斯堪的纳维亚邻居们。斯维尔人（以梅拉伦湖一带为基地）和约塔人（韦特恩湖的东部和西部）之间在历史上的分裂根深蒂固，而且茂密的森林阻碍了统一这两个地区的政治实体的兴起。当圣安斯卡在 820 年到达比尔卡地区时，他留下了关于最早的国王的描述，这是我们仅有的书面史料，这位国王的统治权似乎相当有限，而且他还依赖当地议会的支持以将自己的权力付诸实践。

即使是第一个将斯维尔人和约塔人团结到一起的国王奥洛夫·斯考特考农格（980—1022 年在位），也不能完全控制约塔兰，他统治的核心地区是斯韦阿兰的锡格蒂纳。奥拉夫是瑞典的第一个真正的基督教国王（他于 1008 年在胡萨比受洗），而且在 975 年，他在锡格蒂纳建立了瑞典的第一所铸币厂。将他和同时代的丹麦国王蓝牙哈拉尔德和挪威国王奥拉夫·哈拉尔德松进行简单比较的话，会错误地觉得瑞典在国家统一方面取得的成就要大得多。

不过至少在接下来的两个世纪里，瑞典仍然更像是由省组成的联邦，而非一个统一的王国。奥洛夫的儿子们——阿农德·雅各布（1022—1050 年在位）和埃蒙德（1050—1060 年在位）先后继承了这个王国，不过它日益自信的南方邻居让瑞典王国蒙上了阴影。11 世纪 20 年代，丹麦的克努特大王实际上控制了锡格蒂纳一段时间。1060 年，一个新王朝开始统治瑞典，这个王朝和约塔人王国的关系更为紧密。斯腾克尔和埃蒙德的一个女儿结婚，这让他有权获得王位，贵族们将他选为国王，而且他权力的基础位于西约特兰。在他死后，他的四个儿子们共同执政，然而国家因 1084—1120 年的异教徒起义而四分五裂，国王们的权力也不再稳固。一开始，英格国王由于拒绝进行历史悠久的神圣的异教仪式而被废黜，不过英格国王在 1090 年重获王位时进行了报复，将乌普萨拉的重要异教中心摧毁了。

到 12 世纪 20 年代，斯维尔人的王权已经支离破碎，而且瑞典的政治前途很是晦暗，她似乎不会再次统一，而是会落入巴尔干半岛那样小国割据的状态。不过，在接下来的 10 年里，来自东约塔兰的一个贵族斯沃克尔一世登基为王，王权重新得到巩固。他监督熙笃会的隐修士们来到瑞典，1142 年，他们在阿尔夫萨斯特拉建立了一个修道院，这标志着教会影响力的增加，这反过来会帮助加强王室的权威。即使这样，瑞典的君主统治还是不稳定，因为斯沃克尔在 1156 年被埃里克·杰德瓦尔德松谋杀，后者率领的反对派贵族以西约塔兰为基地，他弑君后自己登上了王位。

在接下来的一个世纪里，两个家族的人相继成为瑞典国王，直到埃里克的最后一个后代——"咬舌兼跛脚"（the Lisping and Limping）的埃里克——在 1250 年死后，这一过程才结束。除了埃里克家族和斯沃克尔家族之间的权力交替会让政治陷入动荡，整个王国的管理机构还是越来越完善的，而且王权的范围也越来越大。埃里克·杰德瓦尔德松就介入了乌普兰法典的制定，不过它只是一个省内的而非全国性的法典，并且直到 13 世纪才最终编撰完成。他还在 1150 年深入芬兰进行掠夺，他的支持者们将这一行动描述为对芬人异教徒的"十字军"，这也标志着瑞典国王有能力且有信心去将自己的力量投射到他们传统核心地区之外的地区。埃里克在 1160 年在乌普萨拉被刺杀，这一行动也许就是出于他的继任者马格努斯·亨里克松的命令，后者仅仅统治了 1 年，这也是长期不和的埃里克家族和斯沃克尔家族垄断的瑞典王位的唯一一次例外。

在埃里克死后不久，在他被杀的地方出现了对他的狂热崇拜，而且他被认为是瑞典的第一位王室圣人。即使这种崇拜最初是非官方的，他的家族也对此进行宣传，乌普萨拉教会也对此进行了支持，特别是在乌普萨拉在 1164 年成为新的大主教的驻地之后。到 1256 年，对埃里克的圣人崇拜已经获得了教皇的认可，当时人们用亚历山大四世的一枚印玺制作赎罪券，提供给那些拜访他的坟墓的朝圣者。

埃里克的儿子克努特在 1167 成为国王。平息了 1170 年的一次叛乱之后，他享受了一段相对平静的统治时期，并且在 1195 年自然死去。他是第一个在瑞典之外的地方被承认为同时统治着斯维尔人和约塔人的君主，教皇亚历山大三世在 1171—1172 年 [63] 的信件中就这样称呼他。克努特也同外国政权（萨克森公爵海因里希）签订了瑞典的第一份条约，并且在奥洛夫·斯考特考农格时代的 150 年之后重新铸造瑞典的钱币。[64] 瑞典并没有经历戏剧性的统一战争，也没有特别突出的一位统治者可以被看作是大一统的实现者。即使这样，在 1200 年，它已经成为一个确定的政治实体。不过，这个国家距离强大的中央行政机构的建立、永久的税收和国家法典还有很长的一段路要走，这些进步都要到 1250 年获得政权的福尔孔王朝统治时期才会出现。

在 11 世纪，挪威和瑞典并不是仅有的两个拥有王室圣人的斯堪的纳维亚国家。在丹麦的欧登塞有圣克努德，即便是小小的奥克尼群岛也不例外：从 10 世纪晚期开始，伯爵之间长期的分歧最终让各个岛屿有了自己的王家主保圣人。891 年，西格尔德伯爵去世，[65] 奥克尼群岛随即进入默勒伯爵拉格纳尔德的私生子埃纳尔（Einar）的统治时代。埃纳尔有一个与众不同的绰号"草皮"

（Turf），据说这是因为他的母亲是个奴隶，因此要经常做一些切割草皮那样的卑微工作。[66] 新任奥克尼伯爵的主要困难在于处理他和挪威的金发哈拉尔德之间的关系。他的父亲拉格纳尔德被挪威国王的儿子长腿哈夫丹杀死，哈夫丹随即逃亡到奥克尼群岛并且将埃纳尔赶走。这位失意的伯爵在苏格兰等待时机，不久之后返回奥克尼群岛，并且击败了哈夫丹。根据萨迦的记载，他对哈夫丹进行了"血鹰"仪式——将他的肋骨砍断，把他的肺从背部拉出来，来模拟一个形似老鹰的血腥场景。[67]

可以理解，怒火中烧的哈拉尔德对奥克尼群岛进行了第二次远征，不过，鉴于哈夫丹将埃纳尔的父亲活活烧死这一事实，冷静下来的他提出要征收 60 枚金币作为罚款。与此同时，埃纳尔面对这一糟糕情况，他尽力而为，将各个岛屿的首领的欧达尔权（Odal rights）变为自己的私产，来换取足以支付这笔巨款的资金，因为即使是相对富裕的地主也无力支付这笔钱。之前这些土地的权利受到保护，拥有欧达尔地的人只能代代相传，而不能在未得到批准的情况下将土地转让。除了这一事件，我们对埃纳尔的生平知之甚少，只用一句话就概括了："他统治了奥克尼群岛很多年。"在他死后，奥克尼伯爵领地就陷入了第一次割据时代，整个群岛被分为三个部分，这最终削弱了奥克尼群岛的实力，并且渐渐败坏了它在北方群岛的维京人统治者中的首要地位。三个继承人中有两个，阿恩凯尔和埃尔伦德，主动地或者被迫地加入了血斧埃里克的军队，为保卫约克的王权而战。他们俩在 954 年的斯泰因莫尔的一次交战中被杀，埃里克本人也在这一战中战死。埃纳尔仅存的儿子碎颅者索尔芬（Thorfinn）最初并不能宣称他要统治整个奥克尼群岛，因为埃里克的遗孀贡希尔德和他们的儿子回到挪威之前将这里作为基地。

　　索尔芬在 976 年去世后，奥克尼群岛因一系列谋杀事件而分崩离析，这些事件分为家族谋杀［血斧埃里克的女儿拉格希尔德嫁给了索尔芬的儿子阿尔芬，她和对三个相继继位的伯爵（其中两个都是她的丈夫）的暗杀有关］和同族相杀（和苏格兰人合谋的斯库里杀死了他的哥哥伯爵里约特）。到 980 年才终于恢复稳定，继位的伯爵西格尔德一直统治到了 1014 年。他和他儿子索尔芬（1014—1065 年在位）的统治时期是奥克尼群岛权力的顶峰，它的影响力足以达到马恩岛和爱尔兰。在西格尔德统治早期，他通过一次战役成功地在苏格兰北部的凯思内斯得到了一个立足点，而且他在那里承诺，要将他的祖先"草皮"埃纳尔从他们那里侵占的欧达尔权还给奥克尼人。因此，他获得了人们的支持，他在这次战役中还第一次使用了他著名的乌鸦旗，他的军队将在这个旗帜下进行许多战斗。987 和 988 年，他入侵了马恩岛，击败了戈德弗雷国王，获得了征收贡金的权力，还抢劫了巨额的财宝回国。这让奥克尼伯爵有能力在他剩下的统治时期内去资助从事掠夺的远征。巴雷钱币窖藏也许就是西格尔德伯爵的宝藏的一部分，人们在其中发现了许多银项圈。不过，斯凯尔钱币窖藏才是奥克尼群岛目前为止发现的最大的一笔财宝，一个名为大卫·林克莱特的学生在 1858 年在追逐一只兔子去兔子洞时发现了这个宝藏。这个钱币窖藏总重 18 磅，大概可以追溯到 950—970 年，即西格尔德统治的几十年前。

　　995 年，西格尔德遇到了旗鼓相当的对手，他遇到了正在返回挪威途中的奥拉夫·特里格瓦松。在一年前，奥拉夫已经成了基督徒，他怀有狂热的传教精神。两人在霍伊岛的奥斯蒙德瓦尔见面，他们正巧都在那里停留。挪威王子威胁不信基督教的话，就要取他性命，蹂躏整个奥克尼群岛，来胁迫西格尔德信教。面对这样太过强大的对手，西格尔德很快同意放弃他祖先的生活方式，并且接受了洗礼。《奥克尼萨迦》中，整个奥克尼群岛随即皈依基督教，不过这种皈依的过程更有可能是渐变的，虽然伯爵们的支持加速了这一过程，却也无法一蹴而就。[68]

都柏林的西赫特里克国王组织了一个大型联盟，来制止爱尔兰至高王布赖恩·博鲁玛（Brian Boruma）日益增长的权力，在双方的对战中，西格尔德于 1014 年在克朗塔夫战役中战死。[69] 他最初对于加入这一联盟是心存疑虑的，不过，国王对他许诺可以获得爱尔兰的土地，还许诺让他迎娶西赫特里克的母亲戈尔姆福莱斯。这驱使他去参与其中。他手下的战士来自奥克尼群岛、设得兰群岛和赫布里底群岛，暗示了这位奥克尼伯爵统治的范围。这一仗并未给他带来任何好处，由于乌鸦旗上的常胜魔法未能帮助他，西格尔德和众多奥克尼人战死沙场。

西格尔德的三个成年儿子，苏玛尔里迪、歪嘴埃纳尔和布鲁西，再一次将奥克尼群岛一分为三。未成年的儿子索尔芬则被送到了他的祖父苏格兰国王马尔科姆那里去照顾，在苏玛尔里迪死后，这个年轻人获得了奥克尼群岛的三分之一。不过，埃纳尔、布鲁西和索尔芬（以及他的保护者"抚养者"索尔凯尔）之间为索尔芬拥有的凯思内斯的归属权而爆发了争吵，索尔芬认为那里并不算是奥克尼群岛的一部分，不应该被分为三份。在 1020 年赫拉普安达尼斯（位于迪尔内斯的斯凯尔）的索尔凯尔的大厅中举行了一场宴会，宴会的本意是要进行和解，结果索尔凯尔杀死了埃纳尔，于是布鲁西宣称他应该继承他被杀死的兄弟的那一份土地，而索尔芬坚持现存的两个兄弟应该平分奥克尼伯爵领。于是，两个伯爵都向挪威的奥拉夫·哈拉尔德松控诉，奥克尼群岛再一次被纳入挪威的影响力范围之中，奥拉夫的最终决定是双方争议的那块土地要被挪威王国没收，不过随后，布鲁西被任命为摄政去管理那里。

索尔芬直到 1029 年才成功地获得了有争议的第三块土地的控制权，此时他的实力已经可以多多少少印证后来的称号"强者"了。即便如此，他能够达成这样的成就也许并不是巧合，因为同时奥拉夫被驱逐出挪威，并且随后不久在斯蒂克莱斯塔德战役中战死。索尔芬伯爵的首府位于比尔塞的布拉夫，只有一个潮汐堤道连接这座小岛，只有在退潮时，掠夺者（甚至同族）才有可能进攻这里。这里之前是一个皮克特人的定居点，一个水井的遗址标明了那个时代的主要遗存。维京人将这里重新用作重要的定居点，这表明了两个文化之间的连续性。现在依旧能在岛上看到维京建筑的地基的轮廓，此外，那里还有一个教堂的遗址，它也许就是奥克尼群岛的第一个大教堂——基督教堂（Christchurch），也许就是在索尔芬统治期间建筑的，不过，它的方形塔楼和罗马式教堂的外观表明它的时代要晚一些，可能是在 12 世纪早期修筑的。至于它是否是第一座教堂尚存争议，而且有另一种观点认为，在相邻的大岛比尔塞岛上的现存的教堂才是第一个教堂。[70]

布鲁西的儿子拉格纳尔德之前在挪威当人质，确保他的父亲在奥克尼伯爵任上老实听话。他在斯蒂克莱斯塔德战役中为奥拉夫·哈拉尔德松而战，据说，他在那里帮助年轻的哈拉尔德·哈尔德拉达逃离了战场。他帮助好人马格努斯在 1035 年回到挪威，新任挪威国王为了感谢他，将奥克尼群岛上他父亲的土地和挪威王室所据有的土地都授予给他。索尔芬当时专心于在赫布里底群岛和爱尔兰的战争，他被迫妥协，并且接受了这一减少他权力的任命。这种不满的妥协在新势力打破了平衡时瓦解了，卡尔夫·阿尔纳松在 1046 年到达这里，据说他在斯蒂克莱斯塔德战役中杀死了奥拉夫·特里格瓦松，而他的侄女英格比约格是索尔芬的妻子。卡尔夫率领一支大军前来，索尔芬借此在劳达比约格战役中击败了拉格纳尔德·布鲁萨松，并且将他赶出奥克尼群岛，迫使他流亡到挪威。不过，拉格纳尔德并没有停留太长时间，即使他只有一艘船和一些船员，他也偷偷回到了奥克尼群岛，并且偶然撞见了索尔芬，通过点燃后者居住的房屋差点把他烧死。

奥克尼伯爵之间从没有可以简单解决的事情。索尔芬从着火的房屋中破门而出，并且划着一艘小船到达凯思内斯。不久之后，他获得了上帝的青睐，当他登陆斯特伦塞时，拉格纳尔德和他的手下正在那里为圣诞节期间用的艾尔啤酒收集麦芽。索尔芬的部队放火烧毁他的房屋，开始拉格纳尔德伪装成牧师逃跑了，不过，他的宠物狗的吠叫声暴露了他的藏身地，他被当场杀死。

索尔芬在接下来的 20 年里统治着奥克尼群岛，他和在 1047 年登基为挪威国王的哈拉尔德·哈尔德拉达保持了相对平静的关系，而非和之前的马格努斯那样剑拔弩张。1048 年，奥克尼伯爵还效仿克努特大王前往罗马朝圣，他亲自拜访了永恒之城，利奥九世教皇亲自赦免了他的罪过。在他于 1065 年去世之后，奥克尼群岛再次和挪威的野心绑定在了一起，因为哈拉尔德·哈尔德拉达想要获得英格兰王位，他的舰队在这里停留，去迎接他早已注定的命运。新任的两位共治伯爵——保罗和埃伦德被迫加入了这次远征，在斯坦福桥战役中，威塞克斯国王哈罗德打败了反对他的斯堪的纳维亚联军，幸运的是，他们俩都活了下来。[71]

保罗和埃伦德在接下来的 30 年里平稳地统治着奥克尼群岛，他们的子孙之间的对抗在接下来的四代人的时间里让奥克尼群岛备受折磨。保罗的儿子哈康和埃伦德的儿子马格努斯之间的关系十分糟糕，为了避免流血冲突，保罗说服哈康离开奥克尼群岛前往挪威。哈康于 1093 年在挪威旅行时，拜访了一位先知，他要求先知预测他的未来。这个预言者以模棱两可的话来隐瞒真相，极不情愿地预言哈康将犯下一个他永远无法弥补的可怕罪行，不过，他最终会统治整个奥克尼群岛。

哈康再一次拜访挪威时犯下了一个错误，他鼓励光腿马格努斯去攻击北方群岛，希望挪威国王攻占赫布里底群岛后任命他去全权统治奥克尼群岛。不过，马格努斯的野心更大，而且他告诉哈康，如果他进行这样的远征，他将会把所有岛屿纳为己有。[72]他说到做到，并且在 1098—1099 年的大范围远征中，甚至还攻打了赫布里底群岛和威尔士南部。马格努斯俘虏了保罗和埃伦德，将他们押回到挪威，他们在第二年死在那里。

马格努斯·埃伦德松也被马格努斯国王俘虏了，而且他拒绝投入安格尔西岛的战斗中，而是选择在两军厮杀之时，在战场附近游荡，吟唱《圣经》诗篇，这冒犯了挪威国王的维京情感。不过，最终他成功地逃往英格兰。1105 年，马格努斯的堂兄哈康已经继承了奥克尼伯爵领，在他之前，伯爵领曾被挪威直接统治，统治者是光腿马格努斯的儿子西格尔斯。第二年，马格努斯·埃伦德松回到奥克尼群岛，并且宣称他有权获得一半伯爵领，他之前被苏格兰国王埃德加任命为凯思内斯伯爵。马格努斯随后获得了挪威的埃斯泰因国王对他的头衔的承认。这两位堂亲在一种不轻松的状态下共处，这对奥克尼伯爵们来说已成常态，但这种状态常常会带来灾难。

最终，在 1114 年，马格努斯伯爵被赶走，他流亡到英格兰国王亨利一世的宫廷中，并且停留了一年。当他在第二年返回时，他率领 5 艘满载着军队的船，出其不意地在凯思内斯将哈康伯爵俘虏。[73] 当两个敌对的伯爵在 1115 年的圣枝主日之前的某一天在庭上见面时，局势正在走向暴力行动。最终双方同意暂停敌对行动，还同意在次年的复活节在埃吉尔塞岛上再次见面。

接下来的会面是萨迦中最有戏剧性的一幕。两位伯爵之前已经同意前来的时候只带 2 艘船，来表示想要和平的诚意。马格努斯最先抵达，当他登陆时，一个巨浪打翻了他的船，这是一个坏兆头。当夜幕降临，马格努斯看到哈康的小型舰队正在接近岛屿，来的是 8 艘船，而非 2 艘。马格努斯立刻知道对方已经背约了，他却束手无策。他的手下恳求他躲起来，不过他却拒绝了，并且整晚都在岛上的小教堂祈祷，祈求上帝赐予他力量，来面对第二天将要发生的任何事情。

黎明时分，哈康一行登陆了。随着敌人的接近，马格努斯告诉他的侍从们不要在这种无望的情况下为保卫他而以身犯险。很快，哈康的追随者们进犯了教堂，并且将马格努斯拖了出来，要将他处死。最初，马格努斯为了活下来而苦苦请求，表示他会离开奥克尼群岛，并且去圣地朝圣；在这一提议被拒绝之后，他要求把自己囚禁在苏格兰；这也被拒绝之后，他开始哀求说，甚至可以把他的双目刺瞎，或者将他弄成残废，并且余生都在囚禁中

奥塞贝格船上的人头像。

西格尔德杀死雷金，许勒斯塔木刻。

西格尔德烤龙心，许勒斯塔木刻。

古尔木板教堂。原位于斯塔万格附近的哈林达尔（Hallingdal），在 1884 年拆解后被迁往奥斯陆。

亚拉班克桥如尼石。

庭格维利尔，冰岛阿尔庭的集会之地。

斯约德希尔德的教堂，布拉塔赫里德。

苏勒因纽特人的木偶，或许代表一名维京人。

兰塞奥兹牧草地的维京长屋。

赫瓦尔塞教堂，格陵兰。

纽波特的塔楼。

基辅大公弗拉基米尔受洗,自《拉齐维尔编年史》。

克努特国王与埃玛王后向温切斯特教堂捐赠。

诺曼底的威廉渡海，巴约挂毯。

哈罗德国王之死，巴约挂毯。

梅尔菲的诺曼城堡，意大利。始建于 11 世纪。

维京人舞会，19 世纪的斯德哥尔摩。注意带角的头盔。

度过。哈康倾向于接受最后这一条提议，不过他的主要追随者拒绝了，表示如果不杀死马格努斯，他们就要转而杀死哈康。

马格努斯让他的掌旗官奥菲格来当刽子手，不过他拒绝了，于是处决的任务交给了哈康的厨师利夫尔夫。这个穷人完全不习惯杀人，他哆哆嗦嗦地哭了起来。马格努斯让他安心，并且对他说："你站在我面前，只是在我的头这里留下一个巨大的伤疤而已，这和将盗贼的头目斩首可是不一样的。可怜的人啊，鼓起勇气吧，因为我会为你向上帝祈祷，让祂仁慈地待你。"[74]

据说马格努斯头颅落地的地方之前是荒芜的乱石滩，现在已经是一片肥沃的绿地。现在那里有一所教堂，它已经被废弃，只剩下墙壁，而且它的大型圆塔已经倒塌了不少。教堂正殿的墙壁直到二层依然完好，不过里面空空如也，它内部的空旷绝不是发生在这里的那次暴力谋杀的唯一暗示。不过，马格努斯最终并没有被安葬在这里，哈康为了赎罪，允许将他带回比尔塞安葬。关于死去的伯爵的神迹在私下里开始传播。[75]哈康前往罗马朝圣，他的罪行得到了赦免，他在 1123 年去世。他的儿子沉默者保罗和威廉主教（他似乎是挪威国王光腿马格努斯在 1102 年左右任命的）想要禁止越来越多的对马格努斯伯爵的崇拜。威廉的反对失败了，他在基督教堂中祈祷时被人打瞎了，而且当他在马格努斯的坟前祈求仁慈时才得以恢复视力。随后威廉将马格努斯的骨骼挖出并且以火焰进行检验。马格努斯的关节骨没有燃烧，而是有些变形为类似十字架的形状，威廉最终承认这个被谋杀的伯爵是神圣的。

在此期间，一个名为贡尼的韦斯特雷岛农民梦见了马格努斯，他一定要保罗伯爵将他的遗骸送到主岛的柯克沃尔的一个新祭坛。

终于，贡尼来到了比尔塞，并且讲述了他的梦境，于是遗骸被正式地转移到了柯克沃尔的圣奥拉夫教堂。马格努斯最后的安息之所是拉格纳尔德伯爵（马格努斯刚好是他的叔叔）在1136年建立的圣马格努斯大教堂，[76]用来收容他的圣骨。作为柯克沃尔最高的建筑，它有极为明亮的红色砖石的结构，是北方的罗马式建筑中最完美的作品之一，虽然坐落在奥克尼群岛这个小地方，但它又是那样的宏伟壮观、令人惊叹。这无疑证明了奥克尼群岛在维京世界中的重要性，它也是奥克尼伯爵自我展示的产物，他们在12世纪是重要的参与者。

马格努斯及其遗骸是在柯克沃尔新建这所大教堂的主要动机，而且他的遗骸被正式地供奉在主祭台上，不过，随着时间推移，遗骸被完全遗忘了。1848年，人们在整修圣坛原址附近的一根立柱时，在唱诗班座席的北边发现了一个藏得很好的盒子，盒中有一些骸骨，一些人认为这就是马格努斯的遗骨，而其他人则认为这是圣拉格纳尔德（这个大教堂的建立者将自己封为圣人）的遗骸。之后在1919年，在对大教堂的一次大规模的修复工程中，一个工作人员注意到唱诗班座席的南部有一些松散的砖石。他在调查之后发现了一个空洞，里面有一个橡木小盒子。这个盒子里装着另一组骸骨，骸骨的主人大概有5英尺7英寸高，25—35岁，体重较轻。最重要的是，在头骨的后脑勺有一个又深又长的切口，这个伤口也许是由斧头砍击造成的，伤口的轮廓清晰，并不是碾压造成的。[77]所有的这些信息都和《奥克尼萨迦》中马格努斯之死的故事相吻合，这肯定就是他的骨头，大概是在中世纪晚期的某个时候，有人将它们放到了这个隐蔽的地方。

经过检查之后，圣马格努斯·埃伦德松的骸骨被放置到一个新的衬铅骨灰盒里，重新安葬在唱诗班坐席南部附近的壁龛之中，下面的廊柱上有一个朴素的红色十字来标出这个地点。对于一个喜欢诗篇而非掠夺的人而言，这是一个最为恰当的安息之所。

第 9 章

最后的维京人

诺曼人、瓦兰吉人和黑斯廷斯之路，911—1066 年

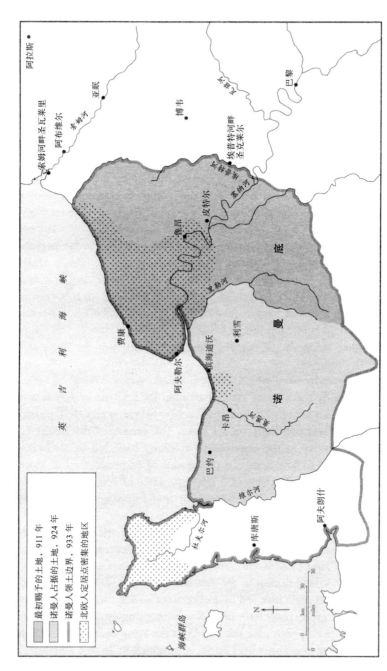

阿拉斯 •

阿布维尔
亚眠

索姆河畔圣瓦莱里

博韦

巴黎

埃普特河畔
圣克莱尔

皮特尔

底

英 吉 利 海 峡

鲁昂

贡

阿夫勒尔

黄海迪沃

利雪

曼

卡昂

诺

巴约

维尔河

库唐斯

拉米尔河

阿夫朗什

最初赐予的土地，911 年

诺曼人占据的土地，924 年

诺曼人领土边界，933 年

北欧人定居点密集的地区

海峡群岛

N

km   30
miles
0   30

地图 12 维京人在诺曼底

维京时代最后的岁月，其标志事件是一系列激战，三个代表着各自文化价值观的人，命运因英格兰——近三个世纪前，维京人开始在这片领土上大肆掠夺——的王位而交织在一起：挪威国王哈拉尔德·西格尔德松（他在英语世界里更常见的称呼是哈尔德拉达，意为"苛刻者"或"无情者"）、诺曼底公爵威廉（他即将成为征服者威廉）、英格兰国王哈罗德·戈德温松。这三人都在浴血奋战中度过了大半生，而且在实现雄心壮志时同样不择手段，他们的性格，与远去的先辈们——无论是异教大军，还是9—10世纪的北大西洋的殖民者——几乎别无二致。

威廉公爵统治下的诺曼底就是维京时代的造物，不过，到他登陆英格兰的1066年，那里已经成为斯堪的纳维亚文化和法兰克文化的混合体，而且在文化和政治上以法兰克文化为主。诺曼底公国源自一个维京战团的活动，其领袖罗洛（或赫罗尔夫）据说是默尔伯爵罗格瓦尔德的儿子，因此他是挪威人。[1] 诺曼底的名称则来自徙于这里的"诺尔德曼尼"（北方人，即斯堪的纳维亚人）。

诺曼底最早的编年史家圣昆廷的杜多（生活于10世纪晚期）笔下记载的故事十分简单。10世纪的最初10年，西法兰克国王糊涂查理需要应对一系列的维京人掠夺行动，军事压力极大，而罗洛率领的战团得到了他的特别关注。就很多方面而言，和那些之前在 9 世纪中期肆虐卢瓦尔河和塞纳河的维京海盗相比，这一战团着实没什么特别之处，不过在 911 年的秋季，查理和罗洛在埃普特河畔圣克莱尔（今瓦勒德瓦兹的一个小城镇）会面，查理承诺为罗洛提供诺曼底的大片土地，以换取罗洛成为国王的封臣，并同意保卫查理的王国，对抗之前的维京同胞。罗洛获得了那片土地的完全所有权（in alodo et in fundo），而且据说这块区域几乎涵盖了未来的整个诺曼底公国。[2] 罗洛也接受了基督教洗礼，并且和查理的女儿吉塞拉结婚。

即使杜多坚持罗洛从查理那里获得了整个诺曼底，但更有可能的是，至少他最初获得（或占领）的土地只有埃普特河和塞纳河之间的上诺曼底。之后的另一次土地封赏（924 年）让他获得了贝桑和埃莫伊斯，而到 933 年，诺曼底的维京人似乎已经将科唐坦和阿夫朗什吞并。[3] 杜多的记载中的其他元素更趋向于幻想与编造，他模仿了古典时代的一种风格——将伟大帝国的祖先们追溯到特洛伊战争中的一位或数位英雄，而北欧人偏爱将奥丁和索尔等异教众神作为祖先，对于一个基督教牧师而言，希腊英雄的家谱让他更为满意。他描述诺曼人源自"丹麦"（或"达契亚"〔Dacia〕），还宣称他们的祖先是曾经的达契亚国王——特洛伊人安忒诺耳。杜多谈到维京人从丹麦向外迁徙的原因时，解释说是他们的一夫多妻制让他们人口过剩，现代的历史学家确认了人口过剩的说法，但是不认为是一夫多妻制造成的。杜多还记述道：罗洛梦到一座山，山中有许多颜色各异、种类不同的鸟，他将这个梦境解释为神祇邀请他前往外国的土地，在他的统治下，他会在那里将许多种族的人团结到一起。[4]

关于埃普特河畔圣克莱尔会见的描述也同样生动多彩。身为骄傲的维京战团首领，罗洛不想按照效忠仪式的惯例要求，亲自亲吻法兰克国王的脚。作为代替，他选了一个追随者，让他担任这一仪式中的丢脸角色，不过这个固执的替身抓住了查理的脚，让国王向后摔倒。如果此事属实，可以想见，如此的冒犯行为，意味着罗洛的维京人和法兰克人之间的联盟实际上不可能持续多久。

　　双方最终真正达成共识的证据是918年3月14日糊涂查理签署的一份特许状，它提到这位法兰克人的君主将一块土地"赐予罗洛和他的战友，以保护王国的安全"。[5]事实上这块土地或许根本就不由查理控制，但罗洛的定居点起初以鲁昂为中心，事实上可以有效地阻碍其他维京战团的掠夺。这是个已经使用过的计谋，826年将弗里西亚割让给哈拉尔德·克拉克的做法就起到了不错的效果。921年，纽斯特里亚的罗贝尔将南特割让给维京人，也是出于同样的意图。[6]

　　最初罗洛遵守了协议，因为有记载提到他在923年和法兰克国王一同在博韦附近作战。不过在第二年，诺曼底的维京人（他们很快就会被称为诺曼人）转而和糊涂查理的敌人，勃艮第的拉尔夫结盟，新盟友授予了巴约和曼恩给罗洛。不过这一协议也没有持续太久，诺曼人开始沿着边境对亚眠、佛兰德斯和阿拉斯进行全面的掠夺。后来佛兰德斯和韦尔芒杜瓦的伯爵们联手在伊欧击败了罗洛，[7]斯堪的纳维亚人的掠夺行动因为这次惨败而停止。此后，这个刚刚建立起来的公国（从法律上来说，在11世纪早期之前，那里都仅仅是伯爵领）稳定下来，并逐渐发展成极为强大的诸侯，与其他强权共同在王权衰微的加洛林王朝末期争权夺利。

　　同时代的法兰克作家抱怨称，诺曼人一旦有机会就会重操旧业，而且他们还为已经受洗的罗洛在 942 年临终时却背弃基督教而悲伤，他下令献祭一批基督徒奴隶，来满足他祖先信仰的奥丁和索尔。然而承袭爵位的儿子长剑威廉，则的确是个基督徒。威廉说北欧语，并且有一个丹麦情妇，不过，在诺曼底进行活动的其他维京人团体并未因此停止对他的攻击，最值得注意的是，叛乱的里伍尔夫指责长剑威廉的生活已经太过法兰克化了。[8] 一个独立的维京人首领哈罗德似乎成功地攻占了巴约一段时间。994 年，路易四世和巴黎公爵伟大者于格（Hugh the Great）[9] 联合进攻诺曼底，短暂地攻占了卡昂，让这个斯堪的纳维亚殖民地似乎陷入了崩溃，然而在这两个法兰克人陷入内斗之后，威廉重新控制了诺曼底。

到了 965 年左右，由于威廉迎娶了伟大者于格的一个女儿，而且他还基本停止了对他的邻居们进行的维京式掠夺，因此他的地位得到了巩固。他的行政方式越来越圆滑世故，也更加类似法兰克人的习惯，例如颁布特许状，采用法兰克人的侯爵和伯爵的头衔。这并不出人意料，因为起初的斯堪的纳维亚殖民者似乎在人数上并不占优，地名证据表明，大多数维京人定居在科唐坦半岛的北部、科克斯大区和其他沿海地区。[10] "托克奎维尔"（托基的葡萄园）和"奥贝尔维尔"（奥斯本的葡萄园）之类的定居地地名，以及那些后缀为"-tot"（房屋地点）或"-bec"（斜坡）的那些地名（例如，奥托特和布里克奎贝克），显示了这些外来者的活动地点，不过这里的绝大多数地名依然是法语风格。这些地名也告诉了我们关于这些定居者的起源的一些信息。许多由维京人的名字和后缀"-tot"组合而成的地名，通常表明他们来自丹麦法区，也就是说他们来自英格兰而非斯堪的纳维亚（不过罗洛肯定是挪威人）。而诺曼底的一些组合的地名中出现的盎格鲁－撒克逊人名（比如德尼斯坦维尔，即"邓斯坦的葡萄园"）也是这一观点的佐证。此外，在科唐坦半岛，那里的许多地名也许显示了爱尔兰人（或爱尔兰的北欧人）的定居点，例如，迪古尔维尔这个地名之中，就隐藏着"迪奎"这个人名。[11]

斯堪的纳维亚的语言似乎很快就没人使用了：杜多记述了长剑威廉在 10 世纪 40 年代时，被迫将他的儿子理查送到巴约去学习北欧语言，因为在鲁昂的公爵身边已经没有人使用这一语言了。这也许有所夸张，因为在 1025 年，挪威国王奥拉夫·哈拉尔德松的吟游诗人中有一位来到了鲁昂，从这一点来看，那里依旧有一些人可以欣赏他的诗歌艺术。

不过有其他源自斯堪的纳维亚的风俗延续了下来，而且在 10 世纪晚期，鲁昂依旧有一个奴隶市场。[12] 公爵们也有权流放罪大恶极的人（被称为乌拉克），这和斯堪的纳维亚（特别是冰岛）的流放风俗十分类似。此外，关于打捞海难船只的权利，以及继承人之间划分土地之类的其他法律，也更像是北欧风俗而非法兰克的惯例。[13] 即使在理查一世去世之后，诺曼人统治者依旧和斯堪的纳维亚保持着紧密的联系，而且在 1013 年，丹麦的八字胡斯韦恩入侵英格兰之前不久，理查二世（996—1025 年在位）和他签订了和平协议。正是在这个时候，挪威的奥拉夫·哈拉尔德松抵达诺曼底，率领自己的军队来帮助理查二世对抗布卢瓦伯爵。对维京人的家乡斯堪的纳维亚而言，这是一个时代变革的标志，战斗甫一结束，奥拉夫就接受了洗礼，并且发誓不再进行掠夺，将他的军队从斯韦恩对英格兰的攻击行动中撤走。

诺曼人和维京人同胞之间曾经有着紧密的联系，此时也已分道扬镳，渐行渐远。991 年，理查一世公爵和英格兰的埃塞尔雷德二世达成了协议：不让双方的敌人进入港口。这主要是为了中断维京人的活动。1002 年，理查的妹妹埃玛和埃塞尔雷德结婚，以巩固这一联盟（不过，斯韦恩在蹂躏了约克郡之后，在 1003 年拜访了诺曼底，几乎成功挑唆了盎格鲁 – 诺曼之间的不和）。当斯韦恩最终在 1013 年将埃塞尔雷德赶下王位时，埃玛王后带着王族逃到了诺曼底；而在刚勇者埃德蒙于 1016 年去世之后，她的三个孩子——爱德华、阿尔弗雷德和戈德基弗再一次前往诺曼底。[14]

理查二世于 1026 年去世之后，诺曼底的稳定时期也就此终止。继承者理查三世仅仅统治了一年，他自己的弟弟罗贝尔就起兵叛乱将他推翻，并且在 1027 年成为公爵。罗贝尔要面对来自边境的沉重压力——布列塔尼的阿兰三世在 1030 年初进攻了科唐坦半岛，这也推迟了罗贝尔的计划，他在 1033 年才着手入侵英格兰，以使埃玛的儿子们重获王位。不过，随后的恶劣的逆风让舰队无法出航，因此他也失去了成为"征服者罗贝尔"的机会。诺曼底公爵于是前往圣地朝圣，这也许不太明智，因为他的继承人威廉并没有稳固的合法地位，而且还未成年。

罗贝尔的确到达了耶路撒冷，却在回国的途中于 1035 年病死在尼西亚，年仅 7 岁的威廉继承了诺曼底公国。年轻的公爵能依靠的只有之前为他父亲效力的忠诚幕僚，而他的地位依然十分不稳，直到 1047 年，情况才有所改观。那一年，在法兰西的亨利一世的帮助下，他在卡昂附近的瓦尔斯沙丘击败了他的堂兄布里奥讷的居伊率领的叛军。即使这样，威廉也并不安全，因为他的两个叔叔，阿尔克伯爵威廉和鲁昂大主教马尔热又在 1053 年发动叛乱，由于他们和亨利一世、安茹伯爵杰弗里·马特尔、蓬蒂约伯爵居伊建立了联盟，这次叛乱的严重程度要大得多。诺曼人于1054 年在莫尔泰梅击败了法兰西军队的主力，这是威廉第一次率军在诺曼底之外的地方作战。法兰西的亨利一世在 1060 年去世，年仅 8 岁的腓力一世继承王位，而威廉的岳父佛兰德斯伯爵鲍德温正好是他的监护人，这意味着诺曼底公爵终于可以放开手脚，不必担忧法兰西国王的攻击了。

1064—1065 年，在威廉和布列塔尼公爵科南作战的期间，在某一场战斗中，威廉身边还陪同着一位来自国外的贵族客人。显赫的英格兰伯爵，哈罗德·戈德温松，当时显然正在为忏悔者爱德华执行任务，在塞纳河口附近登陆。他当时遇到了威廉的老对手蓬蒂约伯爵居伊，居伊认为这正是一个挑事的机会，就抓住了这个英格兰人，并且将他囚禁到自己在博兰的城堡中。威廉对居伊施加压力，于是哈罗德被释放了，并得到了诺曼底公爵的保护，被带到了鲁昂。半是客人半是人质的他，被迫同意加入进攻科南的远征行动中。由于他在进攻多尔和迪南的行动中表现出色，威廉封哈罗德为骑士。哈罗德随后立誓，后来的诺曼史料声称这一行为是在对诺曼底公爵效忠，并且他还承诺在时机到来时支持威廉对英格兰王位的继承权。

威廉公爵的随行牧师普瓦捷的威廉，记述了诺曼人征服英格兰的历史。他宣称忏悔者爱德华"将他的封臣之中，最富裕、最荣耀、权势也最大的哈罗德，派到了威廉那里，而此前他的哥哥和侄子都留在了公爵那里当人质，来确保公爵（对英格兰王位）的继承权"。[15] 另一种说法是，哈罗德出访诺曼底是为了劝说威廉公爵，让他释放那些自从 11 世纪 50 年代就被扣押的人质。他在蓬蒂约的居伊的土地上登陆，或许表明他最初的目的地根本就不是诺曼底，而是要前往佛兰德斯，去拜访他家族的传统盟友。[16]

威廉最有可能是在 1066 年 1 月的某一天里获得了忏悔者爱德华去世的消息，他立即开始动员自己的军队，并给各个有外交联系的盟友送信，一再宣称他对英格兰的继承权。他派出利雪的领班神父吉尔贝去会见罗马教皇亚历山大二世，为他进行辩护，宣称是哈罗德违背支持威廉成为英格兰国王的誓言在先，并且为教皇提供了一份额外的礼物——对英格兰教会进行全面改革。罗马教皇和威廉达成了一致，吉尔贝带着一面教皇的旗帜一同返回，诺曼底公爵可以在这面战旗之下为取得英格兰而战。[17]

威廉派出使团去会见神圣罗马帝国皇帝亨利四世，试图兑现一份协议——双方之前承诺，如果一方受到了敌人的威胁，另一方就要提供援助，不过他并没有获得亨利四世的帮助。他还派出另一位大使前去觐见丹麦国王斯韦恩·埃斯特里德松，如果他可以为威廉提供任何帮助的话，那将会对哈拉尔德·哈德拉达的继承权有所不利，毕竟挪威人征服英格兰是丹麦人最不能接受的事情。被流放的前任诺森布里亚伯爵托斯蒂格也前来拜访威廉，他大概是想要对抗他的哥哥哈罗德，选择支持威廉的继承权，以在事成之后恢复自己对伯爵领的控制。[18]

威廉将军队准备完毕之后，他将军队驻扎在迪弗斯河河口，等待顺风的天气。他在那里滞留了四周，随后他又率军前往索姆河畔的圣瓦莱里做进一步的等待。这种推迟也带来了好处（至少是对诺曼人而言），因为哈罗德国王之前一直驻扎在南部沿海地区以防备诺曼人登陆，现在却因为补给耗尽而在 9 月 8 日被迫解散。最终在 9 月 27 日，此时进攻英格兰似乎已经太晚，诺曼人似乎不会登陆，英吉利海峡终于吹起了有利于渡海的风。尽管威廉的旗舰在中途和其他船只失去了联系而引起了一些恐慌，除此之外，横渡海峡的过程总的来说是平安无事的。[19] 1066 年 9 月 28 日的早晨，诺曼底公爵威廉的入侵舰队在苏塞克斯的佩文西登陆了，不过当时的威廉还不知道，哈罗德·戈德温松已经在两天之前在斯坦福桥之战中击败了哈拉尔德·哈尔德拉达。[20] 威廉决定谨慎行事，在他的登陆地点附近驻扎，以便在必要的时候迅速撤回诺曼底。他在安德里图姆的一座古罗马帝国的撒克逊海岸要塞内部建筑了新的防御工事，随后，他开始蹂躏周边的地区。若是盎格鲁－撒克逊人的国王不想放任这个异族入侵者肆意妄为，任英格兰南部的大片土地化为焦土的话，他将不得不迎战诺曼底公爵。

当哈罗德的前任忏悔者爱德华登基为王时，他是仅有的几个候选人中最为合适的，他是埃塞尔雷德二世唯一幸存下来的儿子，而且哈撒克努特在 1041 年承认他为共治者，这为他继承王位铺平了道路。挪威国王好人马格努斯也宣称自己可以继承英格兰王位，他和哈撒克努特达成的所谓协议规定：双方中的任何一人去世之后，另一个人就可以继承他的土地。对丹麦国王而言，他的土地应该包括英格兰。在 1044 年的夏季，英格兰人担惊受怕，爱德华动员了一支军队来防备挪威的入侵，不过马格努斯完全将精力放在和斯韦恩·埃斯特里德松争夺丹麦，无暇发动对英格兰的远征。马格努斯在 1047 年去世，而他的继承者哈拉尔德·哈尔德拉达继续同斯韦恩相争，这一行动就此被推迟了近 20 年。但是在 1048 年，小规模的斯堪的纳维亚掠夺者出现在南部海岸，桑德威奇和怀特岛遭到攻击；第二年，来自都柏林的维京部队掠夺了威尔士沿海。

不过爱德华更专注于教会改革，不断授予支持者以伯爵爵位和其他高级职位。作为丹麦国王克努特的封臣，斯瓦尔德依旧担任诺森布里亚伯爵。在英格兰的贵族中，戈德温之前帮助过克努特在 1019 年对丹麦进行远征而获得了提拔，[21] 现在已经是威塞克斯伯爵的他成了首屈一指的权臣。尽管戈德温和伯爵利奥弗里克（他是麦西亚西部地区的伯爵）为了麦西亚的控制权而争执不休，不过他的女儿伊迪丝在 1045 年嫁给了爱德华国王后，他就成了国王的岳父，让他的权威不容置疑。

戈德温的家族继续积聚权力。他的长子斯韦恩在 1043 年被提拔为赫里福郡的伯爵，他的二儿子哈罗德在两年后成为东盎格利亚的伯爵。爱德华的侄子拉尔菲在 11 世纪 40 年代晚期 [22] 成了牛津伯爵，这只能部分抵消戈德温家族日益增长的权力。

到了 11 世纪 50 年代，情况已经十分清晰了，已经 40 多岁的爱德华不太可能有男性继承人（也就是戈德温伯爵的外孙），只能在他的子嗣之外找继承人了。而戈德温在 1051 年让他的三儿子托斯蒂格迎娶了朱迪丝，即佛兰德斯伯爵鲍德温同父异母的妹妹，这让他扩大了他的盟友范围。1049 年，丹麦的斯韦恩·埃斯特里德松的弟弟比奥恩伯爵被杀，王位的另一位候选人也不复存在，然而他是被戈德温和斯韦恩·戈德温松诱骗并谋杀的，他的死亡差点引起丹麦人入侵。[23]

11 世纪 50 年代，权力的暗斗还在爱德华的宫廷中继续，而且一些诺曼人逐渐走向斗争的前沿。这并不奇怪，毕竟爱德华的母亲埃玛是诺曼底公爵理查二世的妹妹，而且他和他的兄弟阿尔弗雷德在克努特统治时代在那里过着流亡生活，直到 1041 年他才被召回英格兰。戈德温伯爵在 1051 年被流放（因为他拒绝处罚一个人，这个人攻击了爱德华的小叔子布洛涅的尤斯塔斯），这也许让爱德华更加依赖他和诺曼人之间的联系。证据就是，坎特伯雷大主教罗贝尔大概在 1051—1052 年到诺曼底拜访了威廉公爵，双方达成了同盟来对抗戈德温，并且将伯爵的儿子伍尔夫诺斯和孙子哈康作为人质留在了诺曼人的宫廷中。[24] 罗贝尔给威廉还送去了什么其他的信息，如今已不得而知，不过，他也许做出了关于英格兰王位继承权的承诺。

1052 年 6 月，戈德温进攻了南部沿海，在波特兰和哈罗德从爱尔兰带来的另一支舰队会合。拉尔菲伯爵率领的爱德华的海军仅仅进行了微弱的抵抗，戈德温父子随后蹂躏了肯特的北部海岸。随着伦敦人的加入，这支入侵军队进军到南沃克，迎战爱德华。国王在两年前精心安排的所有外交策略都化为乌有了，戈德温和哈罗德成功地回到英格兰。国王的大多数法国顾问（也就是诺曼顾问），包括坎特伯雷大主教罗贝尔在内，都被迫离开伦敦，在埃塞克斯的纳兹搭乘一艘漏水的船前往诺曼底。

爱德华统治的最后 13 年，因为戈德温家族重获权位而笼罩在阴影之中。戈德温伯爵在 1053 年去世，哈罗德继承了他的威塞克斯伯爵，而他的兄弟托斯蒂格在 1055 年获得了诺森布里亚的伯爵之位，家族的权力得到了进一步巩固。格温内思的统治者格鲁福德·阿普·罗埃林之前和一个爱尔兰北欧人的战团一同入侵赫里福德，与被流放的东盎格利亚伯爵艾尔夫加组成联军。[25] 哈罗德在这一年战胜了罗埃林，这也加强了他的地位。盖尔斯在 1058 年成为东盎格利亚的伯爵，戈德温家族就此又获得了一个伯爵领。在同一年，麦西亚伯爵利奥弗里克和拉尔菲伯爵相继去世，又为哈罗德消除了几个障碍，这些大人物原本或许还能够改变态势，但此时哈罗德的前进已经无人可挡，不幸的伯爵艾尔夫加在短暂的回归之后，又在 1058 年被再次流放，哈罗德的地位已经足够强大，足以对王位的继承做出决定性的影响。

　　哈罗德也许在此时的确有野心自己登基为王，不过，他真正想要避免的是让一个诺曼人获得王位。为此，阿尔弗雷德大王的后代中仅存的一个英格兰本地的候选人是流亡者爱德华（Edward the Exile），他是忏悔者爱德华的同父异母兄弟刚勇者埃德蒙的儿子，在 1017 年他就被送到了瑞典，随后在罗斯地区停留了一段时间，最终于 11 世纪 40 年代在匈牙利定居。他在那里和神圣罗马帝国皇帝亨利二世的侄女阿加莎结婚。1054 年，伍斯特主教埃尔德雷德被派去说服他回国，这个被流放的王子回国时花费了三年的时间。不幸的是，就在王位继承可以顺利地交接时，流亡者爱德华在 1057 年 4 月去世了，他只在英格兰过了几个月，甚至还没有机会见到爱德华国王。他留下了一个儿子埃德加（后来被称为显贵者），埃德加只有 5 岁，继承王位的可能性相当有限。

　　与此同时，哈罗德·戈德温松越来越强大。他的盟友斯蒂甘德在 1052 年被任命为坎特伯雷大主教，不过，这一主教职位的任命没有得到教皇的同意，这让教皇和英格兰教会之间产生了分歧。[26] 托斯蒂格在 1058 年深入苏格兰，成功进行掠夺，这让马尔科姆国王前往英格兰同爱德华签订和平协议。随后，在 1063 年，哈罗德率领海军进攻威尔士的格鲁福德·阿普·罗埃林，摧毁了他在罗德兰的主要基地，托斯蒂格则从陆路入侵，这一联合行动迫使威尔士人彻底投降。

　　哈罗德现在似乎命中注定要成为下一任英格兰国王，他即使不能当上国王，至少也是一个造就国王的人。不过在 1065 年，因为约克郡和诺森伯兰郡的塞恩们（小贵族）进行了一场反对托斯蒂格伯爵的起义，盎格鲁－撒克逊人的英格兰的政治版图最后一次得到重组。叛军指责伯爵过于严酷无情，并且推举前任诺森布里亚伯爵艾尔夫加的儿子莫尔卡（Morcar）为新伯爵。一旦他们和麦西亚伯爵埃德温在北安普顿会师，这一联盟对爱德华国王而言就会过于强大，让他难以抵挡。于是他将托斯蒂格和他的妻子朱迪丝流放到了佛兰德斯。

并不是所有人都在批判托斯蒂格，《忏悔者爱德华生平》（*Life of Edward the Confessor*）将他描述为"一位高贵的伯爵，神圣的和平之子，并对它满怀热情"，他出色地治理着伯爵领，以至于"在他的统治下，盗匪的数量减少了，他们已无法在乡野活动……任何携带货物的人都可以随意地独自旅行，不必担心遭到袭击"。[27] 他并没有在佛兰德斯长时间保持沉默，据说他拜访了诺曼底的威廉，也许公爵承诺支持他获得英格兰王位。托斯蒂格在 4 月末登陆怀特岛，并且蹂躏了南部海岸，甚至波及东部的桑德威奇和肯特。随后，他率领 60 艘船向北进军，并且在林肯郡的林齐登陆。他也许希望利用诺森布里亚的剩下的忠于他的人，不过埃德温和莫尔卡击败了他，他的舰队只剩下原来五分之一，于是他前往苏格兰，在那里加入了哈拉尔德·哈尔德拉达的军队。[28]

与此同时，爱德华国王的中风发作了好几次，并且在 1065 年 11—12 月都在威斯敏斯特养病。在圣诞节前夜，国王心脏病发作，不过他至少还能到教堂礼拜。然而在第二天，他的健康状况急转直下，陷入了昏迷。最终，爱德华奇迹般地恢复了一些力气，预言了英格兰的悲惨未来，并且将他的王国遗赠给哈罗德。当他把自己的手伸向威塞克斯伯爵时，他用最后一口气宣布："我将这个女人和整个王国都托付给你来保护。"[29]

忏悔者爱德华在 1066 年 1 月 5 日去世，葬在威斯敏斯特教堂，他之前任命了这座教堂的主教，而主教在一周之前刚刚举行过祝圣仪式。哈罗德自己是英格兰的主要贵族，而且更明确（也更方便）的理由是国王在临终前指定由他来继承，于是他在第二天就登基为王。事实上，他对王位的继承权并不稳固，他能和威塞克斯王族最近的关系仅仅是他是忏悔者爱德华的妹夫。不过，诺曼底的威廉成为英格兰王位的候选者也比较牵强，他的继承权来自他的姑奶奶埃玛和无备者埃塞尔雷德的婚姻。不过，此时并没有阿尔弗雷德大王的直系后代可以继位，而显贵者埃德加还太年轻。贤人议会承认哈罗德为国王，一定是因为这似乎是唯一可行的方法：任命一个可以保卫本土英格兰人利益的统治者。

在最初的几个月里，空气中弥漫着紧张的气氛，因为哈罗德十分清楚，托斯蒂格、哈拉尔德·西格尔德松、诺曼底的威廉都十分乐于看到他被赶下刚刚获得的王位。他在这一等待期间进行了一系列的任命，其中也许就包括将瓦尔塞奥夫任命为领地在东米德兰的伯爵。[30] 1066 年 4 月 24 日，出现了一个甚为不祥的征兆，一颗彗星出现了，在整整一周的时间里都在天上清晰可见。这事实上是每 76 年拜访地球一次的哈雷彗星，不过许多看到它的人都将这一现象解释为可怕的厄运即将降临到英格兰。不过，等待很快就会结束，而第一个进攻英格兰的人是挪威的哈拉尔德。

哈拉尔德是奥拉夫·哈拉尔德松的同母异父的兄弟、西格尔德·哈夫丹松之子，而且根据萨迦中的显然经过附会的家谱，他是金发哈拉尔德的玄孙。他也从母亲的家系中获得了王室血统，因为他强势的母亲阿斯塔·古德布兰德斯多迪尔，之前是金发哈拉尔德的曾孙哈拉尔德·古德罗德松的妻子，奥拉夫·哈拉尔德松就是他们的孩子。1016 年时，生于 1012 年的哈拉尔德只有约 3 岁，而奥拉夫在尼斯雅尔海战中击败了斯韦恩雅尔，并且获得了挪威的王位。《挪威列王传》讲述了一个故事，阿斯塔举办了盛大的宴席以庆祝他的儿子获得王位，她还邀请了她和西格尔德所生的三个儿子前来参加。奥拉夫决定测试一下西格尔德的儿子们的勇气，他假装突然暴怒，哈拉尔德的两个兄长古索尔姆和哈夫丹都吓坏了，不过小哈拉尔德只是拉了拉愤怒的奥拉夫的胡子。第二天，人们看到哈拉尔德的两个哥哥在池塘边玩着建造农屋的游戏，而哈拉尔德则建造了一些小木船，并且让它们在水上漂流。奥拉夫注意到了他们，并且评论道："我的弟兄，你也许有一天会指挥战船。"最终，奥拉夫问他们最想要的是什么：古索尔姆选择了小麦田，哈夫丹选择了牛，而哈拉尔德选择了扈从。[31]

　　雄心壮志总有实现的一天。哈拉尔德直到 15 年之后才得以再次和他的这个声名显赫的血亲会面，而那时的情况十分不利。亲丹麦的联军将奥拉夫驱逐出国，而且他的回国企图也被挫败，[32] 挪威国王最终得到了基辅的雅罗斯拉夫的帮助，最要紧的是基辅为他提供了一个有 250 名战士的战团。1030 年初，奥拉夫率军出发，将他的儿子马格努斯留给雅罗斯拉夫照顾。奥拉夫在冬季穿过罗斯地区冰冻的荒原之后，最终来到哥特兰岛，他随后前往瑞典国王欧南德的宫廷。瑞典国王拒绝加入奥拉夫的远征军，不过他送给奥拉夫 400 名战士，并且允许挪威人尽可能地招募人手。当奥拉夫到达挪威时，他也获得了乌普兰的丹·林格松的支持，后者是顽固的反对派，对丹麦人统治挪威十分不满。但是当地的贵族和农民反对奥拉夫，他们的军队由"邦德尔人"（来自"班德尔"，即挪威语中对自由农的称呼）组成。在当年的夏季，这支军队在特隆德拉格北部的瓦尔达尔附近的斯蒂克莱斯塔德农场和奥拉夫交战。

哈拉尔德·西格尔德松此时年仅 16 岁，却已经加入了他同母异父的哥哥的军队中。他自己请求在队列中参战，奥拉夫最初拒绝了，不过，哈拉尔德抗议道："如果我虚弱到无力挥剑的话，那么我就把手绑在剑柄上。"丹·林格松的军队本应该组成军队的左翼，不过他们未能及时到达战场，因此，在奥拉夫的军队完成集结之前，索里·汉德已经率领着邦德尔人组成的先头部队发动了进攻。

挪威人一方向前冲锋，边冲边吼叫："基督徒向前冲！上帝的子民向前冲！国王的部下向前冲！"这也反映了奥拉夫在基督教传入挪威的过程中所扮演的角色。当丹·林格松的部队姗姗来迟的时候，奥拉夫的军队已经在"钢铁风暴"中损失惨重，在斯蒂克莱斯塔德战役中被敌人吞没。在战斗中，奥拉夫被索尔斯泰因·卡纳里斯梅德打伤了大腿。国王支撑不住，松开双手，丢下宝剑，随后他被索里·汉德和卡尔夫·阿尔尼松击杀。

奥拉夫的残部和丹·林格松的来迟的部队一同逃离了战场。哈拉尔德也设法逃出了这次屠杀，但身受重伤，奥克尼人罗格瓦尔德·布鲁萨松将他救了出来。[33] 罗格瓦尔德将哈拉尔德带到了一个偏远的农庄中养伤，直到他可以翻越群山前往瑞典。根据斯诺里·斯图尔鲁松的记载，在此期间，农场主的家庭完全不知道这位受伤客人的真实身份。哈拉尔德和罗格瓦尔德从瑞典向东航行到罗斯，雅罗斯拉夫大公在那里把他们当作尊贵的客人来接待。基辅大公任命哈拉尔德为他的军队的联合指挥官，大概是因为他和他的弟弟姆斯季斯拉夫（他以切尔尼戈夫为首府，统治着公国的东部）之间的关系并不友好，这让他十分欢迎来自斯堪的纳维亚的援军。

《奥克尼萨迦》中记述道：罗格瓦尔德·布鲁萨松在雅罗斯拉夫手下参加了十次战役，不过他是否和哈拉尔德一同作战则不明确。[34] 哈拉尔德的宫廷诗人斯约多尔夫记述了哈拉尔德同莱伊思尔人（大概指的是波兰人）的战斗，还指出哈拉尔德的挪威人参与了雅罗斯拉夫和姆斯季斯拉夫在 1031 年对波兰的入侵。在这之后到 1034 年（哈拉尔德最有可能是在这时离开的罗斯）的三年时间里，哈拉尔德的活动轨迹很模糊。斯诺里记述他在波罗的海东部作战，这也许反映了他参与过冬天的索贡巡行，罗斯的维京统治者从邻近的芬 – 乌戈尔人和斯拉夫人的各个部落勒索贡品早已成为惯例。[35] 据说，哈拉尔德和埃利夫奉命负责加尔达里基（Gardariki，北欧语中对罗斯地区的称呼）的防御，不过也许他们对罗斯地区的北境边防只是有所参与，而非直接接管了整个地区的防务。[36]

哈拉尔德也许在效力于雅罗斯拉夫的时候找到了大量的活动机会。1032 年，基辅大公远征铁门峡谷，大概是为了进攻乌拉尔山脉附近、伯朝拉河东北的乌戈尔人部落，不过罗斯的王公们此时也要不断面对佩臣涅格人的威胁，他们在第聂伯河流域附近、黑海北部的草原地区过着游牧生活。[37] 哈拉尔德大概也许会一直为雅罗斯拉夫效力下去（至少是在挪威王位诱惑他回到斯堪的纳维亚之前），因为他十分迷恋雅罗斯拉夫的女儿伊丽莎白（她的北欧语名字为埃利西芙），他称她为"加尔达尔的手镯女神"，两人最终成婚了。不过在他离开罗斯的时候，这位公主只有 10 岁。据说雅罗斯拉夫拒绝将女儿嫁给哈拉尔德，除非挪威人证明他拥有荣耀和财富。雅罗斯拉夫大概想要为埃利西芙挑选一个具有战略意义的结婚对象，不过他在将这颗王家珠玉放手之前，他想要确定哈拉尔德是不是又一个短命的斯堪的纳维亚王子。

在罗斯地区，对于一个野心勃勃的北欧战士而言，想要获得财富和荣誉的最明显方式就是前往南方，去拜占庭帝国的首都君士坦丁堡（维京人称之为"米克尔格勒"，即伟大之城）。哈拉尔德走的或许就是罗斯人的贸易船队每年都要走的常用路线，要沿着第聂伯河顺流而下。[38] 和哈拉尔德同行的商人们在佩臣涅格人之类的草原掠夺者面前颇为脆弱，因此，他们一定十分乐于获得这类额外的武装护卫。

因此哈拉尔德·西格尔德松在约1034年抵达了君士坦丁堡，并且加入了拜占庭皇帝的斯堪的纳维亚精锐部队——瓦兰吉卫队。他并不是他的同胞中第一个前来这里寻找机会的雇佣兵，不过他却是其中最杰出的一个。就像他的前辈们一样，拜占庭帝国的首都也让他感到十分惊奇。后来成为哈拉尔德的王室诗人的波尔沃克·阿诺尔松在一首行吟诗中描述了他到达博斯普鲁斯海峡、突然看见那传说中的城市时的反应："狂风怒号，冲击船首，船儿沿着海岸线，奋力航行。我们全副武装的船只傲然驶入港口。哦，那米克尔格勒，我们著名的王子第一次看到了金色的山墙，许多海船有序地排列，向着高墙环绕的城市远航。"[39]

10世纪，在拜占庭帝国几任皇帝的治下，拜占庭的军事力量得到复兴，这些皇帝有尼基弗鲁斯二世·福卡斯、约翰一世·齐米斯西斯和巴西尔二世。不过，帝国的复兴也得益于他们对异族雇佣兵的使用，比如诺曼人和其他西欧士兵（他们往往被统称为法兰克人），还有斯堪的纳维亚士兵。866 年，罗斯人同拜占庭人签订了协议，其中有一个条款提到罗斯人应该为拜占庭皇帝提供部队。在 10 世纪，有断断续续的记录提到罗斯人在拜占庭军队中效力，比如，有 700 名北欧人在 961 年参与了对克里特岛的远征。[40]

卫戍君士坦丁堡皇宫的异族卫队被称为"随从卫队"（Hetairia）。这个精锐部队的成员拥有丰厚的报酬，因为招入其中的成员，以"大随从卫队"（皇室卫队中的高级部队）为例，他们的工资大概有 16 磅黄金。[41] 在巴西尔二世（976—1025 年在位）统治期间，独立的斯堪的纳维亚人部队才被建立起来。巴西尔二世除了败于保加利亚人后面临巨大压力，还要面对巴尔达斯·斯科莱鲁和巴尔达斯·福卡斯的双重叛乱。在这样的重压之下，他向基辅大公弗拉基米尔求助，承诺将妹妹安娜公主嫁给他，因此基辅大公向君士坦丁堡派出了 6000 名战士。[42]

北欧士兵组成了一支新的精锐部队——瓦兰吉卫队。这些北欧人及时地帮助巴西尔二世击败了巴尔达斯·福卡斯，并且在 989 年 4 月于阿拜多斯战役中最终打垮了叛军。瓦兰吉部队此后在巴西尔二世的许多军事行动中都有出场。拜占庭在 7 世纪的伊斯兰征服中失去了北非和黎凡特地区，巴西尔二世恢复了它在全盛期的版图。999 年，他们参与巴西尔二世对叙利亚的远征，此次战役收复了霍姆斯；而且他们还在 1000—1001 年出现在亚美尼亚。他们作战时极为凶猛，特别表现在 1021 年的战役中，当时格鲁吉亚的 12 个地区的居民被杀戮殆尽。1009 年，瓦兰吉卫队被派去镇压意大利南部的巴里的一场叛乱。讽刺的是，当地的叛军首领得到了这一地区的诺曼人的援助，这让斯堪的纳维亚血统

（至少他们的祖先是）的两支部队兵戎相见。[43]

当瓦兰吉卫队没有被派去参加军事行动时，他们的主要职责是当拜占庭皇帝的贴身侍卫。在皇室活动中，他们被授予了在皇帝的两侧行走的荣誉，而且无论皇帝在什么时候参加教堂的活动，都有两个瓦兰吉卫队成员站在他身后贴身护卫，他们手握最具维京特色的武器——大型战斧。

这支部队最初几乎只有斯堪的纳维亚人，不过它的军官一般都是希腊人。这也有例外，阿莱克修斯一世统治时，这支部队的指挥官纳比特斯也许就是北欧人。[44]此外，在瑞典的乌普兰有一块如尼石，上面纪念了一个名为罗格瓦尔德的人，他被描述为"希腊人土地上的战斗部队的首领"。身为外来者，瓦兰吉战士往往要承担一些拜占庭帝国本土部队或许无法承担的任务。这些任务包括担负所谓"手杖卫队"（Manglavites）的职责，这些低阶军官要在游行时走在拜占庭皇帝的前面，挥舞着镶满宝石的鞭子，让人群和皇帝队伍保持安全的距离。1042年，拜占庭皇帝米哈伊尔五世被废黜和刺瞎的过程中，这支卫队也参与其中。

瓦兰吉卫队的驻地似乎在诺梅拉，靠近君士坦丁堡的竞技场，从这里前去皇宫十分方便。作为君士坦丁堡这个大城市中的一群与众不同的外国人群体，瓦兰吉人发展出了自己的管理机构。他们也有自己的教堂，其教堂奉献给圣母玛利亚以及斯堪的纳维亚王室的主保圣人圣奥拉夫，奥拉夫殉教时使用的宝剑赫内迪尔就悬挂在教堂的主圣坛上面。据说，在1030年的斯蒂克莱斯塔德战役结束之后，一个瑞典人拾到了这把剑，而他的一名后代在瓦兰吉卫队中效力。据说这个瑞典人和瓦兰吉人一同去作战，他每天晚上在睡觉的时候都将手放在剑柄上，而剑刃压在枕头下面。在醒来之后，他发现这把剑移动了几英尺，连续三个晚上都是如此。关于这把剑移动的神迹故事传到了拜占庭皇帝的耳中，他将瓦兰吉人召唤到面前，随后这个瑞典战士解释了宝剑的出处，于是皇帝给他了三倍于这把剑卖价的金币，将宝剑赫内迪尔放置在瓦兰吉人的教堂的圣坛之上。

因此，到哈拉尔德·西格尔德松抵达君士坦丁堡的时候，瓦兰吉卫队已经建立了 40 年左右。很幸运，有一些哈拉尔德在瓦兰吉卫队中任职时候的史料保留了下来，例如《皇帝箴言》（*Advice to an Emperor*）[45]，这本佚名作者的书籍已经由标题透露了它的用途，它将哈拉尔德称为"阿拉尔特斯"（Araltes），书里说，他带来了"五百名勇士"，随后皇帝将他们派遣到西西里。关于哈拉尔德在拜占庭帝国参与活动的其他信息还出现在斯堪的纳维亚的史料中，例如《挪威列王传》以及包含在众多萨迦中的行吟诗篇。哈尔多尔·斯诺拉松曾和哈拉尔德一同在瓦兰吉卫队中共事，似乎将一些故事带回了冰岛，而且这些故事之后又被纳入萨迦中。这些文献的优点是出自第一手史料。

从希腊的文献、语焉不详的吟唱诗歌、夸大其词的英雄史诗之中互相参照而获得的粗略年表来看，哈拉尔德似乎是在米哈伊尔四世于 1034 年继承罗曼努斯三世之位而成为拜占庭皇帝时到达那里的，他最初接受的任务是打击爱琴海上的海盗，他每俘获一艘海盗船，就能获得 100 枚金币。随后瓦兰吉卫队被派往小亚细亚作战，由将军乔治·曼尼亚克斯［北欧史料中将他称为"杰尔吉尔"（Gyrgir）］统一指挥。《挪威列王传》中记载，哈拉尔德前往"塞尔克兰"，他在那里"攻占了 80 座摩尔人的城市"。[46]随后，他似乎去了巴勒斯坦，《哈拉尔德萨迦》甚至夸张地宣称"所有的

城市和城堡都向他打开大门，不做任何抵抗地向他投降"。实际
上，那时在巴勒斯坦并没有发生战争。相比之下，更有可能的是，
因为在 1036 年米哈伊尔四世和法蒂玛王朝哈里发穆斯坦绥尔·比
拉赫签订了协议来修复圣墓教堂，哈拉尔德是陪同修复的工匠们
一同前去巴勒斯坦的。

　　之后，哈拉尔德再次被派去效力于曼尼亚克斯的旗下。此时
在西西里岛，米哈伊尔四世的阿拉伯盟友阿克哈·阿布拉法尔正
在和阿布·哈夫斯埃米尔作战，[47] 拜占庭的意大利督军（catepan）
君士坦丁·欧弗斯率领军队前去增援，却遭遇惨败。除了瓦兰吉
部队之外，曼尼亚克斯还有来自萨勒诺的 300 名诺曼人战士，统
率他们的是坦克雷德·德·欧特维尔的儿子们——铁臂威廉和德
罗戈。[48] 这次远征行动的结果多少是徒劳无功的：北欧人在西西
里岛附近赢得了一场海战，鲜血"洒向海底的船舶遗骸"，不过曼
尼亚克斯对军纪的严格要求疏远了诺曼人，他们叛变了拜占庭帝
国，在意大利南部点燃了叛乱之火。瓦兰吉人之前攻占的领土都
在这位拜占庭将军手中丢失殆尽，只有墨西拿得以幸免。

　　按照萨迦描述，哈拉尔德和他的希腊上级之间的关系并不愉
快，而一系列事件则揭示了双方的紧张关系。事实证明，这种不
和差点要了挪威王子的命。有一次，曼尼亚克斯下令让他们在低
处扎营，而瓦兰吉人想将自己的营帐布置在斜坡之上，而非泥泞
的低地中。据说哈拉尔德通过抽签来决定这件事情，不过他在签
上做了手脚，欺骗了拜占庭人，就此赢得了在他选择的地点过夜
的权利。

　　还有一些流浪冒险式的故事被归到了哈拉尔德名下，这些传
说大概是从其他故事中借用了一些元素，然后安到了这个言过其

实的人物身上。据说他曾将一座城市中在房子的屋檐下筑巢的飞鸟抓走，在这些不幸生物的翅膀上涂满了蜂蜡和硫黄，随后他让手下将它们点燃。于是这些鸟飞回它们的巢穴中，让城市陷入火海，在随之而来的混乱中，瓦兰吉人将城市攻陷。据说哈拉尔德也曾通过装死来将他的手下偷运到一座堡垒中。防御者允许斯堪的纳维亚人将他的尸体送过城门，不过，一旦进入城内，他们就拔出剑，"复活"的哈拉尔德从他的棺材中跳了出来，大吃一惊的市民们则无力抵抗。

不过，关于鸟的故事似乎也发生在了其他历史人物身上，比如，罗斯王太后奥尔加就以此方式攻占了一个被称为伊斯科洛特的城镇；而且到 13 世纪，又有说法认为成吉思汗使用了这一战法。在 879 年丹麦人对英格兰的进攻中，丹麦首领古斯鲁姆是这一战术的维京实例，据说他利用点燃的麻雀攻占了赛伦切斯特，此后，那里在一段时间里被称为斯帕罗切斯特（麻雀之城）。[49] 关于伪装葬礼的故事则更为常见，萨克索·格拉玛提库斯在他的书中提到了两次（传说中的丹麦国王弗洛德以这种方式攻占了波洛茨克和伦敦），而普利亚的威廉则记录罗贝尔·吉斯卡尔以这一方式攻占了一个意大利的修道院。所有类似事件中最著名的则发生在哈斯泰因对意大利城市卢尼的攻击中。[50]

由于彼得·德莱亚诺斯在保加利亚的叛乱对巴尔干半岛的拜占庭领土造成了严重威胁，瓦兰吉人从西西里被召回，以镇压叛乱。在这一战役期间（1040—1041 年），北欧的诗人们给哈拉尔德起了个绰号"焚烧保加尔人者"（burner of the Bulgars），另外他也得到了更实际的提拔，得到了持剑白衣卫士的职位，而这是瓦兰吉卫队之中的北欧人至此获得的最高官阶，尽管他并没有因此获得独立的军事指挥权。

大约在此时，哈拉尔德的时运急转直下。米哈伊尔四世于1041 年逝世，他的继任者米哈伊尔五世对瓦兰吉卫队的态度则要差得多，而且释放了哈拉尔德的宿敌乔治·曼尼亚克斯。这位暴躁的将军之前因为指控海军指挥官斯特法诺斯（刚好是米哈伊尔五世的岳父）放任阿拉伯舰队逃离西西里而被囚禁。出山之后，似乎在曼尼亚克斯的安排下，哈拉尔德和他的两个最亲密的战友哈尔多尔·斯诺拉松和乌尔夫·奥斯帕克松都被逮捕了，罪名是侵吞皇帝的拨款。这所说的也许是他在当税监时侵吞了税款，或者是在西西里俘虏敌船之后没有按规定上缴 100 枚金币。

据说这些北欧人被囚禁在瓦兰吉人的教堂附近。[51] 他们被囚禁时也留下了一些丰富多彩的故事，最值得一提的是一条"龙"，或者大蛇，出现在了他们的监牢里，多亏哈尔多尔和乌尔夫死死抓住这怪兽的头和尾，哈拉尔德才能将它刺死。最终他们得以获释，是因为 11 世纪戏剧般不断变化的拜占庭帝国的皇室政治再度发生了转折。米哈伊尔五世愚蠢地企图将他的养母——广受欢迎的女皇佐伊赶走，这导致暴民冲进了皇宫，释放了一大批囚犯，其中就包括哈拉尔德和他的战友们。佐伊的妹妹塞奥多拉原本在佩特里昂修女院中安然隐居（佐伊为排除异己，在 1030 年将她软禁于此），如今则成了共治的女皇，让佐伊苦恼不已。暴民们围攻了皇宫，据说造成了 3000 人死亡，孤立无援的米哈伊尔五世只好逃到斯托迪奥斯修道院中躲避。然而他没能得到庇护，哈拉尔德和瓦兰吉卫士奉命前去逮捕落难的皇帝和他的叔叔君士坦丁。他们被强行拖出圣坛，接受鞭刑——一些说法声称是哈拉尔德亲自行刑的（他的宫廷诗人斯约多尔夫写道，"毁灭狼笼之人，刺瞎了大国王的双眼"）。

也许哈拉尔德意识到他的地位可能在新的变化之中再度动摇。情况确实不稳，因为塞奥多拉很快再度被架空，佐伊嫁给地位显赫的官僚君士坦丁·莫诺马修斯，此人也随即登上王位，即君士坦丁九世。此时他想要返回家乡挪威，个中原因可能是他的侄子马格努斯（奥拉夫二世之子）被召回继承挪威王位。他向君士坦丁请求批准他离开，但遭到了拒绝——曼尼亚克斯正在西西里发动叛乱，而皇帝不愿让大批瓦兰吉卫士和他们的领袖一同离开。北欧史料中多出了一段哈拉尔德的恋情，让这件事更加复杂：据说他爱上了女皇佐伊的亲属——希腊女贵族玛利亚，而玛利亚帮助哈拉尔德从小窗中逃走。这则故事基本可以肯定是杜撰的。[52]

无论他是如何逃走的，在登上了他的两艘船之后，瓦兰吉战士便要面对金角湾上的巨大铁索，这铁索原本是用来阻碍敌船进入的，此时也阻挡了他们。当奋力划桨的他们来到铁链前时，哈拉尔德令所有没在划桨的人带着各种家什挤到船尾，让船头直接骑上铁索；而后他又令船员冲向船头，让船直接滑过了铁索。这个招数或许过于精妙，因为另一艘船就在强闯铁索时损毁，许多北欧战士就此葬身大海。而哈拉尔德则得以进入黑海，驶向基辅。

根据《皇帝箴言》，哈拉尔德和拜占庭帝国保持友好，甚至曾允许一位希腊传教士前往挪威。[53]然而没有证据说明他还在和曾经的瓦兰吉战友联络。卫队继续为拜占庭皇帝服务了至少一个多世纪，并在进入 14 世纪后还以其他的形式存续。瓦兰吉战士也在 11 世纪 60 年代的南意大利与他们的远亲诺曼人对阵，而他们的存在得到了塔兰托附近的一座教堂的验证，这座教堂被奉献给"瓦兰吉的圣玛利亚"。[54]

在罗曼努斯四世执政期间，瓦兰吉卫士参与了决定命运的小亚细亚之战，最终在 1071 年 8 月 19 日的曼兹科特战役惨败于塞尔柱人。无疑有许多北欧人阵亡，但仍有不少幸存了下来，在阿莱克修斯一世·科穆宁的军队之中服役，在 1081 年迎战入侵巴尔干的诺曼人罗贝尔·吉斯卡尔。1081 年 10 月 18 日的底拉西乌姆，瓦兰吉卫队（并肩作战的还有一支效忠于拜占庭的诺曼人部队，指挥官是亨伯托普洛斯）英勇奋战，但吉斯卡尔的妻子西凯尔盖塔集结了已迫近城垣的诺曼军队的右翼。慌张的瓦兰吉士兵逃进了附近的圣米迦勒教堂，那里的房顶早已坍塌，而胜利的诺曼人纵火焚烧教堂，教堂中的大多数人被烧死。此外，这一战中还有大批盎格鲁－撒克逊流亡者参加，在诺曼人征服了英格兰之后，他们在 11 世纪末大批加入瓦兰吉卫队，或许是急于向征服者威廉的同宗复仇。[55]

11 世纪末的十字军得以为瓦兰吉卫队注入新的维京血液，几位北欧君主响应了召唤，前往圣地。挪威国王西格尔德一世就带着大批暴徒前来，而拜占庭人在一番犹疑之后还是放他们进了君士坦丁堡。他这次出访也产生了许多传言，比如故事称西格尔德邀请阿莱克修斯一世和皇后伊琳妮饮宴，但皇后为了试探这个外国人，就买走了君士坦丁堡城中的所有木材，让他无法烹饪。机智的西格尔德把核桃集中起来当作燃料焚烧，得以宴请皇帝夫妇。在他返回家乡之后，大批西格尔德的随从留了下来，给卫队提供了 5000 新兵。

北欧人最后一次加入瓦兰吉卫队，或许是在奥克尼伯爵罗格瓦尔德－卡里前往圣地朝圣的时候（他大约在 1151—1153 年之间出发，没能赶上第二次十字军东征的主要行动）。他在小埃恩德里迪的陪伴下离开奥克尼群岛，或许正是这位参加过十字军的圣战士的经历，说服了罗格瓦尔德前往圣地。他的舰队由 15 艘船组成，但是在经过直布罗陀海峡之后，舰队的规模就变小了不少，因为埃恩德里迪（他全程尽可能招募新的瓦兰吉战士）在这里离开了罗格瓦尔德，带着 6 艘船前往马赛，而他可能从马赛径直前往君士坦丁堡。而罗格瓦尔德则继续前进，途经克里特岛，赶往耶路撒冷。在回程时他来到君士坦丁堡，打算留下来的北欧士兵听到了一个坏消息，他们的指挥官将会是埃恩德里迪，而之前不辞而别的他已经不受这些北欧士兵欢迎了。罗格瓦尔德还是把舰船留给了曼努埃尔一世（他走陆路穿过西欧返回家乡），同时留下的还有足以装满 6 艘船的船员，他们大概有 600 人。[56]

瓦兰吉卫队或许在 1176 年密列奥赛法隆的惨败中损失甚巨，当时阿尔卜·阿尔斯兰的塞尔柱人趁曼努埃尔一世穿越安纳托利亚中部时将他击败。此时卫队已经以盎格鲁 – 撒克逊人为主，而北欧人已成为少数（一个侧面证据是，阿莱克修斯三世在 1195 年即位后修书给三位北欧君主，即挪威国王斯韦勒、瑞典国王克努德·卡尔松和丹麦国王克努德六世，请求他们为瓦兰吉卫队提供新兵）。这支部队继续存续，但在 1204 年第四次十字军东征中，它在十字军攻占君士坦丁堡时又再度人员枯竭。13 世纪的瓦兰吉卫队几乎纯粹成了典礼上的仪仗队，而最后一次在史料中出现是在 1341 年约翰五世的加冕礼上，据说他们当时只有 500 人——与三个半世纪前组成卫队的 5000 人相比实在是少得可怜。

如今尚存两处瓦兰吉士兵在君士坦丁堡居住的不同寻常的证据。其一是一尊大理石石狮上的如尼文铭文，这尊雕像原本放在比雷埃夫斯港的入港之处，而后威尼斯将军弗朗切斯科·莫罗西尼在 1668 年夺取雅典时，将其作为战利品带走，放在威尼斯军械库的正前方。雕像上的如尼文已经风蚀严重，此后又愈发模糊，已经难以阅读（乃至誊写）。一些认为可释读的人进行了尝试，最值得一提的是 1856 年的丹麦学者 C. C. 拉芬，他翻译了部分铭文，声称这是奉"高大者哈拉尔德"之命所刻，拉芬认为这指的就是哈拉尔德·西格尔德松。相反，瑞典的如尼文学家埃里克·布拉特在 1919 年的鉴定则认为其意义是"好农民霍尔萨"；而 1930 年埃里克·莫尔特克只鉴定出了两个男名，乌尔夫和斯米德，他们在"这个港口"中做过什么事。[57] 由于缺乏释读铭文的科学手段，铭文的意义仍无法确知，大理石狮只能作为北欧人在比雷埃夫斯港出现的证据，但他们是谁，做了什么，则无从得知。

更简短，但或许更有意义的证据是在伊斯坦布尔的阿亚索菲亚清真寺（即此前的圣索菲亚大教堂）南回廊发现的两块如尼文铭文碎片。第一件在 1964 年发现，上面只有一个名字"哈夫丹"；而第二件铭文在 1975 发现，上面写着"阿里（或阿尼）所作"。这些铭文也许是瓦兰吉卫士在无聊时藏在走廊里创作的涂鸦，而他们的战友那时正扛着大斧站在进行宗教典礼的皇帝身后，防备着可能出现的刺客。

哈拉尔德在基辅的雅罗斯拉夫的宫廷停留了三年，于 1043 年初迎娶了公主埃利西芙。[58] 他提供的拜占庭舰队以及作战战术的情报或许影响了基辅罗斯大公，刺激他们于同年对君士坦丁堡从海上发动袭击。不幸的是，他没有提到拜占庭海军的秘密武器希腊火，希腊火即使在水面上也像在木料上燃烧一般，不会熄灭，它或许是含有石脑油的一种混合物，而基辅罗斯舰队也没有做好应对这种武器的准备，突然兴起的风浪冲散了他们的舰队，远征就此以灾难告终。[59]

1045 年秋，哈拉尔德得知他的侄子好人马格努斯在日德兰半岛外的海尔厄击败了敌对的丹麦国王斯韦恩·埃斯特里德松，迫使丹麦国王逃到瑞典国王阿农德·雅各布在锡格蒂纳的宫廷，而马格努斯就此占据了丹麦。哈拉尔德相信，在马格努斯坐稳了挪威和丹麦的王位之后，自己夺取挪威王位的可能就不复存在了。于是在当年年末，他起航返回斯堪的纳维亚。他没有径直返回挪威，而是赶往瑞典的锡格蒂纳，和流亡的埃斯特里德松结盟。两人共同在 1046 年的春季袭扰了丹麦的岛屿，斯韦恩打算夺回王位，而哈拉尔德或许是想要制造事端，以迫使他的侄子和他分享挪威的权力。

马格努斯明白了哈拉尔德的企图，他提出愿意分享挪威的统治权，而哈拉尔德也同意了。叔侄和解的场景在萨迦之中颇为常见。斯诺里·斯图尔鲁松记载，哈拉尔德给马格努斯带来了装满黄金的箱子，里面都是他作为瓦兰吉卫士征战时获取的战利品，并要求马格努斯也拿出相当的礼品。尴尬的挪威新王只能给他由父亲奥拉夫·哈拉尔德松传下来的金手镯。而哈拉尔德随即反驳称那本来就应该是他的，奥拉夫原本就把这个手镯送了他的父亲西格尔德。斯诺里记载称这种不满在哈拉尔德和马格努斯之间不断滋长，全面内战已不可避免，然而马格努斯却重病而亡，那时两人正在丹麦接受臣属的效忠（事实证明，哈拉尔德和斯韦恩·埃斯特里德松的联盟无非是权宜之计罢了）。

斯韦恩趁哈拉尔德忙于巩固他在挪威的统治时，率部返回丹麦。无人阻挡的他重新称王，两个曾经的盟友就此开战，在接下

来的二十几年的时间里不断交锋。战争期间，哈拉尔德于 1049
年掠夺了海泽比，将港口付之一炬，而那里也就此衰落。1040—
1050 年他又进攻了罗斯基勒，在当地凿沉了 5 艘当地船舶以堵塞
入港的航道，干扰丹麦人的进攻。[60] 袭扰不断持续，直到 1051 年
进攻菲英岛后才停止。此后还维持了一段时间的和平，直到 1061
年，战端再开，哈拉尔德的舰船在日德兰海岸遭到了坚决抵抗，
险些被斯韦恩的舰队围堵歼灭。

威望受损的哈拉尔德下令建造最为庞大的维京长船，它可以
容纳 35 对划桨手（比传说中奥拉夫·特里格瓦松的长蛇号还要多
一对）。他向斯韦恩挑衅，以图进行海战，在 1062 年春，哈拉尔
德以 150 艘舰船迎战斯韦恩，后者的舰船更多，足有 300 艘。[61]
随后的海战在尼萨河河口开始，战斗的方式十分传统，双方采用
中间聚拢的阵型，让机动极为困难。起初是箭矢互射（宫廷诗人
斯约多尔夫记载称"挪威的领主整夜都让箭矢从杉木弓飞向光亮
的盾牌"），之后便是冲击敌方舰船的甲板，开始血腥的接舷战。

战斗一直持续到夜间，而斯韦恩的旗舰最终被夺取。国王本
人跑到当地一个农民的妻子那里躲避，随后在化装后设法逃走。
1064 年，哈拉尔德和斯韦恩在戈塔河再度会面，这次是为了签署
永久和约。双方确定了两国的边界，并商定双方都不为战争中的
死亡与损失支付赔偿。经过 15 年的血腥战争之后，斯韦恩和哈拉
尔德都没有得到什么利益。

哈拉尔德或许已经把目标定在了更遥远的地方，但他首先要
平息自己家族内部的纷争。他在夏末赶往乌普兰，那里的雅尔哈
康·伊瓦尔松集结军队发动了叛乱。他们在维纳恩交战，哈康的
约特兰人被迫穿越泥沼进攻在山脊上列阵的哈拉尔德的军队，进

攻方的大部分人都被歼灭了。哈拉尔德随即花了几个月的时间对乌普兰进行报复，将主要的反叛者弄残，焚烧了坚决抵抗者的农田。[62]

　　同年冬季，哈拉尔德在奥斯陆附近的冬季居所接见了一位访客——托斯蒂格，托斯蒂格在溜出流放地佛兰德斯之后，据说就此来到了挪威，他对哈拉尔德说："所有人都清楚，北欧自古以来尚没有哪位勇士能够与您相比。"[63]哈拉尔德持续进攻丹麦，意味着他自以为继承了好人马格努斯对丹麦王位的宣称权；而按照同样的逻辑，他也有权宣称继承英格兰的王位，毕竟哈撒克努特（他和马格努斯订立过协议）也是英格兰的统治者。

　　尽管斯诺里描述了流亡的伯爵和挪威国王会面时的一些细节，如哈拉尔德同意称"托斯蒂格说得对"，但更可能的情况是托斯蒂格是派使节前去会谈的。哈拉尔德的提议——联合入侵英格兰，托斯蒂格在挪威大军抵达他在约克的旧领土时，集结旧部起兵响应（至少他希望如此）——不难接受。托斯蒂格也履行了协议的第一部分，他在 1066 年春季在南部海岸掠夺，而后北上，抵达了林肯郡的林齐。

　　但这并没有激起他们所期待的叛乱，因此他只好继续向北进入苏格兰，和哈拉尔德会面。哈拉尔德此时已经率领舰队抵达，斯诺里称舰队有超过 200 艘战舰。在袭扰失败的消息之外，托斯蒂格或许也带来了诺曼底公爵威廉的计划，因为他们无疑曾于 4—5 月在诺曼底会面。哈拉尔德首先在设得兰群岛登陆，而后转往奥克尼群岛，在那里向共治的奥克尼伯爵保罗和埃伦德、曼恩和赫布里底群岛的维京统治者戈德雷德·克洛温征召盟军，然后向南驶向英格兰。

地图 13　斯坦福桥战役与黑斯廷斯战役，1066 年

　　哈尔德拉达的军队确切规模不得而知，但按每艘船 60 人估计的话，总数应当有约 12 000 人。舰队在泰恩河河口登陆，掠夺了克利夫兰和斯卡布罗，在霍尔德内斯附近击败了当地征召而来的部队。托斯蒂格和哈尔德拉达随即再度登船，溯亨伯河与乌斯河抵达里科尔，那里距离约克仅 10 英里。1066 年 9 月 16 日，他们再度登船，留下少量部队，向城市发起攻击。夺取英格兰北部事实上的首府、古维京王国的中心——约克，意味着可以得到相当丰厚的利益，也可以让那些可能支持托斯蒂格及哈尔德拉达的观望者与投机者加入战斗，联军迫切需要他们的支援。

　　他们随即遭遇了埃德温伯爵和莫尔卡集结的部队，后者或许在泰恩河河口遭到掠夺时就收到了消息，但他们依然全速从柴郡、斯塔福德郡和什罗普郡召集了部队以补充军力，和他们的扈从们一同作战。9 月 20 日，双方在乌斯河北岸的富尔福德开战，结果英格兰一方战败，大批败兵在试图撤退时在河中溺亡。

　　胜利的哈拉尔德和托斯蒂格肯定自以为他们可以轻松集结部队，支持者定会蜂拥而至，于是他们向南进军，兵锋直指伦敦，他们完全掌握了主动权。约克首先向联军投降，而哈拉尔德随即向德文特河的斯坦福桥进军，或许他的目的是从周边地区获取人质。然而他没有想到，哈罗德·戈德温松反应极快，即使他可能直到 9 月 18—20 日才收到挪威人大举入侵的消息。

　　即使仅仅两个星期之前他才将大部分军队解散，哈罗德还是立即下令部队重新集结，而后率军从伦敦出发（约在 9 月 20 日），他的部队由他的扈从以及全部能够临时集结的其他部队组成。这支混乱的部队急行军 200 英里，仅仅 5 天之后便从伦敦赶到了约克地区，这个速度极为惊人，因为训练有素的罗马军团在全副武

装的情况下，每天也只能行进 20 英里。[64] 次日，哈罗德进军穿过
约克，该城也没有进行抵抗，而且也没有警告哈拉尔德·哈尔德
拉达和托斯蒂格英格兰大军已经到来。哈罗德或许也得以用富尔
福德之战的败兵补充了军力。

斯坦福桥距离约克有大约 16 英里，英格兰大军迅速走完了这
段路程。当挪威人在暑热之中在河边歇息时，完全没有预料到敌
人的到来。直到大批盎格鲁－撒克逊战士扬起的尘埃从附近的一
座土丘上飘起时，他们才终于意识到哈罗德率军赶来了。《哈拉尔
德国王萨迦》记述了他们的惊讶之情："大军不断接近，规模越来
越大，武器上的光芒连成一片，如同铺满碎冰的田野。"[65]

12 世纪的亨廷登的亨利和马姆斯伯里的威廉都记载了这一
战，他们提到一个维京勇士手持大斧坚守大桥，以一人之力阻止
盎格鲁－撒克逊大军过桥抵达德文特河东岸，而哈拉尔德和托斯
蒂格有很多部下把盔甲留在了里科尔的舰船上，他们在一片混乱
之中勉强集结起来。[66] 联军内部出现了分歧，托斯蒂格建议撤回
船上，而哈拉尔德不听劝告，命令部下结成盾墙，由于盾墙两侧
的弧度太大，盾墙几乎成了圆形。在军阵正中，哈拉尔德·哈尔
德拉达站在他的大旗"焦土之旗"[67] 的旁边，而弓箭手则在盾墙
保护之下准备射击。哈拉尔德麾下的大将埃斯泰因·奥里奉命返
回里科尔，把留下来守卫舰队的士兵叫来支援。

战斗没有立即开始，哈罗德·戈德温松先派遣 20 名骑手和
敌人谈判。他们奉命询问，托斯蒂格是否和挪威人在一起，当得
到确定的回答之后，他们带来了哈罗德的问候，并提出将诺森布
里亚全部交给他，只要他同意和谈。托斯蒂格随即询问，哈拉尔
德·哈尔德拉达将得到什么。他兄弟的回复很简洁：这个挪威国

王只能期待"七英尺长的土地，不过既然他比别人高，或许可以给他多一些"。[68]

哈拉尔德随即询问，有没有人知道这个"说话尖刻"的人是谁，当他得知那个人就是英格兰国王本人时，他也颇为刻薄地回复："真是个矮个子。"对话结束之后不久，双方便开战了。萨迦里的描写颇为公式化。《哈拉尔德国王萨迦》提到最初英格兰发起了骑兵冲锋，但它的多数笔墨都在描写漫天飞舞的标枪与弓箭，以及接下来艰苦的肉搏战，哈罗德·戈德温松的部队竭力突破哈尔德拉达的盾墙。突然之间，一批挪威人脱离盾墙对英格兰人发起冲锋——记载中对此事的说法有分歧，或许是挪威人蓄意为之，或许是因为中了英格兰人佯退的计谋，或许只是他们无法忍受坚守。见盾墙有中断的危险，哈拉尔德本人也加入作战，他怀着如同狂战士的暴怒扑向敌人，而根本不曾考虑自己的安危。[69]

许多挪威人因为没有穿锁子甲而被轻易斩杀、即使如此，哈拉尔德的凶悍突击也许还能改变局势，毕竟"头盔和锁子甲都无法抵挡他。离他最近的人都掉头逃跑了"。但就在那时，当战斗尚有胜机时，哈尔德拉达被一箭射中喉咙，当场死亡。[70]挪威国王阵亡的消息传开之后，事态便迅速明朗了。哈罗德·戈德温松再度提出将诺森布里亚的伯爵领给他的兄弟，并允许北欧战士返回家乡，但托斯蒂格拒绝了，自己站在了"焦土之旗"的旁边。与他一同坚守的还有哈拉尔德最喜爱的宫廷诗人斯约多尔夫，他在战场上写下了绝命诗——似乎许多北欧的宫廷诗人都擅长在紧急时刻迅速完成作品。诗人哀鸣道："事情本不该至此，我们追随拉哈尔德，如今却两手空空；我们输个精光，行将赴死，只因他鲁莽地带领我们来英格兰作战。"[71]

斯约多尔夫的预感可谓精准。挪威人的盾墙越来越薄弱，而托斯蒂格也在不久之后被杀——尽管萨迦并没有说明他被杀的时间和地点。这一战还没有完全结束，即使此时战场上已经满是死亡或濒死的同乡，埃斯泰因·奥里还是带着舰船上的部队赶来了。据说当天温度极高，许多穿上盔甲的挪威人又把盔甲脱了扔掉，还有不少人中暑昏厥。无论如何，这些援军也无法扭转局势，萨迦把他们的战斗称为"奥里的战斗"，他们同样也遭到了惨败。许多人被杀，《盎格鲁－撒克逊编年史》提到许多人在退往战船时溺亡，或者被火烧死（或许是在船上）。然而还是有少数人逃离了战场，其中就包括哈尔德拉达的儿子奥拉夫·哈拉尔德松，以及奥克尼的伯爵——保罗和埃伦德，两人全程都在守卫舰船。

哈罗德允许幸存者离开。载走他们只需要 24 艘船，他们向东北方向航行，先前往奥克尼群岛，奥拉夫把父亲的死讯带给他的母亲埃利西芙。他们在奥克尼群岛越冬，而后在航行条件允许时起航，于 1067 年夏季抵达挪威。在斯坦福桥战役的战场上，他们留下了数以千计的尸体，数量极多，以至于 12 世纪的奥德里克·维塔利斯依然能看到这一战所遗留下来的堆积的白骨。[72] 托斯蒂格的尸体得到了礼遇，哈罗德下令将他送回约克安葬；而哈拉尔德·哈尔德拉达则在 1067 年时被送回挪威，安葬于尼达罗斯的圣玛利亚教堂。

作为最著名的维京战士之一，哈拉尔德·哈尔德拉达的结局可谓悲惨。尽管他一生获得了无数荣耀，但是这荣耀的一头一尾却是两场败仗，开始于 1030 年的斯蒂克莱斯塔德战役，那时他目击了兄长奥拉夫·哈拉尔德松的死亡；最后他死于斯坦福桥，险些重现克努特大王的北海帝国。至于他能否集结足够的盎格鲁－

撒克逊贵族来抵御诺曼底公爵威廉，那就是另一回事了。尽管北欧人依然在苏格兰北部和岛屿地区控制着可观的领土，斯堪的纳维亚的君主们也依然试图侵袭英格兰（或者企图如此），却再没有哪位维京战士能像哈拉尔德·哈尔德拉达在 1066 年那样，距离征服不列颠如此之近。

哈罗德·戈德温松在斯坦福桥战役之后的动向却并不明确，可以确定的是，他没有什么时间休整部队，就要向南进军。似乎在 10 月 1 日便已经得知公爵威廉在佩文西登陆了，而那时距离他登陆仅仅三天，他或许当时正从约克动身返回。与此同时，威廉也得知了哈罗德在斯坦福桥得胜的消息，报告这条消息的是罗贝尔·菲茨怀马克，一个在英格兰居住了多年的诺曼人。[73]

有证据显示，哈罗德在前往伦敦的路上已经开始有士兵逃走，至少可以确定，他向南急行军时有大批部队没有跟上。[74] 他或许在 10 月 6 或 7 日抵达伦敦，而在抵达之后，他便要决定是立即进攻威廉，还是等待诺曼军队主动进攻。据说哈罗德的母亲盖莎劝说他立即发动进攻，而故事里他的兄弟盖尔斯指出，哈罗德曾经发誓支持威廉对王位的继承权，因此主动与威廉开战不合法。这个故事或许是奥德里克·维塔利斯捏造的，这也体现支持诺曼人的编年史家借此强调威廉攻打英格兰是为了拿走本该属于他的王冠。[75]

哈罗德力排众议，决定直接进军与威廉决战，他向南进军抵达黑斯廷斯。在斯坦福桥大胜的他，或许颇为自信，自以为能够将威廉那规模更小的部队轻易击退，而且他也不希望让入侵大军在英格兰的土地上越冬（他显赫的先祖阿尔弗雷德大王在位时期，那支维京大军的所作所为无疑会让如今的他感到不安）。哈罗德从伦敦赶到黑斯廷斯花了两天时间，一行走了50—60英里，不少路程还是在安德雷兹威尔德的茂密丛林里。当晚他抵达了科尔德贝克山，在"老苹果树"下，他命令部队集结。

接下来发生了什么，记载颇多，对威廉公爵与哈罗德的这一战的记载或许多于自古典时代以来的任何一场战役。然而，英格兰的史料，比如说《盎格鲁－撒克逊编年史》，和（时间上明显更晚的）法国和诺曼的编年史在细节上有相当的差异，它们的作者有瑞米耶日的威廉、普瓦捷的威廉（著有《黑斯廷斯战歌》）、马姆斯伯里的威廉（著有《英格兰诸王纪》）和奥德里克·维塔利斯。

描绘黑斯廷斯之战的作品之中，最富有魅力，也最直观的正是巴约挂毯。这条亚麻挂毯有225英尺长，由9个连贯的场景组成，用漫画式的表现手法说明了黑斯廷斯发生的事件，挂毯上还有拉丁语的字迹，以解释图中的内容。早年间人们认为挂毯和巴约主教奥多有关，故起名为巴约挂毯，而奥多是威廉的异父兄弟。[76] 究竟是不是按奥多要求完成的挂毯，我们无从确知，但挂毯确实倾向于美化他在这一战之中的重要性，因此这个说法比较可信。此前有说法，认为这个作品是征服者威廉的妻子玛蒂尔达和宫中妇女完成的，可信度则要低一些。[77] 挂毯或许在诺曼底某地完成，而后多数时间里都留在法国，但画中的部分内容似乎更倾向于哈罗德（比如描述爱德华指定哈罗德为继承人，做出赠予的手势）。因此也有观点认为这个作品是英格兰的修女完成的，不过资助者应该还是诺曼人，无论是奥多还是玛蒂尔达。在一个重要的场景中，哈罗德似乎在向威廉宣誓效忠，从这一点上来看，巴约挂毯的真实目的，至少是部分目的，就包括宣称威廉对英格兰王位继承公正合法。

黑斯廷斯之战中双方军队的确切规模难以得知。威廉一方夸张的说法是，即使只带着 1 万人他也能战胜哈罗德，不需要动用他从诺曼底带来的全部 6 万大军。[78] 不必采信这种说法，更可能的情况是双方各有 6000—8000 人。《盎格鲁 - 撒克逊编年史》记载称，哈罗德并没有使用最精锐的部队，或许那些部队仍在从约克赶来的路上，但这也有可能只是试图在战败之后找借口开脱。两支大军的主要差异在于诺曼人拥有大批骑兵与弓箭手。双方的精锐士兵都使用的锁子甲用互相套住的铁环制成，缝在皮甲上。头盔通常就是圆锥形的铁筒，配有护鼻。诺曼人主要使用长枪、标枪和剑，而英格兰人也沿袭了丹麦人和维京人的风尚，还使用双手大斧。

威廉依然留在佩文西附近，除了加固了罗马时代的古老堡垒，也在黑斯廷斯附近建立一座新堡垒，后者距离他扎营的地方有 7 英里。或许哈罗德打算故技重施，[79] 但诺曼人的侦察兵及时向威廉报告了英格兰大军的到来，而诺曼军队整晚都处于高度警戒之中。威廉下令部队于次日的破晓时分向哈罗德的阵地进军（太阳约在 6∶45 升起，因此这个命令应当是在一小时之前下达的）。他们花了一个小时抵达黑马山（以后以"赫克兰"闻名），那里位于战场的正南。诺曼人在那里停下，一些人开始穿戴甲胄，这时威廉不巧把护甲穿反了。因为担心此举可能被敏感的部下当作凶兆，公爵只好将错就错。据说为了得到保佑，他穿了一件圣人留下来的衣服，哈罗德·戈德温松就是在这件圣物前发誓支持威廉的王位继承权的。

英格兰大军抵达今巴特尔修道院附近的山脊顶端时，已经是 1066 年 10 月 13 日（当天是星期五）的夜晚了。次日清晨大约

8 点钟时，哈罗德集结大军，沿着山脊列阵，那里大约有三分之二英里长，周围都比较陡峭（北侧除外），西面是一系列的溪流和排水渠，东面则是森林地带，那里很久以前就被称为撒克逊林地。在占据了高地、拥有了地利之后，哈罗德在山脊上立起了国王的旗帜。

今天那个山坡已经被改造成了阶梯状（以便建造巴特尔修道院，其遗址占据了不少空间），导致如今的坡地比当时更加平缓，而那时的山坡对于全副武装的士兵来说几乎是无法通过的障碍，他们必须冒着箭、标枪等投射物组成的火力网才能到那里。更重要的是，山地周围的土地因为溪流而变得泥泞湿滑，不适合威廉的骑兵展开作战。正如哈拉尔德·哈尔德拉达的部队在斯坦福桥所做的那样，盎格鲁 – 撒克逊人结成了盾墙，等待诺曼人的冲锋。

威廉本人在山脚下不远处集结起人马，其中一支来自布列塔尼、昂热和普瓦图的部队由他的女婿阿兰·费尔冈指挥。诺曼人居中，威廉在右翼部署了来自皮卡第和佛兰德斯的部队，由他的总管威廉·菲茨奥斯本指挥。在进攻开始之前，可能诺曼弓箭手和弩手先进行了一番投射，以便打乱英格兰人的阵列。一份更为生动的描写 [80] 提及这一战的最初行动是吟游诗人塔耶费的表演，他随诺曼大军至此。他骑马来到战线的中央，用长剑玩起杂耍，诵读《罗兰之歌》——这部史诗讲述英雄罗兰在龙塞斯瓦列斯与摩尔人作战时英勇战死，法兰克国王查理曼随后为他报仇。一个盎格鲁 – 撒克逊旗手前来挑战塔耶费，却被吟游诗人杀死。这个吟游诗人随后冲向了哈罗德的战线，也随即被愤怒的英格兰勇士砍杀。

诺曼人吹响号角，催促步兵进攻英格兰人的阵地，战斗随即全面展开。诺曼人高喊着 "Dens Aie"（上帝保佑），而盎格鲁 –

撒克逊人则以"Olicrosse"（神圣十字）和"Ut, ut"（滚开，滚开）回应。陡峭的坡道和守军的射击让诺曼人的冲锋在抵达山顶时已成强弩之末，结果他们没能对盾墙造成什么威胁。随后的一次骑兵冲击也没能打开缺口。

在这个关键的时刻，诺曼军队左翼的一些布列塔尼人士气低落，他们开始下坡回撤，逃离山地。记载对这次退却的原因各有说法，有说是因为威廉公爵已死的传言，有说是不堪恶战，也有说是蓄意佯退以松动盾墙——而哈罗德本人在斯坦福桥时似乎就成功地使用了这个战术。无论原因是什么，这件事对诺曼公爵而言都很关键。如果恐慌继续蔓延，让诺曼人战线上的其他人也开始退却的话，而哈罗德会同时令军队冲下山脊，威廉的这一战或许将就此以惨败告终。

然而只有组成盾墙的一部分士兵冲下山去追击溃逃的布列塔尼人。哈罗德犹豫的原因或许是他的兄弟利奥弗温和盖尔斯刚刚阵亡。[81] 威廉脱下头盔，向身边人证明自己依然活着，并高喊道："看，我在这儿，我还活着，上帝保佑，我们可以获胜！"据说巴约的奥多策马前去集结已退却的布列塔尼人，而威廉本人——他已经死掉了三匹坐骑——发动骑兵冲锋，以切断那些因离开山脊而暴露的盎格鲁－撒克逊人的退路。

诺曼人迅速集结起来，冲下山的盎格鲁－撒克逊人也被迅速解决。看到撒退（无论是不是佯退）成功把英格兰人引下了山，威廉下令进行一系列的撒退。然而英格兰人的盾墙依然不为所动。威廉再度面临一个艰难的选择：如果他不能把敌人引下山来，哈罗德就可以安然等待援军，而诺曼人在萨塞克斯本已不稳固的阵地也将就此无法坚守。

威廉命令他的部下一次又一次向前进攻，决定性的时刻就发生在其中一次进攻之中。诺曼人的弓箭手本已经用完了箭矢，或许是得到了后方的补给，也有可能是在步兵的掩护之下捡走了山脊上遗落的箭，他们又恢复了射击。在接下来伴随诺曼人冲锋的一次射击之中，逐渐薄弱的盾墙掩护下的哈罗德被箭矢射中，很快死去。至于他是如何被射中的，有相当大的争议。巴约挂毯上对此事的描绘颇为模糊。标注着"哈罗德国王在此被杀"（Hic Harold rex interfectus est）的部分，描绘了一个士兵正试图拔出射中他右脸的箭矢。他就是哈罗德吗？另一种解释认为画面上位于拔箭场景右边的另一个人才是哈罗德，他手持大斧，被一名骑兵刺死。还有一种可能是哈罗德虽然中箭，但他并没有受致命伤，是在此后被杀或伤重不治而亡。[82] 让真相更加扑朔迷离的是，在1130 年安托万·伯努瓦按照挂毯所绘制的图画上，那个拔箭的人实际上是在发力投标枪，根本不是在拔除箭矢。[83] 如今一块石板标明了哈罗德的阵亡之地，威廉下令在此建造巴特尔修道院的圣坛，以永远铭记上帝赐予他的胜利。

如今，在修道院的残垣断壁之中（大部分已经在 18 世纪时损毁），有一条从山脊通到这里的小路。或许哈罗德是在中箭之后被转移到此，受伤的国王之后在此被杀（或者伤重不治而死）。

如今对中箭的说法也出现了越来越多的质疑，但必须提及，有关这一战的许多早期史料都持此说，比如布尔格伊的博德里、卡西诺山的阿马图斯的著作。马姆斯伯里的威廉和亨廷登的亨利也继承了这种说法，因此就算这只是个传说，至少也是很早就已出现的传说。哈罗德因何而死——《黑斯廷斯战歌》甚至声称是威廉公爵亲自率领三名骑士冲垮英格兰人的盾墙，亲手杀死了他

的敌人 [84]——或许并不重要，重要的是他的死极大动摇了英格兰人的士气。如普瓦捷的威廉所说："英格兰人的军队明白继续抵抗诺曼人已经毫无希望。他们清楚人员的损失已经削弱了他们的军力，国王本人和他的两个兄弟，还有王国中不少贵族都已经战死，他们的力量已经耗竭，而且也不会有援军前来。"[85]

绝大部分的史料都认定，这一战在入夜时分结束，英格兰人没能继续坚守，最终陷入了溃败。哈罗德与他的兄弟利奥弗温和盖尔斯——他们或许曾试图集结军队——全部阵亡。在恐慌之中，英格兰人开始溃逃，骑马的诺曼人则得以对他们大加砍杀，和许多中世纪的决战一样，大部分伤亡就发生在这一阶段。不过依然有少量盎格鲁－撒克逊人坚持抵抗，在如今被称为马尔福瑟（Malfosse）的土垒和壕沟之中据守。当布洛涅伯爵尤斯塔斯抵达这里时，他无视了身边人的劝告，贸然发起冲击。他头部受到重伤，几名诺曼贵族也当场被杀。另一份记载声称，诺曼骑兵没有注意到矮树掩蔽的工事，因而许多人在此被杀。[86]《巴特尔修道院编年史》也写到，在一处野草丛生的壕沟旁有大批诺曼人阵亡。

夜间已经不再有英格兰人进行有组织的抵抗，而人们也迅速开始搜索死者的财物。人们在山顶发现了利奥弗温和盖尔斯的遗体，但起初并没有找到哈罗德的遗体。最终他的情人"天鹅颈"伊迪丝，通过"只有她能认出"的某个特征发现了他的遗体。哈罗德的遗体随即被带到威廉面前，哈罗德的母亲盖莎提出要以与尸骸等重量的黄金交换，但威廉拒绝了，据说他在萨塞克斯的海岸为他的对手建造了坟墓，让哈罗德继续坚守他决心用生命守卫的海岸。[87] 余下的盎格鲁－撒克逊人的尸体则留给乌鸦啄食。很难说这一战有多少人伤亡，但如果按照双方都有约 7000 人来估算，死者应当至少有 1000 人——这个伤亡人数相当惊人，毕竟当时的约克或者林肯之类的大城镇也只有四五千名常住居民。惊人的惨状让教皇亚历山大二世于 1070 年下令，威廉必须为因他而起的杀戮忏悔。因此威廉下令建造巴特尔修道院，它绝非胜利的纪念碑，而是这位英格兰的新国王希望借以避免上帝的（至少是教皇的）惩罚的挡箭牌。

威廉的胜利可谓时来运转。如果哈罗德不是先在北方和挪威人作战，他的部队的精力自然会更加充沛，而且也有更多可投入的兵力。如果英格兰国王没有死于战场上（无论是中箭还是其他原因），他至少能够集结起新的部队，而威廉则没有获取援军的可能。哈罗德向南迎战威廉是否正确，诺曼公爵留在滩头据守是否精明，只能说见仁见智，但若是哈罗德没有在黑斯廷斯的战场上阵亡，这些问题也就无关紧要了。

而威廉的工作还未结束。他的一些舰船误在罗姆尼提前登陆，被当地的英格兰守军击败，此时威廉正赶去解决他们。当他向东进军时，得知多佛尔和坎特伯雷都迅速投降。与此同时，在伦敦城内，人们拥立年仅 14 岁的显贵者埃德加继承王位。由于担心英格兰首都拒绝投降，威廉警惕地从西面包抄，接受了温切斯特的投降，而后进军沃灵福德，此时大主教斯蒂甘德也向他投降。他最终在 12 月 10 日抵达伯克姆斯特德，约克大主教埃尔德雷德、显贵者埃德加、埃德温伯爵、莫尔卡伯爵都在那里向他投降。据说威廉提出将英格兰三分之一的土地（应当是北部）交给埃德温治理，而或许也正是这种劝诱让两位伯爵就此放下武器。[88] 他们清楚自 9 世纪起便存在一条横穿丹麦法区的南北分界线，而且约克也足以作为抵挡南方进军的要塞，他们或许希望就此在英格兰北部进行事实上的独立统治，甚至认为可以将北部地区作为跳板，将威廉彻底赶出英格兰。

如果事情真这样发展，那他们可就打错了如意算盘。威廉在加冕（正是由大主教埃尔德雷德主持）之后没有在英格兰停留多久，在 1067 年初就返回了诺曼底。然而他被迫在当年年末返回，因为布洛涅的尤斯塔斯对多佛尔城堡的进攻差点引发了暴乱。1068 年，他被迫对埃克塞特进行了 18 天的围攻，以在西南部各郡确立权威。

然而对威廉在英格兰的统治的最大挑战还未到来。丹麦国王斯韦恩·埃斯特里德松在 1069 年派出了一支入侵舰队，与在亨伯河以北集结大军的显贵者埃德加结成联军。与此同时，威尔士边境的西南部各郡也爆发了叛乱，[89] 但埃德加仓促攻击约克，没能夺取这座城堡。威廉反应迅速，驱散了埃德加的部队。尽管威廉此后又在约克建立了一座城堡，但两座城堡在斯韦恩的大军抵达之后还是全部陷落了，埃德加的残部随即与他会合。威廉在庞蒂弗拉克特附近的艾尔河渡口遭遇坚决抵抗，因此他的反击推迟了好几周，但当他最终抵达约克时，他发现埃德加和丹麦人已经逃走，暴乱也就此平息了。

决心在英格兰北部巩固政权的威廉随后执行了焦土政策，这次破坏十分严重，故也被称为"北方掠夺"（Harrying of the North）。据说有 10 万人因为随后爆发的饥荒而死，直到 1086 年进行"地籍清查"时，有许多村庄依然荒废。与此同时，斯韦恩在 1070 年初返回了丹麦。最后的抵抗在东盎格利亚的沼泽展开，部分丹麦人、伯爵莫尔卡的残余部队、当地的抵抗力量领袖守夜者（或流亡者）赫里沃德（Hereward）结成联军，但他们最终还是在 1071 年被歼灭，莫尔卡伯爵投降。他没能在北方建立半独立的伯爵领，反而成了阶下囚，度过了威廉统治的余下 16 年时光，在其继承者威廉·鲁弗斯在位期间（1087—1100 年）离世。

　　此时威廉在英格兰的统治已经颇为稳固了。此后仍有新的阴谋出现，但都不足以威胁他的统治。最严重的威胁出现在 1085 年，参与其中的有最后一位幸存的英格兰伯爵瓦尔塞奥夫，还可能有一支来自斯堪的纳维亚的舰队入侵英格兰。这支联军的支持者丹麦国王克努特四世还有可能与佛兰德斯伯爵罗贝尔结盟，让威廉相当警惕。他率领一支庞大的雇佣军从诺曼底渡海，因其规模庞大，而必须要分散到威廉的显赫封臣手中以进行供给。事实上这并没有必要，英格兰的叛乱被轻易平息，瓦尔塞奥夫被俘虏后斩首，而支持他的诺曼人同伙——东盎格利亚伯爵拉尔夫则逃往国外，赫里福德伯爵罗杰则被囚禁。此时的克努特忙于应对可能对丹麦南部发动入侵的神圣罗马帝国皇帝亨利四世，次年年初，他在欧登塞被叛军杀死，入侵舰队根本没有机会起航。

　　维京海盗对英格兰的侵袭就此随着一次根本没有发生的入侵而结束了。在近 300 年的时间里，这种威胁时常成真，决定着这片土地的命运，甚至几乎彻底瓦解其本土统治，却最终又促进了英格兰在威塞克斯王国的权威之下完成统一。以约克为基地打造维京王国的尝试以失败告终，然而斯堪的纳维亚的习俗，以及可观的斯堪的纳维亚基因，依然在英格兰北部存留至今。讽刺的是，最后竟是一个挪威维京海盗的远亲推翻了威塞克斯王室，建立起一个外来的王朝，完成了自 793 年的第一次侵袭开始，一代又一代的掠夺者、军事首领和国王都未能实现的功业。

第 10 章

维京时代的终结与维京人的遗产

我们希望确定一个时代的起始点与结束点的想法十分自然，但维京时代并没有明显的结束时间。通常认为，维京时代在1066的黑斯廷斯战役之后终结（至少对盎格鲁－撒克逊世界是如此），但在哈拉尔德·哈尔德拉达在斯坦福桥战役中阵亡的几十年后，英格兰却依然在遭受来自北欧的侵袭。在爱尔兰，1014年的克朗塔夫之战可以作为终结的节点，此后都柏林的维京力量无力再改变爱尔兰岛的局势，但几个世纪之后，岛上依然有北欧人存留。在罗斯，历史学家可能选择的时代更早，可以以988年弗拉基米尔皈依基督教为结束的时间，当地的斯拉夫文化已成为中心，而维京时代的遗产则渐渐消逝，融入背景之中。

　　在有些地方，维京时代终结的时间要更晚。在冰岛，1262年冰岛共和国才最终瓦解；格陵兰岛则是在15世纪的某一年，那时西部的定居点最终消失。在北美，合适的时间节点则是1020年，那是兰塞奥兹牧草地定居点被最终放弃的时间，而如果肯辛顿如尼石之类的维京遗迹的说法可信的话，这个时间还要更晚。在维京人的核心地区斯堪的纳维亚，确定时间节点则更为困难：皈依基督教是一个渐进的社会变革，而在中世纪晚期产生的各个北欧王国，在本质上与邻近的法国或英格兰并无二致，但在基督教传入挪威之后，维京海盗的掠夺依然继续了几十年；从9世纪20年代时传教士第一次进入丹麦和瑞典时算起的话，掠夺则是持续了两个世纪。更令人迷惑的是，古籍研究者、民族主义者和民俗学者（特别是 19 世纪时）的"再发现"创造了另一个不一样的维京世界，它时常与当代史学家的研究揭示的情况大相径庭。寻找维京时代的终结时刻的人，所能找到的只有一系列的静态图像，描绘着维京时代的最后一些活动痕迹，因为它们既算不上旧时代的遗珠，也称不上点燃新时代的第一颗火星。

维京时代最晚生下来的儿子（或者说是孙子）是南意大利和西西里岛，他们并非直接来自北欧，而是来自诺曼底的维京殖民地——就像穿越北大西洋抵达美洲的旅程并非从挪威出发，而是从冰岛和格陵兰出发的一样。诺曼人在地中海的冒险，正如他们在法兰克王国时一样，在当地名义上的统治力量衰弱之际乘虚而入，这一次他们的对手是拜占庭帝国。

君士坦丁堡的希腊皇帝们对意大利的臣属的控制向来不强。476 年，日耳曼蛮族攻陷罗马，意大利也随之失陷；查士丁尼在 6 世纪四五十年代进行了从东哥特人手中光复意大利行省的战争，更是让这一地区陷入绝望的赤贫。自 568 年起，伦巴第人的侵入瓦解了意大利，他们在南意大利创建了一系列星罗棋布的半独立公国。其间，穆斯林发动了一系列战役意图征服西西里，拜占庭帝国在这一地区的统治也随之瓦解，陶尔米纳最终在 902 年陷落后，征服也基本完成。[1] 拜占庭帝国只剩下了亚平宁半岛东南端的据点，最重要的城市有巴里、布林迪西和奥特朗托。这些孤立据点还要与萨勒诺、贝内文托、卡普阿的伦巴第人的地盘，以及那不勒斯、加埃塔、阿马尔菲的公爵们争斗。这些小政权尽管理论上是帝国的统治疆域，但这些各行其是的统治者们对拜占庭帝国的忠诚度，与他们对威尼斯的忠诚度相差无几，而且威尼斯名义上也是拜占庭帝国的领土。

维京人（更准确的说法是诺曼人）首次熟悉地中海是从圣地朝圣返回后，他们带回的消息，给那些训练有素的战士们带来了机遇，后者可以从当地大大小小的斗争中赚取财富。在 1018 年的坎尼，1200 多年前汉尼拔击溃罗马人的古战场上，诺曼人被拜占庭军队打得溃不成军。兰努尔夫·德伦戈是最早在意大利建立牢固统治的诺曼人之一，他为那不勒斯公爵塞尔吉乌斯四世服役，在 1034 年因对敌对的卡普阿公爵作战有功，被赐封在阿韦尔萨（Aversa）。不久之后，其他诺曼人接踵而至，其中不少不是家庭的长子，渴望建立功业荣归故里。其中的显赫人物包括坦克雷德·德·欧特维尔的儿子们，这个诺曼底的科唐坦的骑士，拥有的财产远不够十几个儿子分。这个尚武的家族此后出了 5 位南意大利的伯爵或者公爵，欧特维尔家族也就此成了诺曼人征服意大利的关键角色。

长子德罗戈和铁臂威廉大约在 1038 年抵达，他们先后为伦巴第公爵和拜占庭皇帝服役（还参与了 1038—1040 年的失败远征，当时皇帝意图从穆斯林埃米尔手中夺回西西里岛）。[2] 诺曼佣兵逐渐获得了官方的承认，也获得了土地：铁臂威廉得到了萨勒诺伯爵盖马尔四世赐予的普利亚。而在威廉于 1046 年去世后，德罗戈得到了一个夸大其词的封号，"全普利亚所有诺曼人的伯爵"，由神圣罗马帝国皇帝亨利三世授予。[3]

诺曼人继续袭扰他们在南意大利的邻邦，拓展他们在贝内文托的狭窄领土。直到教皇利奥九世将他们视作罗马教廷控制意大利的威胁，与拜占庭皇帝君士坦丁九世·莫诺马修斯（1042—

1055）结盟，以期赶走这些闯入者。德罗戈在 1051 年遇刺身亡，而诺曼人的军队此时由汉弗莱、他的兄弟罗贝尔，以及身为诺曼人的阿韦尔萨伯爵理查指挥。教皇和拜占庭人的联军与诺曼人于 1053 年 6 月 18 日在奇维塔泰交战。面对数量更多的日耳曼人与伦巴第人，训练更完备的诺曼人依靠骑兵的冲击力战胜了对手。他们的敌人逃向奇维塔泰城以寻求庇护。爱德华·吉本评论道："奇维塔泰对逃走的教皇关上了城门，而他被虔诚的征服者俘虏。他们亲吻他的脚，寻求他的保佑，让他宽恕这次有罪的胜利。"[4]事实上，利奥九世根本没有出现在战场上，而是全程都在城中，然而诺曼人确实挟持了他，将他软禁在贝内文托达 8 个月。

结果教廷和诺曼人结成了权宜的联盟，而诺曼人的新领袖是罗贝尔·吉斯卡尔，他的绰号是"狡黠者"（the Wily），他足以让这个英雄时代的每一位维京军事领袖感到自豪。安娜·科穆宁娜在她的《阿莱克修斯传》（为赞颂他的父亲，1081—1118 年在位的科穆宁王朝的拜占庭皇帝阿莱克修斯一世而写作的传记）中留下了一段颂扬的话：

> 这个出身低微的诺曼人性格暴躁，思维狡黠，行动英勇，机敏地攻击权贵，掠夺他们的财富与不动产，不达目的誓不罢休，不允许任何事物阻碍他得偿所望。他体格高大，甚至胜过最为高大的人；他面色红润，发色淡黄，肩膀宽阔，双眼几乎能闪出火星……[5]

教皇与诺曼人的同盟开始于 1059 年双方在梅尔菲（Melfi）签署的协定，协定让吉斯卡尔和他的追随者得以进一步进入南意大利，在普利亚建立一系列的小政权。在这个时期，吉斯卡尔建造了梅尔菲城堡，以及其他的一系列南意大利的诺曼城堡，比如圣马科 – 阿尔真塔诺（San Marco Argentano）和"山顶城堡"（Castel del Monte）。和他们的维京先辈一样，在意大利的诺曼人也有骇人的名声，而亲诺曼人的编年史家们也留下了许多证明，比如卡西诺山的阿马图斯，他的《诺曼人史》（Historia Normanorum）记录了 1016 年到阿韦尔萨的罗贝尔于 1078 年去世之间的诺曼征服活动。[6] 阿马图斯用欣赏的语气说，诺曼征服者"如同雄狮般健壮勇悍"，他们即使落入最危险的境地也"依然稳如磐石"。

罗贝尔·吉斯卡尔和幼弟罗杰因战利品分配问题而激烈争吵，即使他们在 1058 年于斯奎拉切签署协议以分割治权，争吵也不曾结束。不久之后罗杰找到了实现野心的新天地，于是开始带领诺曼人征服西西里。该岛东部很快被占据（1060 年），但对巴勒莫的征服更费时间，它在 1071 年被围城达 5 个月后才落入诺曼人手中。胜利的喜悦因罗贝尔的侄子塞洛的死而大打折扣，留在南意大利的他被敌人杀死，因为他英勇奋战，杀死他的人吃掉了他的心脏，"以得到他卓绝的英勇"。[7]

即使在此之后，正如拜占庭帝国的飞地曾在孤立无援之中抵御穆斯林侵袭那样，西西里东南部的孤立据点也继续抵抗诺曼人，直到 1091 年。[8] 当罗杰向西南方向进军时，罗贝尔则转向东方，夺取巴里，并开始谋划进攻拜占庭帝国。这一计划最终开始于 1081 年对港口城市底拉西乌姆（今阿尔巴尼亚的都拉斯）的进攻。罗贝尔的女儿与皇帝米哈伊尔七世·杜卡斯（1071—1078 年在位）之子君士坦丁订婚，而当米哈伊尔被推翻后，与帝国皇室联姻的可能性不复存在，诺曼公爵决定夺取大片巴尔干的土地作为补偿。他集结了约有 150 艘船的舰队（其中有很多都是运马的船），夺取了科孚岛（Corfu）、发罗拉（Valona）和一系列战略要地，而后在底拉西乌姆登陆。他的部队或许有 3 万人，其中有1000 多名诺曼重装骑士。

罗贝尔的舰队被威尼斯人的突袭歼灭（诺曼人的海战能力，无法与他们的先辈维京海盗同日而语），而吉斯卡尔开始围攻港口。5 个月之后，拜占庭帝国的新皇帝阿莱克修斯一世终于集结起大军，于 10 月 15 日赶到城郊支援。他带着约 2.5 万人，包括精锐的瓦兰吉卫队，这支部队此前主要由斯堪的纳维亚人组成，但如今的成员大多是 1066 年英格兰被诺曼人征服之后，被迫逃离的盎格鲁－撒克逊人。拜占庭军队在抵达三天之后与罗贝尔的军队交锋，但这次战斗如同黑斯廷斯战役在巴尔干的重演，让诺曼人的敌人遭受了同样的惨败——虽然吉斯卡尔的右翼被瓦兰吉卫队击退，赶到了海岸，而他的另外两个军阵依然稳固；过于勇猛的盎格鲁－撒克逊人遭到了包抄堵截，被封锁在一座教堂之中，并被活活烧死。占据上风的罗贝尔派出重骑兵冲击拜占庭军队的中军，敌人的战线随即崩溃。

他又花了 4 个月才得以占据底拉西乌姆，而此时希腊北部也大多落入罗贝尔之手。诺曼人本有希望在巴尔干建立一个帝国，此时却在南意大利出现了叛乱，不仅如此，阿莱克修斯一世和神圣罗马帝国皇帝亨利四世也结成了同盟（拜占庭帝国及时支付了36 万枚金币贿赂亨利），这让诺曼人的巴尔干帝国梦破灭了。尽管博希蒙德（Bohemond）——罗贝尔留他在希腊继续作战——在约阿尼纳（Ioannina）附近取得了胜利，但他在 1083 年于拉里萨被一支新的拜占庭军队（首次有大批突厥雇佣军参与）击败。诺曼人迅速崩溃，而罗贝尔率领援军赶到达尔马提亚时，又于 1085 年 7 月染热病去世。战败已经覆水难收，诺曼人征服的时代就此结束。

诺曼人持续占据了意大利和西西里几个世纪，而他们的西西里王国在罗杰二世在位期间（1130—1154 年），依然以阿拉伯 – 诺曼的混合文化保持繁荣，而诺曼人也在十字军之中扮演了重要角色，他们对前往圣地冒险的渴望，因为越来越少的征服与获取财富的可能性而愈发强烈。然而此时，诺曼人已经与主流的基督徒统治者融合，尽管他们在战场上的凶悍名声，很大程度上源自欧特维尔家族和罗贝尔·吉斯卡尔的坚韧，他们也最终在意大利创立了诺曼人的帝国，然而他们的功业却不应算在维京人的故事之中。

维京世界的另一端，在 10 世纪末至 11 世纪初的爱尔兰，另一个斯堪的纳维亚人的定居点也开始衰落。都柏林的维京人已经无法得到约克的同胞的支援，便在新生的爱尔兰诸王国打击之下日渐萎缩。奥拉夫·奎兰的漫长统治（在都柏林王位上的最后时期是 951—980 年）并不缺少野心，他不断和邻近的爱尔兰国王开战，978 年在贝兰（阿赛附近）杀死了伦斯特的国王，次年又俘虏了他的继任者多姆纳尔·克莱恩，劫掠了基尔代尔。在胜利的鼓舞之下，奥拉夫于 980 年入侵米斯，但当地的统治者梅尔·塞克奈尔（Mael Sechnaill）进行了坚决的抵抗，在塔拉大败维京人，进行了"血红屠杀"（red slaughter）。[9] 梅尔乘胜进军都柏林，在三天的围攻之后，奥拉夫·奎兰只好屈辱地同意释放全部爱尔兰俘虏，交出 2000 头牛，并免除尼尔所有要交的岁贡。兵败的都柏林国王心灰意冷，他就此逊位，到艾奥纳岛的修道院中做了修士，在忏悔中度过余生。[10]

利默里克的维京舰队已经于 976 年被达尔加斯的马塞加迈恩（Mathgamain）摧毁，如今都柏林又沦陷了，爱尔兰维京人的影响力已不复当年，只能在权势与日俱增的爱尔兰邻居们的阴影下勉强自治。北欧人如今夹在了爱尔兰人的内部斗争之中，为梅尔·塞克奈尔或者崛起的达尔加斯领主布赖恩·博鲁玛（或称布鲁）作战。他们的内部又出现了严重的对立，让困境中的维京人的情况愈发危险，沃特福德和都柏林的统治者互相敌视，都想统治对方，而为此不惜将土地割让给爱尔兰领主。

都柏林的爱尔兰国王格伦奈恩在 989 年逝世，随后他的异母兄弟"丝绸胡须"西赫特里克（Sihtric Silkenbeard）和沃特福德的维京领主伊瓦尔开始了继位战争。尽管西赫特里克取胜（并在都柏林统治到 1036 年），他在该城的统治却不稳固，梅尔·塞克奈尔几乎立即发起了对他的进攻，并向都柏林索取了大笔贡赋，而沃特福德的伊瓦尔则在 995 年之前曾两度短暂地将他逐出。西赫特里克最后的解决办法是和伦斯特领主梅尔·莫尔达（他是西赫特里克母亲戈尔姆福莱丝的兄弟，也就是西赫特里克的舅舅）结盟，而他因此同时成了布赖恩·博鲁玛和梅尔·塞克奈尔的敌人。995 年，梅尔·塞克奈尔就都柏林维京人于同年袭击多姆纳赫·帕特莱克的教堂一事发动报复，西赫特里克耻辱地在都柏林把国王的仪仗丢给了敌人。[11] 在这个世纪行将结束时，维京人的力量再度削弱，于 999 年在格伦马马（Glen Mama）被布赖恩·博鲁玛击败，而都柏林因此于 1000 年遭到劫掠。西赫特里克逃走了，直到向布赖恩臣服之后才得以返回。

新联盟意味着西赫特里克要给布赖恩提供部队，攻击梅尔·塞克奈尔，直到两位爱尔兰国王最终和解，而后他们在 1005 年、1006 年和 1009 年共同进攻爱尔兰北部的尼尔。这一切无疑耗竭了人力，而来自不列颠或者北欧的援助又极度稀少，而南布雷加的吉拉·莫科纳（Gilla Mochonna）得以借机在 1005 年劫掠了都柏林。

在这个相对赢弱的境况之下，西赫特里克在 1014 年开始最后一次试图夺回都柏林的独立，他清楚不久之后这里的自由就会被布赖恩·博鲁玛彻底毁灭。在海路进攻芒斯特失败，儿子奥拉夫阵亡之后，他向维京世界各地召唤勇士前来压制布赖恩日益增长的势力。有来自北方群岛、赫布里底群岛和斯堪的纳维亚半岛的人响应了号召，而这也是维京世界最后一次结成联军，上一次在布朗南堡的联军作战已经是近 80 年前了。

布赖恩在克朗塔夫（Clontarf）集结起军队，那里在都柏林以北不远处，他准备对该城发动最后进攻。军队中有他的儿子默查德（Murchad）和孙子托德尔巴赫（Tordelbach）、以前的老对手梅尔·塞克奈尔，以及马恩岛的奥斯帕克——只有此人率领一支北欧武装力量为爱尔兰人作战。西赫特里克的部队里有奥克尼伯爵顽强者西格尔德、马恩岛的布罗迪尔，[12] 以及伦斯特的梅尔·莫尔达。西赫特里克之母戈尔姆福莱丝的经历完美地体现了对战的双方之间错综复杂的关系。在她的第一任丈夫奥拉夫·奎兰死后，她先后和梅尔·塞克奈尔与布赖恩·博鲁玛成婚。布赖恩此后和她离婚，戈尔姆福莱丝因此对这个爱尔兰的大国王怨恨不已，也让她积极参与组织联军以消灭自己的前夫。如果这还不足以说明的话，可以这么说，都柏林一方有戈尔姆福莱丝的儿子和兄弟，爱尔兰人一方有她的两任前夫。西赫特里克还加剧了这种混杂，许诺让她同时嫁给奥克尼的西格尔德与马恩岛的布罗迪尔，只为劝诱他们加入联盟。

这一战最终在1014年的复活节展开，而戈尔姆福莱丝（萨迦里称她为"Kormlod"）和西赫特里克都没有参与。布赖恩·博鲁玛决定在战场上提前进行祈祷典礼以提振士气，因此也没有参与大部分的战斗。另一个没有参战的重要人物是梅尔·塞克奈尔，此人在最后时刻决心袖手旁观，希望趁维京联盟和博鲁玛的士兵鹬蚌相争之际坐收渔利，在掠夺战利品之外，还要拿下最大的奖赏：都柏林。

爱尔兰方因此约有7000人参战，数量或许比维京人能集结的部队数量要多。起初西赫特里克一方取得了先机，然而作为维京阵列左翼的马恩岛的布罗迪尔突然逃跑，许多同乡也跟随他逃离。维京人在中军最初取得了胜利，但在奥克尼的西格尔德战死之后（按照《奥克尼萨迦》的说法，他拿着一面佑福的旗帜，相信拥有旗帜的一方将会获胜，却因此失去了性命）迅速瓦解。在这个关键时刻，当维京人濒于崩溃之际，梅尔·塞克奈尔将他的部队投入战场，与布赖恩·博鲁玛的部队并肩作战。他的干预最终决定了胜负，数以百计的维京人随即被砍杀。双方的损失都极为惨重，只有1000名维京战士得以逃回都柏林城。阵亡的人包括赫布里底群岛的执法者之子奥拉夫，以及伦斯特的梅尔·莫尔达。布赖恩本人也在战场上阵亡，藏匿着的马恩岛的布罗迪尔扑上来将正在祈祷的他杀死（而布罗迪尔则在试图逃出爱尔兰军营时被杀）。因此克朗塔夫之战的最大赢家，并不是名义上的赢家布赖恩·博鲁玛，而是梅尔·塞克奈尔，他就此成了权力最大的爱尔兰国王。

　　然而这一战的影响或许被夸大了。全程躲在城里没出来的西赫特里克虽然事实上缺少勇气，却也可谓精明，他维持了在都柏林的统治，直到 1036 年；他甚至还在 1028 年得以前往罗马朝圣，并在 1030 年与英格兰人结盟进攻威尔士。而梅尔·塞克奈尔也没能享受多久胜利的喜悦，布赖恩的曾孙缪尔切塔赫（Muirchertach）在 11 世纪 60 年代成了最显赫的爱尔兰统治者。[13] 然而在西赫特里克于 1042 年去世之后，都柏林的维京王国愈发衰败，成了爱尔兰政坛之上的边缘势力，而爱尔兰维京人如同 10 世纪时那样掌控全岛的可能性也愈发微小。1052 年，都柏林被伦斯特的爱尔兰人国王迪尔迈特·麦克迈尔夺取，他在 11 世纪 50 年代中期安排自己的儿子默查德登上王位。都柏林在 1075 年再度迎来了爱尔兰国王，布赖恩·博鲁玛的孙子托德尔巴赫赶走了当时统治该城的戈思弗里思（Gothfrith），安排自己的儿子缪尔切塔赫来接替他。他的儿子多姆纳尔此后在 1115 年成为都柏林国王，因此可以说 12 世纪时的都柏林统治权已经完全控制在爱尔兰国王的手中了。

　　都柏林依然存在着北欧人的社群，而北欧语言直到英格兰人进入爱尔兰岛发动征服战争时依然存在，但维京人的政治影响力却早已消失，北欧人留下的有形遗产只剩下一本萨迦，记述了他们曾经的胜利与最终的失败。源自北欧语言的地名遍布爱尔兰岛东南沿海的各处，有许多源自古北欧语的"岛"（ey），比如斯卡特里、德西和兰贝，事实上证明了他们对滨海地区长达一个世纪的控制。[14] 古北欧语也在爱尔兰语中留下了一系列的航海词汇，比如"ancaire"（古北欧语的 akkeri，锚）、"stiúir"（styri，舵）、

"bad"（bátr，船）；还有一些与战争有关的词汇，比如"Iarla"（jarl，伯爵），以及耐人寻味的"rannsughadh"（rannasaka，搜索 / 掠夺）。人名方面，维京人的影响在 10—12 世纪最为深重，留下了"Saxolf"（Saxulf）、"Amlaib"（Olaf）、"Ímar"（Ivar）和"Ragnall"（Røgnvald）之类的名字，它们成了维京人的都柏林城中的统治者和贵族的常见名字。

在政治意义上，维京人是一股外部力量，迫使爱尔兰的国王统一起来，而他们也让爱尔兰卷入爱尔兰海另一侧的越来越多的纷争（以至于在几十年间，维持约克 - 都柏林的联合统治也存在可能性）。维京人创立的"朗格福尔特"往往得以发展成兴盛的城镇以及贸易中心，其范例都柏林成了爱尔兰最重要的城市——至今亦然。

当斯堪的纳维亚半岛的王权日渐发展，中央集权得到加强时，无名的维京掠夺者能够行动的地域也在不断缩小。传统的维京掠夺者能继续使用的基地还有苏格兰的群岛，苏格兰的国王们在12—13 世纪都无法实际控制那里。挪威的统治者也时常宣称对奥克尼群岛、设得兰群岛和赫布里底群岛这些历史旧有领土的占有权。最后一次大规模行动发生在哈拉尔德·哈尔德拉达的孙子光腿马格努斯三世[15] 在位期间。他的表兄弟哈康此前在特伦德拉格自立为王，却在 1094 年初死去，这让马格努斯没有了后顾之忧，因此他在地位巩固之后准备重新控制挪威传统上的领土——奥克尼群岛。

挪威国王带来了奥克尼的小王子哈康·保尔松，当时他正好在马格努斯的宫廷之中。而当他抵达岛屿之后，他又带上了自己的堂兄弟马格努斯·埃伦德松。[16] 当挪威人的舰队抵达奥克尼之后，他们两人的父亲们（奥克尼的两位共治伯爵）则被赶到了挪威。奥克尼伯爵就此暂时失去了独立地位，而光腿马格努斯让自己的儿子西格尔德统治这里。马格努斯·埃伦德松和哈康·保尔松则继续被光腿马格努斯当作客人软禁着。马格努斯继续航行，首先来到赫布里底群岛恢复挪威王国对它的控制，而后赶往马恩岛，吞并了这个维京人领域里的独立政权。舰队接下来抵达安格尔西，或许是打算恢复圭内斯国王格鲁福德·阿普·卡南的地位，此前他被盎格鲁－诺曼联军赶走，来到都柏林的维京人聚居区躲避。流亡的威尔士国王提出了一个无懈可击的凭证，证明他的盟友地位：他的母亲是"丝绸胡须"西赫特里克的孙女，而他是在都柏林附近长大的。

　　1098 年 7 月，联军击败了诺曼人的伯爵，切斯特的休和什鲁斯伯里的休，让格鲁福德得以在次年返回。[17] 马格努斯·埃伦德松获准留在威尔士居住，而光腿马格努斯则欣然返回挪威，为恢复了挪威帝国而感到满足，而且苏格兰国王埃德加也在一份协议之中承认了他对赫布里底群岛的领主权。他在 1102 年返回以巩固他的地位，其间大部分时间在爱尔兰度过，和布赖恩之子缪尔切塔赫结盟，短暂保证了都柏林维京人王国的地位。马格努斯却在启程返回时在阿尔斯特中伏被杀，他梦想的帝国也随即瓦解。他的仓促身亡让西格尔德·马格努松被迫放弃奥克尼的地位，匆匆返回挪威继承王位，而奥克尼伯爵领也得以重新恢复，挪威王国对这些岛屿的控制再度减弱。

　　到 12 世纪中期，奥克尼已经以独立的欧洲政权自居了，其伯爵罗格瓦尔德开始建造圣马格努斯大教堂，其宏伟程度可以与斯堪的纳维亚的大教堂媲美，甚至超过了不少德意志与法兰西中心地区的重要教堂。1151 年，罗格瓦尔德参加十字军前往巴勒斯坦，此举却不幸遭到了挪威国王埃斯泰因的干预，他率领一支大规模的舰队出现在南罗纳德赛岛，俘虏了罗格瓦尔德 18 岁的堂兄弟哈罗德·马达德松（他负责在罗格瓦尔德离开时代理指挥）。这个不幸的俘虏被迫支付三个金马克的赎金以重获自由，而他和奥克尼群岛更是被迫放弃独立地位，臣服于挪威国王埃斯泰因。

挪威国王的蛮横干预对 12 世纪的奥克尼伯爵依然是很大的问题，然而或许更严峻的问题是那些在群岛上的最后一批维京人。《奥克尼萨迦》中对斯韦恩·奥斯利耶夫松进行了相当的夸大，声称他是"西方土地上的从各种意义出发都最为伟大的人物，且从古至今无人能出其右"。[18] 尽管斯韦恩一生都没能成为奥克尼伯爵，他的活动还是成了《奥克尼萨迦》最后一部分的主要内容，占据的篇幅超过了许多地位在理论上远高于他的人。

他的大堂是奥克尼群岛中最大的，即使它位于较小的盖尔赛岛。斯韦恩豢养了 80 名熟练战士。每年春季他的部下忙于耕作播种和其他农活，但完成之后便要进行"春季远征"，沿着经典的维京海盗掠夺线路巡游赫布里底群岛和爱尔兰。仲夏他们返回家乡等待作物成熟，在收获之后再出发进行"秋季远征"，以旧日的方式大规模掠夺，直到入冬，他们一伙才留在盖尔赛岛，终日豪饮。这种生活方式已经走向衰亡，他们用掠夺的战利品来供养自己，供养那些只忠于他们的军事领袖的战士们。

在 12 世纪中期影响奥克尼的内部纷争之中，斯韦恩经常以一个残忍的形象出现。起初他为自己父亲奥拉夫的盟友伯爵保罗作战。在 1135 年的麦芽酒节时，年轻的斯韦恩出现在伯爵保罗在奥克尼本土的奥尔菲尔的大厅。保罗让他光荣地坐在他的贴身护卫"横缆"斯韦恩的对面，然而两人在喝多了麦芽酒之后开始争吵。当伯爵保罗起身前去做弥撒时，另外在场的一个人，伯爵的捧杯仆人艾维英德，警告斯韦恩·奥斯利耶夫松说，"横缆"斯韦恩之前威胁要杀死他。他给了奥斯利耶夫松一柄斧子，让他到大厅的麦芽酒桶处埋伏。"横缆"斯韦恩在黑暗之中走过时，奥斯利耶夫松一斧劈在他的天灵盖上。"横缆"斯韦恩没有立即死亡，在自卫的绝望疯狂之中，他还杀死了自己的亲戚约恩。[19]

这次杀戮发生的大厅，其遗迹至今尚存，但只剩下几组石头，它们标出了建筑的轮廓。而附近更为显眼的是奥尔菲尔教堂的遗迹，它有破碎的圆形架构（这是苏格兰唯一存留至今的圆形教堂），据说是伯爵哈康建造的，为杀死堂兄弟（圣）马格努斯·埃伦德松而赎罪。[20]斯韦恩·奥斯利耶夫松趁乱溜走，乘船赶往赫布里底群岛。他如此对待殷勤招待他的伯爵保罗，让自己在萨迦之中留下了名字，却无法再在缓慢发展的奥克尼停留了。

保罗自然将斯韦恩定为逃犯，但斯韦恩也没有流亡太久。不久之后，他在当年悄然返回，趁伯爵在劳赛岛海岸猎捕水獭时将他绑架，把他押到他的异母妹妹阿瑟尔的玛格丽特那里。保罗据说就在那里宣布逊位（还有说法称斯韦恩将他刺瞎，把他扔进了地牢）。[21]斯韦恩则为此后建造圣马格努斯大教堂的罗格瓦尔德伯爵同担命运，毕竟后者能继承伯爵之位也是因为斯韦恩除掉了保罗伯爵。

这个维京战士继续着这种老式的蛮横生活，持续了10多年。在奥克尼混乱的内战，即所谓"三伯爵之战"（1152—1154年）中，他据说为三位争权者（哈拉尔德·玛达萨尔松、埃伦德·哈拉尔德松和罗格瓦尔德－卡里）都效力过。斯韦恩最初支持的埃伦德在 1154 年圣诞节之前被谋杀（一天清晨，人们在一堆海藻中发现了他的遗体，那时他的胸口插着一杆枪），而哈拉尔德伯爵对这个脾气暴躁的人态度不好，所以斯韦恩最后来到了罗格瓦尔德的军营之中。罗格瓦尔德－卡里被托尔比约恩·克拉克杀死，这个人还因为斯韦恩烧死了他的祖母弗拉科克而与他结仇。斯韦恩·奥斯利耶夫松孤立无援，就此放弃参与政治纷争，回去进行每年两次的维京海盗掠夺。

1171 年，奥斯利耶夫松对赫布里底群岛、马恩岛和爱尔兰岛进行了掠夺，抢走了两艘英格兰人的舰船，掠走大量的布匹、葡萄酒和蜜酒。为庆祝胜利，他邀请伯爵哈拉尔德——他在罗格瓦尔德死后独自统治奥克尼——前来赴宴。伯爵试图劝说这个老战士放弃海盗生活，但斯韦恩坚称，要在进行最后一次秋季掠夺之后再引退。哈拉尔德的回复一语成谶："朋友，我们永远不会知道，死亡和名望哪一个先到来。"[22]

斯韦恩言出必行，进行了他的最后的掠夺。他带上了 7 艘大型战舰，但因为在赫布里底群岛收获甚微，便转往爱尔兰岛，他洗劫了都柏林，并绑架大批显赫人物当人质。勇敢的都柏林居民在城外挖掘深沟，并用树枝将其掩盖起来，而次日斯韦恩准备进城接受投降时，他和部下落入陷阱之中，被都柏林居民全部杀死。只有守卫舰船的几个人逃走了。最后一位维京大海盗的结局可谓屈辱，却又可谓报应不爽。

光腿马格努斯的远征，是斯堪的纳维亚政权对不列颠群岛最后一次真正的威胁，但此后的挪威国王依然没有放弃对苏格兰地区宗主权的宣称。在 13 世纪 60 年代，国王长者哈康（1204—

1263 年在位）企图要求冰岛和格陵兰承认他的统治，为此消灭了奥克尼的独立政权。挪威事实上从未放弃过对奥克尼（以及设得兰和赫布里底）理论上的宗主权，而他越来越明显地要求实行治权，让苏格兰国王亚历山大二世愈发紧张，因为后者同样希望将这些岛屿永久收归苏格兰王国所有。[23]1242 年，亚历山大派出使节前往挪威，劝说哈康至少放弃赫布里底群岛，而他愿意为此一次性支付一笔补偿金。挪威国王粗鲁地回应称他"不知道自己会如此需要白银，以至于要为此出卖土地"。6 年后，哈康加强了他对赫布里底群岛的控制，把自己的女儿嫁给了马恩及群岛地区的北欧国王哈拉尔德·奥拉夫松。不幸的是，新婚夫妇的航船在设得兰以南失踪，导致这一地区出现政治真空，而这刚好是苏格兰国王获取岛屿地区的天赐良机。

亚历山大二世于 1249 年逝世，直到 1262 年，他的继承人亚历山大三世才开始进攻赫布里底群岛，这迫使哈康派出一支大规模舰队经设得兰来到奥克尼。尽管在南罗纳德赛岛停泊时遭遇日食（这次远征的时间因此可以确定发生在 1263 年 8 月），哈康还是继续进军赫布里底，流亡的赫布里底国王杜格尔在那里与他会合。在这支舰队的分遣队掠夺苏格兰本土时，亚历山大则等待时机，期望入秋之后哈康就此停止掠夺。1263 年 10 月 2 日，当哈康和他的部下因天气恶劣被迫上岸时，他们在拉格斯（艾尔郡海滨北部）遭遇了大批苏格兰军队。狂风让挪威军队无法得到船上的人员支援，而尽管在随后的战斗之中苏格兰人没有取得全胜，挪威收复赫布里底群岛的希望也就此终结。哈康退回奥克尼，在那里病重逝世，葬在柯克沃尔的圣马格努斯大教堂。在他一生的最后岁月之中，他下令随从为他诵读所有伟大的萨迦，而在读到记载他祖父功绩的《斯韦勒萨迦》时，他就此撒手人寰。

哈康死后，维京人在群岛上坚持抵抗的希望也随之破灭。他的儿子马格努斯于 1266 年在珀斯签署和约，挪威割让马恩岛和赫布里底群岛的宗主权给苏格兰，苏格兰要为此支付 4000 马克（接下来 4 年每年支付 1000 马克，拖延一年要支付 100 马克的利息）。苏格兰一方承认挪威王室对奥克尼和设得兰的宗主权，但最终这个每年支付的款项，即"挪威年金"（the Annual of Norway），却让这些岛屿脱离了挪威国王的管辖。这笔款项的支付断断续续，甚至在 1426 年珀斯和约重订之后，苏格兰也没有付清这笔钱的实际迹象。丹麦国王克里斯蒂安一世，[24] 由于遭受财政困难，急于要收回这笔欠款，但苏格兰国王詹姆斯二世同样不肯支付（特别是因为他此时也失去了对马恩岛的控制）。双方对这笔款项的讨论拖到了 15 世纪 50 年代，最终在 1460 年达成了协议，克里斯蒂安的女儿玛格丽特将和苏格兰王子詹姆斯成婚，苏格兰一方开出的条件则格外苛刻，不但要求免除所有的债务，还要对方割让奥克尼和设得兰给苏格兰，玛格丽特还要提供大笔嫁妆。在漫长的商讨之后（其间詹姆斯二世逝世，丹麦－挪威则试图让奥克尼伯爵威廉宣誓效忠），双方于 1468 年 9 月订立了新的婚姻协议，嫁妆总共 6 万弗罗林，而奥克尼抵扣 5 万弗罗林（同时同意克里斯蒂安一世如果能支付这笔资金就能将其赎回）。资金枯竭的丹麦国王只能拿出剩余的 2000 弗罗林，被迫用设得兰抵押余下的 8000 弗罗林。这笔钱最终没有偿还，而奥克尼和设得兰就此成了苏格兰的领土。尽管不列颠群岛的维京时代以血腥暴力开始，结局却截然相反，斯堪的纳维亚的君主明白，进步的代价之一就是不能再用掠夺来获得财富了。

维京海外领土不断缩小，甚至可能被纳入当地的政治版图，他们和斯堪的纳维亚（或者冰岛）的联系也日益减少，同时北欧语言也在渐渐消亡。在诺曼底，这一历程在维京人定居后的一两代人中便开始了，[25] 而都柏林余下的北欧居民依然使用旧有的语言，直到 13 世纪。在英格兰，兰开夏的彭宁顿铭文（Pennington inscription）再度证明直到 1100 年，当地仍有使用北欧语言的人，尽管现在学界也有人认为，这种铭文是语言的变体，并不能说明使用北欧语言为母语的人在当时依然存在。[26] 北欧语言在马恩岛存留的时间似乎更久——尽管他们在那里必须与当地的盖尔语竞争，然而大约在 1300—1500 年之间的某个时刻，北欧语言还是在岛上消亡了。在苏格兰，在不同的维京人占领地区，北欧语言的命运也有相当的差别。在赫布里底群岛，北欧语言早在 13—14 世纪就彻底消亡了，而在凯思内斯、设得兰和奥克尼，这种曾经的主导语言存留的时间要久得多。通常认为苏格兰北部和北方群岛的北欧语言，即所谓的"诺恩语"（Norn），在苏格兰语的无情冲击下，在 1600—1850 年之间消亡。

因此诺恩语在奥克尼和设得兰有相当悠久的历史，自约 800 年最初的维京定居点得以建立之后，几乎使用了 1000 年。奥克尼几乎完全没有北欧语言传入之前的地名存在（不过很明显，"奥克尼"是个罕见的例外），足以说明在 10 世纪时，当地居民说斯堪的纳维亚语言的人比例极高，淹没了本地人的语言。[27] 可以确定的是，许多最初的定居者或许是从挪威西北部前来的，毕竟奥克尼的地名大多很像松恩、莫尔和特伦德拉格这些地方的地名。[28] 维京时代，诺恩语言存在的准确证据很少——仅有约 50 件如尼铭文文物存在，其中有33件来自梅肖韦古墓，书写者或许是刚刚从斯堪的纳维亚到来的人，抑或是旅行者，[29] 而余下的铭文不是残缺，就是无法辨认。[30] 有十几份奥克尼或设得兰的文件，据称源自1299年左右或者16世纪晚期，事实上也起不到什么帮助，因为书写者可能来自挪威，或者是遵守挪威人的习惯写下的。当记述诺恩口语的资料出现时（已是18世纪初），这种语言和斯堪的纳维亚西部的语言已经相差甚大了。有一份奥克尼的主祷文在1700年出版，同样内容的设得兰主祷文在1714年出版，这两份主祷文和一段民谣，都记载在乔治·洛的《奥克尼岛与设德兰岛游记》之中。[31] 资料显示，这些地方的语言和挪威西南部的方言有很多相同点，而且与法罗群岛居民的语言格外类似，比如保留了无重音的"a"，以及动词尾音简化而失去变格。[32]

诺恩语存在的证据甚至在19世纪晚期依然存在，一些方言里的词汇存留至今，或许就是诺恩语的遗存［比如sheltie（设得兰矮马），或许就是源自北欧语的"hjalti"，即"设得兰的"］。但苏格兰的辛克莱家族在1379年掌控了奥克尼，而丹麦国王又在1468年把设得兰和奥克尼交给了苏格兰王室，这些岛屿的文化便愈发倒向苏格兰了，而这种语言的消亡也是在所难免。直到1725年，依然有人抱怨在奥克尼主岛上的桑威克，仍有人使用"破碎的旧丹麦语"，[33] 而且这种语言直到1750年似乎仍在一些地方存留。在设得兰，诺恩语留存得更久，特别是在西部；而且有证据显示，很可能1800年时仍有人以这种语言为母语。[34]

北欧语言曾经在爱尔兰使用过一段时间，在苏格兰的群岛地区使用了几个世纪，在法罗群岛和冰岛使用至今，对这些维京海盗的记忆最强烈的地方，正是他们的语言留存最好的地方。维京人的旧遗产，比如萨迦以及《散文埃达》之类的文集，就是最好的例证，但 16 世纪时，古文物收藏家便开始对北欧遗产进行更为科学的研究。最早的成果就是瑞典的两兄弟——奥拉夫斯·马格努斯和约翰内斯·马格努斯的北欧历史著作。[35] 而后在 17 世纪，学者们得以接触到从冰岛农田里收集的如尼石刻和其他的冰岛萨迦抄本，这些存留了许多个世纪的珍贵文物被送回了斯德哥尔摩和哥本哈根。[36]

启蒙运动在北欧开始不久之后［同时催生了一系列历史学家，比如丹麦的卢兹维·霍尔贝尔（1684—1754 年）和瑞典的奥洛夫·达林（1706—1763 年）］，第一次日耳曼浪漫主义的风潮席卷了北欧诸国，人们重新开始审视萨迦，在古老而血腥的荣耀之中，寻找蕴藏在深处的真正的北欧精神。随后的"北欧文化复兴"让维京人重新回到了舞台的中央，然而人们更热心于披着罗曼蒂克外衣的萨迦故事，而不是真正地去研究维京时代。出生在瑞士的保罗·亨利·马利特（1730—1807 年），在 18 世纪 50 年代在哥本哈根大学担任法语教授，在此期间，他对这一研究起到了重要作用，他让《埃达》流传到了欧洲各地，影响了英国诗人托马斯·格雷和詹姆斯·麦克弗森，[37] 以及德国哲学家约翰·戈特弗里德·赫尔德。

在遭受了拿破仑战争的屈辱之后，北欧产生了新的风潮。英国人在 1807 年轰击了哥本哈根，而瑞典则在 1809 年把芬兰割让给了沙皇俄国，北欧文化复兴逐渐转变为民族主义，试图美化维京帝国以及维京人的信仰，追忆那个斯堪的纳维亚人曾经主导欧洲北部的时代。后世对维京文化的审视就此进入了一个特殊的阶段。1811 年，所谓的"哥特研究协会"（Götiska förbundet）在斯德哥尔摩成立，会内的学者意图恢复假想中的维京生活方式，他们朗诵埃达诗作，用角杯豪饮蜜酒。在严肃研究方面，协会的期刊《伊德娜》[38] 刊发讨论维京文化的论文，还杂有爱国主义文章和用古北欧语写作的诗篇。

作为北欧社会中的权威，史学家埃里克·古斯塔夫·耶耶尔（1783—1847 年）完成了《瑞典人史》（*Svenska folkets historia*），把维京时代的北欧描绘为田园牧歌一般的社会，国王和自由农和谐共存，由"庭"协调人与人的关系。这种观点无疑源自萨迦中对冰岛自由邦发展到顶峰时代的记述，尽管在这个时代在 13 世纪的残酷战争之中终结，但这些记载仍影响了后人对当时北欧社会的认识。这一运动的顶点则是主教埃萨亚斯·特格纳（1782—1846 年）的作品，他在 1825 年完成了《弗里肖夫萨迦》，将维京风格的史诗以现代的方式表达了出来。此书被翻译为各种语言（包括英语、法语、德语、俄语），它作为一种渠道，可以在原作的译文尚未出版时，让这些国家的普通大众得以了解冰岛萨迦所描述的世界。弗里肖夫的事迹，包括以维京勇士的方式漫游：

> 如同猎隼在天空翱翔，
>
> 如今的他，在孤寂的海洋上航向远方。
>
> 他维京式的做派，
>
> 由船上的战友们传扬：
>
> ——你能否听见？
>
> 在船上没有帐篷，
>
> 没有房屋佑你安睡，
>
> 我那住在大宅中的朋友啊，你可曾知晓？

维京战士拥盾而眠，手握长剑，

他的帐篷即是苍天。[39]

　　故事的结尾，弗里肖夫却以农民的身份定居了下来，因此当 1835 年，英译文被送到亚历山德里娜·维多利亚公主（4 年后她将加冕为维多利亚女王）手中时，这首诗的结尾称不上惊人。

　　19 世纪，恢复维京精神的运动在北欧扎下了新的根，丹麦神父 N. F. S. 格伦特维花费了数十年的时间，希望用古北欧语言、斯堪的纳维亚神话以及比例适宜的基督教复兴思想，去代替学校之中的拉丁文法和古典时代。他支持的平民高中很快传播到了其他北欧国家，尽管并未如他所愿强制教授古北欧语言。对维京时代的怀旧情绪之中，维京舞会成了斯德哥尔摩的流行风尚，角盔也在那时成了新维京习俗中的（而且是完全错误的）一部分。

　　19 世纪晚期，维京狂热已经传播到了各地，冰岛萨迦也被翻译为英语，而翻译者正是杰出的艺术家与激进者威廉·莫里斯（译作包括《贡恩劳格萨迦》《强者格雷蒂尔萨迦》和《伏尔松萨迦》）。莫里斯对北欧文化极其热情，他两度拜访冰岛（1871 年、1873 年），称那里为"骇人而有悲剧性的岛屿，但它却很美，它与勇敢者的故事相关而被我们铭记"。[40] 对旧北欧的兴趣则在挪威、冰岛和法罗群岛风行，而且这种兴趣又与脱离丹麦独立的运动联系在一起（挪威最终在 1905 年独立，冰岛在 1946 年独立，而法罗群岛则在 1948 年成为丹麦王室的自治属地）。斯诺里·斯图尔鲁松的《挪威列王传》——它记载了在挪威国力最强盛的时代，各位国王们的生平——风行一时，而这种热情更是随着科克斯塔德船和奥塞贝格船先后于 1880 和 1904 年的出土而升级。科克斯塔德船的复制品在 1892 年抵达芝加哥参加世界博览会，同一期间美国也突然兴起了发现"维京文物"的热潮，接连出现了肯辛顿如尼石等发现，这一切都是重新审视北欧历史的一部分。

在整个 19 世纪，维京时代成了神话与艺术创作的灵感宝库，自文艺复兴时代起，许多艺术家和作家都从古典时代和圣经的故事中取材，而此时维京时代得以与曾经占据压倒性优势的它们平分秋色。在音乐领域，德国作曲家理查德·瓦格纳从日耳曼和斯堪的纳维亚的神话之中自由吸收借鉴，创作了他的史诗般的《尼伯龙根的指环》，此剧于 1876 年首演，而英国作家沃尔特·司各特爵士和威廉·科林伍德也同样推动了维京文学的流行。

对维京文化的狂热也有不那么正面的影响，20 世纪 30 年代的德国纳粹党就利用了这种狂热。同样热衷瓦格纳歌剧的纳粹，认为维京人是"优等民族"的原型，而德国种族主义者也如此自称。而在实际问题上，自 1934 年起，对海泽比的维京遗迹的挖掘由党卫队（以及后来的盖世太保）的首领海因里希·希姆莱亲自主持。挪威的纳粹党派"民族统一党"模仿他们在意识形态上的领袖，将维京形象塑造成当代的政治工具，在 1935—1944 年，他们甚至到博勒的维京墓葬进行了几次集会。

法西斯主义在 1945 年崩溃，但是对维京文化的热衷并未同样退潮，在意识形态的极端信仰褪去之后，维京时代的文化影响，被公众的热情逐步加强。有关重现历史的兴趣也开始延及北欧，人们在 1971 年创立了"北欧电影与表演社团"（今改称"维京人！"），它和其他的团队，比如"Regia Anglorum"定期合作，表演维京时代的战争（以及没有那么暴力的其他部分）。斯堪的纳维亚以及其他地区的许多主要的维京人活动地点，如今也安排了负责演出历史事件的演员，他们还重建了"维京海盗聚居区"，供游客感受北欧海盗的时代。21 世纪，这种热情不断高涨，各个主要的维京文化博物馆，比如英国约克的约维克北欧海盗中心、丹麦罗斯基勒的维京舰船博物馆和奥斯陆的维京舰船博物馆，参观者数以 10 万计。

　　在维京海盗的萨迦与征服，以及他们留下的深远影响之外，他们真正取得了什么成就，为后世留下了什么遗产呢？尽管维京海盗无疑对敌人凶狠，爱用武力解决问题（无论是抢夺圣骨匣还是抢夺领土），但他们与同时代的人或许也没有什么差别，不过是更有组织而已。正是维京战士的"外来者"形象，让同时代的人惊恐不已，拥有最先进航海技术的他们得以攻击几个世纪以来自以为安稳的沿海居民，也因此被他们憎恨。正是他们的威望，在事实上助长了他们的影响力，在 11 世纪的英格兰，无备者埃塞尔雷德甘愿支付不断增加的贡赋，正是因为他对维京海盗怀有畏惧，这反倒让他们的威慑力加倍。

　　就像最有效率的猛兽，维京海盗向来爱寻找弱者。在法兰克王国、苏格兰、爱尔兰和英格兰，他们不断发动进攻，直到找到一个薄弱点，而后他们便对那里进行无情的反复攻击，直到抵抗瓦解，或者找到更有利可图的目标。而他们也和最优秀的猎杀者一样，让没有被他们杀死的对手越来越强。

　　在英格兰和苏格兰，维京人的掠夺都极大地削弱了争夺权力的各种本地力量，而他们的破坏也促进了大一统王国的产生。在爱尔兰，维京入侵的影响或许最小，但当地力量微弱的小王国的减少，或许正是因都柏林维京政权的活动而加速。在英格兰，情况则更为明朗，盎格鲁－撒克逊人在诺森布里亚、麦西亚和东盎格利亚的王国一个个被规模更大的维京军队击败后吞并，直到只剩下威塞克斯。威塞克斯的幸存使得英格兰在单一国王的治下最终统一更容易实现，而当时野心勃勃的威塞克斯若是想要兼并兴盛活跃的麦西亚和诺森布里亚，则几乎不可能。在苏格兰，维京人简化了皮克特人、苏格兰人和斯特拉思克莱德不列颠人之间的混战，并对不列颠人完成了致命一击，他们在 870 年洗劫邓巴顿岩石，就此除掉了其中的一个竞争者。

在法兰克王国，维京人几乎彻底瓦解了加洛林王朝的统治，但维京人得以在数十年间深入，主要原因却是虔诚者路易死后政局不稳，以及此后他儿子们进行的漫长内战。即使如此，他们也只在诺曼底成功建立了永久聚居区，而法兰西王权的核心得以恢复（尽管是暂时的），直到它与英格兰自 12 世纪中期至 15 世纪中期的对立让王权再度动摇。在东方，维京人对塑造未来的罗斯国家究竟做出了何种贡献，学界仍存在激烈的争论，但可以确定的是，外来的维京人至少扮演过重要的角色，他们夺取地盘，巩固了以基辅、诺夫哥罗德和切尔尼戈夫等城市为基础的公国，这些城市也将成为中世纪罗斯政权的早期核心。

在远方，维京人的影响则更为深远。那些原本几乎，乃至完全无人居住的地方就此被纳入斯堪的纳维亚文化圈。若是没有 8—9 世纪时维京人的"定居"，如今的法罗群岛与冰岛社会也将截然不同。相反，在格陵兰和北美，维京人的殖民地消亡了（后者更为迅速），除了废墟，几乎没有留下什么影响——唯一的例外是丹麦王国在 18 世纪时重新控制的格陵兰岛。

古典时代末期与中世纪初期对欧洲的掠夺者在他们侵袭的地

区定居，并成为当地的文化与政治体系的一部分，维京人也同样如此，成了他们掠夺的地域的一部分。苏格兰、英格兰北部和爱尔兰的居民中仍有相当可观的维京基因存在，而维京基因则在冰岛占据主导地位，他们的印记无处不在。在语言学上，他们影响了大量的英语词汇，包括"egg"和"bread"，而爱尔兰语和法语之中也存在着少量的遗存（但依然可见）。

维京人留下的纪念建筑相比古典时代和中世纪早期的其他文明要少，而许多北欧的大型遗迹（比如华美的罗马式的隆德大教堂）在维京时代结束很久之后才出现。然而维京世界依然留下了许多值得游览的遗迹，比如丹麦耶灵石上的"皈依证明"，又如纽芬兰的兰塞奥兹牧草地的最遥远的维京人定居点。一些维京人的纪念建筑让人难以忘怀，比如日德兰北部林德霍尔姆山的船棺。其他的——比如他们的房屋，他们的梳子，乃至英格兰北部约维克的粪坑——则更贴近生活。一些遗迹可谓惊人，比如奥克尼的梅肖韦的新石器时代墓葬中的如尼文碎片，我们几乎可以感知到一群维京人在外面风暴肆虐时拥抱在一起互相保护。其他的遗存则更加抽象，萨迦中描述过的风景和地形特征和这些地点有着直接的联系。

维京帝国在 11 世纪达到顶峰时，从瑞典东部延伸到大西洋那边的冰岛和格陵兰，又向东深入俄罗斯，虽然她没能持续下去，但帝国创立的方式以及为建立帝国而来的种种创举才是最有力的遗产。使用他们的长船与航海知识，维京人建立起了北欧第一个真正意义上的海上帝国，这个典例显示，海路也可以和那些陆地国家的陆路一样，有效地将国家联系在一起。从挪威西部抵达林迪斯法恩只需要一天左右的行程，而维京人借助法罗群岛为跳板前往格陵兰，其间也最多只会连续几天看不到陆地。以陆地为基础的视角来看，一个包含奥克尼和设得兰群岛，囊括赫布里底群岛、马恩岛以及爱尔兰的各种滨海飞地，再加上大片英格兰北部的领土集合而成的帝国，可谓是怪异的混合物，其管理的复杂性也近乎无法解决。然而对维京人而言，这一切都极为合理：从家乡出发后，他们哪怕短程的旅途也是乘船最为方便，龙头长船既是他们远行的交通工具，也将各个分散的社群连接到了一起。

再回到一切开始的林迪斯法恩，维京海盗的掠夺导致了当地的僧侣（以及圣卡思伯特的遗骨）在 830 年离开，僧侣们（以及遗骨）直到征服者威廉在 1069—1070 年进行"北方掠夺"时才仓促返回那座神圣的岛屿。1150 年，新的教堂建成，其遗迹存留至今。教士们自此得以免于北方人之怒，安宁地生活，虽然苏格兰人还是进行了一两次抢掠，直到亨利八世在 1537 年下令解散修道院。

邻近的圣玛利亚教堂，是在圣埃德恩在 635 年建造的木质教堂的原址上建造的，使用了 7 世纪时原建筑的材料，包括盎格鲁 – 撒克逊拱顶的残片。这里或许是维京人在 793 年见到（并掠夺）的各个修道院的最后遗存。在教堂圣坛对面的墙上挂着一个怪异的文件，那是在 1993 年林迪斯法恩遭到掠夺后 1200 年的纪念日，挪威尼达罗斯的主教的致歉，主教写道："我们以悔悟之心，纪念 793 年林迪斯法恩僧侣们的牺牲。"

维京海盗不可能支持这种致歉，也不会希望因他们后代的悔悟而被人铭记。他们留下了战场遗址、语言痕迹、DNA，他们留下的文学体系也是中世纪最完备的文学体系之一。不过，维京人最有力的遗产，却是他们的语句与功业，并留给后人无尽的遐想。对沉浸在萨迦之中的人而言，对最希望自己的功业在后人的记忆之中永久传承的人而言，这或许才是最好的纪念。

注　释

引　言

1. 'The Battle of Maldon Poem', translated by Kevin Crossley-Holland in *The Battle of Maldon and Other Old English Poems*（London 1965）.

2. 基本可以肯定这段祷文是伪作，完全未见于任何中世纪抄本。

3. "wicingas"源自 *Widsith*，后者是一篇 7 世纪的盎格鲁 – 撒克逊诗作，比维京时代早了一个多世纪。有关"维京"一词起源的讨论，见 'Who Were the Vikings?' in Stefan Brink（ed.）, *The Viking World*（London 2008）, pp. 4–7.

4. 《诗文埃达》（老埃达）的主要手抄本是《王室诗集》，可追溯至 1270 年的冰岛手抄本。有关埃达诗歌的起源，见 'Eddic Poetry' by Terry Gunnell in *A Companion to Old Norse-Icelandic Literature and Culture*（edited by Rory McTurk, Oxford 2005）, pp. 82–100.

5. 我们知道约 250 位吟游诗人的名字，其中有些名字相当生动形象，比如"抄袭者艾文德"（Eyvind skáldaspillir），以及"树桩诗人索尔欧德"（Þrodd dráput-stúfr）——因为他热衷写极短的作品。

6. *Hávamál*, verse 77.

第 1 章　维京人的起源

1. 所谓的《盎格鲁 – 撒克逊编年史》事实上有七份抄本，所讨论的年代均有差异。"帕克抄本"（Parker MS）存于剑桥大学基督圣体学院，在 891 年之前的内容由一人完成，而此后由几位或许居住于温切斯特的作者续写，对 920 年之前的内容记述得颇为得当，但在此之后所记载的大多是当地的事件了。"B"抄本记述到 977 年，而"C"抄本记述到 1056 年，这两份抄本似乎拥有同样的资料来源，此外在后者中还有 1065—1066 年的一段补记。"D"抄本与"E"抄本似乎参考了一

系列北欧年代记（达勒姆的西米恩所作的《国王史》也是如此），也
参考了一些关于英格兰北部的记载，或许说明这两份作品是在约克完
成（不过"E"抄本的作者似乎在 11 世纪中期迁居坎特伯雷，记载了
到 1155 年为止的当地与彼得伯勒的情况）。"F"抄本的作者主要参照
了"E"抄本，但他似乎也拥有"A"抄本的副本以及其他的史料，或
许就是利用的留存于坎特伯雷基督教堂的缮写室中的资料。"G"抄本
在 11 世纪初完成，是"A"抄本的另一个版本。而"H"抄本仅剩残
本，仅记载了 1113—1114 年的少量历史事件。*Anglo-Saxon Chronicle:
A Revised Translation*, edited by Dorothy Whitelock, David C. Douglas &
Susie I. Tucker,（London 1965）, pp. xi–xxiv.

2. 西米恩的编年史的发展（以及实际创作者）几乎和《盎格鲁－撒克逊
   编年史》一样复杂。See Symeon of Durham, *Libellus de Exordio atque
   Procursu istius, hoc est Dunhelmensis, Ecclesie / Tract on the origins
   and progress of this the Church of Durham*（ed. David Rollason. Oxford
   2000）, pp. xvii – l for a detailed discussion.

3. Rollason, *Symeon of Durham,* pp. xxii, 89.

4. Donald A. Bullough, *Alcuin: Achievement and Reputation*（Leiden
   2004）, p. 300. 林迪斯法恩的修道院团体在 635 年由圣埃德恩建立，
   30 年后圣卡思伯特进行了重建。

5. *English Historical Documents, Volume 1: c.500–1042*, no. 193, edited by
   Dorothy Whitelock（London 1979）, p. 842.

6. 编年史在 789 年的部分插叙了这个故事，但同年布里特里克迎娶了威
   塞克斯国王奥法的女儿，而杀害长官的故事据说发生在"他的时代"，
   没有具体说明发生在哪一年。

7. Stefan Brink（ed.）, *The Viking World*（London 2008）, p. 342.

8. Barbara Crawford, *Scandinavian Scotland*（Leicester 1987）, p. 44.

9. *Annals of Ulster, 795.* See *The Annals of Ulster*（to AD 1131）,（edited by
   Seán Mac Airt and Gearóid Mac Niocaill, Dublin 1983）."雷斯卢"最可
   能的位置是爱尔兰岛东北方向的拉斯林岛。

10. "法兰西亚"，即法兰克王国，指的是日耳曼人在原本的罗马高卢行省
    建立的王国，以和中世纪的法兰西王国相区分，后者在 11 世纪开始

形成。

11. 在这一时期，古德弗雷德攻击了阿博德里特部在雷里克（Reric）的贸易中心，迫使那里的商人迁居海泽比。见第 3 章。

12. *Frankish Royal Annals*, p. 810.

13. 见第 2 章。

14. 森林过于茂密，以致在 1177 年，一群挪威人从达拉纳的马朗前往日德兰的斯图尔舍恩时，在这仅仅 170 英里的路途上花费了 77 天。Birgit and Peter Sawyer, *Medieval Scandinavia: From Conversion to Reformation, c .800–1500*（Minneapolis 1993）p. 37.

15. 这一区域大致就是 900 年左右的古拉庭及《古拉庭法》所管辖的地区。

16. 皮西亚斯的作品如今仅见于其他作者和后世编纂者的引述，比如公元前 1 世纪斯特拉波的著作《地理学》。有关这次航行的详细信息，见 Barry Cunliffe, *The Extraordinary Voyage of Pytheas the Greek*（London 2001）.

17. Knut Heller（ed.）, *Cambridge History of Scandinavia, Volume 1: Prehistory to 1520*（Cambridge 2003）, introduction by Knut Heller, p. 1.

18. 6 世纪的拜占庭历史学家普罗柯比事实上也曾去欧洲北端游览（然后发现"苏勒"十分荒凉）。他描述北欧有 13 个民族，其中就有所谓的"瑟里提夫诺人"（或许指萨米人），也提到了他们古怪的习俗：把新生儿扔到野外，只在他们嘴里留下少量食物。

19. 'The chronology of the Vendel Graves' by Brigit Arrhenius in *Vendel Period Studies – Transactions of the Boat Grave Symposium in Stockholm, February 2–3 1981*（edited by J.P. Lamm & H.-Å Nordströ, Stockholm 1983）, pp. 39–65.

20. 对北欧宗教的讨论见第 3 章。

21. 有关英格林王朝国王们的不幸，见 *Ynglinga Saga* in Snorri Sturluson's *Heimskringla*（edited by Erling Momsen, translated by A.H. Smith, Cambridge 1932）, pp. 1–35.

22. 尽管尼古拉森如此记述，他收集的文物中却没有铁钉，而此后 1989—1991 年的发掘才最终找到残片。See 'The Royal Cemetery at Borre, Vestfold: A Norwegian centre in a European periphery' by Bjøn Myrhe

in *The Age of Sutton Hoo: The Seventh Century in North-Western Europe*（edited by M.O.H. Carver, Woodbridge 1992）, pp. 301–313.

23. 见第 3 章。

24. 见第 3 章。

25. See Helen Clarke and Björn Ambrosiani, *Towns in the Viking Age*（Leicester 1991）, pp. 69–72.

26. 尽管传说提供了一个解释，说丹有一个名叫盎格尔的兄弟，盎格鲁人也从这里起源，这在词源学上难免引人遐想。Gwyn Jones, *A History of the Vikings*（revised edition, Oxford 1984）, p. 44.

27. Gregory of Tours, *History of the Franks*, book III, chapter 3（see translation by Lewis Thorpe, London 1974）.

28. Knut Heller（ed.）, *The Cambridge History of Scandinavia*（Cambridge 2003）, p. 147.

29. 见第 3 章。

30. 是《诗文埃达》（老埃达）的一部分。见第 3 章。

31. 在法律意义上，维京世界何时废除奴隶制尚存争议。比如冰岛从未正式下令废除奴隶制，而文字记载之中最后提及的奴隶吉里是 1050 年不久之后，索尔斯泰因·西索哈尔松的奴隶。然而《格拉加斯》的说法似乎说明 1117 年时依然有奴隶存在。在挪威也有证据显示，在 12 世纪时仍有蓄奴行为，而丹麦废除奴隶制还要迟一个世纪，瑞典则直到 14 世纪初仍可能存在奴隶。

32. *Konungsbók 112* in Peter Foote, Andrew Dennis & Richard Perkins, *Laws of Early Iceland: Grágás, the Codex Regius of Grágás with Material from Other Manuscripts*（Winnipeg 1980–2000 in two volumes）, pp. 172–173.

33. 有关欧泽尔远航的记述，见第 3 章。

34. See 'The Perception of the Saami and their religion in Old Norse Sources' by Else Mundahl in *Shamanism and Northern Ecology*（edited by Juha Pentikänen, New York 1996）, pp. 97–117.

35. In the *Gull-Ásu-Porðr-Páttr.* See Mundah, 'The Perception of the Saami and their religion in Old Norse Sources', p. 105.

36. 'The Sami and their interaction with Nordic peoples' by Inger Zachrisson

in *The Viking World*（edited by Stefan Brink）, pp. 32–39.

37. 'Co-existence of Saami and Norse culture – reflected in and interpreted by Old Norse Myths' by Else Mundahl, pp. 346–355.

38. *Egil's Saga*, chapter 40.

39. 有关维京武器制造技术，详见 J. Kim Siddorn, *Viking Weapons and Warfare*（Stroud 2005）.

40. 见第 9 章。

41. See Paddy Griffith, *The Viking Art of War*（London 1995）.

42. 见第 9 章。

43. 事实上在北欧出土的维京时代之前的头盔上出现过牛角装饰，而铁器时代的凯尔特人头盔上也有，或许北欧就是受了凯尔特人的影响。19 世纪时，牛角盔的形象开始流行，当时挪威和瑞典的民族主义运动引发了北欧本土历史研究的热潮，维京时代的诸多元素也得以复活，而因为某种原因，牛角盔成了众所周知的维京标志之一。牛角盔也有可能是源自罗马人，在瑞典的瓦尔斯加尔德遗迹的七号墓出土头盔上有动物角的残迹；而罗马帝国晚期的一个军团，"角盔军团"（Cornuti），在 5 世纪论述罗马陆军的《百官志》（*Notitia Dignitatum*）之中曾有所提及。*Vendel Period Studies – Transactions of the Boat-grave symposium in Stockholm, February 2–3 1981*（edited by J.P. Lamm & H.-Å Nordströ）– Museum of National Antiquities, Stockholm Studies 2（Stockholm 1983）, p. 15.

44. Paddy Griffith, *The Viking Art of War*, p. 137.

45. *Anglo-Saxon Chronicle*, 896 in *English Historical Documents, vol. 1: c.500–1042*, ed. Dorothy Whitelock,（London 1965）.

46. Foote and Wilson, *The Viking Achievement*, p. 285.

47. 在凡尔登的屠杀起到了反效果，加剧了萨克森人的抵抗，征服直到 797 年才最终完成。Rosamond McKitterick, *The Frankish Kingdoms Under the Carolingians 751–987*（London 1983）, pp. 61–3.

48. 有关《克努特之诗》，见 'King Cnut in the verse of his skalds' by Roberta Frank in *The Reign of Cnut: King of England, Denmark and Norway*（edited by Alexander R. Rumble）, pp. 106–124. 有关"血

鹰"的说法是属实还是纯粹的文学描述有激烈的争论。See Roberta Frank 'Viking atrocity and Skaldic verse: the rite of the blood eagle' in *English Historical Review*（1984）, pp. 332–343; 'The blood eagle again' in *Saga-Book of the Viking Society for Northern Research*, vol. 22, pp. 287–289）; and 'The blood eagle once more' by Bjarni Einarsson in *Saga-Book*, vol. 23, pp. 80–81）.

49. 见第 1 章。

50. 此处编年史记载的年代略有问题，这一战可能发生于 896 年。

51. 见第 2 章。

52. "大军"的准确规模存在许多争议，彼得·索耶在 1958 年声称只有几百人，而后在 *The Age of the Vikings*（London 1960）, p. 125，他将数字修改为 1000 人。索耶得到了一些人的支持，比如 David Sturdy 的 *Alfred the Great*（London 1995）, p. 111。另有观点认为这一估计数量太小。See Simon Keynes, 'The Vikings in England, c. 790–1016' in P. Sawyer（ed.）, *The Oxford Illustrated History of the Vikings*（Oxford 1999）, pp. 48–82. Richad Abels in *Alfred the Great: War, Kingship, and Culture in Anglo-Saxon England*（London 1998）, p. 113, 认为在到达之时（即在分散进军之前），其规模多达 5000 人。有关"大军"的供养问题，见 'Feeding the *micel here* in England c. 865–878' by Shane McCleod in *Journal of the Australian Early Medieval Association*, vol. 2（2006）, pp. 141–156。

53. 'The Viking Expansion' by Peter Sawyer in *The Cambridge History of Scandinavia*, vol. 1, pp. 106–107.

54. Adam of Bremen, *History of the Archbishops of Hamburg-Bremen*（translated by Francis J. Tschan, New York 1959）, book four, p. i.

55. Adam of Bremen, *History of the Archbishops of Hamburg-Bremen*, book four, p. vii.

56. Else Roesdahl（translated by Susan Margeson & Kirsten Williams）, *Viking Age Denmark*（London 1982）, p. 17.

57. Dudo of Saint-Quentin, *Historia Normannorum,* book 1, chapter 2.

58. 东盎格利亚的萨顿胡墓葬（约 625 年）之中，一枚硬币上写着铸造于

"奎安提亚"（Quantia），或许所指就是奎恩托维克，而 664 年塔尔苏斯的塞奥多尔据说在前往就任坎特伯雷大主教时，就曾经在奎恩托维克起航。

59. Michael McCormick, *Origins of the European Economy: Communications and Commerce AD 300–900*（Cambridge 2001），p. 607.

60. McCormick, *Origins of the European Economy*, p. 609, note 115.

61. P.H. Sawyer, *Kings and Vikings: Scandinavia and Europe AD 700–1100*（London 1982），p. 75.

62. *Egil's Saga,* chapter 69.

63. 尼达姆船是最早出土的早期北欧舰船文物，由康拉德·恩格尔哈特在 1859—1863 年主持挖掘。原本发现了两艘船，但在 1864 年丹麦与普奥联军的战争中，一艘船不幸被士兵用作木柴烧了。

64. 然而并非是维京人自己发明的风帆，他们也不是最早在欧洲西北部掠夺的海盗。早在公元 69—70 年时，罗马人就在和乔克人（Chauci）的舰队作战，这个北海的滨海部族长达 30 年的掠夺让弗里西亚深受其害。布鲁日船（1899 年于比利时出土）可追溯至 180—250 年，带有桅杆的踏板，因此无疑使用了风帆，而盎格鲁－撒克逊人在 7 世纪中期无疑已经应用了风帆，传教士圣威尔弗雷德就是乘帆船从高卢返回英格兰的。

65. 雕刻的确切年代尚待考证，但应当是在 7 世纪完成的。

66. 见第 7 章。

67. 见第 7 章。

68. 事实上，哈拉尔德的征服时间可能更晚。冰岛史学家博学者阿里宣称他对全挪威的统治开始于 870 年，这一时间点也源自这一记述，但其他证据并不支持这一说法。Sverre Bagge, *From Viking Stronghold to Christian Kingdom: State Formation in Norway, c. 900–1350.*

69. 比如八字胡斯韦恩的进攻，以及 1013 年克努特对英格兰的进攻，见第 8 章。

第 2 章 从掠夺到定居

1. 有关凡尔登分裂，见 Judith Nelson, *Charles the Bald*（London 1992），pp. 132–137.

2. 圣菲利贝尔的遗骨在最初的维京袭击之后，最早在 836 年迁移，转往迪耶（Deas），而后在 845 年再度迁往卢瓦尔河畔的坎诺（Cunault），最终于 865 年抵达普瓦图的梅萨。然而特许状中遗留的证据显示，或许在 819 年时，僧侣们已经到迪耶进行圣物到达前的安排了，即使修道院还未受到袭击，僧侣们就清楚维京人可能的威胁了。Ermentarius, *De Translationibus et Miraculis Sancti Filiberti*（edited by R. Poupardin, *Monuments de l'histoire des abbayes de Saint-Philibert*, Paris 1905）.

3. 尽管这些河流上的舰队也会到其他地区行动，比如南特在 853 年就遭到塞纳河的维京人劫掠。See Rosamond McKitterick, *The Frankish Kingdoms under the Carolingians 751–987*, p. 237.

4. 丕平二世是秃头查理的侄子，他因为阿基坦给了查理而不是自己（他的父亲正是阿基坦国王丕平一世）而发动叛乱。See Janet Nelson, *Charles the Bald*（London 1992）, pp. 101–104, 139–144.

5. Janet Nelson, *Charles the Bald*, p. 170.

6. 幸运的是这种威胁的时间很短，萨洛蒙在三年后便和秃头查理联盟，对抗卢瓦尔河的维京人。对他而言不幸的是，许诺的法兰克大军并没有到来，他被迫独自和哈斯泰因的维京人作战。Neil Price, *The Vikings in Brittany*, Viking Society for Northern Research（London 1989）, pp. 32–34.

7. 此人的子嗣是否为 865 年进攻英格兰的大军的领袖，尚待考证。见本章下文。

8. 圣物的"转移记"（Translatio）是维京时代一种独有的宗教作品，因为这一时期遭受维京人侵袭（乃至摧毁）的修道院有必要转移圣物。"转移记"详述圣人的遗骨转移到新的安息之所的事，往往记述各种各样的神迹。一份较长的"转移记"记述了英格兰的圣卡思伯特的遗骨转移过程，自 895 年遗骨从林迪斯法恩迁出开始，然后在切斯特勒街安放了 91 年，最终于 995 年安葬在达勒姆大教堂。努瓦尔穆捷的圣菲利贝尔修道院中的僧侣在 839—876 年，每年都要转移圣人的遗骨，后来他们彻底放弃了修道院，不断向内陆迁移寻找庇护所，直到 875 年将遗骨在勃艮第的图尔尼安葬，而身为圣菲利贝尔修道院的僧侣，埃尔芒塔尔详细记述了这段艰苦旅途。

9. 有关这批维京人的一部驶入地中海远航的传奇之旅，见下文。

10. *Annals of St Bertin*, 869. See translation by Janet Nelson（Manchester 1991），p. 152.

11. Price, *The Vikings in Brittany*, p. 26.

12. 有关埃普特河畔的圣克莱和约，见第 9 章。

13. 显赫的法兰克权贵，他的两个儿子奥多和罗贝尔此后成为法兰克国王，而他也是 987—1328 年统治法国的卡佩王朝的祖先。

14. 然而近年的研究指出这有可能代表了一种法兰克的元素，而不是维京文化。Price, *The Vikings in Brittany*, p. 64.

15. 见第 3 章。

16. Price, *The Vikings in Brittany*, p. 71.

17. 见本章下文。

18. *Annals of St Vaast*（edited by B. von Simson, Hanover 1909）.

19. Janet Nelson, *Charles the Bald*, pp. 255–256.

20. 尽管奥多被选举为西法兰克的国王，在另一次选举上，卡洛曼的儿子阿努尔夫成为东法兰克国王，加洛林帝国进一步瓦解。弗留利的贝伦加尔在意大利登基，普罗旺斯的路易占据了南部大片土地，韦尔夫家族的康拉德之子鲁道夫则控制了勃艮第，而另外一个小国王居伊（或称维多）占据了纽斯特里亚（塞纳河与卢瓦尔河之间）的部分土地。

21. 见本章下文。

22. 查理在 893 年加冕，但他没能掌权，直到奥多于 898 年逝世。

23. 有关诺曼底公爵领的发展，见第 9 章。

24. 有关佩兰发现的文物，见 Jean Renaud, *Les Vikings en France*（Rennes 2000），p. 100。

25. 有关维京在弗里西亚的各个统治者的详细叙述（包括两位哈拉尔德是否是同一人的争论），见 'From poachers to gamekeepers: Scandinavian warlords and Carolingian kings' by Simon Coupland in *Early Medieval Europe*, vol. 7, no. 1（1998），pp. 85–114.

26. 'Two Viking Hoards from the Former Island of Wieringen（The Netherlands）: Viking Relations with Frisia in an Archaeological Perspective' by Jan Bestemanin in *Land, Sea and Home – Proceedings of*

a Conference on Viking-period settlement at Cardiff, July 2001（edited by John Hines, Alan Lane & Mark Redknap, Leeds 2004），pp. 93–108.

27. 'Frisia in Carolingian Times' by Egge Knol in *Viking Trade and Settlement in Continental Europe*（edited by Iben Skibsted Klaesø, Copenhagen 2010），pp. 43–60.

28. 有关弗里西亚人可能参与 865 年的"维京大军"（并攻击约克）的讨论，见 Shane McCleod, *The Beginning of Scandinavian Settlement in England: The Viking Great Army and Early Settlers, c. 865–900*（Turnhout 2013）。

29. 确切位置未知，或在萨里郡某处。

30. 事实上这支部队可以分为几支部队，其中有一支还对威塞克斯发动了大规模入侵，本身就是对"大军"只有几百人的说法的质疑。

31. 'Kings and kingship in Viking Northumbria' by Rory McTurk, Thirteenth International Saga Conference（Durham & York 2006）。

32. 有说法认为伊瓦尔兄弟是拉格纳·洛德布罗克的儿子，这个说法出现的时代较晚，源自 13—14 世纪完成的《冰岛人萨迦》，特别是《拉格纳萨迦》。一些人认为拉格纳在 845 年已经因痢疾去世，拉格纳·洛德布罗克则是一个传说色彩大于真实存在的人物。'Ragnarr Loðrok in the Irish Annals?' by Rory McTurk in *Proceedings of the Seventh Viking Congress*（*Dublin 15–21 August 1973*），（edited by Bo Almqvist and David Greene, Dublin 1976），pp. 93–124.

33. See David Rollason, *Northumbria 500–1100, Creation and Destruction of a Kingdom*（Cambridge 2003），pp. 212–213.

34. 奉献给奥丁的仪式，将受刑者的肺从肋骨之中挖出，成为血腥的"鹰翼"。有关这一仪式的可信性，见第 1 章。

35. 866 年之后，约克政权的确切情况在一段时间里不太明晰，872 年维京人把埃格伯特赶出了约克，但有可能他们此前曾立他为傀儡国王。

36. *Anglo-Saxon Chronicle* in English Historical Documents, vol. 1: c.500–1042, ed. Dorothy Whitelock（London 1979），p. 192.

37. 弗勒里的阿博（Abbo of Fleury）在 10 世纪 80 年代中期所写。

38. 奥拉夫似乎在次年返回了大不列颠岛北部，或许在 874 年死去，或死于在皮克兰的一场战斗中。Clare Downham, *Viking Kings of Britain and Ireland*（Edinburgh 2007）, p. 142.

39. *Anglo-Saxon Chronicle* in *English Historical Documents. Vol. 1*（London 1979）.

40. 可能是威尔顿以北 20 英里处的马滕。Timothy Reuter（ed.）, *Alfred the Great*（London 2003）, p. 127.

41. See *Asser's Life of Alfred*, translated by J.A. Giles in *Six Old English Chronicles*（London 1848）, p. 56.

42. 伯雷德此前因为允许修女成婚而被教皇约翰八世斥责，此时似乎在罗马得到了礼遇，并得以在此安度晚年。他被埋葬在罗马的萨克西亚的圣玛利亚教堂，那里也成了小规模的盎格鲁－撒克逊人聚居区的核心，他的妻子艾特尔斯维斯（Aethelswith）则在 888 年于帕维亚去世，或许她本打算返回英格兰。

43. See 'Repton and the "great heathen army", 873–74' by Martin Biddle and Birthe Kjøbe-Biddle in *Vikings and the Danelaw – Select Papers from the Proceedings of the Thirteenth Viking Congress, Nottingham and York, 21–30 August 1997*（edited by James Graham-Campbell, Richard Hall, Judith Jesch & David N. Parsons, Oxford 2001）, pp. 45–96; and Richard Hall, *Exploring the World of the Vikings*（London 2007）, pp. 83–85.

44. *Anglo-Saxon Chronicle* 876 in *English Historical Decouments, Vol. 1*,（London 1979）.

45. See Reuter, *Alfred the Great*, p. 155 ; Downham, *Viking Kings of Britain and Ireland*, p. 71.

46. 见本章下文。

47. *Anglo-Saxon Chronicle* in *English Historical Documents*, vol. 1,（London 1979）, p. 195. 另外还有说法称他事实上遭到废黜，坎特伯雷大主教埃塞尔雷德和维京人签订协议，按照麦西亚的切奥尔伍尔夫或者诺森布里亚的埃格伯特的先例，安排一个威塞克斯国王做维京人的傀儡。See Reuter, *Alfred the Great*, pp. 156– 167.

48. Asser's *Life of Alfred* in *Six Old English Chronicles*（translated by J.A. Giles, London 1848）, p. 61.

49. 有关烤饼的传说，以及这个传说在文艺复兴时代、维多利亚时代和当代史学界的流变，见 David Horspool, *Why Alfred Burned the Cakes, A King and his Eleven-Hundred Year Afterlife*（London 2006），pp. 77–96.

50. Justin Pollard, *Alfred the Great*（London 2005），p. 183.

51. *Asser's Life of Alfred*, translated by J.A. Giles, p. 62.

52. 关于条约，见 'The Treaty between Alfred and Guthrum' in Dorothy Whitelock（ed.），*English Historical Documents*, vol. 1, pp. 416–417。未来的英国首都大约在 886 年被阿尔弗雷德"占据"，也许这份与古思伦的和约是在此之后，但也有可能此前是西撒克逊人占据的伦敦。

53. 编年史家埃塞尔沃德记载一位名叫古思弗里特的国王在 895 年葬在约克大教堂，由于记载没有提到其他的统治者，只能姑且认定古思弗里特是哈夫丹的直接继承人。

54. 这份文件或许可追溯至 911—914 年，阿尔弗雷德之子长者爱德华的统治时期。其中列出了 33 个"布尔赫"，以及一系列的藏身处（共有多达 27 000 个）。为维持防务，每 4 个藏身处都配置 4 个人，可以防卫"一杆"（大约 5 码）长的城墙。D. Hill and A.R. Rumble（eds），*The Defence of Wessex: The Burghal Hidage and Anglo-Saxon fortifications*（Manchester 1996），pp. 189–231.

55. 古思伦死于 890 年，尽管他在 878 年受洗后名义上是基督徒，编年史家埃塞尔沃德还是毫不客气地评价称，这位丹麦国王在死后"灵魂归于奥伽斯"，后者即罗马多神教中的冥神。

56. *Anglo-Saxon Chronicle*, 892 in English Historical Documents, vol. 1（London 1979），此处记载的数据是否精确仍存疑，但至少这支舰队的规模格外庞大。

57. 其准确位置尚未确知，但或许是在托尔（Toll）城堡，邻近纽恩敦（Newenden）（见 Pollard, *Alfred the Great*, p. 274）。

58. 见本章下文。

59. 大主教伍尔夫斯坦在 1002—1008 年编纂的司法汇编中提到补偿要按照"丹麦法"支付。962—963 年完成的一份更早的法典提到"丹麦人之中施行的世俗权力"，但没有提到"丹麦法"。丹麦法区掌控的 15 个伯爵领包括约克郡、诺丁汉郡、德比郡、莱斯特郡、林肯郡、北安普顿郡、亨廷登郡、剑桥郡、贝德福德郡、诺福克、萨福克、埃塞克斯、赫特福德郡、米德尔塞克斯和白金汉郡。See 'Defining the Danelaw' by Katherine Holmes in *Vikings and the Danelaw – Select Papers from the Proceedings of the Thirteenth Viking Congress, Nottingham and York, 21–30 August 1997* (edited by James Graham-Campbell, Richard Hall, Judith Jesch & David N. Parsons, Oxford 2001), pp. 1–12.

60. See Julian D. Richards, *Viking Age England* (Stroud 2000), pp. 43–7 ; and Gillian Fellowes-Jensen's work, including 'The Vikings and their Victims: The Verdict of the Names', *Dorothea Coke Memorial Lecture in Northern Studies, delivered at University College, London, 21 February 1994, Viking Society for Northern Research* (London 1995).

61. 此外还有其他各种北欧语言的遗迹，比如 "-toft"（筑房之处）。对地名和定居点名称更大规模考察，尚不足以说明北欧人口曾在此大规模定居，而在研究了变动更少的田野名称后，发现了更多丹麦定居点的信息。

62. Richards, *Viking Age England,* p. 46.

63. 见第 8 章。

64. 上面也记载了那些在调查进行时拥有土地的人名，以及在忏悔者爱德华的时代拥有这些土地的人名。明显可以看出盎格鲁－撒克逊的地主被诺曼新贵所取代，爱德华在位时诺丁汉郡和柴郡有一半的地主的名字是北欧风格的，另外德比郡也有四成北欧地主。

65. 未包括哈拉尔德·哈尔德拉达在 1066 年的短暂占据，以及 1069—1070 年的北英格兰叛乱。

66. 对约克的劳埃德银行之下发现的 8 英寸长的粪坑的发掘揭示，当地居民的肠胃深受寄生虫之害。

67. 这两位国王事实上留下的痕迹仅有钱币上的名字（比如克代尔窖藏中的发现）。或许西格弗罗斯就是在 893 年率领舰队进攻威塞克斯的那个诺森布里亚的维京人；而那位名叫西格弗罗斯的雅尔，在 893 年参与了都柏林附近的一场战斗。Downham, *Viking Kings of Britain and Ireland*, pp. 78–79.

68. 'Some Archaeological Reflections on the Cuerdale Hoard' in *Coinage in Ninth-Century Northumbria: The Tenth Oxford Symposium on Coinage and Monetary History*（edited by Howard B. Clarke et al., Oxford 1987）, pp. 329–354.

69. *Anglo-Saxon Chronicle* in *English Historical Documents*, vol. 1,（London 1979）, 906, p. 209.

70. 这些名字和一批活跃于 9 世纪六七十年代的维京战士首领的名字颇为相似，因此这些很可能是对旧时记载的转述。Downham, *Viking Kings of Britain and Ireland*, p. 87.

71. 古诺森布里亚王国北部，在班堡附近，向来处于半自治状态，不接受约克的维京人的直接控制。

72. See Sir Frank Stenton, *Anglo-Saxon England*（Oxford 1943）, p. 329.

73. 西赫特里克的铸币厂发现于亨伯河以南，他或许是在 921—924 年收复了这一地区。Downham, *Viking Kings of Britain and Ireland*, pp. 97–98.

74. See Higham, *The Kingdom of Northumbria*, p. 193. See also Alistair Campbell, *The Battle of Brunanburh*（London 1938）. 历史上的布罗姆布勒属于柴郡，尽管如今属于默西赛德郡。

75. *Anglo-Saxon Chronicle 937* in *English Historical Documents, vol. 1*（London 1979）, pp. 200–201.

76. Stenton, *Anglo-Saxon England*, p. 357.

77. 有关埃里克统治时期的挪威，见第 3 章。奇怪的是，英语史料中完全没有提到他此前在挪威的情况。甚至北欧的史料，比如约 1200 年成书的《萨迦总集》（*Agrip*），提到挪威的埃里克获得了诺森布里亚的伯爵领，但很快就被赶走，此后在西班牙沦为海盗，直到死去。唐汉认为约克国王埃里克实际上是伊瓦尔的后代，因为重名，他的事迹和挪威的血斧埃里克混淆。Downham, *Viking Kings of Britain and Ireland*, pp. 118–120.

78. 尚存在一些疑问，因为史料来源是可信度有限的《圣卡思伯特生平》（*Life of St Cuthbert*）。Downham, *Viking Kings of Britain and Ireland*, p. 113.

79. 见本章下文。

80. 尚不清楚此人是谁，他的父亲奥拉夫可能是奥拉夫·哥特里特松，也可能是奥拉夫·西赫特里克松，因此埃里克也许是被约克的维京人杀死的，目的是取而代之。Stenton, *Anglo-Saxon England*, p. 362.

81. 八字胡斯韦恩和克努特此后成了整个英格兰的国王，但他们并没有恢复古丹麦法区，也没有在约克统治。

82. Richard Hall, *Exploring the World of the Vikings*（London 2007），pp. 118–119

83. 另一个发现于克尔（Kell）的钱币窖藏可被定年到 9 世纪晚期或 10 世纪早期，但具体年代不确定。David Wilson, *The Vikings in the Isle of Man*（Aarhus 2008），p. 105.

84. 有关克朗塔夫之战及其背景，见第 3 章。

85. 见第 9 章。

86. 有证据显示，在德比的雷普顿，一处维京人的越冬营地埋葬的一具人的骸骨是被献祭杀死的。See M. Biddle & B. Kjøbe-Biddle, 'Repton and the "great heathen army", 873-4' in *Select Papers from the Proceeding of the 13th Viking Congress*（Oxford 2001），pp. 45–96.

87. Wilson, *The Vikings in Man,* p. 41.

88. Andreas, 128.

89. 有关芬里尔和维京宗教信仰，见第 3 章。

90. 这一说法建立在冰岛议会在 1800—1844 年中断过的基础上。见第 4 章。

91. 最初似乎是出现在 297 年给罗马帝国皇帝君士坦提乌斯的颂词，祝贺他终结漫长的叛乱收复不列颠。此前往往认为这是修辞学家尤梅尼乌斯（Eumenius）的作品，但情况未必如此，目前定为佚名作。See C.E.V. Dixon and Barbara Saylor Rodgers, *In Praise of Later Roman Emperors*（Berkeley 1994），p. 104.

92. 事实上是源自古北欧语的 *Péttlandsfjöðr*。

93. See James Graham-Campbell and Colleen E. Batey, *The Vikings in Scotland: An Archaeological Survey*（Edinburgh 1998），pp. 8–9.

94. See K. Jackson, 'The Pictish Language' in F.T. Wainwright, *The Problem of the Picts*（Edinburgh 1955），pp. 129–166.

95. 指基督教的隐士。*Historia Norwegiae, VI*, 1–5（trans-lated Peter Fisher, Copenhagen 2003）。

96. 其中出土的英格兰国王埃德蒙（939—946 年在位）的半便士币说明了下葬的大致时间。

97. W.P.L. Thomson, *A New History of Orkney*, pp. 26–27.

98. 萨迦似乎更喜欢记载打破约定的故事，而不是遵守约定的故事，此后的奥克尼伯爵马格努斯·埃伦德松（圣马格努斯）在埃吉尔塞岛，也因为他的堂兄弟哈康带来了两倍于约定数量的战船而被杀，见第 8 章。

99. *Orkneyinga Saga*, chapter 6.

100. 这种圆形的居所中央放置火炉，内部进行如同车轮般的分隔，分开生活区。

101. 有关雅尔绍夫定居点的更多细节，见 James Graham-Campbell and Colleen E. Batey, *Vikings in Scotland: An Archaeological Survey*（Edinburgh 1996），pp. 155–160.

102. 还有一系列其他地名存留。休·马尔维克在奥克尼发现了约 30 处源自凯尔特语言的地名，而法罗群岛的语言学家雅克布·雅克布森则认为奥克尼的地名大概有 5%—10% 源自凯尔特语，而有 90% 以上的地名源自北欧。See Thomson, *New History of Orkney*, pp. 14–20.

103. 这里结合了"米勒"假说和"伯爵领"假说，也是维京时代早期对北方群岛的主要政治介入（同样包括"种族灭绝"假说）。See Brink（ed.）, *The Viking World,* pp. 419–421.

104. Callum G. Brown, *Up-helly-aa: Custom, culture and community in Shetland*（Manchester 1998），pp. 126–129.

105. *Annals of St Bertin*（translated by Janet Nelson），p. 65.

106. 'The Archaeology of Ireland's Viking-age towns' by Patrick F. Wallace in *A New History of Ireland, volume 1 Prehistoric and Early Ireland*（Oxford 2005），pp. 814–816. 有关南乔治大街的考古发掘，即最终发现"朗格福尔特"的那次发掘，见 'The first phase of Viking activity in Ireland: The archaeological evidence from Dublin' in *The Viking Age: Ireland and the West: Proceedings of the Fifteenth Viking Congress*（edited by John Sheehan & Donnchadh Ó'Corráin, Dublin 2010），pp. 418–429。

107. Wallace, 'The Archaeology of Ireland's Viking age towns', in D. Ó Cróinín (ed.), *A New History of Ireland, Volume 1: Prehistoric and early Ireland* (Oxford 2005), pp. 820–821.

108. 封土此后被摧毁，如今只剩下 17—18 世纪对它的描述。也许威克斯福德附近有一个"庭"，因为在拉斯马克尼教区有了一个名为"Ting"的地点。见（Howard B. Clarke, Máire Ni Mahonaigh & Ragnhall Ó Floinn (eds), *Ireland and Scandinavia in the Early Viking Age* (Dublin 1998), p. 302.

109. 传统观点认为"暗""黑"的外族是丹麦人，他们或许来自约克；而"金发 / 白皙"（fair）的外族则是来自西方岛屿的维京人 . 对这一说法的考据见 David Dumville 'Old Dubliners and New Dubliners in Ireland and Britain, a Viking-Age story' in Duffy S. (ed.), *Medieval Dublin VI*, pp. 78–93.

110. 是个实际上没有严格对应的王国，或许是苏格兰西部的维京人殖民地，也就是 9 世纪 40 年代对爱尔兰发动掠夺的维京海盗基地。Downham, *Viking Kings of Britain and Ireland,* p. 13. 12 世纪时，所谓的"洛克莱恩"指的是挪威，因此这个说法事实上也可能指的是作为第一次掠夺的出发地的挪威南部。

111. 见本章上文。

112. 西格弗里斯和西赫特里克的兄弟重名，引起了一些混淆。后一个西格弗里斯此后继承西赫特里克的王位，在 881—888 年统治都柏林。

113. *The Annals of Ulster*, 902 (edited by Seán Mac Airt and Gearóid Mac Niocaill, Dublin 1983), p. 353.

114. Downham, *Viking Kings of Britain and Ireland,* p. 31.

115. 见本章上文。

116. 见本章上文。

117. 这一贸易似乎颇为繁盛。在安达卢西亚的市场上，凡尔登的商人大量贩售来自东欧的奴隶。See Richard Fletcher, *Moorish Spain* (London 1992), p. 42.

118. "majus"也和所谓的"博士"（Magi）相关，或许是源自伊斯兰教传入之前的波斯（随着 642—644 年的穆斯林征服而终结）的主流宗教琐罗亚斯德教的"拜火"。

119. 对这一使团的记述见于 13 世纪的瓦伦西亚人伊本·迪赫亚的记载。See 'Whom did al-Ghazal meet?' in *Saga Book of the Viking Society,* 28（2004）, pp. 5–28. 有关更多霍里克的记载，见第 1 章。

120. 有一件是来自里昂的 10 世纪的鹿角盒。

121. See Sara María Pons-Sanz, 'The Basque Country and the Vikings during the ninth century' in *Journal of the Society of Basque Studies in America* 21（2001）, pp. 48–58.

122. 因为拜占庭帝国军队使用它而被称为希腊火，阿拉伯人或许因为在东地中海和他们作战而学到了它的配方。在罗斯地区和黑海活动的维京人对其了解更深（见第 7 章）。

123. See Hugh Kennedy, *Muslim Spain and Portugal*（London 1996）, p. 47.

124. 事实上 9 世纪中期的罗马的财富，与哥特人阿拉里克在 410 年发动洗劫时不可同日而语。尽管在 1 世纪的帝国全盛期那里人口超过百万，但 9 世纪时已经衰退到只有约 3 万人了。

125. See F. Donald Logan, *The Vikings in History,* p. 110.

126. 这里或许是今利古里亚的卢纳，尽管在伦巴第国王柳特普兰德（717—744 年在位）的时代那里不过是个小村，不可能被误认为罗马——即使最没见识的维京人也不可能认错。

127. 此后的爱尔兰编年史家杜尔德·马克福尔比斯记载称"在北欧人带着大批摩尔人俘虏返回爱尔兰之后……这些蓝色的人便留在这里了。"See Neil Price, 'The Vikings in Spain, North Africa and the Mediterranean' in *The Viking World*（edited by Stefan Brink）, pp. 462–469.

第 3 章 首领、神话与船

1. 实际上用于连接无线设备的"蓝牙"技术，名称就是源自耶灵王朝最伟大的国王，蓝牙技术的图标也是由如尼文字母的"H"和"B"组成，选择这个代号是因为哈拉尔德统一了丹麦，正如蓝牙技术连接了电脑一样。蓝牙设备的早期广告之中甚至取材于耶灵石、经过设计的哈拉尔德的形象，广告里的哈拉尔德一手拿着笔记本电脑，另一手拿着手机。

2. 使用北欧当时使用的新弗萨克式文字，见本章下文。

3. 他们的名字是霍里德（Horied）、里亚法达格（Liafadag）和雷金布兰德（Reginbrand）。G. Turville-Petre, *The Heroic Age of Scandinavia*（London 1951）, p. 92.

4. 传统维京信仰的讨论见本章下文。

5. 教堂大约在 1125 年建成，而青铜牌是在 13 世纪初添加的。

6. *Vita Willibrordi* by Alcuin of York, chapter 10, translated by the Reverend Alexander Grieve in *Willibrord, Missionary in the Netherlands, 691–739*（London 1923）.

7. 见本章下文。

8. 这些早期的发掘事实上并非出于寻找墓葬之中的财宝，而是当地村民在封土堆上挖掘的水井枯竭后，他们在试图挖掘深井时挖出了文物。

9. 见本章下文。

10. *Saga of Grettir the Strong, Chapter XVIII*（see translation by Denton Fox & Hermann Pálsson, Toronto 1974）.

11. 另外的证据就是最大的堡垒，阿格尔斯堡，并非建筑在利姆海峡西端——建在那里可以很容易进入北海并掠夺英格兰，而其实际位置更有利于防卫挪威沿海地区。Else Roesdahl, *Viking Age Denmark*, pp. 153–155.

12. Roesdahl, *Viking Age Denmark*, p. 47.

13. From the *Hákonarmál*, a skaldic poem quoted in Snorri Sturluson's *Heimskringla*, book iv, chapter 32（translated by Erling Monsen, cambridge 1932）.

14. 在日德兰的索德维辛教堂（Sender Vissing church）发现的如尼石上写着："托维，姆斯季沃伊之女，戈姆之子好人哈拉尔德之妻，立此石纪念其母。"她的父亲姆斯季沃伊是阿博德里特人的统治者，实际上绝非可靠的盟友，他在 974 年和皇帝奥托二世结盟，引德意志军队入侵丹麦。See Jakub Morawiec, *Vikings Among the Slavs – Jomsborg and the Jomsvikings*（Vienna 2009）, p. 13.

15. 有趣的是，尽管两份主要史料萨克索·格拉玛提库斯的记载和《白羊皮纸萨迦》在战团创立的说法上一致，《约姆斯维京萨迦》的说法却不同，声称战团是菲英岛的雅尔帕尔纳托基和斯拉夫王布里兹莱夫所创立。

16. 她可能就是奥塞贝格船棺之中安葬的贵妇。见本章下文。

17. Gwyn Jones, *History of the Vikings,* p. 89.

18. 见第 2 章。

19. 总距离约 1100 英里，因此平均下来，他似乎每天仅仅航行了 35 英里。See Niels Lund（ed.），translated by Christine E. Fell, *Two Voyagers at the Court of King Alfred*, p. 30.

20. See Gwyn Jones, *A History of the Vikings*, p. 110.

21. Lund（ed.），*Two Voyagers at the Court of King Alfred*, p. 22.

22. 见第 2 章。

23. 然而，这块如尼石上没有年代，可以认为是在 1036 年所刻，或者说是在奥拉夫·特里格瓦松在莫斯特集会上宣布挪威为基督教国家的 12 年后。*Ferguson, Hammer and the Cross*, pp. 264–265.

24. See Snorri Sturluson, *Heimskringla,* book IV, chapter 16–17.

25. 见本章上文。

26. 见第 8 章。

27. See Brink（ed.），*The Viking World*, p. 668.

28. 见本章下文。

29. Adam of Bremen, *History of the Archbishops of Hamburg-Bremen,* book 1, chapter xxiii.

30. Adam of Bremen, book 2, chapter xxxviii.

31. 这个绰号的来源颇不清晰。"Sköt"意为"财富"或"税收"，而"skökonung"的意思可能是瑞典向丹麦支付岁贡，或者是奥洛夫是瑞典第一位自行铸币的君主。

32. 见第 8 章。

33. *Cambridge History of Scandinavia*, vol. 1（Cambridge 2003），pp. 223–224.

34. Adam of Bremen, book 4, chapters xxvi–xxvii.

35. 这一地区的树木年代学研究也支持这一说法。Helen Clarke and Bjön Ambrosiani, *Towns in the Viking Age*（Leicester 1991），p. 52.

36. Brink（ed.）, *The Viking World*, p. 129.

37. 证据是在定居点南部的 33 个陷入地下的房屋中，另外发现了一些原材料和未完工的加工品，说明其中有发展到一定程度的手工业。Else Roesdahl（translated by Susan Margeson & Kirsten Williams）, *Viking Age Denmark*（London 1982）, pp. 73–75.

38. 见第 8 章。

39. 《比约克法》现存年代最早的版本写于 13 世纪中期，但它无疑继承了更早的版本。Brink（ed.）, *The Viking World,* p. 88.

40. Clarke and Ambrosiani, *Towns in the Viking Age*, p. 76.

41. 有人估计奥洛夫在位时在锡格蒂纳铸造了多达 200 万枚钱币。Brink（ed.）, *The Viking World,* p. 143.

42. 见本章上文。

43. 说法源自考古学家夏洛特·布莱德海姆。此前已有发掘的尝试，比如古文物收藏家尼古拉·尼古拉森在 1867 年开始的发掘，他主要开掘了考庞的墓穴，总共挖开了 79 处。其中有一半发掘一无所获，余下的墓穴都是火葬墓，文物数量稀少，绝非尼古拉森想要发掘的王室大墓。

44. 见本章下文。

45. 见本章下文。

46. From the *Hávámal*（'Lay of the High One'）,（London 1866）, verse 141.

47. Terje Spurkland（translated by Betsy van der Hoek）, *Norwegian Runes and Runic Inscriptions*（Woodbridge 2005）pp. 3–4.

48. See R.I. Page, *Reading the Past: Runes*（London 1987）, p. 25.

49. 比如许多词汇开头的"j"就被省略了；斯堪的纳维亚语言之中的"år"，在其他的日耳曼语族的语言中被拼写为"year"或者"Jahr"。

50. 见第 9 章。

51. See Birgit Sawyer, *The Viking-Age Rune-Stones: Custom and Commemoration in Early Medieval Scandinavia*（Oxford 2000）, pp. 123–145.

52. Birgit Sawyer, *The Viking-Age Rune-Stones*, p. 26.

53. 见第 7 章。

54. 见第 8 章。

55. See Michael P. Barnes, *The Runic Inscriptions of Maeshowe*（Uppsala 1994），pp. 39–41.

56. *Njal's Saga*, chapter 26, and Michael Barnes, *The Runic Inscriptions of Maeshowe,* p. 39.

57. Spurkland, *Norwegian Runes and Runic Inscriptions*, pp. 172–173.

58. 见第 6 章。

59. Wahlgren, *The Kensington Runestone*, p. 129.

60. 《诗文埃达》最重要的现存抄本是《王室诗集》（*Codex Regius*），大约在 1270 年完成，但基本可以肯定是此前更早手抄本的抄本。《王室诗集》在丹麦存放了几个世纪，最终在 1971 年归还冰岛。见第 4 章。

61. *Voluspá*, stanza 17. 阿斯克源自古北欧语的"梣树"，但恩布拉的来源则尚未确定。

62. 还有更详细的分法，华纳神族有自己的领地华纳海姆，巨人居住在约顿海姆，矮人居住在斯瓦塔尔夫海姆（"暗精灵之乡"），以及最下方的海尔，即冥界。

63. 某种意义上，"诺恩"与希腊的命运三女神极为相似。然而尽管它也有三位女神（乌尔斯、威尔桑蒂和斯库尔德），她们却并非各司其职地分别管理过去、现在和未来（也不会测量与剪裁他人命运的丝线）。事实上，一些记载声称在守护世界树的三位诺恩女神之外，还有许多别的诺恩女神，会在一个人出生时前去拜访。

64. 见本章上文。

65. H.R. Ellis-Davison, *Pagan Scandinavia*（London 1967），pp. 132–135.

66. Christopher Abram, *Myths of the Pagan North: The Gods of the Norsemen*（London 2011），pp. 61–63.

67. Abram, *Myths of the Pagan North,* p. 70, and Anne-Sofie Gräslund, 'The Material culture of the Old Norse religion' in *The Viking World*（edited by Stefan Brink），pp. 291–293.

68. 那里的"戈狄"兼具神职人员与政治领袖的角色（见第 4 章）。

69. 见于《埃里人萨迦》（*The saga of the people of Eyri*），其中记载了斯诺里戈狄和阿恩凯尔戈狄这两个冰岛主要的祭司 – 贵族家族之间的世仇。

70. Stephen A. Mitchell, *Witchcraft and Magic in the Nordic Middle Ages* (Philadelphia 2011), p. 21.

71. *The Borgarthing Law of the Codex Tunsbergensis . . . Diplomatic edition, with an introduction on the paleography and the orthography* (edited by George T. Flom, Urbana 1925).

72. *Grettir's Saga*, chapters 18–19 (Kar the Old), 32–5 (Glam) (translated by George Ainslie Hight, London 1914).

73. Richard Frye, *Ibn Fadlan's Journey to Russia: A Tenth-Century Traveler from Baghdad to the Volga River* (Princeton 2005), pp. 66–67.

74. Frye, *Ibn Fadlan's Journey to Russia*, pp. 67–70.

75. P. Sawyer, *The Age of the Vikings* (London 1971), pp. 75–77.

76. Thorleif Sjøold, *The Viking Ships in Oslo,*, (Oslo 1985), p. 54.

77. 见本章上文。

78. 'The Oseberg Ship Burial, Norway: New Thoughts On the Skeletons From the Grave Mound' by Per Holck, in *European Journal of Archaeology*, vol. 9, nos 2–3 (August 2006), pp. 285–310.

79. 'The "Buddha Bucket" from the Oseberg Find' by Margaret MacNamidhe in *The Irish Arts Review*, (1989), pp. 77–82.

80. *Encomium Emmae Reginae*, edited by Alistair Campbell, with a supplemen-tary introduction by Simon Keynes (Cambridge 1998), book 2, chapter 5, p. 21.

81. See Peder Lamm, *Stones, Ships and Symbols: The Picture Stones of Gotland from the Viking Age and Before* (Visby 1978), pp. 13–16.

82. Snorri Sturluson, *Heimskringla* (translated by Erling Monsen, Cambridge 1932), pp. 181–182.

83. 见第 8 章。

84. 船的编号可能会引发混淆，尽管在斯库勒莱乌发现了五艘船的残骸，船的编号却有 6 号。这是因为最初复原时考古学家把本属于一艘船体的残骸分为了 2 号船和 4 号船，如今两者已经被合为一体，成为斯库勒莱乌 2/4 号船，或者直接称为斯库勒莱乌 2 号船。斯库勒莱乌 6 号船是一艘小型渔船。

85. 然而对格陵兰的经济来说很不幸，因为这些运输经常不能完成。见第5章。

86. 见第 2 章。

87. 见第 4 章。

88. See 'The Discovery of an Early Bearing Dial' by Carl B. Söver in *Journal of the Institute of Navigation*, VI, no.3（July 1953）, pp. 294–296；and 'The Course for Greenland' by G.J. Marcus in *Saga-Book of the Viking Society*, vol. XIV（1953–7）, pp. 12–35.

89. 见第 6 章。

90. 日耳曼人大迁徙时代的欧洲艺术风格，大致可分为三个时代（Salin, *Die altgermanische Thieroramentik*, Stockholm 1904）。最后一个时代又可被分为三个小阶段，第一阶段为 7 世纪至 8 世纪初，第二阶段为 8 世纪的大部分时间，第三阶段则大约自 8 世纪末起，在维京海盗开始掠夺的时期出现，持续到 9 世纪。

91. 有关博勒墓葬的重要意义，详见第 1 章。

92. 见本章上文。

93. 西格尔德的传说是北欧神话之中流行时间最久的一个故事，它最早出现于 13 世纪的《伏尔松萨迦》，后来延伸到了德意志史诗《尼伯龙根之歌》，并最终成为理查德·瓦格纳的作品《尼伯龙根的指环》的故事核心；此后 J.R.R. 托尔金还将其重塑为《西格尔德与古德伦传奇》。在原版故事之中，铁匠雷金为西格尔德打造了一把魔剑，他用这把剑为自己的父亲与兄长复仇。作为回报，西格尔德杀死了巨龙法弗尼尔（它是雷金的兄长，偷走了众神因为洛基杀死他们的父亲而补偿给他们的宝物）。雷金请求西格尔德火烤法弗尼尔的心脏，把它带给自己吃，但西格尔德在烤心脏时，几滴血滴在了他的手指上，他舔掉了血，却发现自己能听懂飞鸟的语言，它们说雷金打算背叛西格尔德并杀死他。听到这些话之后，西格尔德匆匆赶回和雷金对质，并砍掉了他的头。西格尔德就此拿走了宝物（而他也最终因这宝物而死），如尼石和其他雕刻上描绘的情景往往是杀死巨龙法弗尼尔、雷金锻造魔剑，以及火烤法弗尼尔的心脏。

94. 11—13 世纪，总共完成了 700—800 件石刻，但存留至今的只有 20 多件。一些石刻上有如尼文，比如松恩的斯特杰的一处石刻，上面写道："我在圣奥拉夫之日穿过此处。旅途中诺恩给我造成了不小的伤害。"这至少说明传统宗教的观念（乃至传统信仰）依然活跃着，即使基督教已经成为国教。有关木板教堂，见 Dan Lindholm, *Stave Churches in Norway*（translated by Stella and Adam Bittleston, London 1969）and Anders Bugge, *Norwegian Stave Churches*（translated by Ragnar Christophersen, Oslo 1953）.

第 4 章　横渡大西洋

1. See Símun V. Arge, 'Vikings in the Faroe Islands' in Fitzhugh and Ward（ed.）, *Vikings: The North Atlantic Saga,* p. 154.

2. *Dicuili, Liber de Mensura Orbis Terrae*（edited by J.J. Tierney, London 1967）, chapters 14–15.

3. As argued by Jóhannes Jóhannesson in 'Studies in the vegetational history of the Faroe and Shetland Islands' in *Annales Societatis Scientiarum Faroensis,* supplementum 11（Tórshavn 1985）. See also 'Peaceful Wars and Scientific Invaders: Irishmen, Vikings and palynological evidence for the earliest settlement of the Faroe Islands' by Kevin J. Edwards & Douglas B. Borthwick in *The Viking Age: Ireland and the West: Proceedings of the 15th Viking Congress*（edited by John Sheehan & Donnchadh Ó' Corráin, Dublin 2010）, pp. 66–79.

4. 见第 2 章。

5. 见第 2 章。

6. 奥德（Aud）和丈夫都柏林国王白色奥拉夫生下儿子红色托尔斯泰因（Thorstein the Red），奥鲁瓦是托尔斯泰因的女儿。

7. P.G. Foote, *On the Saga of the Faroe Islanders,*（London 1965）, p. 10.

8. 一些说法认为罗马人曾抵达"苏勒"，即冰岛，因为在冰岛东部发现了三枚罗马帝国安东尼尼安努斯铜币（出土于两个相距不远的地点），年代大约在 270—305 年［铜币上的头像分别是奥勒留（270—274 年在位）、普罗布斯（276—282 年在位）和戴克里先（284—305 年在位）]。这些也有可能是维京定居者带来后（不过应当是作为古董而非钱币，毕竟这些只是铜币而非金银），被帕帕尔人抢走的。也有说法声称带来这些硬币的罗马人是迷路后辗转航行至此的，乃至是主动远航前来探索的。"苏勒"一词的使用者包括 5 世纪的罗马诗人克劳迪安，他在《驳鲁菲努斯》（*Against Rufinus*）中提到了"苏勒，坐落在北极星的冰的边界上"，往往被当作罗马人来过这里的证据。然而从维吉尔的时代开始，罗马作家往往使用"苏勒"作为世界最远端的地方［维吉尔使用的说法甚至是"最遥远的苏勒"（Ultima Thule）]的有诗意的同义词，因此克劳迪安和其他人的记述未必说的是真的。无论这些钱币如何抵达冰岛——最大的可能还是由维京人带来的——并不能就此认为罗马人曾经探索过该岛，更不用说殖民了。

9. 迪奎并非在记述中第一位可能提到冰岛的人。希腊地理学家皮西亚斯（Pytheas）在公元前 4 世纪时居住在今马赛，他曾经在欧洲西北部进行了一次航行，他无疑去过不列颠群岛。他的作品如今仅见于其他作者的引述，古罗马地理学家斯特拉波的总结性著作《地理学》就引述了他的许多记载。皮西亚斯记载称从大不列颠往北航行 6 天，还能抵达一个地方，那里的海洋会结冰。他描述太阳在仲夏之时不会落到地平线以下，这和迪奎的说法高度类似，以至于有人猜测迪奎就是复述的皮西亚斯的记述。

10. See Jón Jóhannesson, *Íslendinga Saga, A History of the Old Icelandic Commonwealth*（Winnipeg 1974），p. 6.

11. See Geoffrey Ashe, *Land to the West – St Brendan's Voyage to America*（London 1962）.

12. 这一次和其他早期前往冰岛的远航在《定居者之书》（*Landnámabók*，translated by H. Palsson & P. Edwards, Manitoba 1972）之中有所提及。

13. 见本章上文。

14. *Landnamábók,* chapter 6（*The Book of Settlements,* translated by Hermann Pálsson & Paul Edwards, Winnipeg 1972）.

15. 斯图拉·托达尔松（1284 年去世）改写而成《斯图拉之书》相对完整，豪克尔·埃伦德松（1334 年去世）的《豪克尔之书》则与原版最为接近，而残缺的《梅拉之书》的作者或许是 14 世纪的执法官斯诺里·马库松（1313 年去世）。See Jóhannesson, *Íslendinga Saga,* p. 11.

16. 有关冰岛的火山灰年代学，见 'The tephrochronology of Iceland and the North Atlantic region during the Middle and Late Quaternary: a review' by Haflidi Haflidison et al. in *Journal of Quaternary Science* 15（1）（2000），pp. 3–22.

17. 碳 14 分析法也提供了一些证据，西海岸之外的韦斯特曼纳群岛上的海尔乔夫斯达勒的遗迹可以追溯至 7 世纪。这个地点出土的文物尚不足以确定此地在此时就已经有人定居，因此在 872 年之前是否曾有人定居（如果有，定居者是谁）依然存疑。See Kevin P. Smith, *Landnám: The Settlement of Iceland in Archaeological and Historical Perspective*（1995）.

18. 见本章下文。

19. 《弗莱特岛记》包含《格陵兰萨迦》的原文，以及《奥克尼萨迦》和《法罗人萨迦》（也是这两篇作品唯一存留至今的原本），还包括了一系列记述挪威国王事迹的萨迦，比如奥拉夫·特里格瓦松、奥拉夫·哈拉尔德松（圣奥拉夫）、好人马格努斯和哈拉尔德·哈尔德拉达。《王室诗集》包含《诗文埃达》的原文，而若不是这份手抄本存留，这些内容也将完全不为后人所知。《弗莱特岛记》上的一页声称此书写于 1387 年，因此它是少数几份能够确定时代的冰岛手抄本之一。See Guðarðr Már Gunnlaugsson, 'Manuscripts and Palaeography' in *A Companion to Old Norse-Icelandic Literature and Culture*（edited by Rory McTurk, Oxford 2005）. The *Codex Regius* is believed to have been written around 1270.

20. 进行这一任务是因为冰岛刚刚遭受了严重的饥荒，在 1703 年岛上仅剩下 50 358 名居民。

21. 包括斯德哥尔摩皇家图书馆的约 300 份手抄本、大英博物馆的 250 份手抄本、牛津大学博德利图书馆的 150 份手抄本，以及苏格兰国家图书馆的 100 份手抄本。See Jeanette Greenfield, *The Return of Cultural Treasures*（Cambridge 1996），p. 17.

22. 诺道尔是 1951—1957 年的冰岛驻丹麦大使。参见他的作品，*The Historical Element in the Icelandic Family Sagas*（W.P. Kerr Memorial

Lecture 15, Glasgow 1957）.

23. 相关的法令规定，占领土地的人要在日出时点火，他在下一次点火的地方必须看得到上一次点燃的火冒出来的烟，他可以一直这样做，直到太阳落山。至于这个法律究竟是否得以执行则不得而知。See Jóhannesson, *Islendinga Saga*, p. 30.

24. 一些史学家并不同意其中的说法，Barð Guðunsson 指出习俗上存在明显的差异（比如挪威人会火葬死者，但冰岛人从不火葬；而且冰岛妇女的地位也更高），因此他认为冰岛的定居者实际是一批源自北欧东部，而后迁居到挪威西部的人。Barð Guðunsson, *The Origins of the Icelanders*（Lincoln, Nebraska 1967）.

25. See mtDNA and the Islands of the North Atlantic: Estimating the Proportions of Norse and Gaelic Ancestry' by Agnar Helgason et al. in *The American Journal of Human Genetics*, vol. 68, issue 3（March 2001）, pp. 727–731. 这一研究显示当代冰岛居民的线粒体 DNA 中，来自北欧的成分只有 37.5%（奥克尼居民则是 35.5%）。

26. 依然有大量的浮木漂往冰岛西部，许多来自西伯利亚，那里的树干被砍伐之后，余下的碎木首先进入海中，然后一路顺海流漂进了大西洋。

27. *Njál's Saga*, chapter 63（translated by Magnus Magnusson & Hermann Pálsson, London 1964）.

28. 字面意思为"进入森林"，这个说法不是证明在他们刚刚定居时冰岛确实有森林，就是从斯堪的纳维亚传来的。

29. *Gisli's Saga*, chapter 12（translated by George Webbe Dasent, London 1866）.

30. 见第 3 章，这个岩洞是哈尔蒙达尔朗熔岩平原（Hallmundarhraun lava field）的一部分，是一个很长的熔岩洞。

31. See 'Surtshellir: a fortified outlaw cave in West Iceland' by Kevin P. Smith, Guðundr Ólafsson & Thomas H. McGovern in *The Viking Age: Ireland and the West, Proceedings of the Fifteenth Viking Congress, Cork, 2005*（Dublin 2010）.

32. See 'Outlaws of Surtshellir Cave: The Underground Economy of Viking

Age Iceland' by Kevin P. Smith, Guðundr Ólafsson & Thomas H. McGovern in *Dynamics of Northern Societies*（edited by Jette Arneborg & Bjarni Grønow, Copenhagen 2006）.

33. 有关西格瓦特松在冰岛内战中的角色，见本章上文。

34. See 'Laws' by Gudmund Sandvik & Jón Viðr Sigurðson in Rory McTurk（ed.），*Old Norse-Icelandic Literature and Culture*（Oxford 2005），pp. 221–244.

35. 持续至今最久的议会这一荣誉则或需要归于另一个源自维京时代的议会泰尼沃尔德（马恩岛议会），它可以追溯至 979 年。见第 2 章。

36. *Njál's Saga*, chapters 117–124

37. 每 9 名交税的农民中就必须出 1 人参加。1095 年的人口普查显示有 4560 名赋税的农民，因此至少有 500 名农民参加，也就是说每年的集会可能有至少 1000 人参加。

38. Jesse Byock, *Viking Age Iceland*（London 2001），p. 176. 这一职务由英格尔夫·阿尔纳松家族的后代世袭。

39. 这些法律条文是博格索尔·赫兰松当法律宣讲者时写下，在哈弗里西·马松的农庄之中完成，而这些文件也就此被称为《哈弗里西卷轴》。法律宣讲者和立法者可以参考这些卷轴，但对这些条文的补充却没有得到很好的管理，以至于在 12 世纪晚期存在大量互相矛盾的法律条文。Jóhannesson, *Islendinga Saga*, p. 91.

40. 因索尔凯尔·布伦德柯提尔松被烧死而进行的诉讼——在敌人的农田之中纵火似乎是常见的报复方式——之中，两个首领互相对立，最终双方在庭会上动武。这一事件此后被呈交给阿尔庭处理。Jóhannesson, *Íslendinga Saga*, p. 49.

41. 改革的一个副作用是，戈狄的数量被限制在了 39 人，共有 13 个阿尔庭，每个阿尔庭占据 3 个名额。由于北部地区有 4 个阿尔庭，因此总共可以派 12 位戈狄，为体现公平，其他 3 个地区各可以额外派出 3 位戈狄。

42. Jesse Byock, *Viking Age Iceland*, p. 182.

43. *Landnámabok*, chapter 218.

44. 值得注意的是在冰岛上经常有基督徒停留，包括北欧诗作《哈弗吉尔丁加德拉帕》的作者，他记载了在约 985 年时从冰岛航向格陵兰时的经历。见第 8 章。

45. 法典之中的一条提到诗歌只能"按字面意思"来理解，而不能通过"诗歌的语言"来理解，以免作者靠着模糊语义来免于审判与处刑。*Konungsbók 237* in Foote et al., *Laws of Early Iceland*, vol. 2, p. 195.

46. 这也被称为"亲属耻辱法令"。

47. 不过那时奥拉夫依然留下了四名人质，每个地区各一人，以免改信基督徒的首领们背教，或者避免多神教徒依然拒绝受洗。

48. See Jóhannesson, *Íslendinga Saga*, p. 135.

49. 有关"斗篷下"事件，参见 Jón Hnefill Aðlsteinnson, *Under the Cloak: The Acceptance of Christianity in Iceland, with Particular Reference to the Religious Attitudes Prevailing at the Time*（Studia Ethnologica Upsaliensia 4, Uppsala 1978），将这件事与发生在黑尔戈兰以及瑞典的类似事件对照的话，说明托尔盖尔是在询问众神的意见，而不只是自行思索（多神教徒对这一决议反应平静是因为他们往往将重要的决定交由神谕决断）。

50. See Charles Odhal, *Constantine and the Christian Roman Empire*（London 2005）.

51. 这一时期的洗礼大多是浸礼，因此不肯泡进即使在盛夏时节也寒冷刺骨的溪流，倒也可以理解。

52. 对这一战的记述见第 8 章。

53. See Jóhannesson, *Íslendinga Saga*, p. 146.

54. 教士的婚姻尽管不受天主教会的支持，但在中世纪也并非全无案例，直到 1123 年，第二次拉特兰宗教会议颁布敕令，宣称教士以及更高阶教职人员的婚姻无效之后，这一行为才正式终止。另外，吉祖尔出生于 1042 年，他的父亲在 14 年后才成为主教。

55. 隆德在 1104 年成了斯堪的纳维亚地区大主教的驻地。

56. 这次改革很大程度上保留了下来，现代冰岛语言之中，除了星期日（太阳之日）和星期一（月亮之日）依然保留原意，其他的几天的名字都变成了非多神教的名字："第三日""周中日""第五日""照料日"和"洗涤日/水池日"，最后一天的名字显示他们每周至少要进行一次个人清洁与衣物洗涤。

57. 然而两位主教身后都因此得到了回报，被阿尔庭定为圣人。索尔拉克在 1199 年封圣，而约恩·奥格蒙达尔松在次年封圣。由于教廷并未批准，他们的圣人称号事实上无效，而直到 1984 年，索尔拉克才得到教皇若望·保禄二世的批准而封圣，成为天主教会的圣人（以及冰岛的主保圣人）。

58. See Jóhannesson, *Íslendinga Saga*, pp. 251–253.

59. See Jóhannesson, *Íslendinga Saga*, p. 267.

60. 事实上有一系列理由相信，金发哈拉尔德的王朝在挪威统治到 1387 年，其间并非没有过断绝。奥拉夫·特里格瓦松、哈拉尔德·哈尔德拉达宣称哈拉尔德是自己的先祖，或许只是为了获取统治的合法性，以掩盖谋朝篡位的事实。

第 5 章 消失的殖民地

1. 澳大利亚面积比格陵兰岛更大，但通常被视作大洲。

2. *Landnámabók*, chapter 2（Time and Place）. 直接从挪威出发的话，最短需要乘帆船航行 5—7 天，见 Adam of Bremen, *History of the Archbishops of Hamburg,* xxxvii, 36（translated by Francis Tschan, New York 1959）.

3. Gwynn Jones, *The Norse Atlantic Saga*, p. 45; Finn Gad, *History of Greenland*（London 1970）, vol. 1, p. 27.

4. See Waldemar H. Lehn, 'Skerrylike mirages and the Discovery of Greenland' in *Applied Optics* 39, no. 21（2000）, pp. 3612–3629.

5. *Landnámabok,* chapter 122（translated by Pálsson & Edwards, 2007）.

6. *Eirik the Red's Saga*, chapter 2.

7. 有关冰岛流放者的类型，详见第 4 章。

8. Finn Gad, *History of Greenland*, vol. 1（London 1970）, p. 29.

9. 见本章下文。

10. *Erik the Red's Saga,* chapter 2.

11. 名称来源也有其他说法，比如不来梅的亚当声称"当地的人吃咸水而脸色发绿，此地因此而得名"。Adam of Bremen, *History of the*

Archbishops of Hamburg, xxxvii, 36（translated by Francis Tschan）, p. 218.

12. *Saga of the Greenlanders,* chapter 1.

13. 或许在约 1250 年写作，以父子对话的形式写成，父亲或许是哈康四世，儿子则是他的继承人马格努斯六世。*The King's Mirror（Speculum Regale）*（translated by Laurence Marcellus Larson, New York 1917）, p. 135.

14. 'Hafgerdingar: A mystery from the King's Mirror explained' by Waldemar H. Lehn & Irmgard I. Schroeder in *Polar Record* 39（210）（2003）, pp. 211–217.

15. 整个故事都和《弗莱特岛记》之中记载的埃纳尔·索卡松的事迹相符。

16. 证据显示埃里克最早在格陵兰的布拉塔赫里德定居（当地有一些建筑的遗迹或许是庭会的会堂），而那里也成了这个殖民地的主要据点。然而 12 世纪时，加尔达尔也设立了庭，它似乎也在这一时期取代了布拉塔赫里德的领头地位。

17. 一种理论是埃里克把他自己的高椅木柱扔进海中，以决定他将在那里定居（正如英格尔夫在冰岛所做的那样）。维京人称这种将木柱投入海中的方式为 "set-stokkar"，因此斯托卡尼斯（Stokkanes）应当就是木桩漂流到的地方。但如果这种说法属实，那么埃里克便是打破了传统，选择了布拉塔赫里德的一片更肥沃的土地自行耕种。 Paul Nølund, *Viking Settlers in Greenland*（Cambridge 1936）, p. 22.

18. J. Kristian Tornø, *Columbus in the Arctic?*（Oslo 1965）.

19. N. Lynnerup, *The Greenland Norse. A biological-anthropological study*（Copenhagen 1998）, p. 118.

20. 'The Early Medieval Warm Epoch and its Sequel' by H.H. Lamb in *Palaeogeography, Palaeoclimatology, Palaeoecology,* vol. 1（1965）, pp. 13–37.

21. 一份对冰岛情况的估计认为每头牛每天需要消耗 12.5 千克的干草，漫长的冬季长达 200 天，总共需要消耗 2.5 吨干草。Nølund, *Viking Settlers in Greenland* p. 69.

22. 或称 GUS，丹麦语中 "沙下农场" 的缩写。对这一地点的详细讨论，见 Jette Arneborg & Hans Christian Gulløv, *Man, Culture and Environment in Ancient Greenland*（Copenhagen 1998）.

23. 事实上河流活动对定居点的持续较为不利，因为水流冲击了作为房屋地基的冻土层，也导致水土流失。在发掘过程中，一次洪水涨水就导致水面升高了近 3 英尺，而这里没被淹没堪称奇迹。*Vikings: The North Atlantic Saga*（edited by William W. Fitzhugh & Elisabeth I. Ward, Washington 2000）, pp 296–297.

24. Gad, *History of Greenland,* vol. 1, p. 138; Gwynn Jones, *North Atlantic Saga*, p. 48.

25. 祈祷日定在 4 月 25 日，而小祈祷日则要由当年的复活节日期决定，在基督升天节之前的前 3 天（也就是复活节之后 37 天）。复活节最早的日期可能是 3 月 22 日，这时小祈祷日应当在 4 月的 28—30 日；而复活节最晚的日期是 4 月 25 日，此时小祈祷日则要等到 6 月的 1—3 日了。但这两种情况终究是少数，大部分的小祈祷日都集中在 5 月。

26. Gad, *History of Greenland*, p. 138.

27. 见第 6 章。

28. 多塞特人事实上在北美大陆存续更久，因此直到 1300 年北欧人都可能遇到他们。See Robert McGhee, *Ancient People of the Arctic*（2001）, and Hans Christian Gulløv, 'Natives and Norse in Greenland' in Fitzhugh & Ward（eds）, *Vikings: The North Atlantic Saga*, pp. 318–326.

29. McGhee, *The Last Imaginary Place,* pp. 116–124.

30. *Vikings: The North Atlantic Saga*（edited by Fitzhugh & Ward）, pp. 324–325. 维京人在格陵兰定居点的终结见下一章。

31. Hans Rink, *Tales and Traditions of the Eskimos*（London 1875）.

32. 或许就是北欧语言中"英格瓦尔"之讹。

33. *Landnámábok,* chapter 93.

34. 见第 6 章。

35. Knud Krogh, *Viking Greenland*（Copenhagen 1967）, p. 42.

36. 他绰号的意义也可能是"流涕的鼻子"。

37. 文兰地图上倒确实出现了"主教埃里克"（见第 6 章），据说他在 1117 年出发远航。但这一文件的真伪尚存相当的争议。

38. *Vikings: The North Atlantic Saga*（edited by Fitzhugh & Ward），p. 313. 相比之下，在挪威的尼达罗斯大主教的礼堂则大得多，占地超过 2000 平方英尺，但那里毕竟是斯堪的纳维亚的一个主要的大主教管区的中心。

39. 见本章上文。

40. 记载提及斯米里尔在 1202 与 1203 年在冰岛停留，还曾经去过挪威和罗马，因此格陵兰和欧洲大陆的联络（至少对于教会来说）在此时依然畅通。

41. 1999 年的碳 14 测试的结果显示，死者生活的年代可追溯至 1272 年，因此不太可能是约恩·斯米里尔，但也许是其他的主教。Jette Arneborg et al., 'Change of diet of the Greenland Vikings determined from stable carbon isotope analysis and 14C dating of their bones', *Radiocarbon*41（2）（1999），pp. 157–168.

42. 见第 4 章。

43. These were 1326, 1350, 1355 and 1374. Gwynn Jones, *The North Atlantic Saga,* p. 67.

44. 这一航行的记载对研究维京人在北美活动的历史有重要的意义。见第 6 章。

45. W54 号农场见 *Vikings: The North Atlantic Saga*（edited by Fitzhugh & Ward），p. 337.

46. Graeme Davis, *Vikings in America*, p. 55.

47. 他是西格尔德·科尔贝恩松（Sigurd Kolbeinnson），挪威国王哈康六世的代表。国王在 1374 年 7 月写的一封信提到一些西格尔德的土地因为他意图脱离王室而被没收。Gad, *History of Greenland*, vol. I, p. 149.

48. *Historia Norwegiae* I.12（edited by Inger Ekrem & Lars Boje Mortensen, translated by Peter Fisher, Copenhagen 2003）.

49. Gad, *History of Greenland*, vol. 1, p. 150, and Kirsten Seaver, *The Frozen Echo: Greenland and the Exploration of North America ca. a.d. 1000–1500*（Stanford 1996），pp. 148–150.

50. T.H. McGovern 'Cows, Harps Seals and Churchbells: Adaptation and

Extinction in Norse Greenland' in *Human Ecology*, 89（1980）, pp. 245–275.

51. Joel Berglund, 'The Decline of the Norse Settlements in Greenland' in *Arctic Anthropology*, vol. 23, no 1/2（1986）, pp. 109–135.

52. Berglund, 'The Decline of the Norse Settlements in Greenland', pp. 109–135.

53. McGovern, 'Cows, Harps Seals and Churchbells', pp. 245–275.

54. *Vikings: The North Atlantic Saga*（edited by Fitzhugh & Ward）, p. 336.

55. Paul Nølund, *Viking Settlers in Greenland*, p. 132. 挪威人的单位"腕尺"（alen）大约有 63.5 厘米。

56. See Seaver, *The Frozen Echo*, pp. 230–231.

57. G. Scott et al., 'Dental conditions of medieval Norsemen in the North Atlantic', *Acta Archaeologica*, 62（1992）, pp. 183–207.

58. Gad, *History of Greenland*, vol. 1, p. 156.

59. Gad, *History of Greenland*, vol. 1, p. 158.

60. 见第 6 章。克尔斯滕·西维尔在《最后的维京人》中提出，英格兰的商人劝说格陵兰东定居点的北欧居民冒险前往北美发展殖民地，他们因此进行了大规模迁徙。殖民地因为某种原因未能建立，幸存者究竟是死亡还是迁居别处则不得而知。J. R. 恩特莱恩在《维京的美洲》（New York 1972）中认为，余下的北欧居民穿过加拿大极地地区和北美内陆向南移动，与因纽特人和其他北美原住民融合了（尽管在北达科他地区的原住民曼丹人那里发现了许多有如尼文字的物品，但这些不是无法证实，就是已被证伪，而重要的证据——1738 年的韦伦德莱耶如尼石——则已遗失）。

61. Fridtjof Nansen, *In Northern Mists: Arctic Exploration in Early Times*（trans-lated by Arthur G. C. Chater）, vol. 2（London 1911）, pp. 101–103.

62. 'mtDNA variation in Inuit populations of Greenland and Canada: Migration history and population structure' by Agnar Helgason & Gisli Pálsson et al., *American Journal of Physical Anthropologists*, vol. 130, issue 1（May 2006）pp. 123–134. 研究也显示苏勒人或许是和残留在格

陵兰和加拿大的多塞特人通婚融合了，而不是将他们完全取代。

63. Seaver, *Maps, Myths and Men*, p. 84.

64. Gad, *History of Greenland*, vol. 1, p. 180.

65. 弗罗比舍带着这个人和他的妻儿返回了布里斯托尔。这个不幸的因纽特人名叫卡里科赫（Calichough）或者科里康（Collichang），在英格兰被当作"卡塞"土著展览，被迫展示皮艇制造技术，在人们面前用标枪捕鸟。仅仅一个月之后他就因被俘虏时肋部的伤口恶化，并发肺炎而去世。他的妻子也在不久之后死去。而襁褓之中的孩子被带到了伦敦，却也没能存活多久，死后葬在了圣奥拉夫教堂。

66. Finn Gad, *History of Greenland*, vol. II（London 1973），pp. 45–51.

67. 有关这类航行，见 Kirsten Seaver, *The Last Vikings*, pp. 199–201.

第 6 章 寻找"天堂"文兰

1. See edition in *The Vinland Sagas*（translated by Keneva Kunz, London 1997）.

2. See 'The Date of the Composition of the Saga of the Greenlanders' by Jón Jóhannesson（translated by Tryggvi J. Oleson）in the *Saga-Book of the Viking Society* XVI（1962–5），pp. 54–66. 根据霍拉的主教们提及的时间，《格陵兰萨迦》应当是追溯至 1263 年，而《红衣埃里克萨迦》则应是完成于 1264 年，或者更晚。

3. 比雅尔尼的远航必然是发生在红衣埃里克在 986 年发现格陵兰之后，或许发生在 988 或 989 年。

4. 事实上写下《哈弗吉尔丁加德拉帕》的那位基督徒诗人，应当是在比雅尔尼父亲赫尔约尔夫·巴尔达尔松的船上，见第 5 章。

5. 有关阿尔庭的"棚屋"，见第 4 章。

6. 或从"eyktarstadr"到"dagmalastadr"。

7. 主持发掘兰塞奥兹牧草地的赫尔基·英格斯塔德提出了另一种解读，认为这个名字来自古北欧语的"Vin"，意为"牧草地"。但这个解读大多不为学界接受。'The Discovery of Vinland' by Birgitta Wallace in Brink（ed.），*The Viking World*, p. 604.

8. 据说莱夫在格陵兰殖民地建立 16 年后赶往挪威，这意味着他在 1002

年与奥拉夫·特里格瓦松会面。不幸的是奥拉夫在 1000 年便在斯蒂克莱斯塔之战中阵亡，因此不是萨迦的时间线有误，就是这次会面（以及下令将挪威基督教化）根本没有发生。

9. "独脚人"，这个部族用唯一的一只大脚遮蔽阳光，最早出现在公元前 6 世纪的希腊历史学家希罗多德的记述中，罗马博物学家普林尼则在公元 1 世纪沿袭了这段记述（《自然史》，第七卷，2），称他们靠蹦跳来灵活移动。百科全书编写家伊西多尔也延续了这个说法，在他写于 7 世纪的《词源学》（第十一卷，3，21）一书中也照样记述，而直到 14 世纪，约翰·曼德维尔的《旅行记》依然如此记载。毫无疑问，萨迦的作者见过前人的这类记述，而不太可能是真正见到了什么独脚部落。

10. 估计的时间范围为 1005—1013 年，但 1005 年的估计未免太早了，那时莱夫·埃里克松刚刚发现文兰。

11. *Saga of the Greenlanders,* chapter 6.

12. 萨迦中使用的是"bunyt"，可能指牛奶，但既然他们进食的情景是"狼吞虎咽"，所指的应该是凝固的乳制品，比如黄油、乳酪。

13. 在前往文兰的冒险失败之后，据说斯诺里·索尔芬松被带回了冰岛，而后在古德里德和卡尔斯夫尼去世后继承了他们在格陵兰的格伦拜尔的农田，生下两个孩子，儿子名叫托尔盖尔，女儿名叫哈尔芙丽德。他的后代中据说出了几位冰岛早年的主教。下一个在美洲出生并见于历史记载的欧洲人后裔则要等到 1566 或 1567 年，即在佛罗里达圣奥古斯丁的西班牙殖民地出生的马丁·德·阿格利亚斯。

14. *Saga of the Greenlanders,* chapter 7.

15. 他们登上的岛屿，据说在"毛里塔尼亚的左侧"，在太阳落下的地方附近，那里的丘陵上长满了葡萄藤，而且那里有自然生长的庄稼和药草。See *The Etymologies of Isidore of Seville,* book XIV, chapter vi.8（translated by Stephen A. Barney, W.J. Lewis, J.A. Beach, Oliver Berghof, Cambridge 2006）.

16. Anne-Stine Ingstad, *The Norse Discovery of America*, vol. 2, p. 220.

17. 文中没有给出孩子们的名字，但他们母亲的名字据说是维提尔第（Vaetilldi），他们父亲的名字则是乌瓦埃吉（Uvaegi）。一些学者试图从这些极为有限的语言资料中分析斯科莱林人的语言。Gwyn Jones, *The Norse Atlantic Saga*, p. 212.

18. Birthe L. Clausen（ed.,）*Viking Voyages to North America*（Roskilde 1993）, p. 5. C.C. Rafn, *Antiquitates Americæ sive Scriptores septentrionales rerum ante-Columbianarum in America*（Copenhagen 1837）.

19. 见第 5 章。

20. 他从不伦瑞克的鲍登学院辞职后四处游览，放弃了哈佛大学现代语言学教授的职务。

21. Letter to Stephen Longfellow, 20 September 1835（in *The Letters of Henry Wadsworth Longfellow,* edited by Andrew Hilen, Cambridge, Mass. 1966, p. 515）.

22. See F.W. Putnam, Notes & News, *American Anthropologist,* new series, vol. 3, no. 2（April–June 1901）, pp. 387–396.

23. 'Supplement to the Antiquitates Americanae' by C.C. Rafn in *Mémoires de la Société Royale des Antiquaires du Nord*（Copenhagen 1838–9）, pp. 369–383.

24. 1663—1678 年三度掌管罗得岛的本尼迪克特·阿诺德，就是美国独立战争中那位阿诺德将军的曾祖父。1675 年的一场大风暴摧毁了纽波特的磨坊风车，而就是这位阿诺德使用石料修复了纽波特塔楼，让它更为坚固。有关这座塔楼起源的讨论，见 Philip Means, The Newport Tower（New York 1942）。稍早一点的证据源自纳撒尼亚尔·迪肯斯的一段记载（在他申请建立犹太墓地时提及），谈到一座"古老的石磨坊"，或许说的也是纽波特的塔楼。当时是 1677 年 2 月，而阿诺德下令修造新磨坊则是 1677 年 12 月，这意味着这座塔楼最初存在的年代也并不因为这个记载而能够前推多久。见 Horace F. Silliman, The Newport Tower: The English Solution, New England Antiquities Research Association（November 1979）. William S. Godfrey Jr in 'The Archaeology of the Old Stone Mill in Newport, Rhode Island', American Antiquity, vol. XVII（1951–2）, pp. 120–129, 从塔楼的壕沟之中发现的文物断定，这座塔楼的修造时间早于 17 世纪中期，或许开始只是个瞭望塔，而在 1675—1677 年被阿诺德用作磨坊。

25. 切斯特顿磨坊建造于 1632 年，而本尼迪克特·阿诺德直到三年后才来到美国，但或许这个建筑直到 1700 年才开始作为磨坊使用。See Means, *The Newport Tower*, pp. 188–192.

26. 'True or False – fake traces of the Vikings in America' by Keld Hansen in Clausen, *Viking Voyages to North America,* pp. 83–89.

27. 当然，格陵兰也有石制建筑（在那里难以得到适于建房的木材，浮木几乎是唯一的木材来源），但赫瓦尔塞等地区的石制宴会厅、农舍，都不是纽波特那样的大型石制建筑。

28. 尽管总的时间范围是 1410—1930 年，碳 14 测定并不准确，因此 1410 年的说法并不算可靠。Johannes Hertz, 'The History and Mystery of the Old Stone Mill' in *Journal of the Newport Historical Society*, vol. 68, part 2（1997）.

29. 据说威尼斯有两兄弟，尼科洛·泽诺和安东尼奥·泽诺，在 1380 年起航试图横渡大西洋。他们的船最终在一个名叫弗里斯兰达的岛屿失事，尼科洛成了附近的波尔兰达王国的统治者兹克米尼的领航员。在此后和兹克米尼的一系列航行之中，两兄弟向西来到伊卡利亚（Icaria），当地的居民不允许他们登陆，而后他们转往因格鲁兰达（Engrouelanda），在那里上岸。这段记载也许是收集了那些曾经前往冰岛或者苏格兰北方群岛的水手的真实故事之后所杜撰。两兄弟的记载因为一件事而变得不可信：1394 年，本该在西太平洋航行的尼科洛却在威尼斯因为侵吞资产而受审。See Andrea di Robilant, *Venetian navigators: The voyages of the Zen brothers to the Far North*（London 2011）.

30. Gavin Menzies, *1421*（London 2002）.

31. 19 世纪 80 年代，总共有超过 18.6 万名挪威移民，与超过 47.5 万名瑞典移民来到美国，因此在 1900 年，来自这些国家的第一代移民占了美国人口的 8.8%（50 年前仅仅占 0.7%）。*A Century of Population Growth: From the First Census of the United States to the Twelfth 1790–1900*（Department of Commerce and Labor, Bureau of the Census, Washington 1909）and *Harvard Encyclopedia of American Ethnic Groups*

（Harvard 1981）.

32. 维京舰船复制品情况，详见第 3 章。

33. 在博览会结束之后，维京人号不被人关注地航行到了新奥尔良，而后又返回伊利诺伊州，基本被人遗忘，直到 1920 年被运到林肯纪念公园。它在那里老化，而当地的北欧裔美国社区出资对其定期进行维修，但这艘船的状况仍日渐恶化，直到 1993 年，负责芝加哥各公园的政府机构宣布重修林肯公园，这艘船被迫迁出。抢救该船的委员会紧急成立，将该船转移到了伊利诺伊州的日内瓦，在善良圣殿公园（Good Templar Park）停放。然而，他们最终成功为这艘具有历史意义的船建造了一座博物馆。该船也得以存放在那里。

34. 他担任了克里斯蒂安尼亚大学的比较语言学与古北欧语教授。

35. 事实上原版是"哥特人"，或许指的是"哥特兰"，那里在文化意义上是瑞典的一部分。但翻译成哥特人会引起更多的混淆，毕竟另一个同名的 4—5 世纪的日耳曼蛮族也同样著名（它的名人有劫掠罗马的阿拉里克）。

36. Wahlgren, *The Kensington Stone*: *A Mystery Solved*（Madison, Wisconsin 1958）. p. 3.

37. 见第 5 章。

38. 见第 3 章。

39. See Wahlgren, *The Kensington Stone*, p. 115.

40. The *Sveriges Historia* by Oskar Montelius. See Wahlgren, *The Kensington Stone,* p. 129.

41. 在新英格兰、西弗吉尼亚、新斯科舍和安大略一度发现了 24 件有如尼文的"文物"，据说都能够证明维京人曾在这些地区活动。See 'True or False – fake traces of the Vikings in America' by Keld Hansen in Clausen, *Viking Voyages to North America*.

42. See Richard Nielsen & Scott F. Wolter, *The Kensington Rune Stone: Compelling New Evidence*（2005），书中还提到肯辛顿如尼石可能和圣殿骑士团有关联。

43. See Seaver, *Maps, Myths and Men*, pp. 75–76.

44. R.A. Skelton, Thomas E. Marston & George D. Painter（eds），*The*

Vinland Map and the Tartar Relation（New Haven, Conn. 1965），pp. 139–140.

45. 见第 5 章。

46. 这或许是马德里的书商路易斯·福图尼·别托所收集的，见 Kirsten Seaver in *Maps, Myths and Men*, pp. 91–93。

47. Skelton, Master & Painter（eds），*The Vinland Map and the Tartar Relation.*

48. 有关这种字体，见'The Manuscript: History and Description' by Thomas E. Marston in *The Vinland Map and the Tartar Relation.* 其中的反常情况，见 Seaver, *Maps, Myths and Men*, p. 172.

49. See 'Analysis of Pigmentary Materials on the Vinland Map and Tartar Relation by Raman Microprobe Spectroscopy' by Katherine L. Brown & Robin J.H. Clark in *Analytical Chemistr*y（August 2002）.

50. 绕岛巡行一周直到 1997—2001 年才得以实现，朗尼·杜普雷领导的探险队坐狗拉雪橇走了一半旅途，余下的旅途则使用了皮划艇。

51. See Fitzhugh & Ward, *Vikings: The North Atlantic Saga*, p. 265.

52. Seaver, *The Frozen Echo,* p. 28.

53. 或许是弗吉尼亚野黑麦（Elymus virginicus），见 Fitzhugh & Ward, *Vikings: The North Atlantic Saga*, p. 234.

54. *Historia Norwegiae,* book I, chapter 12.

55. 见第 5 章。

56. Steven L. Cox, 'Palaeo-Eskimo Occupations of the North Labrador Coast' in *Arctic Anthropology*, vol. 15, no. 2（1978）, and Anne-Stine Ingstad, *The Norse Discovery of America*, vol. 2, p. 289.

57. R. McGhee, 'Contact between Native North Americans and the Medieval Norse: A Review of the Evidence' in *American Antiquity* 49.1（1984）, pp. 4–26.

58. 'The 1976 Excavations at L'Anse aux Meadows' in *Research Bulletin of Parks Canada*, no. 67（1977）.

59. See 'L'Anse aux Meadows, the Western Outpost' by Birgitta Linderoth Wallace in *Viking Voyages to North America,* pp. 30–42.

60. See Fitzhugh & Ward, *Vikings: The North Atlantic Saga*, p. 214.

61. Fitzhugh & Ward, *Vikings: The North Atlantic Saga*, p. 215, and 'The Discovery of Vinland' by Birgitta Wallace in *The Viking World* (edited by Stefan Brink) , p. 610.

62. See Niels Lynnerup, 'The Greenland Norse: A biological-anthropological study' in *Meddelelser om Grøland: Man & Society* 24, pp. 1–149.

63. 有关萨迦研究者寻找文兰定居点线索的尝试，见 'The Quest for Vinland in Saga Scholarship' by Gísli Sigurdsson in *Vikings: The North Atlantic Saga* (Washington 2000) , pp. 232–7. See also Niels Vinding, *The Viking Discovery of America 950–1008* (translated by Birgitte Moye-Vinding, New York 2005) , and Farley Mowat, *Westviking*, for St Paul's Bay, and Páll Bergthórsson, *Vinlándsgátan* (Reykjavik 1997) .

64. See Erik Andersen & Claus Malmros, 'Ship's Parts Found in the Viking Settlements in Greenland' in Clausen, *Viking Voyages to North America*, pp. 118–122.

65. 见第 5 章。

第 7 章　极东之地

1. See Heiki Balk, 'The Vikings and the Eastern Baltic' by in *The Viking World* (edited by Stefan Brink, London 2008) pp. 485–495.

2. 斯诺里·斯图尔鲁松在《挪威列王传》中如此叙述。

3. 有关"北方人"派和"反北方人"派的争论以及定居点，见 H. Paskiewicz, *The Origins of Russia* (London 1954) , pp. 109–132, and 'The Varangian Problem. A brief history of the contro-versy' in *Varangian Problems* (Copenhagen 1970) , pp. 7–20.

4. 格罗宾遗址中的北欧影响体现于坟墓中出土的有图案的石头，其风格与哥特兰的同类文物相似，此外出土的男性用搭扣和女性用别针也都是北欧风格的。女性用胸针的出现，说明这里是完备的定居点，而非仅供商人和士兵短暂停留的贸易站或者据点。

5. See *The Annals of St-Bertin* (translated and edited by Janet Nelson, Manchester 1991) , p. 44.

6. See H.R. Ellis Davidson, *The Viking Road to Byzantium*（London 1976）, p. 59, and Simon Franklin & Jonathan Shepard, *The Emergence of Rus*（London 1996）, p. 28.

7. 柳特普兰德作为使节之一在 949 年觐见了拜占庭帝国皇帝"生于紫室者"君士坦丁七世，他应有充足的时间去观察帝国军队中的维京人。他此后在《出使君士坦丁堡报告》中描述了他的经历。George Vernadsky 提出，所谓罗斯人原本只是阿兰人的某个部族［The Origins of Russia（Westport, Conn. 1975）, p. 180］。按 Vernadsky 的说法，这个部族在库班河河口的特穆塔拉坎建立了第一个罗斯汗国，最终向北迁移到了基辅，和来自瑞典的维京人融合，而他们也继承了"罗斯"的名字。

8. 有关瓦兰吉卫队在君士坦丁堡的历史，见第 9 章。

9. Blödal, *The Varangians of Byzantium*, p. 7. 俄罗斯的学者也提出这个词汇或许是突厥语"varmak"（行走）的变体（即"游荡者"）。

10. 尽管其作者或许并非传统所认为的基辅佩切尔斯克修道院的僧侣涅斯托尔。这份编年史的版本甚多，最值得注意的是"劳伦版"和"希帕提亚版"。See *Russian Primary Chronicle*, Laurentian Text（translated and edited by Samuel Hazzard Cross & Olgerd P. Sherbowitz-Wetzor, Cambridge, Mass. 1953）, pp. 5–15.

11. *Russian Primary Chronicle,* pp. 58–59.

12. See 'Ninth-century Dirham Hoards from European Russia, a preliminary analysis' by Thomas S. Noonan in M.A.S. Blackburn & D.M. Metcalf（eds）, *Viking Age Coinage in the Northern Lands*, BAR International Series 122（Oxford 1981）, pp. 47–118.

13. Franklin & Shepard, *The Emergence of Rus*, pp. 101–103.

14. 有大概 1000 座坟墓，但是只有 60 座中出土了确定属于斯堪的纳维亚人的文物。证据的细节见 *Viking Rus-Studies on the Presence of Scandinavians in Eastern Europe*-Wladyslaw Duczko (Brill 2004), pp. 160–80. 等臂形饰针这样的物品肯定是产自斯堪的纳维亚，环形饰针、一些斯堪的纳维亚式的剑、马笼头的碎片很可能产自斯堪的纳维亚。

15. 不过他或许参考了时代更早的史料。See Ellis Davison,*The Viking Road*

to Byzantium, pp. 63–64.

16. Ibn Rusteh, see *Les Atours Précieux*（translated into French by Gaston Wiet, Cairo 1955）, p. 163.

17. 伊本·法德兰记载称这个君主的名字是阿尔米什·伊本·什尔基·埃尔特博尔。他的国度中以多神教徒居多，但也有一些人皈依伊斯兰教，而他可能希望让国民全体皈依伊斯兰教，以为巴格达的哈里发找到一个有力的盟友，而不必再依靠哈扎尔王国。Frye, *Ibn Fadlan's Journey to Russia,* pp. 8–9.

18. Frye, *Ibn Fadlan's Journey to Russia,* p. 64.

19. 《往年纪事》记载此事发生于 862 年，但对君士坦丁堡的进攻（其他史料提及发生于 860 年）却是在两兄弟死亡的四年之后，因此此处时间记载应有误。

20. 有可能这次进攻的出发基地事实上在霍罗迪谢，因为考古发掘证实此时的基辅还不是罗斯人的中心城市。Franklin & Shepard, *The Emergence of Rus,* p. 54.

21. *The Homilies of Photius, Patriarch of Constantinople,* Ar II 6（translated by Cyril Mango, Cambridge, Mass. 1958）.

22. *The Homilies of Photius, Patriarch of Constantinople,* Ar II 36.

23. 萨曼王朝是阿拉伯人入侵波斯之后，第一个由波斯人自己创建的王朝。9 世纪 60 年代，他们原本的基地在撒马尔罕，而后他们在里海东岸扩张，占据布哈拉，并最终在约 900 年时控制了整个呼罗珊。在 10 世纪中期，他们的帝国在喀喇汗国和伽色尼王朝的压力下开始瓦解。992 年，喀喇汗国的布格拉汗夺取布哈拉，萨曼王朝灭亡。See 'The Samanids' by R.N. Frye in *The Cambridge History of Iran,* vol. 4（edited by R.N. Frye, Cambridge 1975）, pp. 136–161.

24. See Ellis Davison, *Viking Road to Byzantium,* p. 123.

25. 这是拜占庭帝国防止敌人从海路入侵君士坦丁堡的常用策略。哈拉尔德·哈尔德拉达在瓦兰吉卫队服役时也同样使用（见第 9 章）。

26. Ellis Davison , *Viking Road to Byzantium,* p. 126.

27. 奥列格之死与哈罗格兰的奥尔瓦尔·奥德（"箭头"）的故事有着怪异的相似点。在这则故事里，他的死是由一个拉普女预言家预言的。

奥德下令杀死预言家所说的那匹马并将其掩埋。多年之后，奥德返回农场时发现那匹马的头骨在地面上。他用长枪刺向马头，这时一条蛇钻出来咬伤了他的腿，而毒液很快导致伤口肿胀。奥德在几天之后亡故。这个故事见于《奥尔瓦尔奥德萨迦》(available in Seven Viking Romances, translated by Herman Palsson & Paul Edwards, London 1985)。

28. 伦巴第史学家克里蒙纳的柳特普兰德声称有一千艘，但很可能有所夸大。

29. 有关拜占庭帝国对希腊火的发展和使用（以及它可能的成分），见 J.R. Partington, *A History of Greek Fire and Gunpowder*(Cambridge 1960)。

30. Leo the Deacon, see Ellis Davison, *The Viking Road to Byzantium*, p. 131.

31. "贝占特"是对金币的泛称，参考的应当是拜占庭索里德金币（金索里德是价值最高的货币，10 世纪中期时含金量近 95%）。50 索里德在 944 年大约能买 8 个罗斯奴隶（每个人花费 20 个诺米斯玛金币，或者 6.5 索里德金币）。Angeliki Laiou(ed.), *The Economic History of Byzantium*, vol. 2(Dumbarton Oaks 2002), p. 847.

32. 或许在自基辅顺流而下 35—40 英里处。罗斯史料并未提及该城，但它或许是《往年纪事》之中所说的"乌维提奇"，见 *Constantine Porphyrogenitus: De Administrando Imperio,* vol. II(Commentary), edited by R.J.H. Jenkins(London 1962), pp. 37–38.

33. 该岛距离扎波罗热几英里，或许是因亚美尼亚的圣人光明者格里高利而得名。

34. 此前或许已经发动过掠夺，其中有一次发生于 864—884 年之间，13 世纪梅尔夫的历史学家伊本·伊斯法迪亚提及了这次掠夺，而这位作者也提及在 910 年时又进行了一次掠夺，那一次有 16 艘维京舰船抵达黑海沿岸。

35. See N.K. Chadwick, *The Beginnings of Russian History: An Enquiry into Sources*(Cambridge 1946), pp. 50–51.

36. Leo the Deacon, *History*, book IX, 11(translated by Alice-Mary Talbot & Denis F. Sullivan in *The History of Leo the Deacon: Byzantine Military Expansion in the Tenth Century*, Dumbarton Oaks 2005)。

37. 一份题为《关于希腊统治者的报告》的手抄本有一些片段显示这次攻击时间在 962—963 年之间，但它现在却被视为伪作。Ellis Davison, *Viking Road to Byzantium*, p. 138.

38. 见本章上文。

39. 见本章助祭利奥对斯威亚托斯拉夫的描述。拜占庭作者认为那个幻象是圣塞奥多尔。

40. See Ellis Davison, *Varangians in Russia*, pp. 148–149; Franklin and Shepard, *The Emergence of Rus*, pp. 152–155.

41. *Russian Primary Chronicle*（edited by Hazzard Cross & Sherbowitz-Wetzor），p. 111.

42. 见本章上文。

43. 有关此后瓦兰吉卫队的历史，见第 9 章。

44. 在 1015 年有两次，1018 年、1019 年、1024 年和 1036 年各一次。仅有第二次，即 1015 年第二次征募时的士兵人数有记载保留，那时有 1000 人。See Franklin and Shepard, *The Emergence of Rus*, p. 203.

45. See *Yngvar's Saga*, chapters 5–7（translated by Herman Palsson & Paul Edwards in *Vikings in Russia: Yngvar's Saga and Eymund's Saga*, Edinburgh 1989）。

第 8 章 英格兰和斯堪的纳维亚的新帝国

1. *Anglo-Saxon Chronicle 978* in *English Historical Documents, vol. 1*（London 1979）.

2. 尽管并非所有人都和编年史家亨廷登的亨利那样，声称太后亲手杀死了自己的继子。Henry of Huntingdon, *Historia Anglorum*, book V.27（see transla-tion by Diana Greenway, Oxford 1996, p. 325）.

3. 他的名字也是双关语，"埃塞尔雷德"的意思是"贵族议会"，而这个词是国王死后的 12 世纪时才成为常用词的。

4. 诺曼底对北欧的政策转变，见第 9 章。

5. 奥拉夫·特里格瓦松的萨迦如是记载，但真实情况不太可能是这样，或许家谱是纯属捏造的，只为增加奥拉夫争夺挪威王位的合法性。

6. See Donald Scragg, *The Return of the Vikings: The Battle of Maldon 991*

（Stroud 2006），pp. 80–81. 科尔切斯特位于内陆科恩河畔，当地防御坚固，或许正因如此，奥拉夫才会转而进攻马尔顿，而不是这个看起来更有利可图的目标。

7. 布莱克沃特河上还有其他的岛屿，有些岛上就铺设了堤道，比如奥西岛，而这一战理论上也可能发生在此处，但证据显示传统说法所说的诺西岛才是真正的战场所在地。See Scragg, *The Return of the Vikings,* pp. 131–132.

8. See Scragg, *Return of the Vikings,* p. 91.

9. 在《盎格鲁 – 撒克逊编年史》与《马尔顿之战》之外，留存的史料还有温切斯特的一名僧侣在日历上写下的"温切斯特讣告"（Winchester obit）。其他史料包括伍斯特的约翰撰写的编年史，他提到维京领袖是"古斯蒙"；另外还有《奥斯瓦尔德生平》，以及两份 12 世纪的教会编年史。

10. *Battle of Maldon* poem, line 83.

11. *Battle of Maldon* poem, line 89.

12. 至少 1154 年，当遗骨迁到靠唱诗班席位的修道院北墙处时，这个蜡制头颅依然存在。Scragg, *The Return of the Vikings,* p. 155.

13. See 'The Battle of Maldon: Fact or Fiction' by D.G. Scragg in *The Battle of Maldon, Fiction or Fact*（edited by Janet Cooper, London 1993），pp. 19–31.

14. Ann Williams, *Aethelred the Unready, the Ill-Counselled King*（London 2003），p. 45. 据说作为报复，埃塞尔雷德在次年刺瞎了艾尔夫里克儿子的眼睛。

15. Ian Howard, *Svein Forkbeard's Invasions and the Danish Conquest of England 991–1017*（Woodbridge 2003），p. 9.

16. 斯沃尔德之战见本章下文。

17. 这场婚姻最终让征服者威廉获取了英格兰王位的继承权，详见第 9 章。

18. 1973 年对这块皮（以及考普福德教堂）进行了检查，显示它的结构很像是人皮。然而教堂是丹麦国王克努特在获取英格兰王位之后于 1016 年修建的，他不太可能同意用死去战友的皮肤做自己教区大教堂大门的蒙皮。另外一件存放在威斯敏斯特修道院的"丹麦人皮"实际上是牛皮。See "Dane-Skins": Excoriation in Early England' by M.J. Swanton in *Folklore*, vol. 87, no. 1（1976）, pp. 21–28.

19. 'Sprouting Like Cockle Amongst the Wheat': The St Brice's Day Massacre and the Isotopic Analysis of Human Bones from St John's College, Oxford' by A. Pollard, P. Ditchfield, E. Piva, S. Wallis, C. Falys & S.Ford in *Oxford Journal of Archaeology*, 31（1）（2012）, pp. 83–102.

20. 马姆斯伯里的威廉还添加了一些细节，斯韦恩的姐妹贡希尔德，即英格兰的帕里格伯爵的妻子，也不幸被杀，但此事可能是发生在这之后，大约在 1013 年。Anne Williams, *Aethelred the Unready*, p. 4.

21. 《盎格鲁－撒克逊编年史》A 抄本的说法相对温和，声称英格兰人进行了坚定抵抗（却依然以惨败告终），它描述东盎格利亚郡长伍尔夫基特尔向维京人支付了贡金，以解释这次惨败，而非将失败归咎于艾尔夫里克的懦弱。Ann Williams, *Aethelred the Unready* pp. 50–51.

22. 艾尔夫赫尔姆来自一个麦西亚的显赫家族，这个家族在 10 世纪 90 年代崛起（他的兄弟乌弗瑞克建造了伯顿修道院）。艾尔夫赫尔姆在 993 年成为诺森布里亚郡长。

23. "海德"（Hide）是单个农民所能耕作的土地面积，被用作地亩的单位。其数值不定，在 60—200 英亩之间，直到《地籍清查之书》时才将其定为 120 英亩。

24. 此后他在克努特的朝廷之中任职，也为自己的新君主起草了法律条文。See 'Archbishop Wulfstan: State-Builder' by Patrick Wormald in *Wulfstan of York, Proceedings of the Second Alcuin Conference*（edited by Matthew Townend, Turnhout 2004）, pp. 9–28.

25. See Anne Hill, *Aethelred the Unready*, p. 91. 据萨迦的记载，索尔凯尔也是约姆斯维京战团的领袖之一。详见第 3 章。

26. 布道的准确日期不得而知，或许是在八字胡斯韦恩去世，埃塞尔雷德被召回英格兰之后发生，布道充当了国王恢复统治之前的宣言。

27. 《奥拉夫·哈拉尔德松萨迦》中有一段北欧宫廷诗，作者是奥特·斯瓦尔特，诗中有这样的一段："伦敦铁桥已经断掉，夺取黄金，赢得荣耀。"

28. Alistair Campbell（ed.）, *Encomium Emmae Reginae*, book I.4（Cambridge

1998）.

29. 埃塞尔雷德三个年长的儿子是埃塞尔斯坦、埃德蒙和埃德莱德，是他与结发妻子埃尔吉芙所生。1013 年，三个儿子都已经 20 多岁，适宜继承王位了。然而此时埃塞尔雷德又和埃玛生下了另外两个儿子，阿尔弗雷德和爱德华（即忏悔者爱德华），当时的他们对兄长继承皇位存在威胁。1013 年，埃塞尔斯坦似乎已罹患重病，于 1015 年不治而死。他的疾病或许能够解释那些反对埃塞尔雷德的人为何无力，但他们依然希望一个英格兰人登上王位。

30. Higham, *The Death of Anglo-Saxon England*, p. 60. Williams, *Aethelred the Unready*, p. 122, gives 3 February.

31. *Anglo-Saxon Chronicle,* 1014.

32. "贤人议会"事实上是一批王室幕僚，其中的显赫人士包括两位大主教、其他重要的主教、郡长，以及其他重要的"塞恩"。在国王需要时会在征召后举行集会（埃塞尔雷德在位时，979 年在金斯敦召开第一次议会，1015 年在牛津召开最后一次，总共召开了 23 次）。另外在出现存在潜在争议的继承问题时（比如 1066 年的埃德蒙与哈罗德·戈德温松）议会也有重要作用，他们的选择往往是决定性的。

33. 编年史家梅泽堡的蒂特马尔记载称克努特在 7 月抵达，而 5 月份的说法出自《盎格鲁–撒克逊编年史》。

34. 这一战发生的确切位置尚存争议，可能发生在埃塞克斯东南部的阿兴登，或者在其西北方向的阿什登。See Warwick Rodwell, 'The Battle of *Assandun*' and its memorial church' in *The Battle of Maldon*（edited by Janet Cooper,）pp 127–158.

35. *Anglo-Saxon Chronicle*, Winchester version, and also Higham, *Death of Anglo-Saxon England*, p. 78.

36. 他或许并非按照基督教仪式迎娶艾尔夫基弗，因此"二婚"在教义上是可行的。哈罗德·戈德温松与天鹅颈伊迪丝的关系也类似，是"依照丹麦人的习俗"进行的。

37. 这种税收被称为"军税"（heregeld），这种税收最早在 1012 年征收，以便每年支付防卫丹麦人的军费（也包含支付给丹麦人的岁贡）。此前贿赂维京大军的钱财被称为"gafol"。此后这两种税收才最终合并，被称为"丹麦税"。See 'The Collection of Danegeld and Heregeld in the Reigns of Aethelred II and Cnut' by M.K. Lawson in *The English Historical Review*, vol. 99, no. 393（October, 1984）, pp. 721–738.

38. 埃德威格安葬在德文的塔维斯托克，尽管是不是克努特下令将他杀死尚不能确定，但却是最有可能的。See Higham, *The End of Anglo-Saxon England*, p. 89.

39. 有关这一战的记载见第 8 章。

40. 有关戈德温详见第 9 章。

41. 尽管在 1039 年与威尔士人曾有一战，对手是圭内斯的统治者卢埃林之子格鲁福德。利奥弗里克的兄弟埃德温在这一战中阵亡。

42. *Anglo-Saxon Chronicle*, 1042.

43. 见第 9 章。

44. Timothy Bolton, *The Empire of Cnut the Great, Conquest and the Consolidation of Power in Northern Europe in the Early Eleventh Century*（Brill 2009）, pp. 136–150.

45. 他是克努特的姐妹耶斯特里德和武尔夫（此人在 1027 年反叛克努特）之子。

46. 见第 3 章。

47. See Torgrim Titlestad, *Viking Norway, Personalities, Power and Politics*（translated by Stephen R. Parsons, Hafsfjord 2008）, pp 133–134.

48. 《盎格鲁 – 撒克逊编年史》称提供了 16 000 磅的白银，而与埃塞尔雷德的和约上则声称是 22 000 磅，差额或许是因分期付款而产生的利息或滞纳金。

49. See Titlestad, *Viking Norway*, p. 110.

50. Gwynn Jones, *History of the Vikings*, p. 133.

51. See the account in Titlestad, *Viking Norway*, pp. 162–166. 一些侧面证据显示，或许在 996 年的 10 年之前，韦斯特兰就已经有明显的基督教影响了。

52. Adam of Bremen, *History of the Archbishops of Hamburg Bremen*, book 2, chapter xl（translated by Francis J. Tschan）.

53. *Historia Norwegiae*, book XVII, pp. 33–42.

54. 有关这艘船详见第 3 章。

55. See Titlestad, *Viking Norway*, p. 245.

56. Snorri Sturluson, *Heimskringla, History of St Olav*, chapter 1.

57. See *Heimskringla, History of St Olav,* chapters 3–4.

58. 按黑色奥特（Ottar the Black）的一篇北欧诗作的说法，奥拉夫保证会
    "归还几片土地"。

59. 然而按照萨克索·格拉玛提库斯的说法，奥拉夫实际上起初和克努特
    合作，而在丹麦国王引诱奥拉夫的爱妾埃尔菲娃之后两人才分道扬镳
    （见 Titlestad, Viking Norway，p. 251），而另一份记载（《圣人奥拉夫
    萨迦》）声称克努特请求奥拉夫援助他夺取伦敦，作为回报，他愿意
    支持奥拉夫夺取挪威王位的军事行动。

60. *English Historical Documents*, Vol. 1 (c.500—1042), edited by Dorothy
    Whitelock (London 1979), p. 338.

61. 他的妻子阿斯特里德是雅罗斯拉夫的妻妹。她是瑞典国王奥洛夫·舍
    特康努格之女，她的妹妹英格戈尔德嫁给了雅罗斯拉夫。

62. 尽管传统的萨迦记载日期是 7 月 29 日，但斯诺里·斯图尔鲁松提到
    这一战发生时出现了日食，这意味着这一战只能发生在 8 月 31 日。

63. Phillip Line, *Kingship and State Formation in Sweden 1130–1290*（Brill
    2007），pp. 370–371.

64. Line, *Kingship and State Formation in Sweden*, pp. 103–104.

65. 见第 2 章。

66. Tom Muir, *Orkney in the Sagas, The Story of the Earldom of Orkney as
    told in the Icelandic Sagas,*（Kirkwall 2005），p. 17.

67. "血鹰"仪式见第 1 章。

68. See William P.L. Thomson, *A New History of Orkney*（Edinburgh 2008），
    pp. 64–67 for a discussion.

69. 克朗塔夫之战详见本章。

70. See Muir, *Orkney in the Sagas*, pp. 23–24.

71. 战役的情况见第 9 章。

72. 马格努斯的远征详见第 9 章。

73. 在亨利宫廷流亡的故事，仅见于《流浪者马格努斯萨迦》，它是《奥
    克尼萨迦》的补充，写于 13 世纪，记述了马格努斯的生平。*New*

History of Orkney, pp. 92–93.

74. *Orkneyinga Saga,* chapter 50（translated by Alexander Burt Taylor, London 1938）.

75. 许多这些记述存留在设得兰，尽管当时的官方反对马格努斯，却没有影响到那里对他的圣人地位的认同。Muir, *Orkney in the Sagas,* p. 72.

76. 罗格瓦尔德在一年前才获取伯爵领。见第 10 章。

77. 有关遗骨发现以及检验，见 John Mooney,‘Discovery of Relics in St Magnus Cathedral’in *Proceedings of the Orkney Antiquarian Society* 3（1924–5）, p. 73.

第 9 章　最后的维京人

1. 有关他出身的讨论（比如圣昆廷的杜多给出了一种怪异的说法，声称他是"达契亚国王"之子），见‘Rollo of Normandy’by D.C. Douglas in *The English Historical Review,* vol. 57, no. 228（October, 1942）, pp. 417–436.

2. David Bates, *Normandy before 1066*（London 1982）, p. 8.

3. Harper-Bill, *A Companion to the Anglo-Norman World,* p. 21.

4. Dudo of Saint-Quentin, *Historia Normannorum,* book 2, chapter 6.

5. Bates, *Normandy before 1066,* p. 9.

6. 见第一章。

7. 最早以公爵名号统治诺曼底的人是理查三世，最早出现在费康修道院的一份 1006 年的特许状中。然而公爵的封号有时和伯爵的名号一同使用，直到亨利一世在位期间（1106—1135 年）才终止，公爵成为诺曼底统治者的唯一封号。See Bates, *Normandy before 1066,* pp. 148–149.

8. Harper-Bill, *A Companion to the Anglo-Norman World,* p. 25.

9. 这个家族的领袖最终在 988 年取代加洛林王朝，建立卡佩王朝，其直系与旁系后裔在法国的统治延续到了 19 世纪。

10. Bates, *Normandy before 1066,* pp. 18–19.

11. ‘Les relations entre la Normandie et les colonies scandinaves des îes britanniques à la lumière des noms de lieux’by Gillian Fellows-Jensen in

Les fondations scadinaves en Occident et les débuts du duché Normandie: Colloque de Cerisy-la-Salle（25–29 septembre 2002）edited by Pierre Baudin（Caen 2005）, pp. 215–239.

12. Harper-Bill, A *Companion to the Anglo-Norman World,* p. 28.

13. Bates, *Normandy before 1066,* p. 22.

14. 见第 8 章。

15. William of Poitiers, *Gesta Guillelmi,* i.41.

16. Higham, *The Death of Anglo-Saxon England,* pp. 156–158.

17. 鉴于普瓦捷的威廉的记述时间较晚，而且没有同时代编年史家的旁证，对此也有另一种解释，即或许威廉根本没有派使节前往罗马，教皇也没有批准进攻英格兰，但 1070 年教皇使节的来访事实上在事后承认了威廉的英格兰王位合法（他也因此得以罢免大主教斯蒂甘德，这个征服英格兰之前的教会要人）。Harriet Harvey Wood, *The Battle of Hastings*（London 2008）, pp. 140–141.

18. 有关托斯蒂格的罢免，见本章下文。

19. David C. Douglas, *William the Conqueror*（London 1964）pp. 194–195。

20. 见本章下文。

21. Emma Mason, *The House of Godwine: History of a Dynasty*（London 2004）, p. 32.

22. Higham, *The Death of Anglo-Saxon England,* p. 121.

23. 斯韦恩此前已经受王室厌恶了，他曾因绑架莱姆斯特修女院的院长而被流放。此后他悄然返回英格兰，意图恢复自己的地位，却没能让比奥恩在爱德华面前为他说情，便绑架并杀害了他。

24. Higham, *The Death of Anglo-Saxon England,* p. 134.

25. 艾尔夫加在 1055 年被王室的幕僚们流放。原因不得而知，但最可能的原因是他遭到了伪造的叛国指控，以便除掉哈罗德的潜在敌人。Higham, *The Death of Anglo-Saxon England,* p. 139, and Peter Rex, *Harold II: The Doomed Saxon King*（Stroud 2005）, pp. 92–93.

26. 斯蒂甘德的前任大主教，瑞米耶日的罗贝尔此时依然在世，也不可能被教皇罢黜，因此斯蒂甘德理论上不可能继任大主教。此外斯蒂甘德也同时管理温切斯特，而且不肯放弃——这也是违背了教会律法，最终他被包括利奥九世、维克多二世和斯蒂芬九世在内的数位教皇革除了教籍。事实上斯蒂甘德根本没有得到大披肩（大主教的仪服之一）——大主教权力的象征，仅仅得到了 1058 年短暂在位的本笃十世的认可，获取了大披肩，然而本笃十世次年即被罢黜（这进一步动摇了斯蒂甘德的合法性）。

27. *Vita Edwardi Regis,* book 1, chapter 7（edited and translated by Frank Barlow in *The Life of King Edward who rests at Westminster,* Oxford 1992）.

28. 见本章下文。

29. *Vita Edwardi Regis*, book II, chapter 11（translated by F. Barlow, Oxford 1992）. 此处提到的妇女是哈罗德的母亲盖莎，即伯爵戈德温的女儿。

30. 这一安排发生在 1065 年 10 月与 1067 年春季之间，因此可能发生在忏悔者爱德华在位期间，也可能发生在征服者威廉执政时期。

31. Snorri Sturluson, *Heimskringla, History of St Olav,* chapter 76.

32. 见第 8 章。

33. 奥拉夫在奥克尼伯爵西格尔德的两个儿子，托尔芬和布鲁西之间进行了调停，让他们各统治奥克尼的三分之一，而自己则控制余下的三分之一，并交给伯爵布鲁西代管。奥拉夫带走布鲁西的幼子罗格瓦尔德·布鲁萨松作为人质，以保证他的父亲安分守己。于是罗格瓦尔德也就此来到了奥拉夫的宫廷（而这对哈拉尔德·西格尔德松而言极为有利）。有关 10—11 世纪的奥克尼历史，见 Barbara Crawford, *Scandinavian Scotland*, pp. 76–77, 亦可见第 8 章。

34. 一些迹象显示可能并非如此。John Marsden（Harald Hardrada, pp. 66-8）认为罗格瓦尔德此前是奥拉夫·哈拉尔德松的随从，这意味着他在当地宫廷有一定的人脉，或许他还曾经成为雅罗斯拉夫的私人部队，即"扈从"的一员，参与战斗。而哈拉尔德或许曾经在罗格瓦尔德·乌尔夫松之子埃利夫·罗格瓦尔德松的部队之中服役，此人作为瑞典公主英吉格尔德的护卫，在 1019 年护送她前往罗斯，前去未婚夫雅罗斯拉夫的宫廷。

35. Sigfús Blödal: *The Varangians of Byzantium An Aspect of Byzantine military history*（translated, revised and rewritten by Benedikt S.

Benedikz,（Cambridge 1978）, pp. 54–55.

36. Marsden, *Harald Hardrada,* p. 70.

37. 他们最终在 1036 年被雅罗斯拉夫解决，他集结大军（其中据说包含北欧部队）打垮了佩臣涅格人企图围攻基辅的部队。佩臣涅格人的政权就此瓦解，但这并没能解决问题，不久之后一个新的突厥系游牧部族、钦察人（或称库曼人、波洛伏齐人）取代了他们，成为新的草原劲敌。

38. 见第 7 章。《霉本萨迦》之中的"哈拉尔德萨迦"记载称他完全走错了方向，从另一条道路抵达，通过德意志北部和意大利北部的伦巴第赶往君士坦丁堡。这或许是对哈拉尔德此后在南意大利平息诺曼人叛乱的误读（必须提及，拜占庭帝国将普利亚地区称为"朗格巴迪亚"，这个词源自"伦巴第"，用以指代当地自 8 世纪起盘踞在伦巴第的领主们）。

39. Quoted by Snorri Sturluson in the *Heimskringla, King Harald's Saga*, chapter 2.

40. Blödal, *The Varangians of Byzantium*, p. 36.

41. 即 1153 诺米斯玛。作为这笔钱的回报，卫士每年能获得 44 诺米斯玛的薪酬，因此想要拿回最初的投资，必须要服役近 27 年。然而在薪酬之外，他们还能获取皇帝的馈赠，在战争中也能获得战利品。Ellis Davidson, *Viking Road to Byzantium*, p. 181.

42. 巴西尔也承诺要帮助他们皈依基督教，而他也履行了这一义务。在安娜来到基辅时，她或许带来了曾经的冰岛传教士主教，远行者托尔瓦尔德，此人因性格暴躁而在 981 年被冰岛人驱逐。见第 4 章。

43. 叛乱直到 1018 年才平息。Blödal, *The Varangians of Byzantium*, p. 51.

44. Ellis Davidson, *Viking Road to Byzantium*, p. 182.

45. 凯考门努斯的《战略》吸收了这部作品，书中有给皇帝的大量建议，它或许写于米哈伊尔七世在位期间（1071—1077 年）。

46. 尽管这段话时而被解读为前往北非作战，更可能的情况是在小亚细亚作战。

47. Blödal, *The Varangians of Byzantium*, p. 66.

48. 见第 9 章。

49. 然而这个故事仅见于后世记载，最早出现在蒙茅斯的杰弗里的《不列颠王国史》，约 1100 年成书。有关这个传说起源的具体讨论，见 'The Legend of the Incendiary Birds' by Helen Cam in *English Historical Review*, vol. 31, no. 121（January 1916），pp. 98–101。

50. 见第 2 章。有关鸟和葬礼的各种故事，见 Blödal, *The Varangians of Byzantium*, pp. 71–73。

51. 《弗莱特岛记》中的《哈拉尔德萨迦》声称他们被锁在一座塔里，此后许多北欧游客来到君士坦丁堡时都会前去参观。Ellis Davidson, *Viking Road to Byzantium,* p. 222.

52. *Heimskringla, History of Harald Hardrada*, chapters 14–15.

53. See Blödal, *The Varangians of Byzantium*, p. 100, and Ellis Davidson, *Viking Road to Byzantium* p. 228. 另外冰岛的记载还提及，来到冰岛的一些神父宣扬的教义要比汉堡大主教阿达尔贝特派来的那些传教士所宣扬的教义宽松得多。冰岛的法典《格拉加斯》也提到了那些不会拉丁语的主教，他们或许就是亚美尼亚人或者希腊人。

54. Blödal, *The Varangians of Byzantium*, p. 110.

55. 马勒泰尔的若弗雷特别提及，拜占庭一方也有来自英格兰的战士，而此后的安娜·科穆宁也提到了来自"苏勒"的瓦兰吉战士，她声称这片土地曾经属于罗马帝国，因此所指应当是大不列颠岛。Blödel, *The Varangians of Byzantium*, p. 141.

56. Blödal, *The Varangians of Byzantium,* p. 156.

57. Blödal, *The Varangians of Byzantium*, pp. 231–233.

58. See John Marsden, *Harald Hardrada, The Warrior's Way*（Stroud 2004），p. 140.

59. 见第 7 章

60. 有关罗斯基勒的舰船，详见第 3 章。

61. 哈拉尔德起初集结了更大规模的舰队，但由于斯韦恩没能在约定地点约塔河的河口出现，挪威人认为他已经背约，就将部分部队撤回。

62. Marsden, *Harald Hardrada,* pp. 188–189.

63. Snorri Sturluson, *Heimskringla, King Harald's Saga*, chapter 79

64. Vegetius, *Epitoma Re Militaris* 1.9. See Vegetius: *Epitome of Military*

Science（translated by N.P. Milner, 2nd edition, Liverpool 1996）.

65. Heimskringla, *King Harald's Saga*（translated by Magnus Magnusson & Hermann Pálsson, London 1976）.

66. Snorri Sturluson, *Heimskringla, King Harald's Saga,* chapter 87.

67. "焦土之旗"是哈尔德拉达最珍视的宝物之一，或许是在他于瓦兰吉卫队之中服役时所得。在哈拉尔德于斯坦福桥之战阵亡后，旗帜被埃斯泰因·奥里继承，继续绝望的死斗。或许麦克劳德家族在斯凯岛上的邓韦根城堡中存放的"仙子之旗"（Am Bratach Sidhe）就是"焦土之旗"，尽管相关的传说都声称这面旗传自仙子，或者更无趣地宣称来自十字军时代。然而麦克劳德家族的先祖可以追溯至海尔佳，即马恩岛国王戈德雷德·克洛温的妹妹，而戈德雷德曾经参与了斯坦福桥之战，而且得以幸存。See John Marsden, *Harald Hardrada,* pp. 231–233.

68. Snorri Sturluson, *Heimskringla, King Harald's Saga,* chapter 91.

69. 有关狂战士，见第 1 章。斯诺里的《哈拉尔德国王萨迦》提到英格兰人是佯退，而《白羊皮纸萨迦》《霉本萨迦》和《弗莱特岛记》则认为这是发动反击。

70. *Fagrskinna,* pp. 140–141.

71. Recorded in Snorri Sturluson's *Heimskringla, The Saga of Harald Hardrada*.

72. Ordericus Vitalis, *The Ecclesiastical History of England and Normandy,* book III, ii.144（translated by Thomas Forrester, London 1854）.

73. See William of Poitiers, *Gesta Guillelmi* ii.10.

74. 《盎格鲁－撒克逊编年史》E 抄本认为哈罗德在黑斯廷斯之战前没有集结起全部部队，而马姆斯伯里的威廉则记载称，他拒绝分享斯坦福桥之战的战利品，让许多士兵愤然离去。

75. Ordericus Vitalis, *The Ecclesiastical History of England and Normandy,* book III, chapter 14.

76. 奥多是威廉的母亲埃列娃和孔特维尔的埃尔卢因所生，在摆脱公爵罗贝尔侍妾的身份之后，她便嫁给了埃尔卢因。他在年仅 18 岁时成为巴约主教（此举不合教规），在 1067 年又成了肯特的伯爵，就此成为兼具俗权与教权的大人物。

77. Michael J. Lewis, *The Real World of the Bayeux Tapestry*（Stroud 2008）, pp. 7–9.

78. William of Poitiers, *Gesta Guillelmi* ii.10.

79. As William of Poitiers claims, in *Gesta Guillelmi,* ii.14.

80. See Lawson, *The Battle of Hastings*, p. 71. 亨廷登的亨利、普瓦捷的威廉均有提及此事。

81. 巴约挂毯上描绘盖尔斯与利奥弗温阵亡的情景就出现在战斗的这个阶段。

82. See Lawson, *The Battle of Hastings,* pp. 226–232.

83. See Lawson, *The Battle of Hastings*, p. 228. 还有一种可能是，从挂毯上留下的针眼来看，或许第二个人物的头上也中箭了。See Brooks & Walker in *The Study of the Bayeux Tapestry*（edited by Gameson）, pp. 63–92.

84. 另外三人是布洛涅伯爵尤斯塔斯、蓬蒂约的于格，以及一个名叫吉尔法德的骑士。Lawson, *The Battle of Hastings*, p. 225.

85. William of Poitiers, *Gesta Gullielmi* ii. 23.

86. Ordericus Vitalis, *The Ecclesiastical History of England and Normandy*, book III, chapter 14. 奥德里克称"近一万五千人"死亡，但或许所指的是整场战争，而不是仅仅在此处。

87. 马姆斯伯里的威廉不认同这一说法，称威廉事实上将他的尸骨归还了盖莎（并没有收取回报），此后哈罗德被安葬在沃尔特姆的圣十字教堂。

88. Lawson, *The Battle of Hastings*, p. 244.

89. 在西部的是哈罗德·戈德温松的两个儿子，戈德温和埃德蒙，他们还从伦斯特的国王迪尔迈特·麦克迈尔那里借了战船。他们被布列塔尼的布赖恩轻易击退，退回了爱尔兰，在 11 世纪 80 年代去世。另一个儿子乌尔夫被威廉囚禁，直到国王 1087 年去世后才获释。他据说在 1088 年支持罗贝尔·库尔索斯，企图推翻威廉二世，但他此后的命运不得而知。哈罗德的女儿盖莎逃到了丹麦的斯韦恩·埃斯特里松的宫廷，此后与基辅大公弗拉基米尔二世（弗拉基米尔·莫诺马赫）成婚。

他们的后代，法国公主伊丽莎白，在 1308 年与英格兰的爱德华二世成婚。鉴于此后英格兰所有君主都是他们的后代，如今的英国女王伊丽莎白二世既是哈罗德·戈德温松的后代，也是征服者威廉的后代。

在 1069 年起兵失败后，显贵者埃德加的人生几番沉浮。他逃到了苏格兰，一度得到国王马尔科姆三世的庇护，但威廉在 1072 年成功的入侵迫使马尔科姆承认他的宗主权，而和约的条件之一便是驱逐埃德加，他此后逃到了威廉的另一个宿敌，佛兰德斯的罗贝尔的宫廷之中。1074 年，他返回苏格兰，但在返回法国时（法国国王腓力一世赐给了他一些土地）于英格兰遭遇海难，被威廉的部下俘获。他被夺走他王位的人囚禁了 10 年，在 1086 年得到了威廉的特赦，搬迁到了诺曼人在南意大利的新公国之中。在威廉于 1087 年去世后，埃德加支持罗贝尔·库尔索斯，而 1088 年的反叛失败之后，他也失去了几乎所有的封地。埃德加和罗贝尔一同返回诺曼底，但此后威廉二世起用了他，在 1097 年得以指挥军队，为威廉远征苏格兰。他据说曾经在 1102 年前往圣地朝圣，而 1106 年他返回了欧洲，参与了坦什布赖之战，即英格兰国王亨利一世与罗贝尔·库尔索斯的最后决战，埃德加被俘后得到了亨利的赦免，大约在 1125 年去世。

第 10 章　维京时代的终结与维京人的遗产

1. 虽然罗梅塔（墨西拿附近）之类的孤立据点坚持到了 965 年。Denis Mack Smith, *Medieval Sicily 800–1713*, p. 5.

2. 挪威的哈拉尔德·哈尔德拉达或许作为瓦兰吉卫队的一员参与了这次征战，见第 9 章。

3. Nick Webber, *The Evolution of Norman Identity*, p. 64, 认为此事发生在 1042 年或 1043 年，威廉去世之前。

4. Edward Gibbon, *The Decline and Fall of the Roman Empire*, chapter LVI（edited by J.B. Bury, London 1912）.

5. Anna Comnena, *The Alexiad*, book I, chapter X（translated by Elizabeth A.S. Dawes, London 1928）.

6. 阿马图斯的作品如今已经散佚，但他的记载在诺曼人的一份法语作品之中存留，即 14 世纪的 *Ystoire de li Normant*。

7. James William Barlow, *The Normans in Southern Europe* (London 1886), p. 129.

8. 坚持最久的是 1088 年陷落的乔瓦尼堡和 1091 年陷落的诺托。

9. *The Annals of Ulster*, 980.1.

10. 实际上持续时间很短，他在一年后（981 年）便去世了。

11. 被俘获的仪仗包括所谓卡吕斯之剑和索尔之戒。

12. 《尼雅尔萨迦》将马恩的布罗迪尔描绘为背教的多神教徒，依靠巫术打败敌人。《爱尔兰年代记》记载的则是约克的布罗迪尔，此人在战场上阵亡，因此布罗迪尔可能根本不是来自马恩岛。Benjamin Hudson, *Viking Pirates and Christian Princes: Dynasty, Religion and Empire in the North Atlantic* (Oxford 2005), pp. 98–99.

13. 'High-kings with opposition' by Marie Therese Flanagan in *A New History of Ireland, Volume 1: Prehistoric and Early Ireland*)(Oxford 2005), pp. 898–900.

14. 尽管此外还有许多源自维京人的地名，比如沃特福德、韦克斯福德、威克洛、卡灵福以及利默里克（当然还有都柏林）。

15. 马格努斯这个奇怪的绰号，有不同的解释。斯诺里·斯图尔鲁松认为这位国王和盖尔人一样穿裙子，露出了小腿，而萨克索·格拉玛提库斯则认为是马格努斯此前遭到突袭时被迫光脚逃亡的缘故。See 'Magnus Barelegs' Expeditions to the West' by Rosemary Power in *Scottish Historical Review*, vol. 65, no. 180, part 2 (October 1986), pp. 107–132.

16. 此后发生的哈康与马格努斯的血腥故事，见第 8 章。

17. 就在这一战中马格努斯·埃伦德松得到了虔敬的名声，因为他拒绝参与杀戮，而是在反复吟诵圣咏。见第 8 章。

18. *Orkneyinga Saga,* chapter 108 (translated by Alexander Burt Taylor, London 1938).

19. *Orkneyinga Saga,* chapter 66.

20. 见第 8 章。

21. *Orkneyinga Saga*, chapter 75.

22. *Orkneyinga Saga,* chapter 106.

23. See Muir, *Orkney in the Sagas,* p. 126.

24. 克里斯蒂安在 1450 年也成了挪威国王，就此继承了挪威国王对奥克尼和设得兰的继承权。

25. 见第 9 章。

26. See Raymond I. Page, 'How Long did the Scandinavian Language Survive in England: The Epigraphical Evidence' in *Runes and Runic Inscriptions,* pp. 181–197.

27. See Michael P. Barnes, 'Scandinavian Languages in the Viking Age' in Stefan Brink（ed.）, *The Viking World,* pp. 274–281.

28. Michael P. Barnes, *The Norn Language of Orkney and Shetland*（herwick 1998）, p. 3.

29. 见第 3 章。

30. Barnes, *The Norn Language of Orkney and Shetland*（herwick 1998）, p. 11.

31. 实际上直到 1879 年才出版。

32. Barnes, *The Norn Language of Orkney and Shetland*（herwick 1998）, p. 17.

33. J.J. Campbell, 'The Norse Language in Orkney in 1725' in *Scottish Historical Review* 33, p. 175.

34. See Barnes, *The Norn Language of Orkney and Shetland,* p. 26.

35. The *Historia de omnibus gothorum sveonumque regibus*（1554）by Johannes（1488–1544）and *Historia de gentibus septentrionalibus*（History of the Northern Peoples, 1555）by Olavus（1490–1557）.

36. 见第 4 章。

37. 麦克弗森最著名的事迹便是在 1761 年 "发现" 了一系列有关爱尔兰英雄芬戈尔的诗作，据说作者是奥西恩。麦克弗森提供了一份 "译文"，但此后越来越多的证据显示这个诗作是他自己的伪作（尽管尚有许多人为其辩护）。

38. 期刊以北欧女神伊德娜（Iduna）的名字命名，据说她的金苹果能让众神长生不老。

39. *Viking Tales of the North: The Sagas of Thornstein, Viking's Son, and*

Fridthof the Bold（translated by Rasmus Bjorn Anderson & Jon Bjarnason, Chicago 1876）, canto XV, p. 291.

40. Ian Bradley, *William Morris and His World*（New York 1978）, p. 57.

参考书目

一手史料

Adam of Bremen, *Gesta Hammaburgensis Ecclesiae Pontificum* (translated by Francis J. Tschan in *Adam of Bremen: History of the Archbishops of Hamburg Bremen*, New York 1959)

Ágrip, A Twelfth-Century Synoptic History of the Kings of Norway (edited by M.J. Driscoll, London 1995)

Alcuin of York, *Vita Willibrordi* (translated by the Reverend Alexander Grieve in *Willibrord, Missionary in the Netherlands, 691–739*, London 1923)

Anglo-Saxon Chronicle (translated and edited by Dorothy Whitelock, London 1965)

Anna Comnena, *The Alexiad* (translated by Elizabeth A.S. Dawes, London 1928)

Annales Bertiniani (translated and edited by Janet Nelson in *The Annals of St-Bertin*, Manchester 1991)

Annales Fuldenses (edited by F. Kurze, Hanover 1891)

Annales Regni Francorum (translated by B.W. Scholz in *Carolingian Chronicles*, Ann Arbor 1970)

The Annals of Ulster to AD 1131 (edited by Seán Mac Airt & Gearóid Mac Niocaill, Dublin 1983)

Anskar, *Vita Anskarii auctore Rimberto* (translated by C.H. Robinson in *Anskar, Apostle of the North, 801–865*, London 1921)

Asser, *Life of Alfred* (translated by J.A. Giles in *Six Old English Chronicles*, London 1848)

Beowulf (translated and edited by R.D. Fulk in *The Beowulf manuscript: Complete texts*, Cambridge, Mass. 2010)

The Borgarthing Law of the Codex Tunsbergensis . . . Diplomatic edition, with an introduction on the paleography and the orthography (edited by George T. Flom, Urbana 1925)

Constantine Porphyrogenitus, *De Administrando Imperio* (translated by R.J.H. Jenkins, London 1962)

Dicuil, *Liber de Mensura Orbis Terrae* (edited by J.J. Tierney, London 1967)

Dudo of Saint-Quentin, *Gesta Normannorum* (translated by Thomas Forrester, London 1854)

Egil's Saga (translated Gwyn Jones, Syracuse 1960)

The Elder Edda: A Selection (translated by Paul B. Taylor & W.H. Auden, London 1969)

Encomium Emmae Reginae (edited by Alistair Campbell, with a supplementary introduction by Simon Keynes, Cambridge 1998)

Ermentarius, *Vie et miracles de Saint Philibert* (in A. Giry, *Monuments de l'histoire des abbayes de Saint-Philibert,* Paris 1905)

Fagrskinna: A catalogue of the Kings of Norway (translated by Alison Finlay, Leiden 2004)

Fragmentary Annals of Ireland (edited by Joan Newlon Radner, Dublin 1978)

Grágás (edited by Peter Foote, Andrew Dennis & Richard Perkins in *Laws of Early Iceland: Grágas, the Codex Regius of Grágás with Material from Other Manuscripts*, Winnipeg 1980–2000, in two volumes)

Gregory of Tours, *History of the Franks* (translated by Lewis Thorpe, London 1974)

Grettir's Saga (translated by George Ainslie Hight, London 1914)

Henry of Huntingdon, *Historia Anglorum* (edited and translated by Diana Greenway, Oxford 1996)

Historia Norwegiae (translated by Peter Fisher, Copenhagen 2003)

Ibn Fadlan, *Risala* in *Journey to Russia: A Tenth-Century Traveler from Baghdad to the Volga River* (Richard Frye, Princeton 2005)

Ibn Rusteh, *Les Atours Précieux* (translated into French by Gaston Wiet, Cairo 1955)

Isidore of Seville, *Etymologiae* (translated by Stephen A. Barney, W.J. Lewis, J.A. Beach & Oliver Berghof in *The Etymologies of Isidore of Seville*, Cambridge 2006)

Landnámabók (translated by H. Palsson & P. Edwards, Winnipeg 1972)

Leo the Deacon, *History* (translated by Alice-Mary Talbot & Denis F. Sullivan in *The History of Leo the Deacon: Byzantine Military Expansion in the Tenth Century*, Dumbarton Oaks 2005)

Njal's Saga (translated by Magnus Magnusson & Hermann Pálsson, London 1964)

Ordericus Vitalis, *Historia Ecclesiastica* (translated by Marjorie Chibnall, Oxford 1969)

Orkneyinga Saga (translated by Alexander Burt Taylor, London 1938)

Orosius, *Historiarium Adversum Paganos Libri septem* (*King Alfred's Anglo-Saxon Version of the Compendious History of the World by Orosius*, translated by the Reverend Joseph Bosworth, London 1859) ; contains the voyages of Ohthere and Wulfstan

Övar-Odds Saga (translated by Herman Palsson & Paul Edwards in *Seven Viking Romances,* London 1985)

Pliny, *Naturalis Historiae* (translated by H. Rackham, London 1938–63)

The Poetic Edda of Saemund the Learned (London 1866)

Regino of Prüm, *Chronicon* (translated by Simon Maclean in *History and politics in late Carolingian and Ottonian Europe: The chronicle of Regino of Prum and Adalbert of Magdeburg*, Manchester 2009)

Russian Primary Chronicle (Laurentian Text) , (translated and edited by Samuel Hazzard Cross & Olgerd P. Sherbowitze-Wetzor, Cambridge, Mass. 1953)

Saga of the Jomsvíkings (translated by Lee Hollander, Austin, Texas 1955)

Saga of the Volsungs, Saga of Ragnar Lodbrok (translated by M. Schlauch,

New York 1949）

　　Saxo Grammaticus, *Gesta Danorum*（translated by Hilda Ellis Davidson & Peter Fisher in *The History of the Danes*, Woodbridge 1980）

　　Speculum Regale（*The King's Mirror*, translated by Laurence Marcellus Larson, New York 1917）

　　Sturluson, Snorri, *Heimskringla*（translated by Erling Monsen, Cambridge 1932）

　　Sturluson Snorri, *Prose Edda*（translated by Anthony Faulkes, London 1987）

　　Symeon of Durham, *Libellus de Exordio atque Procursu istius, hoc est Dunhelmensis, Ecclesie / Tract on the origins and progress of this the Church of Durham*（edited by David Rollason, Oxford 2000）

　　Three Icelandic Outlaw Sagas（translated by George Johnston & Anthony Faulkes, London 2001）; contains *Gisli's Saga, Grettir's Saga* and *Hord's Saga*

　　Vegetius, *Epitoma Re Militaris*（translated by N.P. Milner in *Vegetius: Epitome of Military Science*, 2nd edition, Liverpool 1996）

　　The Vinland Sagas（translated by Keneva Kunz, London 1997）; contains *The Saga of the Greenlanders* and *The Saga of Eirik the Red*

　　Vita Edwardi Regis（edited and translated by Frank Barlow in *The Life of King Edward who rests at Westminster*, Oxford 1992）

　　William of Poitiers, *Gesta Guillelmi*（edited and translated by R.H.C. Davis & Marjorie Chibnall, Oxford 1998）

　　Ynglinga Saga in Snorri Sturluson's *Heimskringla*（edited by Erling Momsen, translated by A.H. Smith, Cambridge 1932）

　　Yngvar's Saga（translated by Herman Pálsson & Paul Edwards in *Vikings in Russia: Yngvar's Saga and Eymund's Saga,* Edinburgh 1989）

二手史料

　　Abels, Richard, 'From Alfred to Harold II: The Military Failure of the Anglo- Saxon State' in Abels & Bachrach（eds）*The Normans and their Adversaries at War*（Woodbridge 2001）, pp. 15–30

Abels, Richard P. & Bachrach, Bernard S. (eds) , *The Normans and their Adversaries at War* (Woodbridge 2001)

Abram, Christophe, *Myths of the Pagan North: The Gods of the Norsemen* (London 2011)

A Century of Population Growth: From the First Census of the United States to the Twelfth 1790–1900 (Department of Commerce and Labor, Bureau of the Census, Washington 1909)

Adalsteinsson, Jon Hnefill, *Under the Cloak: The acceptance of Christianity in Iceland with particular reference to religious attitudes prevailing at the time* (Uppsala 1978)

Adams, Jonathan & Holman, Katherine (eds) , *Scandinavia and Europe 800–1350: Contact, Conflict and Co-existence* (Turnhout, Belgium 2004)

Alfödi, A., 'Cornuti, A Teutonic Contingent in the Service of Constantine the Great' in *Dumbarton Oaks Papers* 13 (1959) , pp. 171–179

Almqvist, Bo & Greene, David (eds) , *Proceedings of the Seventh Viking Congress, Dublin 15–21 August 1973* (Dublin 1976)

Ambrosiani, Bjön, 'Birka, a planted town serving and increasing agricultural population' in *Proceedings of the Eighth Viking Congress* (edited by Bekker- Nielsen et al., Odense 1981) , pp. 19–24

Ambrosiani, Bjön & Clarke, Helen (eds) , *Birka Studies 2: Excavations in the Black Earth 1990* (Stockholm 1995)

Anderson, R.B., *America Not Discovered by Columbus: A Historical Sketch of the Discovery of America by the Norsemen in the Tenth Century* (Chicago 1874)

Andersson, Theodore M., *The Icelandic Family Saga, An Analytic Reading* (Cambridge, Mass. 1967)

Andersson, Theodore M., *The Growth of the Medieval Icelandic Sagas (1180–1280)* (Ithaca 2006)

Antonsson, Hakí, *St Magnús of Orkney: A Scandinavian Martyr-Cult in Context* (Brill 2007)

Appelt, Martin, Berglund Joel & Gullø, Hans Christian (eds) , *Identities and Cultural Contacts in the Arctic – Proceedings from a Conference at the Danish National Museum, Copenhagen, November 30 to December 2 1999* (Copenhagen 2000)

Arbman, Holger (translated by Alan Binns) , *The Vikings* (London 1961)

Arge Símun V., 'The landnám in the Faroes' in *Arctic Anthropology* 28 (2)(1991) , pp. 101–120

Arge, Símun V., 'Vikings in the Faroe Islands' in Fitzhugh & Ward (eds), *Vikings: The North Atlantic Saga* (Washington 2000)

Arneborg, Jette, 'The Roman Church in Norse Greenland' in *Acta Archaeologica 61* (1991) , pp. 142–150

Arneborg, Jette, 'Greenland and Europe' in Fitzhugh & Ward (eds) , *Vikings, The North Atlantic Saga* (Washington 2000)

Arneborg, Jette & Gullø, Hans Christian, *Man, Culture and Environment in Ancient Greenland* (Copenhagen 1998)

Arneborg, Jette et al., 'Change of diet of the Greenland Vikings determined from stable carbon isotope analysis and 14C dating of their bones' in *Radiocarbon* 41 (2)(1999) , pp. 157–168

Arnold, Martin, *The Vikings: Culture and Conquest* (London 2006)

Ashe, Geoffrey, *Land to the West: St Brendan's Voyage to America* (London 1962)

Bagge, Sverre, *Society and Politics in Snorri Sturluson's Heimskringla* (Berkeley 1991)

Bagge, Sverre, *From Viking Stronghold to Christian Kingdom: State Formation in Norway 900–1350* (Copenhagen 2010)

Bailey, R.N., *Viking Age Sculpture in Northern England* (London 1980)

Balk, Heiki, 'The Vikings and the Eastern Baltic' in Stefan Brink (ed.) , *The Viking World* (London 2008)

Barford, P.M., *The Early Slavs* (London 2001)

Barlow, James William, *The Normans in Southern Europe* (London 1886)

Barnes, Michael P., *The Norn Language of Orkney and Shetland* (Lerwick 1998)

Barnes, Michael P., *The runic inscriptions of maeshowe, orkney* (Uppsala 1994)

Barnwell, P.S. & Mostert, Marco (eds) , *Political Assemblies in the Earlier Middle Ages* (Turnhout, Belgium 2003)

Barrell, A.D.M., *Medieval Scotland* (Cambridge 2000)

Barrett, James H., *Contact, Continuity and Collapse: The Norse Colonization of the North Atlantic* (Turnhout, Belgium 2003)

Bateley, Janet & Eglert, Anton (eds) , *Ohthere's Voyage: A late 9th-century account of voyages along the coasts of Norway and Denmark and its cultural context* (Roskilde 2007)

Bates, David, *Normandy before 1066* (London 1982)

Batey, Colleen E., Jesch, Judith & Morris, Christopher D., *The Viking Age in Caithness, Orkney and the North Atlantic* (Edinburgh 1993)

Beamish, North Ludlow, *The Discovery of America by the Northmen: In the tenth century/with notices of the early settlement of the Irish in the western hemisphere* (London 1841)

Bekker-Nielsen, Hans, Foote, Peter & Olsen, Olaf (eds) , *Proceedings of the Eighth Viking Congress, Åhus 24–31 August 1977* (Odense 1981)

Benedikz, B.S., 'The Evolution of the Varangian Regiment in the Byzantine Army' in *Byzantinische Zeitschrift* 62 (1969) , pp. 20–24

Berend, Nora (ed.) , *Christianization and the Rise of Christian Monarchy: Scandinavia, Central Europe and Rus' c.900–1200* (Cambridge 2007)

Berglund, Joel, 'The Decline of the Norse Settlements in Greenland' in *Arctic Anthropology*, vol. 23, no. 1/2 (1986) , pp. 109–135.

Besteman, Jan, 'Two Viking Hoards from the Former Island of Wieringen (The Netherlands) : Viking Relations with Frisia in an Archaeological Perspective' by Jan Besteman in *Land, Sea and Home – Proceedings of a Conference on Viking-period settlement at Cardiff, July 2001* (edited by John Hines, Alan Lane & Mark Redknap, Leeds 2004) , pp. 93–108

Biddle, M. & Kjøbe-Biddle, B., 'Repton and the Vikings' in *Antiquity*

250（1992），pp. 36–51

Biddle, M. & Kjøbe-Biddle, B., 'Repton and the 'great heathen army', 873–4' in *Select Papers from the Proceeding of the 13th Viking Congress* （Oxford 2001）

Bigelow, Gerald F., *The Norse of the North Atlantic*（Copenhagen 1991）

Blödal, Sigfús（translated, revised and rewritten by Benedikt S. Benedikz）, *The Varangians of Byzantium: An Aspect of Byzantine military history*（Cambridge 1978）

Boulhosa, Patricia Pires, *Icelanders and the Kings of Norway: Medieval Sagas and Legal Texts*（Leiden 2005）

Bradbury, Jim, *The Battle of Hastings*（Stroud 1998）

Bradley, Ian, *William Morris and his World*（New York 1978）

Brent, Peter, *The Viking Saga*（London 1975）

Bridgeford, Andrew, *1066: The Hidden History in the Bayeux Tapestry* （New York 2005）

Brink, Stefan（ed.）, *The Viking World*（London 2008）

Brooks F.W., *The Battle of Stamford Bridge*（York 1956）

Brooks, N.P., 'England in the Ninth Century: The Crucible of Defeat' in *Transactions of the Royal Historical Society*, 5th series, no. 29（1979）, pp. 1–20

Brown, Callum G., *Up-helly-aa, Custom, culture and community in Shetland*（Manchester 1998）

Brown, Katherine L. Clark & Robin J.H., 'Analysis of Pigmentary Materials on the Vinland Map and Tartar Relation by Raman Microprobe Spectroscopy' in *Analytical Chemistry*（August 2002）

Brown, Nancy Marie, *The Far Traveler*（New York 2007）

Bugge, Anders, *Norwegian Stave Churches*（translated by Ragnar Christophersen, Oslo 1953）

Bullough, Donald A., *Alcuin: Achievement and Reputation*（Leiden 2004）

Byock, Jesse, *Feud in the Icelandic Saga*（Berkeley 1982）

Byock, Jesse, *Medieval Iceland: Society, Sagas and Power*（Berkeley 1988）

Cam, Helen, 'The Legend of the Incendiary Birds' in *English Historical Review*, vol. 31, no. 121 (January 1916) , pp. 98–101

Carver, Martin (ed.) , *The Age of Sutton Hoo: The Seventh Century in North- Western Europe* (Woodbridge 1992)

Carver, Martin (ed.) , *The Cross Goes North: Processes of Conversion in Northern Europe AD 300–1300* (York 2004)

Chadwick, N.K., *The Beginnings of Russian History: An Enquiry into Sources* (Cambridge 1946)

Charles, B.G., *Old Norse Relations with Wales* (Cardiff 1934)

Chibnall, Marjorie, *The Normans* (Oxford 2000)

Clarke, Helen & Ambrosiani, Bjön, *Towns in the Viking Age* (Leicester 1991)

Clarke, Howard B., *Medieval Dublin, the Making of a Metropolis* (Dublin 1995)

Clarke, Howard B. et al. (eds) , *Coinage in Ninth-Century Northumbria: The Tenth Oxford Symposium on Coinage and Monetary History* (Oxford 1987)

Clarke, Howard B., Ni Mhanoaigh, Maire & O' Floinn, Raghnall , *Ireland and Scandinavia in the Early Viking Age* (Dublin 1998)

Clausen, Birthe L. (ed.) , *Viking Voyages to North America* (Roskilde 1993)

Cooper, Janet (ed.) , *The Battle of Maldon: Fiction and Fact* (London 1993)

Coupland, Simon, 'The Rod of God's Wrath and the People of God's Wrath: The Carolingian Theology of the Viking Invasions' in *Journal of Ecclesiastical History*, Vol. 42 (1991) , pp. 535–554

Coupland, Simon, 'The Vikings in Francia and Anglo-Saxon England' in *The New Cambridge Medieval History*, vol. ii, (edited by Rosamond McKitterick, Cambridge 1995) , pp. 190–301

Coupland, Simon, 'From poachers to gamekeepers: Scandinavian warlords and Carolingian kings' in *Early Medieval Europe*, vol. 7, no. 1 (1998) , pp.

85–114

Coupland, Simon, 'Trading Places: Quentovic and Dorestad Reassessed' in *Early Medieval Europe*, vol. 11 (2003) , pp. 209–232

Coupland, Simon, *Carolingian Coinage and the Vikings: Studies on Power and Trade in the 9th century* (Aldershot 2007)

Cox, Steven L., 'Palaeo-Eskimo Occupations of the North Labrador Coast' in *Arctic Anthropology*, vol. 15, no. 2 (1978)

Crawford, Barbara E. (ed.) , *Scandinavian Scotland* (Leicester 1987)

Crawford, Barbara E. (ed.) , *St Magnus Cathedral and Orkney's Twelfth-Century Renaissance* (Aberdeen 1988)

Crawford, Barbara, *Scandinavian Settlement in Northern Britain* (Leicester 1995)

Crouch, David, *The Normans* (London 2002)

Crumlin-Pedersen, Ole, 'Viking shipbuilding and seamanship' in *Proceedings of the Eighth Viking Congress* (edited by Bekker-Nielsen et al., Odense 1981) , pp. 271–285

Crumlin-Pedersen, Ole (ed.) , *Aspects of Maritime Scandinavia, AD 200–1200* (Roskilde 1991)

Cunliffe, Barry, *The Extraordinary Voyage of Pytheas the Greek* (London 2001)

Curta, Florian (ed.) , *East Central & Eastern Europe in the Early Middle Ages* (Ann Arbor 2005)

Davies, W. (ed.) , *From the Vikings to the Normans* (Oxford 2003)

de Boe, Guy & Verhaege, Frans (eds) , *Exchange and Trade in Medieval Europe, Papers of the 'Medieval Europe Brugge 1997' Conference*, vol. 4 (Zellik 1997)

de Paor, Liam, 'The Viking Towns of Ireland' in *Proceedings of the Seventh Viking Congress* (edited by Almqvist & Greene, Dublin 1976) , pp. 29–38

DeVries, Kelly, *The Norwegian Invasion of England in 1066* (Woodbridge 1999) di Robilant, Andrea, *Venetian navigators: The voyages of the Zen brothers to the Far North* (London 2011

Dixon, C.E.V. & Saylor Rodgers, Barbara, *In Praise of Later Roman Emperors* (Berkeley 1994)

Dolukahnov, Pavel, *The Early Slavs: Eastern Europe from the Initial Settlement to the Kievan Rus* (London 1996)

Douglas, D.C., 'Rollo of Normandy' in *The English Historical Review*, vol. 57, no. 228 (October 1942) , pp. 417–436

Downham, Clare, *Viking Kings of Britain and Ireland, The Dynasty of Ivarr to AD 1014* (Edinburgh 2007)

Dubois, Thomas A., *Nordic Religions in the Viking Age* (Philadelphia 1999)

Duczko, Wladyslaw, *Viking Rus – Studies on the Presence of Scandinavians in Eastern Europe* (Brill 2004)

Duffy, S. (ed) , *Medieval Dublin VI* (Dublin 2005)

Dumville, David M., *Wessex and England from Alfred to Edgar: Six essays on political, cultural and ecclesiastical revival* (Woodbridge 1992)

Dumville, David, 'Old Dubliners and New Dubliners in Ireland and Britain, a Viking-Age story' in Duffy, S. (ed.) , *Medieval Dublin VI* (2005) , pp. 78–93

Edwards, Nancy, *The Archaeology of Early Medieval Ireland* (London 1990)

Einarsson, Bjarni F., *The Settlement of Iceland: A Critical Approach, Granastaðr and the Ecological Heritage* (Reykjavik 1995)

Eldjárn, Kristján, *Proceedings of the Third Viking Congress, Reykjavík 1956* (Reykjavík 1958)

Ellis Davidson, H.R., 'The Later History of the Varangian Guard' in *Journal of Roman Studies*, 37 (1947) pp. 36–46

Ellis Davidson, H.R., *Pagan Scandinavia* (London 1967)

Ellis Davidson, H.R., *The Viking Road to Byzantium* (London 1976)

Enterline, James Robert, *Erikson, Eskimos & Columbus, Medieval*

European Knowledge of America (Baltimore 2002)

Farrell, R.T., *Beowulf, Swedes and Geats* (Viking Society for Northern Research, London 1972)

Farrell, R.T. (ed.) , *The Vikings* (Chichester 1982)

Faulkes, A. & Perkins, R. (eds) , Viking Revaluations (Viking Society for Northern Research, London 1993)

Faulkner, Peter, *Against the Age: An Introduction to William Morris* (London 1980)

Fell, Christine, Foote, Peter, Graham-Campbell, James & Thomson, Robert (eds) , *The Viking Age in the Isle of Man – Select Papers from the Ninth Viking Congress, Isle of Man, 4–14 July 1981* (London 1983)

Fellowes-Jensen, Gillian, 'The Vikings and their Victims: The Verdict of the Names' in *Dorothea Coke Memorial Lecture in Northern Studies, delivered at University College, London, 21 February 1994* (Viking Society for Northern Research, London 1995)

Ferguson, Robert, *The Hammer and the Cross, A New History of the Vikings* (London 2009)

Finley, M.I., *A History of Sicily, volume 2: Medieval Sicily 800–1713* (London 1968)

Fitzhugh, William W. & Ward, Elizabeth I., *Vikings: The North Atlantic Saga* (Washington 2000)

Fletcher, Richard, *Moorish Spain* (London 1992)

Foot, Sara, 'Violence against Christians?' The Vikings and the Church in ninth-century England' in *Medieval History,* vol. 1 (1991) , p. 12

Foote, P.G., *On the Saga of the Faroe Islanders* (London 1965)

Foote, Peter & Ströbäk, Dag (eds) , *Proceedings of the Sixth Viking Congress, Uppsala 3–10 August 1969* (Uppsala 1971)

Foote, Peter & Wilson, D.M, *The Viking Achievement* (London 1980)

Forte, Angelo, Oram, Richard & Pedersen, Frederik, *Viking Empires* (Cambridge 2005)

Frank, Roberta, 'The Blood Eagle Again' in *Saga-Book of the Viking*

Society, Vol. XXII（1986–9）, pp. 287–318

Franklin, Simon & Shepard, Jonathan, *The Emergence of Rus 750–1200* （London 1996）

Frye, R.N., 'The Samanids' in *The Cambridge History of Iran*, vol. 4 （edited by R.N. Frye, Cambridge 1975）

Gad, Finn, *The History of Greenland, volume 1: Earliest Times to 1700* （London 1970）; *volume 2: 1700–1782*（London 1973）

Garipzanov, Ildar H., Geary, Patrick J. & Urbanczyk, Przemyslaw（eds）, *Franks, Northmen and Slavs: Identities and State Formation in early Medieval Europe*（Turnhout 2008）

Gaskoin, C.J.B., *Alcuin, His Life and Work*（New York 1966）

Gibbon, Edward, *The Decline and Fall of the Roman Empire*（edited by J.B. Bury, London 1912）

Gibson, Margaret & Nelson, Janet L., *Charles the Bald, Court and Kingdom*（2nd edition, London 1990）

Godfrey, William S. Jr, 'The Archaeology of the Old Stone Mill in Newport, Rhode Island' in *American Antiquity*, vol. XVII（1951–2）, pp. 120–9

Graham Campbell, James, *Viking Artefacts*（London 1980）

Graham-Campbell, James, 'Some archaeological reflections on the Cuerdale hard' in *Coinage in Ninth-Century Northumbria, The Tenth Oxford Symposium on Coinage and Monetary History*（edited by D.M. Metcalf, BAR British Series 180 1987）

Graham-Campbell, James & Batey, Colleen E., *Vikings in Scotland: An archaeo-logical survey*（Edinburgh 1998）

Graham-Campbell, James, Hall, Richard, Jesch, Judith & Parsons, David N.（eds）, *Vikings and the Danelaw – Select Papers from the Proceedings of the Thirteenth Viking Congress, Nottingham and York, 21–30 August 1997* （Oxford 2001）

Gravett, C., *Hastings 1066, the fall of Saxon England*（London 1992）

Greenfield, Jeanette, *The Return of Cultural Treasures*（Cambridge 1996）

Griffith, Paddy, *The Viking Art of War*（London 1995）

Gullø, H.C., 'Natives and Norse in Greenland' in Fitzhugh and Ward（eds）, *Vikings: The North Atlantic Saga*（Washington 2000）

Hadley, D.M., *The Northern Danelaw. Its Social Structure c.800–1100*（London 2000）

Haflidison, Haflidi et al., 'The tephrochronology of Iceland and the North Atlantic region during the Middle and Late Quaternary: a review' in *Journal of Quaternary Science*, 15（1）（2000）, pp. 3–22

Hallbert, Peter（translated by Paul Schach）, *The Icelandic Saga*（Lincoln, Nebraska 1962）

Hardin, Stephen, *Viking Mersey: Scandinavian Wirral, West Lancashire and Chester*（Birkenhead 2002）

Harper-Bill, Christopher & van Houts, Elisabeth, *A Companion to the Anglo- Norman World*（Woodbridge 2003）

Hart, Cyril, *The Danelaw*（London 1992）

Harvey-Wood, Harriet, *The Battle of Hastings*（London 2008）

Haywood, John, *Dark Age Naval Power*（Hockwold-cum-Wilton 1999）

Haywood, John, *Encyclopaedia of the Viking Age*（London 2000）

Hedeager, Lotte（translated by John Hine）, *Iron Age Societies: From Tribe to State in Northern Europe, 500 BC to AD 700*（Oxford 1992）

Helgason, A. et al., 'A Reassessment of Genetic Diversity in Icelanders: Strong Evidence from Multiple Loci for Relative Homogeneity Caused by Genetic Drift' in *Annals of Human Genetics*, vol. 67, part 4（July 2003）

Heller, Knut（ed.）, *Cambridge History of Scandinavia, volume 1: Prehistory to 1520*（Cambridge 2003）

Hertz, Johannes, 'The History and Mystery of the Old Stone Mill' in *Journal of the Newport Historical Society*, vol. 68, part 2（1997）

Higham, N.J., *The Death of Anglo-Saxon England*（Stroud 1997）

Hilen, Andrew（ed.）, *The Letters of Henry Wadsworth Longfellow*（Cambridge, Mass. 1966）

Hill, David（ed.）, *Ethelred the Unready: Papers from the Millenary*

Conference, BAR British Series 59, (Oxford 1978)

Hill, D. & Rumble, A.R. (eds) , *The Defence of Wessex: The Burghal Hidage and Anglo-Saxon fortifications* (Manchester 1996)

Hodges, Richard A., *Dark Age Economics: The origins of town and trade, AD 600–1000* (London 1982)

Hodges, Richard A., *Goodbye to the Vikings? Re-Reading Early Medieval Archaeology* (London 2006)

Hodges, Richard & Hobley, Brian, *The rebirth of towns in the west, AD 700–1050*, Council for British Archaeology Research Report 68 (Oxford 1988)

Holck, Per, 'The Oseberg Ship Burial, Norway: New Thoughts On the Skeletons From the Grave Mound' in *European Journal of Archaeology*, vol. 9, nos 2–3 (August 2006) , pp. 285–310

Hollander, Lee M., *The Skalds* (Princeton 1945)

Hoppin, Richard H., *Medieval Music* (New York 1978)

Horspool, David, *Why Alfred Burned the Cakes: A King and his Eleven-Hundred Year Afterlife* (London 2006)

Howard, Ian, *Swein Forkbeard's Invasions and the Danish Conquest of England 991–1017* (Woodbridge 2003)

Howarth, David , *1066, the Year of the Conquest* (London 1977)

Hudson, Benjamin, *Viking Pirates and Christian Princes: Dynasty, Religion and Empire in the North Atlantic* (Oxford 2005)

Humble, Richard, *The Saxon Kings* (London 1980)

Ingstad, Anne-Stine, *The Norse Discovery of America* (Oslo 1985)

Jackson, Anthony, *The Faroes: The Faraway Islands* (London 1991)

Jensen, Jøgen, *Prehistory of Denmark* (London 1982)

Jesch, Judith (ed.) , *The Scandinavians from the Vendel Period to the Tenth Century* (Woodbridge 2002)

Jóhannesson, Jóhannes, 'Studies in the vegetational history of the Faroe and Shetland Islands' in *Annales Societatis Scientiarum Faroensis*, supplementum 11 (Tórshavn 1985)

Jóhannesson, Jón (translated by Haraldur Bessason) , *A History of the*

Old Icelandic Commonwealth: Islendinga Saga (Winnipeg 1974)

Jones, Charles, *Fulford, the Forgotten Battle of 1066* (Stroud 2007)

Jones, Gwyn, *A History of the Vikings* (revised edition, Oxford 1984)

Kennedy, Hugh, *Muslim Spain and Portugal* (London 1996)

Knirk, James E. (ed.) , *Proceedings of the Tenth Viking Congress, Larkollen, Norway, 1985* (Oslo 1987)

Knol, Egge, 'Frisia in Carolingian Times' in *Viking Trade and Settlement in Continental Europe* (edited by Iben Skibsted Klaesø, Copenhagen 2010) , pp. 43–60

Krogh, K.J., *Viking Greenland* (Copenhagen 1967)

Lamb H.H., 'The Early Medieval Warm Epoch and its Sequel' in *Palaeogeography, Palaeoclimatology, Palaeoecology*, vol. 1 (1965) , pp. 13–37

Lamm, J.P. & Nordströ, H.-Å (eds) , *Vendel Period Studies – Transactions of the Boat-grave symposium in Stockholm, February 2–3 1981*, Museum of National Antiquities, Stockholm Studies 2 (Stockholm 1983)

Lamm, Jan Peder & Nylen, Erik, *Stones, Ships and Symbols: The Picture Stones of Gotland from the Viking Age and Before* (Visby 1978)

Larsen, Anne-Christine (ed.) , *The Vikings in Ireland* (Roskilde 2001)

Lawson, M. K., 'The Collection of Danegeld and Heregeld in the Reigns of Aethelred II and Cnut' in *English Historical Review*, vol. 99, no. 393 (October 1984) , pp. 721–738

Lawson, M.K., *Cnut: The Danes in England in the Early Eleventh Century* (London 1993)

Lawson, M.K., *The Battle of Hastings* (Stroud 2003)

Lee, Thomas E., 'The Norse Presence in Arctic Ungava' in *The American-Scandinavian Review*, vol. 61 (3)(Autumn 1973) , pp. 242–257

Lehn, Waldemar H., 'Skerrylike mirages and the Discovery of Greenland' in *Applied Optics* 39, no. 21 (2000) , pp. 3612–3629

Leman, Edward, *The Norse Discoveries and Exploration of America* (Berkeley 1949)

Lennard, Reginald, 'The Economic Position of the Domesday Sokemen' in *The Economic Journal*, vol. 56, no. 226 (June 1947) , pp. 179–195

Le Patourel, John, *The Norman Empire* (Oxford 1997)

Lewis, Michael J., *The Real World of the Bayeux Tapestry* (Stroud 2008)

Lewis-Simpson, S. (ed.) , *Vinland Revisited. The Norse World at the Turn of the First Millennium. Selected Papers from the Viking Millennium International Symposium 15–24 September 2000, Newfoundland and Labrador* (St John's, Newfoundland 2003)

Lichacev, D.S., 'The legend of the calling in of the Varangians' in *Varangian problems; report on the first international symposium on the theme of The eastern connections of the Nordic peoples in the Viking period and early middle ages, Moesgaard, University of Aarhus, 7th–11th October 1968* (Copenhagen 1990) , pp. 170–186

Liestø, Aslak, 'The Maeshowe Runes: Some New Interpretations' in *Proceedings of the Fifth Viking Congress* (edited by Niclasen, Tórshavn 1968) , (pp. 55–61)

Lindholm, Dan, *Stave Churches in Norway* (translated by Stella & Adam Bittleston, London 1969)

Lindquist, Sven-Olof (ed.) , *Society and trade in the Baltic during the Viking Age* (Papers of the VIIth Visby Symposium held at Gotlands Fornsal, Gotland's Historical Museum, Visby, August 15–19th, 1983)(Visby 1985)

Line, Philip, *Kingship and State Formation in Sweden 1130–1290* (Leiden 2007)

Livingston, Michael (ed.) , *The Battle of Brunanburh – A Casebook* (Exeter 2011)

Logan, F. Donald, *The Vikings in History* (London 2005)

Loyn, Henry R., *Anglo-Saxon England and the Norman Conquest* (London 1962)

Loyn, Henry R., *The Vikings in Wales, Dorothea Coke Memorial Lecture in Northern Studies, delivered at University College London, 2 March 1976* (Viking Society for Northern Research, London 1976)

Loyn, Henry R. & Percival, John, *The Reign of Charlemagne: Documents on Carolinian Government and Administration* (London 1975)

Lund, Niels (ed.) , *Two Voyagers at the Court of King Alfred* (York 1984)

Lynnerup, N., *The Greenland Norse. A biological-anthropological study* (Copenhagen 1998)

McCleod, Shane, *The Beginning of Scandinavian Settlement in England: The Viking Great Army and Early Settlers, c. 865–900* (Turnhut 2013)

McCormick, Michael, *Origins of the European Economy, Communications & Commerce AD 300–900* (Cambridge 2001)

McGhee, Robert, 'Contact between Native North Americans and the Medieval Norse: A Review of the Evidence' in *American Antiquity* 49.1 (1984) , pp. 4–26

McGhee, Robert, *Ancient People of the Arctic* (Vancouver 2001)

McGhee, Robert, *The Last Imaginary Place: A Human History of the Arctic World* (Oxford 2006)

McGovern, T.H., 'Cows, Harps Seals and Churchbells: Adaptation and Extinction in Norse Greenland' in *Human Ecology* 89 (1980) , pp. 245–275

McKinnon, James, 'The Emergence of Gregorian Chant in the Carolingian Era' in James McKinnon (ed.) , *Antiquity and the Middle* Ages (London 1990)

McKitterick, Rosamond , *The Frankish Kingdoms under the Carolingians, 751–987* (Harlow 1983)

McTurk, Rory (ed.) , *A Companion to Old Norse-Icelandic Literature and Culture* (Oxford 2005)

McTurk, Rory, 'Kings and kingship in Viking Northumbria' in *The Fantastic in Old Norse Icelandic Literature, Preprint Papers of the 13th International Saga Conference, Durham and York, 6th–12th August 2006* (edited by John S. McKinnell, David Ashurst & Donata Kick, Durham 2006)

Mack Smith, Denis, *Medieval Sicily 800–1713* (London 1968)

MacNamidhe, Margaret, 'The "Buddha Bucket" from the Oseberg Find' in *The Irish Arts Review*, (1989) pp. 77–82

Magnusson, Magnus, *Vikings!* (London, 1980)

Marcus, G.J., 'The Norse Emigration to the Faroe Islands' *in English Historical Review*, vol. lxxi (1956) , pp. 56–61

Marsden, John, *The Fury of the Northmen: Saints, Shrines and Sea-Raiders in the Viking Age, AD 793–878* (London 1993)

Marsden, John, *Harold Hardrada, The Warrior's Way* (Stroud 2007)

Marstrande, Sverre, 'On the Gripping Beast Style and its Origin' in *Proceedings of the Fifth Viking Congress* (edited by Niclasen, Tórshavn 1968) , pp. 141–150

Mason, Emma, *The House of Godwine, The History of a Dynasty* (London 2004)

Matthew, Donald, *The Norman Kingdom of Sicily* (Cambridge 1992)

Maund, K.L. (ed.) , *Gruffudd ap Cynan: A Collaborative Biography* (Woodbridge 1996)

Mead, W.R., *An Historical Geography of Scandinavia* (London 1981)

Means, Philip, *The Newport Tower* (New York 1942)

Melnikova, E.A., *The Eastern World of the Vikings – Eight Essays about Scandinavia and Eastern Europe in the Early Middle Ages* (Gothenburg 1996)

Menzies, Gavin, *1421* (London 2002)

Mitchell, Stephen A. *Witchcraft & Magic in the Nordic Middle Ages* (Philadelphia 2011)

Mooney, John, 'Discovery of Relics in St Magnus Cathedral' in *Proceedings of the Orkney Antiquarian Society* 3 (1924–5)

Morawiec, Jakub, *Vikings Among the Slavs – Jomsborg and the Jomsvikings* (Vienna 2009)

Mowat, Farley, *Westviking: The ancient Norse in Greenland and North America* (London 1966)

Muir, Tom, *Orkney in the Sagas, The Story of the Earldom of Orkney as told in the Icelandic Sagas* (Kirkwall 2005)

Mundahl, Else, 'The Perception of the Saami and their religion in

Old Norse sources' in *Shamanism and Northern Ecology* (edited by Juha Pentikänen, New York 1996) , pp. 97–117

Mundahl, Else, 'Co-existence of Saami and Norse culture – reflected in and interpreted by Old Norse Myths' in *Norse Myths, Literature and Society. Papers of the 11th International Saga Conference* (Sydney, 2000) , pp. 346–355

Murillo, Stephen (ed.) , *The Battle of Hastings, Sources and Interpretations* (Woodbridge 1996)

Murray, H.K., *Viking and Early Medieval Buildings in Dublin, A Study of the buildings excavated under the direction of A.B. O Riordain in High Street, Winetavern Street and Christchurch Place Dublin, 1962–63, 1967–76*, BAR British Series 119 (Oxford 1983)

Nansen, Fridtjof (translated by Arthur G. Chater) , *In Northern Mists: Arctic exploration in early times* (London 1911)

Nelson, Janet, *Charles the Bald* (Harlow 1992)

Niclasen, Bjarni (ed.) , *Proceedings of the Fifth Viking Congress, Tórshavn July 1965* (Tórshavn 1968)

Nielsen, Richard & Wolter, Scott F., *The Kensington Rune Stone: Compelling New Evidence* (Madison, Wisconsin 2005)

Noonan, Thomas S., 'Ninth-century Dirham Hoards from European Russia, a preliminary analysis' in Blackburn, & Metcalf (eds) , *Viking Age Coinage in the Northern Lands*, BAR International Series 122 (Oxford 1981) , pp. 47– 118

Noonan, Thomas S., *The Islamic World, Russia and the Vikings, 750–900: The numismatic evidence* (Aldershot 1998)

Nordal, Sigurðr, *The Historical Element in the Icelandic Family Sagas*, WP Kerr Memorial Lecture 15 (Glasgow 1957)

Nølund, Poul, *Viking Settlers in Greenland* (*and their Descendants During Five Hundred Years*)(Cambridge 1936)

Norwich, John Julius, *The Normans in the South 1016–1130* (London 1967)

Nuttgens, Patrick, *The History of York from the Earliest Times to the year 2000* (Pickering 2007)

Ó'Cróinín, Dáibhí, *A New History of Ireland, volume 1: Prehistoric and Early Ireland* (Oxford 2005)

O'Donoghue, Rev. Denis, *St Brendan the Voyager* (London 1895)

O'Donoghue, Heather, *Old Norse-Icelandic Literature: A Short Introduction* (Oxford 2004)

Olausson, Lena Holmquist, 'The defence of Birka – this year's excavation at the Garrison' in *Viking Heritage* 5 (1998) , pp. 6–8

Ó Ríordáin, Breandán, 'The High Street Excavations' in *Proceedings of the Seventh Viking Congress* (edited by Almqvist, Dublin 1976) , pp. 135–139

Oxenstierna, Eric (translated and edited by Catherine Hunter) , *The Norsemen* (New York 1985)

Page, R.I., *Reading the Past: Runes* (London 1987)

Page, R.I., *Chronicles of the Viking. Records, Memorials and Myths* (London 2000)

Pálsson, Gísli (ed.) , *From Sagas to Society – Comparative Approaches to Early Iceland* (London 1992)

Partington, J. R., *A History of Greek Fire and Gunpowder* (Cambridge 1960)

Paskiewicz, Henryk, *The Origin of Russia* (London 1954)

Pestell, Tim & Ulmschneider, Katharina (eds) , *Markets in Early Medieval Europe* (Macclesfield 2003)

Petts, David & Turner, Sam (eds) , *Early Medieval Northumbria: Kingdoms and Communities, AD 450–1100* (Turnhout 2011)

Pierce, I., *Swords of the Viking Age* (Woodbridge 2003)

Pollard A. et al., '"Sprouting Like Cockle Amongst the Wheat" : The St Brice's Day Massacre and the Isotopic Analysis of Human Bones from St John's College, Oxford' in *Oxford Journal of Archaeology*, 31 (1) (2012) , pp. 83–102

Pollard, Justin, *Alfred the Great: The Man Who Made England* (London

2005）

Pollington, Stephen, *The Warrior's Way – England in the Viking Age*（London, 1989）

Pons-Sanz, Sara María, 'The Basque Country and the Vikings during the ninth century' in *Journal of the Society of Basque Studies in America*21（2001）

Pons-Sanz, Sara María, '"Whom did al-Ghazal meet?" An Exchange of Embassies Between the Arabs From al-Andalus and the Vikings' in *Saga Book of the Viking Society*, 28（2004）, pp. 5–28

Power, Rosemary, 'Magnus Barelegs' Expeditions to the West' in *Scottish Historical Review*, vol. 65, no. 180, part 2（October 1986）, pp. 107–32

Price, Neil S., *The Vikings in Brittany*, Viking Society for Northern Research（London 1989）

Rafn, C.C., *Antiquitates Americanæ sive Scriptores septentrionales rerum ante- Columbianarum in America*（Copenhagen 1837）

Rafn, C.C, 'Supplement to the Antiquitates Americanae' in *Mémoires de la Société Royale des Antiquaires du Nord*（Copenhagen 1838–9）

Randsborg, Klaus, *The Viking Age in Denmark: The Formation of a State*（London 1980）

Renaud, Jean, *Les Vikings en France*（Rennes 2000）

Renfrew, Colin, *The Prehistory of Orkney, 4000 BC–1000 AD*（Edinburgh 1985）

Reuter, Timothy, *Alfred the Great: Papers from the eleventh centenary conferences*（Aldershot 2003）

Rex, Peter, *Harold II: The Doomed Saxon King*（Stroud 2005）

Rex, Peter, *King & Saint: The Life of Edward the Confessor*（Stroud 2008）

Richards, Julian, *Viking Age England*（Stroud, 2000）

Richards, Julian, *The Blood of the Vikings*（London 2001）

Rink, Hans,*Tales and Traditions of the Eskimos*（London 1875）

Ritchie, Anna,*Viking Scotland*（London 2001）

Robinson, C.H., *Anskar, The Apostle of the North*（London 1921）

Roesdahl, Else（translated by Susan Margeson & Kirsten Williams）, *Viking Age Denmark*（London 1982）

Roesdahl, Else, *The Vikings*（Harmondsworth 1991）

Rollason, David, *Northumbria 500–1100: Creation and Destruction of a Kingdom*（Cambridge 2003）

Rowley, Graham, 'The Dorset Culture of the Eastern Arctic' in *American Anthropologist*, new series, vol. 42（1940）, pp. 490–499

Rumble, Alexander R., *The Reign of Cnut, King of England, Denmark and Norway*（London 1994）

Sandvik, Gudmund & Sigurðson, Jón Viðr, 'Laws' in Rory McTurk（ed.）, *Old Norse-Icelandic Literature and Culture*（Oxford 2005）

Sawyer, Birgit , *The Viking-Age Rune-Stones; Custom and Commemoration in Early Medieval Scandinavia*（Oxford 2000）

Sawyer, Birgit & Sawyer, Peter, *Medieval Scandinavia: From Conversion to Reformation c.800–1500*（Minneapolis 1993）

Sawyer, Peter, *Kings and Vikings*（London 1982）

Sawyer, Peter, 'The Viking Expansion' in *The Cambridge History of Scandinavia*, vol. 1（edited by Knut Helle, Cambridge 2003）

Sawyer, Peter（ed.）, *The Oxford Illustrated History of the Vikings*（Oxford 2003）

Scott, G. et al., 'Dental conditions of medieval Norsemen in the North Atlantic' in *Acta Archaeologica* 62 1991, pp. 183–207

Scragg, Donald（ed.）, *The Battle of Maldon AD 991*（Oxford 1991）

Scragg, Donald, *The Return of the Vikings, The Battle of Maldon 991*（Stroud 2006）

Seaver, Kirsten, *The Frozen Echo: Greenland and the Exploration of North America ca. A.D. 1000–1500*（Stanford 1996）

Seaver, Kirsten, *Maps, Myths and Men: The Story of the Vinland Map*（Stanford 2004）

Seaver, Kirsten, *The Last Vikings*（London 2010）

Sheehan, John & Ó' Corráin, Donnchadh, *The Viking Age: Ireland and the West: Proceedings of the Fifteenth Viking Congress* (Dublin 2010)

Shepard, Jonathan, 'Some Problems of Russo-Byzantine Relations c. 860–c.1050' in *The Slavonic and East European Review* 52 (1974) , pp. 10–33

Siddorn, J. Kim, *Viking Weapons and Warfare* (Stroud 2005)

Sigmundsson, Svavar (ed.) , *Viking Settlement & Viking Society, Papers from the Proceedings of the Sixteenth Viking Congress* (Reykjavík 2011)

Silliman, Horace F., *The Newport Tower: The English Solution*, New England Antiquities Research Association (November 1979)

Simek, Rudolf & Engels, Ulrike (eds) *Vikings on the Rhine – Recent Research on Early Medieval Relations between the Rhineland and Scandinavia*, Studia Medievalia Septentrionalia 11 (Vienna 2004)

Sjøold, Thorleif, *The Viking Ships in Oslo* (Oslo 1979)

Skelton, R.A. Thomas, Marston E. & Painter, George D., *The Vinland Map and the Tartar Relation* (New Haven, Conn. 1965)

Skrem, Dagfinn (ed.) , *Kaupang in Skiringssal*, Kaupang Excavation Project Publication Series, vol. 1 (Aarhus 2007)

Smith, Kevin P., 'Landnám: The Settlement of Iceland in Archaeological and Historical Perspective' in *World Archaeology* 26 (1995) , pp. 319–347

Smith, Kevin P., Ólafsson, Guðundr & McGovern, Thomas H., 'Outlaws of Surtshellir Cave: The Underground Economy of Viking Age Iceland' in *Dynamics of Northern Societies* (edited by Jette Arneborg and Bjarni Grønow, Copenhagen 2006)

Smith, Kevin P., Ólafsson, Guðundr & McGovern, Thomas H., *The Viking Age: Ireland and the West, Proceedings of the Fifteenth Viking Congress, Cork, 2005* (Dublin 2010) .

Smyth, Alfred P., *Warlords and Holy Men, Scotland AD 80–1000* (London 1984)

Smyth, Alfred P., *King Alfred the Great* (Oxford 1995)

Smyth, Alfred P., *The Medieval Life of King Alfred the Great* (Basingstoke 2002)

Spurland, Terje (translated by Betsy van der Hoek) , *Norwegian Runes and Runic Inscriptions* (Woodbridge 2005)

Stefanson, Vilhjamur, *Greenland* (London 1943)

Stenton, Sir Frank, *Anglo-Saxon England* (Oxford 1943)

Stumman Hansen, Steffen & Randsborg, Klaus (eds) , *Vikings in the West Acta Archaeologica*, vol. 71 (Copenhagen 2000)

Sutherland, P.D., 'The Norse and native North Americans' in Fitzhugh and Ward (eds) , *Vikings: The North Atlantic Saga* (Washington 2000)

Swanton, M.J., 'Dane-Skins: Excoriation in Early England' in Folklore vol. 87, no. 1 (1976) , pp. 21–28

Thernstrom, Stefan (ed.) , *Harvard Encyclopedia of American Ethnic Groups* (Harvard 1981) Thomson, W.P.L., *The New History of Orkney* (Edinburgh 2008)

Thorpe, Lewis, *The Bayeux Tapestry and the Norman Invasion* (London 1973)

Thorson, Per, 'A New interpretation of Viking' in *Proceedings of the Sixth Viking Congress* (edited by Foote & Ströbäk, Viking Society for Northern Research 1971) , pp. 33–37)

Thorstenberg, Edward, *The Skeleton in Armour and the Frithiof Saga, Modern Language Notes, Vol. 25, No. 6* (*Jun., 1910*) , pp. 189–192

Titlestad, Torgrim (translated Stephen R Parsons) , *Viking Norway, Personalities, Power and Politics*, (Hafsfjord 2008)

Tornø, J. Kristian, *Columbus in the Arctic?* (Oslo 1965)

Townend, Matthew (ed.) , *Wulfstan, Archbishop of York, Proceedings of the Second Alcuin Conference* (Turnhout 2004)

Turville-Petre, E.O.G., *The Heroic Age of Scandinavia* (London 1951)

Turville-Petre, E.O.G., *Scaldic Poetry* (Oxford 1976)

Van Regteren, Altena H.H. & Heidinga, H.A., 'The North Sea region in the Early Medieval Period' in *Ex Horreo* (edited by B. van Beek, R.W. Brandt & W. Groenman-van Waateringe, Amsterdam 1977) , pp. 47–67

Vernadsky, George, *The Origins of Russia* (Westport, Conn. 1975)

Wahlgren, Erik, *The Kensington Runestone: A Mystery Solved* (Madison, Wisconsin 1958)

Wahlgren, Erik, *The Vikings and America* (London 1986)

Wainwright, F.T., 'The Scandinavian settlement' in *The Northern Isles* (edited by F.T. Wainwright, London 1962) , pp. 117–162

Wallace, Birgitta, 'L' Anse aux Meadows: gateway to Vinland' in *Acta Archeologica 61* (1990) , pp. 166–197

Wallace, Birgitta, 'L' Anse aux Meadows, the Western Outpost' in *Viking Voyages to North America* (edited by B.L. Clausen, Roskilde 1993) , pp. 30–42

Wallace, Birgitte, 'L' Anse aux Meadows: Different Disciplines, Divergent Views' in *Viking Settlement & Viking Society, Papers from the Proceedings of the Sixteenth Viking Congress* (edited by Svavar Sigmundsson, Reykjavík 2011) , pp. 448–468

Wallace, Patrick F., 'The Archaeology of Ireland's Viking-age towns' in *A New History of Ireland, volume 1: Prehistoric and Early Ireland* (Oxford 2005)

Wallace Hadrill, J.M., *The Vikings in Francia* (Reading 1975)

Wallach, Luitpold, *Alcuin and Charlemagne: Studies in Carolingian History and Literature* (Ithaca 1959)

Walker, Ian W., *Harold, the Last Anglo-Saxon King* (Stroud 1997)

Walsh, A., *Scandinavian Relations with Ireland during the Viking Period* (Dublin 1922)

Wawn, Andrew, *The Vikings and the Victorians, Inventing the Old North in Nineteenth-Century Britain* (Cambridge 2000)

Wawn, Andrew & Sigurðardóttir, Þórunn (ed.) , *Approaches to Vinland: `Proceedings of a Conference on the Written and Archaeological Sources for the Norse Settlements in the North-Atlantic Region and Exploration of America. Held at the Nordic House, Reykjavik 9–11 August 1999* (Reyjkavik 2001)

Whitelock, Dorothy, 'Fact and Fiction in the Legend of St Edmund' in *Proceedings of the Suffolk Institute of Archaeology* 31 (1968) , p. 233

Whitelock, Dorothy, Douglas, David C., Lemmon, Charles H. & Barlow, Frank (eds) , *The Norman Conquest, its setting and Impact* (London 1966)

Willemsen, A., *Vikings! Raids in the Rhine/Meuse Region 800– 1000* (Utrecht 2004)

Williams, Anne, *Aethelred the Unready, The Ill-Counselled King* (London 2003)

Wilson, David M., *The Vikings and Their Origins: Scandinavia in the First Millennium* (London 1970)

Wilson, David M. (ed.) , *The Northern World* (London 1980)

Wilson, David M., *The Vikings in the Isle of Man* (Aarhus 2008)

Webber, Nick, *The Evolution of Norman Identity* (*911–1154*)(Woodbridge 2005)

Wood, Ian & Loud, G.A. (eds) , *Church and Chronicle in the Middle Ages: Essays Presented to John Taylor* (London 1991)

Woolf, Alex, *From Pictland to Alba 789–1070* (Edinburgh 2007)

Wormald, Patrick, 'Archbishop Wulfstan: State-Builder' in *Wulfstan of York, Proceedings of the Second Alcuin Conference* (edited by Matthew Townend, Turnhout 2004)

Yorke, Barbara (ed.) , *Bishop Aethelwold: His career and influence* (Woodbridge 1988)

Yorke, Barbara, *Kings and Kingdoms of Early Anglo-Saxon England* (London 1990)

Zachrisson, Inger, 'The Sami and their interaction with the Nordic peoples' in *The Viking World* (edited by Stefan Brink, London 2010) , pp. 32–39

出版后记

　　维京人的身影经常出现在西方流行文化中，北欧神话、龙头长船、狂战士等元素早就为社会大众耳熟能详。在影视作品中，常常能见到戴着装饰有双角头盔、挥舞着斧头、胡须凌乱的维京战士的形象，显得原始、暴力，他们时常同海洋、冰雪联系在一起。

　　然而他们并不是历史中的几个具有暴力倾向的过客。他们创作了丰富的文学作品、壮丽的萨迦诗篇，这些文学作品中时常透出他们的身影。他们逐浪披风，不愧是人类历史上卓越的探险者——他们是最早抵达北美洲的欧洲人，在哥伦布抵达美洲的几百年前，就已经有一群维京人在美洲探险、生活过了。在与其他人群交往方面，维京人也定居在现在的英国、法国、意大利，以及东欧一带，他们的身影与一些国家的政治进程紧密相关，在民族国家尚未定型之前，他们对这些国家有重要的影响，然而在各国民族神话的建立过程中，他们有时会被有意无意地遗忘。

　　希望读者在读完本书后，不仅能够了解维京人创建的国家、参与的战事，而且也能知道更多关于维京人的探险与诗歌的知识。维京人不仅有战士，也有逐利的商人、巧手的工匠、勇敢的探险家。希望本书能帮助读者熟悉维京世界的样貌，让那个无论在地理上还是时间上都远离中国读者的人群，能以更鲜活的样子出现在读者眼前。

　　另外，本书在翻译《盎格鲁－撒克逊编年史》的引文时有参考

寿纪瑜的中译本。本书编者水平有限，如有讹误，敬请指出，在此
谨表谢忱。

服务热线：133-6631-2326　　188-1142-1266
服务信箱：reader@hinabook.com

后浪出版公司
2019 年 9 月

© 民主与建设出版社，2020

图书在版编目（CIP）数据

维京人的世界 / (英) 菲利普·帕克著 ; 高万博, 李
达译. -- 北京 : 民主与建设出版社, 2020.3（2020.11重印）
书名原文: The Northmen's Fury
ISBN 978-7-5139-2808-3

Ⅰ.①维… Ⅱ.①菲… ②高… ③李… Ⅲ.①北欧—
中世纪史—通俗读物 Ⅳ.①K530.9

中国版本图书馆CIP数据核字(2019)第270427号

版权登记号：01-2019-7872
审图号：GS（2019）5142号

维京人的世界
WEIJINGREN DE SHIJIE

出 版 人	李声笑			
著 者	〔英〕菲利普·帕克	译 者	高万博 李 达
出版统筹	吴兴元	责任编辑	王 颂
特约编辑	苏才隽	营销推广	ONEBOOK
封面设计	徐睿绅	装帧制造	墨白空间

出版发行　民主与建设出版社有限责任公司
电　　话　（010）59417747　59419778
社　　址　北京市海淀区西三环中路 10 号望海楼 E 座 7 层
邮　　编　100142
印　　刷　北京盛通印刷股份有限公司
版　　次　2020 年 3 月第 1 版
印　　次　2020 年 11 月第 3 次印刷
开　　本　889 毫米 ×1194 毫米　1/32
印　　张　16.75
字　　数　376 千字
书　　号　ISBN 978-7-5139-2808-3
定　　价　96.00 元

注：如有印、装质量问题，请与出版社联系。